高等职业教育
**数智化财经**
— 系列教材 —

U0645440

# 数字化财务管理

金陶岚 孙 玲 主 编
项质略 钱晓燕 副主编

清華大学出版社
北 京

## 内 容 简 介

本书紧密结合当前大数据、云计算、人工智能等数字技术在财务管理领域的应用,从数字化财务管理之本、数字化财务管理之道和数字化财务管理之术三大模块重构知识体系,旨在帮助读者深入理解数字化财务管理的本质与价值,掌握关键技术和应用,以应对数字化时代财务管理的挑战,推动企业的数字化转型和升级。全书包括 12 个项目:财务数字化概述、数字化财务管理理论演变、财务管理基础认知、数字化预算管理、数字化营运资金管理、数字化筹资管理、数字化投资管理、数字化收入与分配管理、数字化财务分析、财务共享中心构建、财务数据中台建设、财务机器人运用。本书突出三大特色创新:一是以立德树人作为出发点,"精准滴灌职业素养";二是以立体数字化资源建设为准,"建设颗粒化教学资源";三是以全面数字素养提升为要求,"注重数字素养提升"。本书强调理论与实践相结合,通过案例分析和技术应用,增强学习的互动性和实用性。本书在智慧职教平台配有在线课程,建有微课、动画、技术示范、案例等丰富的数字教学资源,并精选其中优质资源做成二维码在书中进行了关联标注。

本书适于财务会计类专业学生、财务管理人员、企业高管以及对数字化财务管理感兴趣的各界人士阅读。

**图书在版编目(CIP)数据**

数字化财务管理 / 金陶岚,孙玲主编. -- 北京 :清华大学
出版社,2025. 4. --(高等职业教育数智化财经系列教材).
ISBN 978-7-302-68653-8
Ⅰ. F275-39
中国国家版本馆 CIP 数据核字第 2025F2G694 号

责任编辑:左卫霞
封面设计:傅瑞学
责任校对:袁 芳
责任印制:刘 菲

出版发行:清华大学出版社
      网 址:https://www.tup.com.cn,https://www.wqxuetang.com
      地 址:北京清华大学学研大厦 A 座     邮 编:100084
      社 总 机:010-83470000     邮 购:010-62786544
      投稿与读者服务:010-62776969,c-service@tup.tsinghua.edu.cn
      质量反馈:010-62772015,zhiliang@tup.tsinghua.edu.cn
      课件下载:https://www.tup.com.cn,010-83470410
印 装 者:大厂回族自治县彩虹印刷有限公司
经 销:全国新华书店
开 本:185mm×260mm     印 张:16.25     字 数:394 千字
版 次:2025 年 6 月第 1 版     印 次:2025 年 6 月第 1 次印刷
定 价:59.00 元

产品编号:107729-01

# 前　言

当前，大数据、云计算、物联网、移动互联网、区块链、人工智能等数字技术正在重塑整个社会的形态与结构，推动社会经济的数字化变革。我国政府高度重视数字化发展，明确提出数字中国战略，数字化技术也为中国企业运营发展带来了全新的机遇与挑战，实现财务管理数字化转型成为企业财务管理改革与创新的必然趋势。

本书立足于财务管理知识，结合数字化应用场景、数字化管理新思路，实现对传统教材的升级，为培养具有数字化管理意识及数字化技术的复合型高层次技术技能人才助力。

本书按照企业财务活动对财务管理基础知识进行内容重构，主要包括三大模块、十二大项目：探析数字化财务管理之本模块包括财务数字化概述、数字化财务管理理论演变、财务管理基础认知项目；研习数字化财务管理之道模块包括数字化预算管理、数字化营运资金管理、数字化筹资管理、数字化投资管理、数字化收入与分配管理、数字化财务分析项目；融汇数字化财务管理之术模块包括财务共享中心构建、财务数据中台建设、财务机器人运用项目。每个模块和项目都力求理论与实践相结合，通过案例分析、技术应用等形式，增强学习的互动性和实用性，使读者能够在理解理论知识的同时，提升实际应用技能。

本书的主要特色及创新如下。

**1. 精准滴灌职业素养**

本书全面贯彻党的二十大精神，坚持立德树人的教育宗旨，深入挖掘各模块的职业素养元素，在项目任务中设置"思行合一"栏目。基于专业知识的思想教育，优化课程职业素养内容供给，在潜移默化中将思想政治教育注入日常专业教育中，构建精准灌溉的思想教育机制，将价值塑造、知识传授和能力培养紧密融合，建设了较完善、有深度、有广度的数字化财务管理课程职业素养案例资源，致力培养适应数字经济时代需求，掌握数字化财务技能，能够进行数据分析、决策支持，并具备良好道德素养和职业素质的多学科交叉复合型人才。

**2. 建设颗粒化教学资源**

细化知识内容颗粒度，形成数字化教学资源，以 PPT、动画、微课、技术示范、案例等形式呈现，筑牢知识体系。本书在智慧职教 MOOC 学院配有在线课程资源，扫描下页下方二维码即可在线学习该课程，完成相应学习任务，可以获取数字化财务管理课程的结业证书。

**3. 注重数字素养提升**

本书坚持把知识传递、技能提升、数商培养和思想政治教育有机结合，以此调动学生学习的积极性、主动性和创造性。依托财务管理方法、数字化工具和手段，培养学生用数据分析问题和解决企业财务管理相关问题的能力。有机融入数字技术，如 Python、财务机器人和财务共享中心等，将财务管理数字化场景在教学过程中有效呈现，使学生具备数字技术运用和创新的数字素养,激发学生数字化创新能力,内化学生创新动力。

　　本书主要由南京工业职业技术大学财务管理教学团队教师撰写,同时得到企业专家永拓会计师事务所孔保忠所长、新道科技股份有限公司王文娟老师、李莉老师等的大力支持。具体编写分工如下:金陶岚、孙玲负责拟定编写大纲,金陶岚编写项目二、项目三,孙玲编写项目一、项目八,钱晓燕编写项目四,尤露编写项目五,项质略编写项目六,王毓编写项目七,王玉香编写项目九,金陶岚、孙玲与新道科技股份有限公司人员共同编写项目十～项目十二。本书由南京工业职业技术大学徐洪波教授审稿。

　　希望通过本书的学习,读者能够理解数字化财务管理的本质与价值,认识到数字化在现代企业管理中的重要性,掌握数字化财务管理的关键技术与应用,能够在实际工作中有效运用,学会分析并解决数字化财务管理过程中可能遇到的挑战与问题,制定并执行企业数字化财务管理的战略规划,推动企业转型升级。

　　衷心希望本书能成为你探索财务管理新世界的灯塔,助力你在未来的职业生涯中乘风破浪,引领创新。让我们携手共进,共创数字化财务管理的美好未来!

　　由于编者水平有限,书中难免有不足之处,恳请广大读者批评和指正。

编　者

2025 年 1 月

**数字化财务管理在线开放课程**

# 目 录

# 模块三　融汇数字化财务管理之术

# 模块一

## 探析数字化财务管理之本

# 财务数字化概述

## 教学目标

**知识目标：**

1. 能定义数字化、数字化转型、财务数字化转型的基本内涵；

2. 能说明数字化转型的必然趋势。

**能力目标：**

1. 能说明财务数字化的优势、财务数字化转型的具体表现；

2. 能建立对财务数字化应用场景的基本认知。

**素养目标：**

1. 明确数字经济视角下财务职能的转变，充分理解财务数字化转型对企业价值提升的重要性；

2. 敢于接受挑战，在学习生活中积极构建数字素养；

3. 具有职业认同感，明确当代财务人必须不断学习，要有与时俱进的意识；

4. 践行创新精神，在数字技术革命中敢于突破，用数字技术为企业赋能。

## 引导案例

作为国内建筑行业领军企业，中国中铁多年来持续研究深化财务改革的路径，自开启业财融合型财务共享服务中心建设以来，紧紧抓住财务管理体系转型升级的战略落地，提升企业的价值创造力。中国中铁超前规划业财共享信息化建设，并分以下四个步骤进行实践。

（1）双中心设计和建设。中国中铁的业财共享信息化以数据建设为重心，采用"数据中心和协同中心"的双中心架构。数据中心是数据规划、治理、挖掘、应用的平台，为协同中心提供数据规划，管理协同中心的建模；协同中心作为企业生态协同运行的平台，为数据中心提供数据，支撑数据中心的数据挖掘和分析；数据中心的数据分析结果再给协同中心提供智能数据服务，两个中心互相作用，形成良性循环。

（2）进行数据中心的数据规划。业财共享的目标是实现企业数据的自动化处理，提高业务处理和日常管理的效率和质量。因此，对数据的规划、管理、分析和利用是落脚点。数据规划过程中重点关注三个要点：①主数据规划是基础。确保全集团使用统一的基础数据是系统联通、数据驱动、标准化建设的前提。②数字化业务场景模拟是重点。场景模拟建模是一个不断完善的过程，需要根据业务需求、财务需求、管理需求不断完善和优化。③进行数据分析、挖掘、风险识别及控制是后期发展方向。

（3）完成业财融合的协同中心建设。在协同中心的建设过程中，注重问题导向，修补短板，紧紧抓住"业、财、资、税"四位一体同步推进。①成本、物资、机械设备等业务系统与财务系统互联互通，打破部门的界限，真正实现了业务驱动、业财融合。②财务系统通过流程优化和场景模拟，有效完成内控固化，以及核算、报表等日常工作的标准化、自动化处理。③资金系统基于账户的源头管理，实现了资金风险的全部管控，通过业务—财务—资金的循序交易，确保了经济业务的闭环管理。④税务系统从进销两个环节入手，通过严格管理流程、打通与金税三期的数据壁垒、实现核算与发票的自动匹配，完成增值税风险的全面有效管控。

（4）不断完善财务自动化。包括自动填单、自动制证、自动出表，目前正在研发自动关联交易处理，最终目标是企业内控制度和流程的系统固化，实现自动内控。自动化让数据更准确、更规范、更具可比性。

资料来源：https://www.163.com/dy/article/EPPN3IRB0530OU0Q.html.

## 知识导图

- 财务数字化概述
  - 财务数字化的内涵
    - 数字化的内涵
    - 数字化的特点
    - 财务数字化的优势
  - 财务数字化转型
    - 财务数字化转型的内涵
    - 财务数字化转型"三步走"
    - 财务数字化转型的应用
  - 财务数字化应用场景
    - 财务智能审核
    - 供应商智慧结算
    - 智慧税务管理
    - 资金流动性预测
    - 预算及绩效管理
    - 多维经营分析

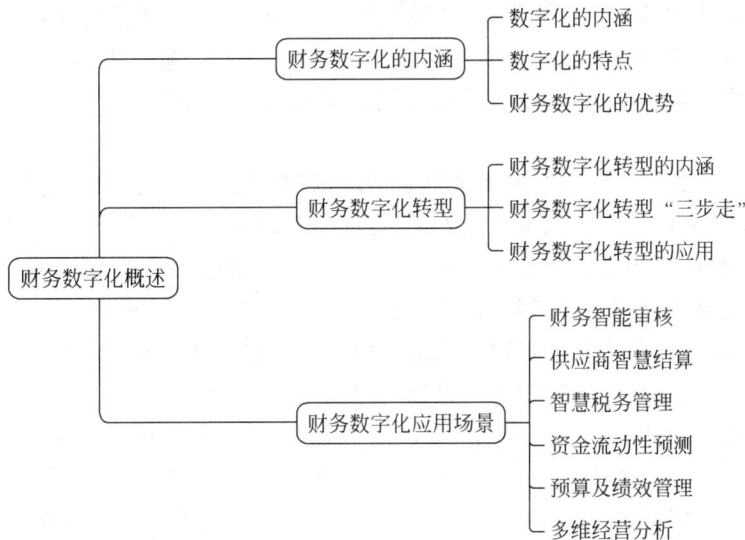

# 任务一　财务数字化的内涵

数字化时代到来，从实体经济到虚拟经济，出现了海量数据，这些数据无处不在，产生的量大、速度快，便于获取，易于加工。数字化时代，人们身边的所有数据，都变成了一种生产要素，人类活动以数据为核心产生了一种新的经济模式。这与传统信息化不一样，它不是系统升级或者功能增加，而是强调全局、全流程、算法、算力等。企业已将数据看作一种资产，数据对企业所有的业务进行重构，包括战略、组织、职能、人员、流程、产品等的再造。在此首先要了解数字化的定义，再结合数字化转型了解财务数字化。

## 一、数字化的内涵

数字化,在最初是一个技术概念,是指将信息转换为数字(即计算机可读)格式,将任何连续变化的输入,如数字、数据、图像等转化为一串分离的单元,在计算机中采用二进制代码,用0和1来代表所有数据,再引入模拟转换器,进行统一处理,这就是数字化的基本过程。然而,当人们今天深入理解数字化时,认识到它是一个代际概念,标志着一个时代的变迁。数字化代表了数字技术的发展和应用,对降低成本、提高效率、提升质量和推动创新具有重要作用。也就是说,它是一个时代分水岭。在商业领域中,数字化是基于移动互联网、大数据和人工智能等新一代信息技术,对商业流程或作业方式进行赋能、改造和重塑,实现从最终用户到中后台的全流程自动化和体验升级,进而产生全新的商业模型,重点强调业务流程重塑和再造。还有一种观点,认为数字化是以数据为生产要素,打造数据产品为核心的经济模式。因此,Gartner(全球权威的IT研究与顾问咨询公司)对数字化做了定义:数字化就是利用数字技术来改变商业模式并提供新的收入和价值创造机会,也是转向数字业务的过程。

微课:数字化内涵

在企业实践中,"信息化""数字化"常被相提并论,但它们之间是有递进和演化逻辑的。信息化是数字化的基础,是企业转型的初级阶段,是立足于信息化手段来提升内部管理效率;数字化是企业转型的进化阶段,是在新技术的加持下进行企业运营的全面优化和商业模式的重构。

信息化通常是指企业将自身的业务经营活动,以及人、财、物的管理过程等,通过各类信息系统"从线下搬到线上",以减少人工处理,方便企业的运营和决策,但并不改变公司现有的商业流程。例如,利用会计信息系统进行总分类账、明细账、日记账的账簿处理,可以提高数据处理的时效性和准确性、减轻会计人员的工作强度,但并没有改变传统会计核算流程。从数据运营维度来看,信息化时代建立的都是相对独立的信息系统,其特点是"一类业务、一个信息系统、一个数据库",这样带来的直接问题就是"数据孤岛"。

数字化在信息化基础上往前跨了一大步,可以实现公司的业务系统、财务系统、运营系统等公司内系统间的联通,以及与外部客户的互联,通过"架桥"链接系统间的"数据孤岛"。在此基础上依托新技术,赋予系统状态感知、实时分析、科学决策和精准执行的能力。

在数字化时代,一切都将被重新定义,生产力不再是机械动力,而是云、区块链、移动5G、AI等新技术,数据资产作为全新的生产资料,将数字化推送到全新的发展阶段。

## 二、数字化的特点

(1)从应用的广度上看,数字化不是一个部门、一个流程、一个系统的变革,而是在企业整个业务流程中进行数字化的打通,会牵扯到企业的所有组织、所有流程、所有业务、所有资源、所有产品、所有数据、所有系统,甚至会影响上下游产业链生态。

文档:信息化、数字化、智能化、智慧化的递进关系

(2)从应用的深度上看,数字化为企业带来了从商业模式、运营管理

模式到业务流程、管理流程的全面创新和重塑。数字化打破了部门壁垒、数据壁垒,延伸到上下游产业链,实现跨部门、跨单位的系统互通、数据互联。在数字化时代,数据被全线打通融合并形成数字资产,赋能业务、运营、决策。

(3)从思维模式上看,如果说信息化时代是以流程为核心,那么数字化时代一定是以数据为中心。在数字化时代,企业的思维模式应从流程驱动转向数据驱动。数据是物理世界在数字化世界中的投影,是一切的基础,而流程和系统则是产生数据的过程和工具。

数字化是手段,是特点,是企业发展过程中的某个阶段。数字化时代的到来,全行业全领域都在进行数字化转型。数字化转型对我国企业而言,不仅是一道战略选择题,更是一道生存题。从发展的角度来看,企业数字化转型势在必行,是企业顺应时代的必然要求,是企业流程再造的必由之路。

国家市场监督管理总局、国家标准化管理委员会发布的《数字化转型管理 参考架构》(GB/T 45341—2025)指出:数字化转型是深化应用新一代信息技术,激发数据要素创新驱动潜能,建设提升数字时代生存和发展的新型能力,加速业务优化、创新与重构,创造、传递并获取新价值,实现转型升级和创新发展的过程。其通常以价值效益为导向、新型能力为主线、数据要素为驱动、业务变革为核心。新技术可以带来效率的提升,促进新旧动能的不断转换,效率的提高也加快了信息技术在传统产业中的应用进程,因而促进了传统产业与数字经济的融合。数字化转型是利用数字技术进行全方位、多角度、全链条的改造过程。企业通过深化数字技术在生产、运营、管理和营销等诸多环节的应用,实现产业层面的数字化、网络化、智能化发展,不断释放数字技术对经济发展的放大、叠加、倍增作用,是传统产业实现质量变革、效率变革、动力变革的重要途径。

文档:"数据要素×"三年行动计划(2024—2026 年)　　文档:数据是形成新质生产力的优质生产要素

## 三、财务数字化的优势

财务数字化是指将传统的财务管理和业务流程转化为数字形式,并通过技术手段实现自动化、集成和管理,用于提高企业的财务效率和决策质量。这个过程包括将财务管理过程数字化、数据数字化、流程自动化和信息共享等,用于优化财务管理和增强业务流程。财务数字化,就是企业在财务领域运用信息技术来重构财务组合和流程再造,提升财务数据的输出质量和运营效率,更好地为业务赋能、支持经营管理、协助企业决策。

财务数字化涉及多个领域,如财务核算、成本管理、预算管理、现金管理、资金管理、税务管理、风险管理等。企业通过财务数字化,可以实现集中管理和实时监控,加强内部控制,提高财务决策的准确性和及时性,提升工作效率,降低人力成本,提高企业竞争力。

财务数字化的主要优势如下。

(1)提高效率。数字化财务流程可以自动处理许多繁琐的任务(如数据输入、报告生成和审批过程等),能够加快处理速度,减少错误和重复工作。这不仅可以提高财务工作效率,还可以减少人工成本和错误率,提高数据的准确性和实时性。

（2）降低成本。数字化财务流程可以减少人工干预和纸质文档的使用量,降低人力成本和文档存储成本。此外,数字化财务通过优化资金管理和供应链协同,还可以帮助企业降低资金占用成本和采购成本,实现成本优化。

（3）增强数据分析能力。数字化财务流程可以生成更准确的实时数据,帮助企业更好地了解财务状况,并做出更明智的决策。企业通过智能化的数据分析工具,可以深入挖掘财务数据中的信息和趋势,发现潜在的成本优化机会和风险点,提供决策支持和战略规划。

（4）精细化管理。通过数字化手段,可以实现对整个交易模式、组织模式、治理模式的改变,让管理更加精细化、智能化。数字化财务还可以为企业提供经营日报、滚动经营预测等功能,帮助企业更好地了解经营情况,做出更准确的决策。

（5）提升用户体验。数字化转型的另一个重要目的是给用户提供更好的体验,这里的用户不仅指客户或者消费者,还包括员工、供应商、经销商、合作伙伴、监管单位等。数字化财务可以提高协作效率,优化用户体验,让整个价值网中的每个节点都能得到更加高效、顺畅的协作。

# 任务二　财务数字化转型

## 一、财务数字化转型的内涵

财务数字化转型是企业数字化转型的一个重要方面。在数字化转型中,企业财务由于其专业属性及功能,天然带有优势。一方面,财务作为一门用货币数字计量并反映企业经营状况及经济成果的学科专业,是最早探索并践行要素数字化的,经过长期的演进发展,已形成了一套成熟且覆盖面广的体系。另一方面,财务在功能上本身就带有强烈的数据分析需求,是各类数据分析工具使用的一个重要领域。与此同时,基于财务的重要性及自身特点,财务系统也是企业最先使用且使用最广泛的软件信息系统,拥有丰富的线上使用经验。

微课：财务数字化转型

对于财务数字化转型,目前还没有明确的界定,自数字化转型开始,理论界就对财务数字化转型有了广泛的讨论。刘勤[①]等(2019年)认为,财务数字化转型是指企业在财务方面运用大数据、云计算等新一代技术,来对财务组织和业务流程进行重构与再造,通过提升财务运营效率,更好地赋能企业管理与决策。张庆龙[②](2020年)研究认为,企业财务数字化转型始于财务共享,这是由于共享服务中心不仅为数字化转型提供了数据与技术、组织与决策等方面的基础,还为数字化转型搭建了支撑平台。王会波[③](2021年)研究认为,财务信息化是当代背景下企业财务数字化转型的起点,数字技术赋能财务数字化转型并以此提升会计职能。财务数字化转型不止于企业内部,更重要的是实现企业内外部数据之间的连接与协同,即数字化财务不仅是业务环节的数字化,更是与企业外部的客户、供应商及其他攸关

---

[①]　刘勤,男,上海国家会计学院教授,博士生导师。
[②]　张庆龙,男,管理学博士、博士后,北京国家会计学院教授。
[③]　王会波,山西潞安矿业(集团)公司潞安环能股份公司,全国会计领军人才。

方实现连接的数字化。

财务对数据的收集、加工、存储、管理、分析、分享能力是企业的基础数字化能力。财务的数字基建,包括在财务组织重构、体系重塑、流程优化、运营模式创新、智能化技术应用等方面的投入,它帮助企业实现以数据洞察驱动经营决策,为企业数字化转型赋能。财务数字化转型要紧扣财务管理的终极目标,推动乃至引领企业价值创造。同时明确财务数字化转型要以数据要素作为驱动,完成财务功能前置,实现业财融合,提供决策支持。

## 二、财务数字化转型"三步走"

目前领跑数字化转型企业,通常是采用"三步走"战略搭建财务数字化路径。

### 第一步:建立财务共享服务

财务共享服务是一种新型的财务管理模式,通过观念再造、流程再造、组织再造、人员再造、系统再造,将分散于各个业务单位、重复性高、易于标准化的财务业务集中到财务共享服务中心统一处理,达到降低成本、提高效率、改进服务质量、强化集团内部风险控制等目标。

1. 专业化

财务共享服务中心促进了财务职能的专业化分工与重构,企业由此建立"三分天下"的财务管理体系:战略财务在集团层面发挥控制和管理职能,负责公司计划和政策的制定,为企业经营管理提供决策支持;业务财务成为一支深入价值链的财务团队,为业务单位提供业务管理支持;共享服务中心是企业的交易处理中心,为战略财务和业务财务提供支持。

2. 流程化

财务共享服务中心将所有财务流程进行细致的分解和优化,规范化构造端到端的业务流程,严格按照流程进行业务驱动,极大提高了财务的业务处理效率与业务输出质量,提升了组织灵活性和应变能力。

3. 标准化

财务共享服务中心为每项业务制定了统一、明确的规范要求,保证不同的财务人员在处理同一业务时不受主观因素影响。各分、子公司在统一的信息系统平台上,按照统一的会计科目、统一的财务流程和制度,提供规则逻辑一致的数据,实现了业务操作的规范化和标准化,进而这些数据才能轻松被提取、汇总、合并、加工、分析、展示,支持企业的经营决策。

4. 信息化

财务共享服务中心的信息系统搭建了统一的平台,将财务政策、制度、流程固化于统一的系统中,承载、加工、传递、存储数据,通过业务层、核算层、管理层、决策层系统的有机结合,实现了对业务信息采集、财务基础业务处理、管理控制、决策制定的全方位支持。

文档:海尔集团:
数智财务共享体
系的建设实践

### 第二步:打造财务能力中心

财务作为企业价值管理的核心部门,将推动财务职能转型与财务业务一体化,以"中台"的角色打通业财链路,将财务的核心资源整合、核心能力沉淀、核心系统集成,形成财务的专业能力中心,对不同的业务单元进行总协调和支持,提供

更敏捷的财务专业解决方案,帮助企业随时保持对市场的灵敏洞察,适应数字化浪潮下的商业环境。

1. 财务中台沉淀、共享企业的核心财务能力

中台是对市场需求快速响应的前台与架构相对稳健但反应相对滞后的后台之间妥协并进化的结果,其产生的核心思想是"共享"和"复用",因此前、中、后台的能力需要迁徙重组。中台具备的核心能力是专业化、系统化、组件化、开放化。虽然财务共享服务中心不叫"中台",但却与中台在职能整合和 IT 架构方面不谋而合,是实实在在的中台理念先行者。

2. 信息系统支撑财务中台的有效运转

财务中台通过对业务和数据的抽象,对服务能力进行复用,构建了企业级的财务服务能力,实现业财数据全域贯通、数据资产价值变现,以财务服务直接赋能业务应用,是财务信息化迈向财务数字化的一个中间连接点。

伴随着企业信息系统的升级再造与财务领域业务中台的成功搭建,大量的数据源源不断地被挖掘,业务数字化创新对财务的价值计量职能提出了更高的要求,沉睡的数据价值期待着被唤醒。

3. 数据中台为财务数字化转型提速

财务部门一直是组织中处理数据的部门,随着其所掌握数据量的爆发,将逐步成为企业的大数据中心。

通过建立财务数据中台,聚合内外部的海量多维数据,不限于结果数据,还包括采集过程数据、行为数据、业务底层的明细数据,不断拓展数据的深度与广度,将原始数据转化为数据资产,为企业制订各种适配业务场景的数据解决方案,实现数据可视、易懂、好用、可运营,为企业经营和发展提供专业洞见,以财务中台的建设引领企业中台的全面建立,助力企业融入数字创新时代。

## 第三步：实现财务数字化转型

财务部门作为企业数据、指标算法和效益验证的管理者,将从后台走向前台,不仅是业务的合作伙伴,更是企业战略决策的指南针、价值管理的架构师。

作为企业天然的数据中心,财务将海量数据提炼的洞察转化为"可行动"的数据,用于推动大规模的商业创新;凭借敏锐的判断力,不断整合人工智能和自动化等"会思考"的技术,增强数字化敏捷性,以精细化的场景预测,实现更加高效、科学、精准、及时的决策分析与风险控制。

1. 新兴技术为财务插上智能化的翅膀

随着"大智移云物"技术的不断发展,自动化、人工智能浪潮兴起,大量新兴技术在财务领域得到了应用,进一步简化了财务日常工作流程,提升了员工体验,提高了财务的处理效率,将财务人力投入更有价值和更具创造性的工作中,并辅助决策的制定,促使财务管理水平提升。

2. 财务数字化场景革命链接企业未来

在理想状态下,企业的内部与外部的交互均以客观数据为基础,融合财务全景化分析手段、丰富的应用模型、严谨的假设条件与驱动因子,结合业务部门对市场趋势、竞争对手、地

域、客群等外部因素的判断,实现更为精准的业务预测、盈利测算和创新产品定价及分润机制设计,以数据服务企业战略决策、业务创新以及流程驱动的管理变革。

随着数据与业务场景的不断交融,业务场景将逐步实现数据自动运转和智能优化,进而推动企业进入智能化和数字化阶段。

### 三、财务数字化转型的应用

目前在全球范围内的财务数字化转型,主要应用在以下几个方面。

（1）财务管理系统。传统的财务管理工具（如会计软件、电子表格等）已经得到广泛应用,数字化转型可以进一步将财务管理系统与其他信息系统进行集成,实现数据的共享和自动化处理。

链接:《中小企业数字化转型指南》政策解读

（2）电子财务报告。传统的财务报告通常以纸质形式呈现,数字化转型可以将财务报告转为电子格式,实现财务数据的实时更新和在线共享。

（3）财务数据分析。数字化转型可以通过数据分析工具对大量的财务数据进行快速处理和分析,帮助财务部门更好地了解和把握企业的财务状况,支持决策的制定和执行。

（4）财务风险管理。数字化转型可以通过建立风险管理系统,实时监测和分析公司的财务风险,提高对风险的预警和控制能力。

（5）电子支付和结算。数字化转型可以实现企业财务的电子支付和结算,提高支付的效率和准确性,降低支付成本。

文档:国网电网的财务创新:精益财务管理＋智慧财务运营

（6）人工智能技术在财务中的应用。数字化转型可以通过应用人工智能技术（如机器学习、自然语言处理等）,实现财务数据的智能分析和预测,提供更准确和及时的决策支持。

# 任务三　财务数字化应用场景

财务数字化应用场景广泛,可以根据企业的具体需求和业务流程进行定制。下面是一些常见的财务数字化应用场景。

（1）会计核算与报告。通过数字化手段,实现自动化会计核算和报告生成,减少人工干预和错误,提高工作效率和准确性。这包括发票管理、总账管理、财务账簿及期末处理等。

（2）财务分析与预测。利用大数据分析和人工智能技术,对财务数据进行深度挖掘和分析,发现潜在的成本优化机会和风险点,提供决策支持和战略规划。同时,可以进行财务预测和模拟,帮助企业做出更明智的决策。

（3）预算管理与控制。通过数字化手段,实现预算的自动化编制、审批和执行监控,确保预算的合理性和有效性。同时,可以与业务系统集成,实时监控预算执行情况,对偏离预算的行为进行预警和调整。

（4）资金管理与风险控制。通过数字化手段,实现资金的集中管理和调度,降低资金成本,提高资金使用效率。同时,可以对资金流动进行实时监控和预警,及时发现潜在的风险和问题,并采取相应的措施进行管理和控制。

（5）税务管理与合规性。通过数字化手段,实现税务申报、缴纳和合规性监控的自动化处理,降低税务风险和合规性成本。同时,可以利用大数据技术进行税务筹划和优化,提高企业的税务合规性和竞争力。

（6）供应链协同与财务管理。通过数字化手段,实现与供应商、经销商等外部利益相关者的无缝对接和高效协作,提高供应链的透明度和协同效率。同时,可以与业务系统集成,实时监控供应链财务状况和风险点,为企业的采购、生产和销售等决策提供有力支持。

下面以六大应用场景为例,展示财务数字化助力世界一流财务管理体系建设的成功经验。

## 一、财务智能审核

近年来,伴随着企业业务规模的扩大,财务审核的工作量与工作压力与日俱增,传统以人工为主的审核模式逐渐难以适应企业财务业务高质量发展的需求。企业通过应用规则引擎与机器学习技术,自定义审核规则与流程,并通过大量的训练扩充规则库,实现财务的智能审核,提高审核效率。例如,某通信运营公司借助新兴技术的力量构建符合管理需求的单据智能审核平台,该平台能够通过报账系统、发票池等多种内外部系统获取审核所需数据,并利用规则引擎和机器学习技术打造企业财务合规审核、风险审核、内控审核、支付审核等全方面规则库,实现了单据的实时校验、准确审核、结果直传、全程无感。

## 二、供应商智慧结算

企业通常面临供应商业务线上流程断点多、手工作业工作量大、结算过程繁琐、供应商管理难度大等问题。智能结算平台的建立能够实现智慧发票开具与核验、智慧三单匹配、智慧结算等多种可替代人工操作的功能,同时企业可以通过收集数据、建立数据库、建立模型与持续训练来完成对供应商画像的描绘。

例如,电力行业某大型企业集团的省级公司搭建了以供应商智能结算平台、供应商智能画像为主体的供应商智慧结算管理体系,业务人员可在智能结算平台上一站式自动完成与供应商间的交易事项,包括接收供应商开具的正式发票、三单匹配等。同时,该公司基于内外部信息建立了"供应商数据资源池",全面汇聚供应商数据信息,支持供应商全息画像的描绘,帮助企业有效防范采购风险,优化管理与决策。

## 三、智慧税务管理

企业业务的扩张使原有税务工作模式已无法适应企业的发展,企业业务涉及多业态、全球化,税务管理难度大,涉税业务大多线下作业,税务相关工作的信息化水平总体较低,且针对税务风险管理,企业通常缺少事前及事中预警。企业可以借助"大、智、移、云、物、链"数字技术打通"票—账—表—钱—税"全流程,建立一个打破税企管理边界、职能充分耦合、数据充分互通的精细化、集约化税务统筹管理平台。

例如,某综合性能源供应商搭建了智慧税务平台,从组织架构、业务流程与信息技术应用、制度规则三个方面进行调整与重构,利用光学字符识别（OCR）技术、PDF 解析及规则预设完成发票的信息采集、校验及审核,同时借助人工智能(AI)、机器人流程自动化(RPA)等技术手段自动计算税金并申报纳税,实现税务业务自动处理、申报纳税智能规划、风险监控内外互联、税务分析统筹全面。

## 四、资金流动性预测

通过对资金流入、流出流程的全面梳理,借助数字化手段,帮助企业预测未来资金动向,及时识别、测算、预警相关风险,有效应对外部不确定性,降低付款排期错配、备付金不足等造成的潜在风险,在平衡资金安全和效益的基础上实现资金最优配置。

构建资金收支预测模型,汇聚企业内外部数据,自动提取影响资金流入和流出的关键因子,帮助企业自动生成资金计划,包括销售回款、采购付款、内部调拨、贷款融资、盈余投资预测等,动态规划资金使用,保障经营用款及时支付,促进资金分配和资本结构优化。

结合公司整体资金运用策略和业务实际需求,从价值链出发,重点分析经营过程中公司经营活动与资金波动情况,建立流动性风险监控指标体系,设计风险监测模型,实时监测、分析、预警流动性风险因素,协助企业管理资金流波动,确保配置平衡。

例如,某大型电力企业搭建了集团企业收款结算平台,采集财务、营销电费收入等历史数据,综合考虑电费发行、交费行为、资金到账规律、电力消费趋势、人口及经济增速等影响因素,结合利用 Holt-Winters 时序预测模型、XGBoost＋随机森林融合模型等多种数据模型分析,并通过历史数据滚动验证、优化模型参数,实现对月电费、日电费到账金额的精确预测,从而使系统自动预测每日电费收入,让企业从原有的"月度管理"变为"按日排期",进一步加强现金流预算过程管控,细化管理维度,提升资金统筹平衡能力和管理创效能力。图 1-1 所示为该大型电力企业电费收入智能预测数据交互图。

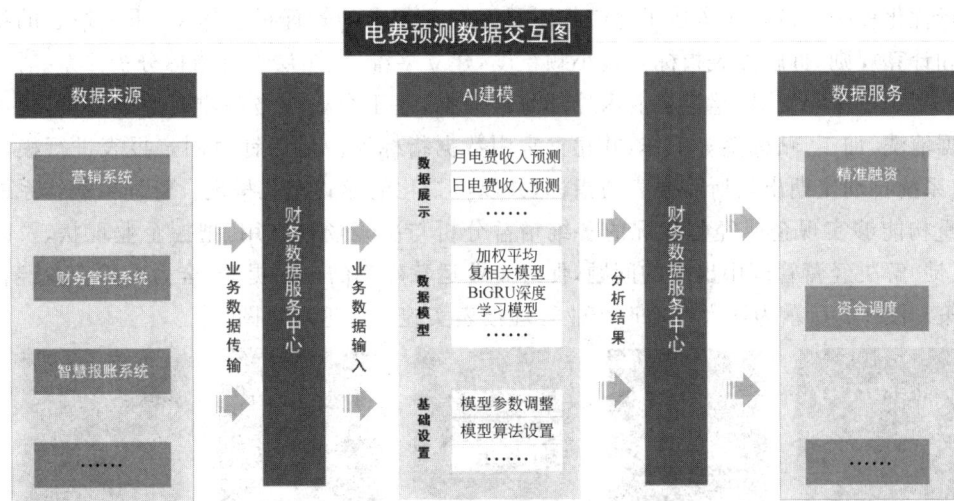

**图 1-1　某大型电力企业电费收入智能预测数据交互图**

## 五、预算及绩效管理

企业通常会基于对未来经营情况的预测,对企业资源进行规划与分配,同时会根据经营预测的结果设定经营目标,对所分配资源产生的效益进行评价与控制。然而,财务在制定目标和调整区间时总是缺乏依据,难以建立科学的预测机制,且预算编制工作依赖于财务人员手工完成,无法保证预算编制的质量与时效。

某汽车生产制造企业针对这一痛点搭建了灵活、敏捷的经营预测体系,汇总、梳理所有预算指标与规则,将业务流程模型化,并利用机器学习技术对预算模型展开大量训练,推演出最优的预算模型。后将预算计划嵌入采购平台等前端平台,订单下达时预算控制立即运行,同时,在自动化预警机制下,系统可实时追踪预算的执行情况,做到事前、事中有效控制预算。最后,基于预算数据和执行数据的自动采集与计算,系统将自动出具预算分析报告,且以报告信息为依据,构建适用于多业务线的绩效模型,计算出绩效考核结果,并以评价或激励的形式及时反馈,科学、高效地实现企业业绩改善。

## 六、多维经营分析

业务多样化、管理多元化逐渐成为现代企业发展的趋势,企业通常利用管理报表监控战略的执行情况,把握企业经营现状。然而,由于企业现存的一些痛点导致企业无法从管理报表中获取有效信息以支撑决策。

信息系统:信息系统繁多复杂,系统内部缺乏对接,数据信息难以贯通共享,同类业务多系统并存,无法支撑报表自动生成。

内部管理:组织管理层级多,内控管理制度不完善,沟通决策链条长,管控力度不够。

管理报表:报表数量多、质量低,存在数据缺失、填报口径不一致等问题,无法反映企业真实的运营状况。同时,报表由人员手工编制,耗时耗力,且难以保障报表的信息质量。

某大型地产企业为满足企业管理需求,以数据驱动经营决策为目标,将现有管理报表体系进行优化重构。该企业搭建了适应集团层面管理需求的管理报表体系,明确报表的指标含义和计算规则,拆解报表指标至最小颗粒度,建立多维度、多层次的指标分析体系。同时,利用数字化技术与工具,整合企业内外部海量数据,基于企业战略搭建模型展示表,进而开展数据清洗、加工、贴标签等工作,并建立常用数据指标库。最后针对固定报表进行模板配置,由系统自动定期出具所需报表与指标,并以可视化的形式直观呈现。管理报表体系的数字化重构能够实现企业经营状况的多维精益分析与决策场景应用,把握企业现状,及时监控、反馈、解决经营管理中出现的问题,促进企业运营效率的全面提升,全力支撑企业经营管理决策。图 1-2 所示为该大型地产企业管理报表实施方法论示意图。

图 1-2　某大型地产企业管理报表实施方法论示意图

**拓展训练**

项目一即测即评

**思行合一**

文档：2024年提升全民数字素养与技能工作要点

文档：ChatGPT的科技伦理问题及法律治理

# 项目二

# 数字化财务管理理论演变

## 教学目标

**知识目标：**

1. 能陈述财务管理的历史演变；
2. 能说明财务管理数字化转型的趋势；
3. 能描述财务管理数字化转型路径。

**能力目标：**

1. 能举例说明财务管理数字化转型的驱动因素；
2. 能分析财务管理数字化转型的技术支持。

**素养目标：**

1. 培养理论联系实际的工作作风；
2. 培养科学严谨的工作态度；
3. 培养高度的职业责任感；
4. 提高企业财务管理数字化转型必然性的意识；
5. 提高财务管理数字化转型事关提升企业竞争力和推动社会进步的意识。

## 引导案例

国药集团一致药业股份有限公司是中国医药集团、国药控股股份有限公司的核心企业，致力于为客户提供高品质的医药产品和智慧健康服务，打造领先的国际化医药健康服务平台。

伴随着数字化时代的到来，数字化转型成为其业务发展和财务管理的必然选择。长期以来，国药集团、国药控股非常重视和支持财务数字化转型工作，通过数字化财务管理赋能企业发展，能够更好地发挥财务管理效能，创造财务价值，目前已形成数字化转型的财务管理基础。

近年来，鉴于业务复杂性的增加，国药一致开始启动财务共享项目建设，整个财务共享中心的建设路径分为以下三个阶段。

第一阶段是专业服务平台建设（2018—2019年）。这一阶段从业务流程优化与再造入手，打造全财务流程优化与再造。

第二阶段是业财融合平台建设（2020—2023年）。搭建以业财管控一体化为核心的共享平台，实现业财融合，增强共享体系的风险管控、资源协同和经营决策分析能力。

第三阶段是智能化平台建设(2023—2024年)。一方面挖掘大数据价值,为营销、采购、运营质量提升赋能,为决策提供支持;另一方面通过人工智能技术优化财务管控能力。

从国药一致的财务数字化转型历程看,从碎片化应用、信息孤岛(如 CMS、财务系统、BMS、返利系统、RPA 等),到将供应链、财务等系统连接起来,解决内部应用,打通业务前端到后台管理端的数据链,最后到将核心企业与上下游供应商连接起来,形成产业生态网,企业间相互赋能,资源共享,同时利用大数据、云计算等数字化技术,挖掘数据价值,对决策起到支持作用,提升经营分析、洞察商机、预测未来的能力,最终为企业创造价值。

资料来源:https://xueqiu.com/1604751671/177648910.

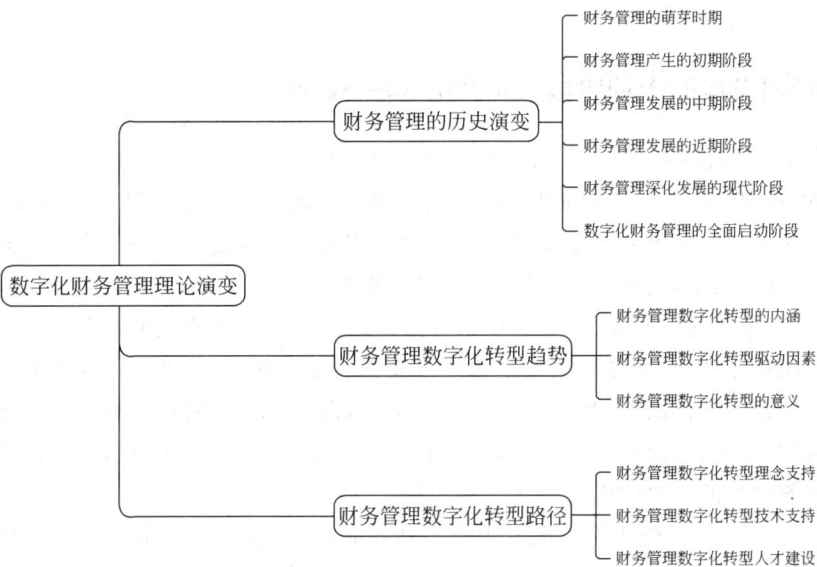

### 知识导图

```
                                          ┌── 财务管理的萌芽时期
                                          ├── 财务管理产生的初期阶段
                        ┌─ 财务管理的历史演变 ├── 财务管理发展的中期阶段
                        │                 ├── 财务管理发展的近期阶段
                        │                 ├── 财务管理深化发展的现代阶段
                        │                 └── 数字化财务管理的全面启动阶段
                        │
 数字化财务管理理论演变 ─┤                 ┌── 财务管理数字化转型的内涵
                        ├─ 财务管理数字化转型趋势 ├── 财务管理数字化转型驱动因素
                        │                 └── 财务管理数字化转型的意义
                        │
                        │                 ┌── 财务管理数字化转型理念支持
                        └─ 财务管理数字化转型路径 ├── 财务管理数字化转型技术支持
                                          └── 财务管理数字化转型人才建设
```

# 任务一  财务管理的历史演变

财务管理(financial management)作为一门独立的学科,最早产生于 19 世纪末,发展于 20 世纪。美国学者托马斯·格林(Thomas L. Greene)于 1897 年出版《公司理财》,标志着财务管理学科的诞生。特别是在 20 世纪中期,随着生产规模的不断扩大,金融市场的逐步完善,计算手段的迅速发展,财务管理的理论和方法也取得了令人瞩目的成果。财务管理发展至今,大体上经历了以下几个阶段。

微课:财务管理的发展历程

## 一、财务管理的萌芽时期(15 世纪末—19 世纪末)

企业财务管理大约起源于 15 世纪末、16 世纪初。当时西方社会正处于资本主义萌芽时期,商业股份经济的发展客观上要求企业合理预测资本需要量,有效筹集资本。但由于这时企业对资本的需要量并不是很大,筹资渠道和筹资方式比较单一,因此企业的筹资活动仅附属于商业经营管理,并没有形成独立的财务管理职业,这种情况一直持续到19世纪末20世纪初。

## 二、财务管理产生的初期阶段(19世纪末—20世纪20年代后期)

自19世纪末,伴随着科技革命的蓬勃发展和生产规模的不断扩大,股份公司迅速发展起来,并逐渐成为占主导地位的企业组织形式。股份公司的发展不仅引起了资本需求量的扩大,而且也使筹资的渠道和方式发生了重大变化,企业筹资活动得到进一步强化。许多公司纷纷建立了一个新的管理部门——财务管理部门,财务管理开始从企业管理中分离出来,成为一种独立的管理职业。当时公司财务管理的职能主要是预计资金需要量和筹措公司所需资金,融资是当时公司财务管理理论研究的根本任务。因此,这一时期称为融资财务管理时期或筹资财务管理时期。

## 三、财务管理发展的中期阶段(20世纪30—50年代)

1929年爆发的世界性经济危机和20世纪30年代西方经济整体的不景气,造成众多企业破产,投资者损失严重。为保护投资人利益,西方各国政府加强了证券市场的法制管理。此时财务管理面临的突出问题是金融市场制度与相关法律规定等问题。财务管理首先研究和解释各种法律、法规,指导企业按照法律规定,组建和合并公司,发行证券以筹集资本。因此,西方财务学家将这一时期称为"守法财务管理时期"或"法规描述时期"。

此时处理企业破产、恢复和发展企业经济实力便成为财务管理的主要任务。其研究的重心也不再是企业的扩展,而是企业的生存。这时,西方各国政府要求财务信息不仅用于企业内部,也要对外公布,使企业外部人员可根据公布的有关信息进行财务分析,因而使证券管理这一财务管理的主要职能得到进一步发展。

20世纪30年代后,财务管理的重点开始从扩张性的外部融资,向防御性的内部资金控制转移,各种财务目标和预算的确定、债务重组、资产评估、保持偿债能力等问题,开始成为这一时期财务管理研究的重要内容。

## 四、财务管理发展的近期阶段(20世纪50—70年代)

20世纪50年代以后,面对激烈的市场竞争和买方市场趋势的出现,财务经理普遍认识到,单纯靠扩大融资规模、增加产品产量已无法适应新的形势发展需要,财务经理的主要任务应是解决资金利用效率问题,公司内部的财务决策上升为最重要的问题,西方财务学家将这一时期称为"内部决策时期"。

20世纪50年代后期,对公司整体价值的重视和研究是财务管理理论的另一显著发展方向。实践中,投资者和债权人往往根据公司的盈利能力、资本结构、股利政策、经营风险等一系列因素来决定公司股票和债券的价值,由此,资本结构和股利政策的研究受到高度重视。

在此期间,资金的时间价值引起财务经理的普遍关注,以固定资产投资决策为研究对象的资本预算方法日益成熟,财务管理的重心由重视外部融资转向注重资金在公司内部的合理配置,使公司财务管理发生了质的飞跃。由于这一时期资产管理成为财务管理的重中之重,因此称之为资产财务管理时期。

### 五、财务管理深化发展的现代阶段（20世纪70年代—21世纪初）

20世纪70年代末，企业财务管理进入深化发展的新时期，认股权证、金融期货等广泛应用于公司筹资与对外投资活动，推动财务管理理论日益发展和完善。

20世纪70年代末和80年代初期，西方国家大规模的持续通货膨胀导致资金占用迅速上升，筹资成本随利率上涨，有价证券贬值，企业筹资更加困难，公司利润虚增，资金流失严重。严重的通货膨胀给财务管理带来了一系列前所未有的问题，因此这一时期财务管理的任务主要是应对通货膨胀。

20世纪80年代中后期以来，进出口贸易筹资、外汇风险管理、国际转移价格问题、国际投资分析、跨国公司财务业绩评估等成为财务管理研究的热点，并由此产生了一门新的财务学分支——国际财务管理。

20世纪80年代中后期，拉美、非洲和东南亚发展中国家陷入沉重的债务危机，苏联和东欧国家政局动荡、经济濒临崩溃，美国经历了贸易逆差和财政赤字，贸易保护主义一度盛行。这一系列事件导致国际金融市场动荡不安，使企业面临的投融资环境具有高度不确定性。因此，企业在其财务决策中日益重视财务风险的评估和规避，财务风险问题与财务预测、决策数量化受到高度重视。

随着数学方法、应用统计、优化理论与电子计算机等先进方法和手段在财务管理中的应用，公司财务管理理论发生了一场"革命"。财务分析向精确方向飞速发展。20世纪80年代诞生了财务管理信息系统。

20世纪90年代中期以来，计算机技术、电子通信技术和网络技术发展迅猛，相应地，财务管理开始研究电子货币系统、数字签章、电子凭证等新技术，研究电子商务对财务理论与实务的影响及相应策略。

到了21世纪初，企业财务作为一门用来控制资金运动的科学，正以系统论、信息论和控制论等横断科学的新成就来重新武装自己，特别是运用计算机辅助决策系统进行财务决策，使财务管理的发展更加科学和完善。

### 六、数字化财务管理的全面启动阶段（21世纪初之后）

如今，大数据、云计算、云共享、区块链、人工智能等数字技术正在重塑整个社会的形态与结构，并以不可逆转的势头推动整个社会经历着数字化变革。国家高度重视数字化发展，明确提出数字中国战略。数字化转型成为企业高质量发展的关键引擎。促进财务管理数字化转型，是深入推进数字中国战略的现实需要和重要途径，也是我国财务管理改革发展的主要方向和重要任务。新技术的应用，给企业财务管理工作带来了全新启发，使企业财务管理工作逐步走向综合化、智能化、电子化和垂直化，有效提高了财务管理质量。

## 任务二　财务管理数字化转型趋势

当前，数字化、智能化技术的发展给各行各业带来了重大的机遇和挑战，尤其是在财务管理领域，数据驱动的财务管理转型是企业提升财务管理水平，实现战略目标的重要途径。

财务管理要适应数字经济时代的新要求,就必须通过变革来实现转型。数字经济时代,企业面临的市场竞争环境日益复杂多变,对企业运营效率和风险管控提出了更高的要求,企业只有通过转型才能实现更高质量的发展。因此,财务管理转型是各类企业实现高质量发展的必由之路及必然选择。

## 一、财务管理数字化转型的内涵

财务管理数字化转型可以理解为:以价值为导向,利用数字化技术改变财务组织内部结构形态、运转模式、思维观念等,建立以数据为核心的管理体系,可以实现财务管理活动从衡量价值转变为创造价值的战略变革过程。数字技术的迅猛发展,急需财务管理深入探索管理模式优化转型,加快推动业务流程的创新和重新构造,实现数字化转型升级和财务资源的合理配置,提升内部管控能力,以适应公司战略,这也是企业未来发展的必由之路。

企业数字化转型不仅需要技术的创新应用,还需要进行发展理念、组织架构、业务模式、经营方法等全方位的转变,是一个包含战略转型的系统化工程。加强顶层设计是企业数字化转型的第一步,可以为抢抓数字化发展先机、加速转型变革提供指导性、全局性的方略。数字化转型的关键点包括以数据为基础、利用信息技术、创造新价值。需要注意的是,数字化不等同于信息化,企业的数字化转型,既需要充分利用大数据、智能技术、移动技术、物联网、云技术等新兴手段,还需要进行流程的重构和管理的创新。唯有如此,财务人员的职能才能从传统的"会计信息提供者"升级成为创造价值的"会计信息使用者"。

综上所述,财务管理的数字化转型是历史潮流,是财务管理活动从衡量价值转变为创造价值的战略变革过程,是产业变革、深化供给侧结构性改革的需要,可以打破"信息孤岛"现象,不仅需要模型的搭建、算力的提升、软硬件的优化,更需要新时代下的新发展理念、组织模式、业务流程、经营战略、人员智能等全方位的转型。

## 二、财务管理数字化转型驱动因素

### (一)外部驱动因素

#### 1. 接轨数字经济时代

近年来,国家大力发展数字经济,促进数字经济与实体经济深度融合发展,数字经济规模由 2005 年的 2.6 亿元增长至 2023 年的 53.9 万亿元,总量稳居世界第二。2023 年我国数字经济规模占 GDP 比重为 42.8%,2024 年数字经济核心产业增加值占 GDP 比重 10% 左右,数字经济成为稳增长促转型的重要引擎。数字经济已经成为当前最具活力、最具创新力、辐射最广泛的经济形态。因此,企业财务管理实施数字化转型成为与数字经济时代接轨、适应数字经济时代发展的必然趋势,财务管理数字化转型成为当前企业财务必须面对的现实问题。

微课:财务管理数字化转型的驱动因素

#### 2. 满足数字监管及治理需要

当前,现代信息技术赋能国家治理现代化,信息化和智能化为治理思维的转变提供了重要条件,并为治理方式的转变提供了可行路径,国家积极拓展数字化治理方向领域。例如,税务部门推出电子发票和电子税票,人民银行试点数字货币,财政部、国家档案局联合规范电子会计凭证的报销入账归档、居民个人信息数字化管理等,一系列的数字化技术和手段在

实体经济中的应用,进一步推动了企业财务管理的数字化转型。

### (二)内部驱动因素

#### 1. 提升企业管理效率的需要

数字经济时代下,数字化技术产业逐渐成熟,为企业信息化建设提供了强有力的技术支撑。例如,企业通过实施银企直联技术,减少资金管理多节点切换带来的时间消耗,同时减少人工操作产生的不稳定失误,提升资金管理效率;企业可以通过财务 RPA 实施自动对账并自动生成财务报表,减少人工操作带来的错漏,优化流程,提升管理效率。信息技术的发展推动了企业财务管理对数字化技术的应用,进一步推动企业财务管理数字标准化的建立,优化企业业务流程,提高业财融合的程度,提升企业财务管理信息质量。

#### 2. 挖掘企业价值增值的需要

当前,随着信息技术的飞速发展,企业面临的内外部环境瞬息万变,企业要创造价值,就需要快速对内外部各种变化做出精准而有效的决策,进而需要实时、精准、动态的数据信息支持。而通过实施财务管理数字化转型,进一步拓展和挖掘数据采集和数据治理技术,规范数据标准和定义数据维度,搭建开放的管理会计体系,可以为企业提供实时、动态的数据分析,进而满足企业多维、动态的现实管理需求,助力企业战略决策,推动企业价值增值。

#### 3. 降低企业运营成本的需要

企业实施财务管理数字化转型,能通过采集和整理企业各项业务基础数据,梳理数据加工流程、优化数据处理模式,建立自动化和智能化的业务数字化处理模式,通过批量数据处理实现规模经济,运用信息系统加大对非工作时间的利用,减少人工重复基础性工作带来的资源低效投入,并因此降低重复劳动人员的劳动要素购买成本和人员管理成本,降低运营成本。同时,通过实施财务管理数字化转型,实现业务线上办理,改变部分业务必须到达指定地点与场景才能实现的传统模式,减少企业在差旅、服务采购等方面的支出。

## 三、财务管理数字化转型的意义

#### 1. 促进由财务核算向管理会计转型

在"互联网+"共享经济背景下,如何更好地服务客户、激发员工潜能、降低全流程运营成本,成为财务管理工作的重点内容与方向。通过数字化系统进行数据、信息的采集存储、分析挖掘,有利于提升财务管理工作效率,同时从传统的账务核算中解脱出来,通过数字化的共享平台,让全员都能获取数据、读懂数据、使用数据。利用云技术、大数据等手段,实现各类数据的采集、分析,为管理会计的应用提供良好的支撑。

#### 2. 提升数据分析与挖掘质量

深度挖掘数据背后的价值,服务企业内部的各职能部门,尤其是服务企业的管理决策、促进财务管理工作的精细化。数字化转型可以提高分析的广度和深度,有效改变企业模块分析的现状,把各部门的数据放在一个平台上进行分析,决策更加积极有效,为智能决策的发展创造良好的条件。

#### 3. 优化企业内控环境

在数字经济迅速发展的背景下,越来越多的行业引入数字化、智能化理念,旨在借助数字化技术提升管理效率,创造更大的经济价值。财务管理工作的数字化转型,实质是追求管理效率的提升,将数字化思维模式融入财务管理中,促进财务管理工作的精细化,通过信息数据共享,调动全员参与到财务管理工作中。

　　4. 加强企业财务内部控制

　　财务管理数字化转型能够对企业财务内控体系进行完善,在大数据支持下,财务数字化体系能够对财务信息进行精准、全面、快速的获取,从而针对企业的经营、投资、决策等进行全面的控制,在建立良好内部环境的同时做好财务风险的识别及判断,以此来对企业运营中的不确定性因素进行有效处理。财务数字化体系也能有效地提高财务工作的严谨性和科学性,减少引发财务风险的内部因素,使企业能够实现良性发展。

# 任务三　财务管理数字化转型路径

## 一、财务管理数字化转型理念支持

　　"大智移云物"等数字技术正以不可逆转的势头推动整个社会经历着数字化变革。国家高度重视数字化发展,明确提出数字中国战略。数字化转型不仅是企业间竞争的关键领域,也将成为我国构建竞争优势、夺取行业发展主导权的重要领域,并成为企业高质量发展的关键引擎。促进财务管理数字化转型,是深入推进数字中国战略的现实需要和重要途径,也是我国财务管理改革发展的主要方向和重要任务。

　　1. 促进企业财务管理快速发展

　　新技术的应运而生,使企业的生产经营实现了便利和高效,也为企业的经营发展创造了发展良机。一方面有效推动了财务管理效率大幅提升。新技术的运用,使企业创新财务管理有了新理念和新思路。企业财务管理人员运用新技术手段,传统的财务管理工作量大幅度减少,财务管理工作效率大大提高。另一方面有效促成了财务管理质量大提档。新技术的应用,给企业财务管理工作带来了全新启发,使企业财务管理工作逐步走向了综合化、智能化、电子化和垂直化,有效提高了财务管理质量。例如,在数字化背景下,财务管理软件与财务管理工作有机融合,让财务管理工作渗透到企业活动的各个方面、各大领域,促进了财务管理的综合化、智能化,使财务管理人员对企业经营发展状况了如指掌,进而为企业决策提出指导性意见和建议。又如,在构建局域网络平台的同时,全面收集、分析数字化背景下企业的各项经营信息,推动企业财务管理电子化,确保财务信息真实准确。再如,在数字化背景下,借助互联网和信息化手段,对企业的各种活动进行全方位的管理和监控,推动了财务管理的垂直化,促进了财务管理的有效性和时效性。

　　2. 促进企业财务管理优质发展

　　"大智移云物"等数字技术在为企业高质量发展提供全新思路的同时,也为企业的优质发展提出了新挑战和新要求。首先,财务管理制度机制需要重新构建。数字化背景下的企业财务信息来源更加广泛,需要企业及时重建财务管理内控体系,重塑适应新技术时代企业财务管理广度和深度延伸、快速高效完成财务数据信息处理的财务管理制度和机制。其次,要对财务管理方式手段进行重构。数字化背景下,企业财务管理环境发生了显著变化,传统管理方式和手段无法满足当前企业管理和发展的需要,甚至制约企业的发展。这就需要企业重构财务管理的方式和手段。最后,要重塑财务信息安全防控体系。数字化背景下,随着企业财务信息共享水平的提升,财务信息安全维护工作难度增加,这需要企业重塑信息安全防控系统。例如,大数据技术增加了企业数据传输的风险和存储风险,需要企业建立各种加密算法,以确保数据安全。

**3. 促进企业高质量发展目标的实现**

企业财务管理数字化转型的成败直接影响企业高质量发展目标的实现。

(1)企业财务管理数字化转型,与决策层的支持和决心密不可分。企业决策层如果能正视新技术的价值,意识到财务管理数字化转型的意义和重要性,就能很好地依托新技术推动财务管理创新,就能从新技术中快速找准航道、发掘商机、引领企业未来的发展。

(2)数字化背景下,数据应用广度、深度的有效拓展,对企业经营发展以及财务管理产生了深远影响。这就要求企业财务管理人员在财务管理工作中,正视大数据、人工智能等新技术对企业经营、财务管理的价值和作用,转变工作理念,树立"大财务"思维,以大数据、人工智能等新技术为依托,努力实现企业财务管理的信息化、智能化、数字化,开拓企业新局面。

(3)数字化背景下,企业财务管理人员不仅应拥有传统的财务管理、会计、数据处理等综合素质,还应拥有新知识、新技术及应用能力,通过全面提升财务人员的数字素养,让其成功实现角色转变和定位,使其成为企业运营系统中的得力助手。

(4)新技术的应用给企业财务管理工作带来了新挑战。企业财务管理人员要不断强化利用新技术进行财务管理的意识,及时转变财务管理方式,助力企业健康发展。要打破传统财务管理思维定式,以价值创造、资本运作与专业化发展为导向,积极构建财务管理思维模式。

(5)要革新传统财务管理模式,运用新技术,推动企业财务管理模式向管理型、智慧型、"大财务"管理模式转变,实现业务管理与财务管理的深度有机融合。企业可以根据实际情况,积极探索并科学应用财务共享服务模式,建立合理的共享沟通机制,为企业有效降低生产成本,提高管理效率,搭建合适的共享服务平台。

(6)完善的财务管理平台与制度是企业财务管理在数字化背景下实现创新发展的基础条件。企业要认识到搭建新型财务管理平台、加快完善新型财务管理制度的必要性和紧迫性;要切实做好顶层设计工作,搭建与新技术相匹配的财务管理平台、构建与新技术相适应的财务管理体系,充分发挥财务管理效能,扎实提升企业核心竞争力。例如,对于分、子企业较多、合并口径较大的企业,要及时引进最新的财务管理平台,加快资金结算中心和财务共享中心建设,重构财务管理内控制度,重设财务管理流程。又如,企业要完善系统硬软件安全制度、数据定期备份制度以及定期检查监控制度等。

(7)数字化背景下,企业财务管理应以规避风险为前提,不断健全财务风险管理机制。首先,建立财务风险预警与防控机制。企业要制订有力的风险防范措施,建立健全风险预警机制,切实防范财务风险。其次,建立资金使用机制。对于大额资金的使用,企业要有规范的管理方式和流程。应经过集体讨论、可行性分析、领导层审核批准方能使用,以降低资金使用风险。再次,建立专家参与企业治理机制。企业应聘请风险管理服务机构的专家参与企业治理,让专家对企业拟开展项目的风险要素进行科学预测,挖掘潜在的、可能出现的风险点,并针对这些风险点制订强有力的风险防控方案。最后,通过对财务人员进行信息安全培训,进一步强化他们的信息安全意识,提高他们的财务风险敏感性,避免财务信息的不经意外泄。通过健全机制,持续提升企业财务管理抗风险能力,全面实现新技术下企业财务管理创新目标,最终实现企业价值的全面提升。

数字化技术为企业运营发展带来了全新的机遇与挑战,实现财务管理数字化转型是企业财务管理改革与创新的必然趋势,努力强化决策层依托新技术推动财务管理数字化转型意识,奋力转变企业财务管理人员工作理念,全力创新财务管理方法,大力完善财务管理平台制度,着力健全财务风险预警与规避机制,只有这样,企业才能高质量地发展。

## 二、财务管理数字化转型技术支持

财务管理是企业管理的中心,是企业实现基业长青的重要基础和保障。财务数字化转型是建设世界一流财务管理体系的核心动力,也是未来财务发展的必然趋势。随着大数据、云计算、物联网、人工智能、区块链、数字孪生、机器人、移动互联网等新一代数字技术在各行各业的应用不断深化,技术已经成为重塑企业、驱动企业财务数字化转型的最强大的力量。

微课:财务管理数字化转型技术支持

### 1. 大数据技术

大数据技术通过对大量的数据进行分析、挖掘、筛选、运用,完成了数据到数据资产,再从数据资产到产业增值的转变。例如,北京公交一卡通每天产生 4 000 万条刷卡记录,分析这些刷卡记录,可以清晰了解北京市民的出行规律,有效改善城市交通拥挤状况。这 4 000 万条刷卡数据,通过"存储""计算""智能"完成对数据的加工和支撑,进而实现数据的增值。

### 2. 云计算技术

大数据需要特殊的技术,用于有效处理大量的数据。可以说,大数据相当于海量数据的"数据库",云计算相当于计算机和操作系统,将大量硬件资源虚拟化后再进行分配使用。云计算凭借其敏捷性、拓展性、可靠性、成本低等优点被大家接受,是大数据等技术的有力基础支撑。从整体来看,云计算未来的趋势是作为计算资源的底层,支撑上层的大数据处理。而大数据的发展趋势是实时交互式的查询效率和分析能力,"动一下鼠标就可以在秒级操作PB 级别的数据"。

### 3. 物联网技术

物联网,顾名思义"万物皆可联网",通过信息传感设备,按约定的协议,将任何物体与网络相连接,物体通过信息传播媒介进行信息交换和通信,用于实现智能化识别、定位、跟踪、监管等功能。如今的智能家具、智能汽车、智能医疗、智能制造、智能农业、智能交通等数字化应用场景中都离不开物联网技术。物联网技术是打破"数据孤岛"的重要基础,打破之前数据在哪里产生就在哪里消失的尴尬状况,在数字化转型中充当非常重要的一环。

### 4. 人工智能技术

人工智能技术主要包括感知、理解和行动三个层面,可以实现计算机视觉和图像处理、语言处理、机器学习等技术能力,目前企业中已有语音助理、机器人流程自动化(RPA)等应用。

### 5. 区块链技术

区块链技术是一种数据存储架构,在点对点连接的系统中它将人们的交易记录分布式地存储在各种记录中。基于区块链的连通性、安全性的智能合约,让企业的数字化交易更加安全,帮助企业构建数字化生态。

### 6. 数字孪生技术

数字孪生就是利用数字化技术将物理世界搬到虚拟网络。本质是数字化模型,该模型通过传感器随时获取真实物体的数据,并随之一起演变、成熟甚至衰老。数字孪生技术是一个多学科集成技术,未来一定是企业数字化转型的核心技术。

　　7. 机器人技术

　　机器人已经在制造企业中应用非常广泛,它们代替或协助人们完成各种繁重的、枯燥的、危险的、有毒的、有害的工作。除制造行业外,机器人还广泛应用在资源勘探、能源开发、救灾排险、物流服务、航空航天等领域并发光发热。

## 三、财务管理数字化转型人才建设

　　财务人才建设是企业提升财务管理水平强有力的支撑。随着我国加速推进中央企业数字化转型升级,财务管理模式不断变革发展,这对财务人员的履职能力和创新意识都提出了新的要求。2022 年 3 月,国务院国资委印发了《关于中央企业加快建设世界一流财务管理体系的指导意见》,明确提出要完善面向未来的财务人才队伍建设体系,并给出了相应的工作指引,如健全人才管理全流程机制,建立健全多层次财务人才培养培训体系,重视财务管理人才评价体系,强化人才工作文化氛围等。唯有在人才梯队建设、人才能力培养、人才结构优化等多方面发力,才能打造出综合型、专业化财务人才队伍,全力支撑中央企业持续健康发展。

链接:《关于中央企业加快建设世界一流财务管理体系的指导意见》

　　人才是创新的基础,知识是创新的动力。技术和知识必须结合起来,知识和创新必须齐头并进。除业务能力外,财务人员还应具备管理能力、信息技术知识、业务概况和业务战略知识,成为兼具会计、信息化、管理、金融等领域知识的综合性人才,在业财融合、财务预测、损益分析、提质增效等方面不断提升其专业价值。

　　基于此,财务管理数字化转型过程中的财务人才建设,可以分为三个层次,分别对应不同的管理要求。

　　1. 财务数字化管理人才

　　财务数字化管理人才作为数字化转型的领导力量,负责财务数字化战略的落地与实施。财务数字化管理人才需要深入理解数字化的商业价值,并将数字化内化为财务管理理念、方法,在转型过程中塑造成为数字化变革的领导力。

　　具体而言,财务数字化管理人才需要制定财务数字化转型战略规划,统筹各环节数字化组织体系建设,根据转型领域灵活配置数字化人才;着手规划建设各类财务人员人才培养体系,多方式、多渠道有针对性地定期组织培训,培养各类财务人员的系统性思维,打造学习和实践相结合的财务组织,抓好、用好新上项目的机会,让更多的财务人员参与其中,在实践中快速成长。

　　2. 财务数字化应用人才

　　应用人才是数字化转型的创新力量。企业的数字化转型归根究底是要服务于业务增长,需要数字时代的业务管理者及业务骨干加强跨领域的数字化应用能力创新与培养,围绕客户价值推动业务价值链重构。

　　财务数字化应用人才不一定要完全精通信息化建设的专业技术,但是要掌握工具。第一,财务人员天生具有数据思维,用客观的数据说话是财务人员的习惯。第二,企业里 Excel 用得最好的也是财务人员,尽管用好 Excel 不能说明其数字化能力有多强,但却有了用好数字化工具的基础。

　　未来的财务数字化应用人才应充分理解 RPA、AI、低代码等数字化技术在财务领域的应用场景,能够将数字化作为实现业财融合的关键手段,实现智能技术与财务场景的融合与创新。

　　3. 财务数字化技术人才

　　技术人才是财务数字化转型的支撑力量,能帮助财务聚焦技术专业能力建设,助力企业建立领先的财务数字化平台,掌握运营管理系统、数据中台的搭建以及平台架构等技术,能够进行敏捷开发、低代码开发,支撑数字化转型的实现。当然,具备对业务的深刻理解、能进行跨领域技术融合成为数字时代对专业技术人才的基本要求。

　　数字经济时代,企业管理和财务管理面临更多的挑战和机遇。企业应积极抓住外部机遇,改变、完善管理模式和财务管理。不断加强财务人员自身素质,全面提高工作能力,以此来更好地促进企业数字化管理和财务管理,更好地支持企业发展和促进可持续发展。

## 拓 展 训 练

项目二案例分析题

## 思 行 合 一

链接:国家电网数智化财务管理新模式,致力创建世界一流财务管理体系

# 财务管理基础认知

## 教学目标

**知识目标：**

1. 能陈述财务管理的内容、活动、原则，以及数字化财务管理的特点；

2. 能陈述财务管理目标的主要观点及优缺点；

3. 能描述财务管理基本价值观念；

4. 能解释财务管理风险、财务管理环境、财务管理环节。

**能力目标：**

1. 能区别企业的财务管理活动；

2. 能说明每种财务管理目标的适用性；

3. 能实践财务管理基本价值观念。

**素养目标：**

1. 培养理论联系实际、实事求是的工作作风；

2. 培养科学严谨的工作态度；

3. 明确树立目标对人生发展的重要作用；

5. 提高财务管理事关企业健康发展和社会和谐发展的意识；

6. 增强"理性消费、防范风险"的意识。

## 引导案例

随着大数据、人工智能等技术的广泛应用，财务风险管控有了更先进的算法、模型和工具。借助监督式学习算法、知识图谱等技术，把人类具有的直觉推理加以形式化或机器模拟，可以大量处理会计信息、供应商管理审查信息、应收账款账龄信息等，对财务风险形成预判能力。

通过建立数学模型对不同风险因素进行组合分析，使企业能够在较短时间内迅速识别潜在风险并进行精确的量化分析，进而实现对财务风险的及时控制。此外，根据大数据的分析结果设立预警指标与临界指标，还可提醒管理者在财务风险发生前就做出应对措施。

德勤认为机器学习可以解读财务人员对于风险的反应方式，因而在没有反馈或干预的情况下自主采取行动，根据持续的信息流快速反应，进而降低财务风险，使财务不需要在人的干预下就可以自主驱动智能工具，实现无人化的风险管控。

阿里巴巴为了保持现金流的稳定性和充足性,防止现金流风险,建立了大数据财务风险预警体系,将产生财务风险的内外部经营环境等抽象因素数据化,利用大数据处理技术对各种风险因子异常变化情况进行识别,任何涉及现金流的风险因子出现异常,预警体系都能够基于大数据分析处理进行主动识别,并预警潜在的现金流风险,通知管理人员及时进行风险的管控。

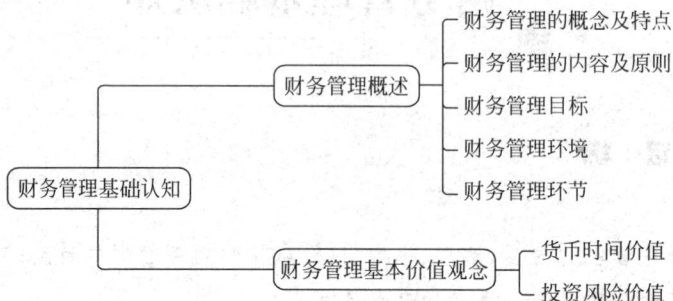

### 知 识 导 图

```
                                    ┌─ 财务管理的概念及特点
                                    ├─ 财务管理的内容及原则
                    ┌─ 财务管理概述 ─┼─ 财务管理目标
                    │               ├─ 财务管理环境
财务管理基础认知 ────┤               └─ 财务管理环节
                    │
                    └─ 财务管理基本价值观念 ─┬─ 货币时间价值
                                            └─ 投资风险价值
```

# 任务一    财务管理概述

## 一、财务管理的概念及特点

财务管理是商品经济条件下企业最基本的管理活动,一般指企业为实现良好的经济效益,在组织企业的财务活动、处理财务关系过程中,所进行的科学预测、决策、计划、控制、协调、核算、分析和考核等一系列管理工作的全称,其主要特点是对企业生产和再生产过程中的价值运动进行管理,是一项综合性很强的管理工作。

微课:财务
管理的概念
及特征

数字经济时代,财务管理数字化转型已势在必行。因此财务管理也从传统的管理企业经济活动转为以价值为导向,利用数字技术改变财务组织内部结构形态、运转模型、思维观念等,建立以数据为核心的管理体系,以实现财务管理活动从衡量价值转变为创造价值的战略性管理活动。

1. 传统财务管理的特点

财务管理作为一种价值管理,主要利用资金、成本、收入、利润等价值指标,运用财务预测、财务决策、财务预算、财务控制、财务分析等手段来组织企业中价值的形成、实现和分配,并处理这种价值运动中的经济关系。财务管理的特点主要体现在以下几个方面。

(1)涉及面广。就企业内部而言,首先,财务管理活动涉及企业生产、供应、销售等各个环节,同时,财务管理部门本身为企业生产管理、营销管理、质量管理、人力物资管理等活动提供及时、准确、完整、连续的基础资料。其次,在市场经济条件下,企业在市场上进行融资、投资以及收益分配的过程中与各种利益主体发生着千丝万缕的联系。

(2)综合性强。现代企业制度下的企业管理是一个由生产管理、营销管理、质量管理、技术管理、设备管理、人事管理、财务管理、物资管理等诸多子系统构成的复杂系统。财务管理作为一种价值管理,是一项综合性强的经济管理活动,渗透在全部经营活动之中,涉及生产、供应、销售每个环节和人、财、物各个要素,通过价值管理来协调、促进、控制企业的生产经营活动。

(3)灵敏度高。现代企业制度下的企业经营管理目标是经济效益最大化,这是企业制度要求投入资本实现保值增值所决定的,也是社会主义现代化建设的根本要求所决定的。企业要想生存,必须能以收抵支、到期偿债。企业要发展,必须扩大收入。收入增加意味着人、财、物相应增加,都将以资金流动的形式在企业财务上得到全面的反映,并对财务指标的完成发生重大影响。因此,财务管理是一切管理的基础、管理的中心。

数字经济时代,"大智移云物区"等数字技术已经成为重塑各行各业的重要力量。财务管理作为企业管理的重要内容,也受到了巨大的影响和冲击。传统财务的工作流程、管理模式、管理理念、组织架构等各方面都发生了不同程度的变化。企业的财务管理正在从电算化、信息化,逐渐走向数字化、智能化。

2.数字化财务管理的特点

财务管理的数字化转型是财务管理活动从衡量价值转变为创造价值的战略变革过程,是产业变革、深化供给侧结构性改革的需要,可以打破"信息孤岛"现象,不仅需要模型的搭建、算力的提升、软硬件的优化,更需要新时代下的新发展理念、组织模式、业务流程、经营战略、人员智能等全方位的转型。财务管理在数字化转型过程中,突显出以下特点。

(1)实时处理。利用数字化技术可以实现财务数据的实时处理,以及实时的财务决策和响应。

(2)自动化。数字化技术可以实现财务业务流程的自动化,从而减少纸质流程和人工干预,提高效率和准确性。

(3)可视化。数字化技术可以将财务信息的处理和分析结果以图表和报表的形式呈现,使得财务信息更加直观和易于理解。

(4)大数据分析。数字化技术可以收集和处理大量的财务和经营数据,以实现更深入的数据分析和预测。

(5)信息安全。数字化技术可以实现数据的安全存储和传输,避免数据泄露和信息安全风险。

(6)创新思维。数字化技术可以激发员工的创造力和创新思维,推动财务管理的创新和进步。

## 二、财务管理的内容及原则

### (一)数字化财务管理的基本内容

1.筹资管理

企业对筹资引起的财务活动进行管理,一方面要科学预测企业需要多少资金,即筹资的规模,既不能多,也不能少;另一方面要通过筹资渠道和筹资方式的正确选择,确定合理的筹资结构,降低资本成本,控制筹资风险。

数字经济时代的发展,促进了信息的流通和共享,有助于降低信息不对称,提高市场资金配置效率,抑制信贷成本,使资金向"好"企业倾斜,还

微课:财务活动

有助于提升筹资环境,通过改善筹资软环境来缓解企业融资约束。

**2. 投资管理**

企业对投资引起的财务活动进行管理,要考虑投资收益,将有限的资金投放到能给企业带来最佳收益的项目上。在衡量投资收益时,不仅要考虑收益的大小,还要考虑收益取得的时间;同时,投资项目基本都存在风险,财务管理人员需要对风险进行计量,根据风险的大小和对风险的接受度来选择方案。

数字化转型背景下,投资管理也从信息化迈向数智化的进程,企业在没有完成数智化转型之前,通常会使用 Excel 对融、投、管、退各环节采用人工操作的模式进行管理,这种方式过程繁琐、重复性工作多、出错率高,容易造成信息和数据同步不及时、文档和凭证不集中等问题。进入数智化平台新纪元,企业投资管理可以从实际管理需求出发,借力全程数智化的工作流,打造新一代资产管理平台,支持全生命周期数字化管理,让投资管理更简单,全面提升资产的利用效率,实现全流程管控。

**3. 营运资金管理**

企业对营运引起的财务活动进行管理,主要是对流动资产和流动负债进行管理,关键是加速资金的周转。在一定时期内,资金周转快,就可以利用相同数量的资金生产更多产品,获得更多收入。如何加速资金的周转,提高资金使用效率,进行流动资产的投融资,以及如何管理流动负债是营运资金管理需要重点考虑的内容。

在数字化浪潮中,企业数字化转型可以提升企业管理、产品制造、业务对象的精准度,降低成本,提升经营效益、营运资金管控能力,进而实现企业价值的持续增长。集团企业财务共享服务模式可以给营运资本结构构建严格合理的标准,使营运资金管理有效运行。

**4. 利润分配管理**

企业对利润分配引起的财务活动进行管理,主要是确定最佳的利润分配政策。企业的净利润可以分配给股东,也可以留存在企业内部。分配给股东多了,会使较多的资金流出企业,影响企业再投资能力;分配给股东少了,可能会引起股东的不满,对上市公司而言,可能导致股价下跌,从而使企业价值下降。因此,财务管理人员要根据企业自身情况制定最佳的利润分配政策。

## (二)财务管理原则

财务管理原则是企业进行财务活动的行为规范和行动指南,有助于引导财务管理工作,实现财务管理目标。

**1. 系统性原则**

财务管理是企业管理系统的一个子系统,它本身由筹资管理、投资管理、营运管理和分配管理等子系统构成。在财务管理中,坚持系统性原则是财务管理工作的首要出发点。

微课:财务管理原则

**2. 风险权衡原则**

风险权衡原则是指风险和报酬之间存在着一个对应关系,决策者必须对报酬和风险作出权衡,为追求较高报酬而承担较大的风险,或者为减少风险而接受较低的报酬。所谓对应关系,是指高收益的投资机会必然伴随着较高的风险,风险小的投资机会必然只有较低的收益。

链接:风险权衡中的财政政策

3．现金收支平衡原则

财务管理贯彻的是收付实现制，而非权责发生制，客观上要求在财务管理活动中做到现金收入和现金支出在数量上、时间上达到动态平衡。

4．成本收益权衡原则

在筹资管理中，要进行资金成本和筹资收益的权衡；在长期投资管理中，要进行投资成本和投资收益的权衡；在营运资金管理中，收益难以量化，但应追求成本最低化；在分配管理中，应在追求分配管理成本最小的前提下，妥善处理好各种财务关系。

5．利益关系协调原则

企业要处理与股东、债权人、经营者、职工、内部各部门、债务人、被投资企业、国家（政府）、社会公众等利益主体之间的财务关系。利益关系协调成功与否，直接关系到财务管理目标的实现程度。

## 三、财务管理目标

企业财务管理就是为企业创造财富（或价值）这一目标服务，企业财务管理目标具有代表性的观点如下。

微课：财务
管理目标

1．利润最大化

利润既是资本报酬的来源，又是提高企业职工劳动报酬的来源，还是企业增加资本公积、扩大经营规模的源泉。企业获取利润的多少表明企业竞争能力的大小，决定着企业的生存和发展。利润最大化认为，利润越多，企业的财富增加越多、越接近企业的目标。

利润最大化目标的主要优点：企业追求利润最大化，就必须讲求经济核算，加强管理，改进技术，提高劳动生产率，降低产品成本。这些措施既有利于企业资源的合理配置，又有利于企业整体经济效益的提高。

目前，我国在许多情况下评判企业的业绩还是以利润为基础，如在企业增资扩股时，要考察企业最近三年的盈利情况。但是，在长期实践中，利润最大化也暴露出许多缺点。

（1）没有考虑利润实现的时间，即没有考虑资金时间价值。

（2）没有考虑利润和投入资本之间的关系。

（3）没有考虑利润和所承担的风险之间的关系。

（4）可能导致企业短期行为倾向，影响长期发展。

2．每股收益最大化

每股收益是企业一定时期的净利润与普通股股份总数的对比数，即普通股股东每持有一股所能享有的企业净利润（如果是负值，则代表普通股股东每持有一股所需承担的企业净亏损）。如果将每股收益作为财务管理目标，那么，普通股股东每持有一股所能享有的企业净利润越多越好。相较于利润最大化目标，每股收益最大化目标是一个相对值，考虑了利润和投入资本之间的关系，但是仍然没有考虑资金时间价值和风险因素，也无法避免企业为了追求每股收益最大化而产生短期行为。

除反映所创造利润与投入资本之间的关系外，每股收益最大化与利润最大化目标的缺陷基本相同。但如果假设风险相同、每股收益时间相同，每股收益的最大化也是衡量公司业绩的一个重要指标。事实上，许多投资人都把每股收益作为评价公司业绩的重要标准之一。

3. 股东财富最大化

股东财富最大化的理论依据：创办企业的目的就是要增加股东财富，股东权益的市场增加值是企业为股东创造的价值。计算公式如下：

股东财富的增加＝股东权益的市场增加值＝股东权益的市场价值－股东投资资本

在上市公司，股东财富的价值是由股东拥有的股票数量和股票市场价格两方面决定的。在股票数量一定的情况下，股票价格达到最高，股东财富也达到最大。

股东财富的增加与两个因素有关：第一个因素是股东投资资本，它解决了在利润最大化目标下，不考虑投入资本和获利之间的关系的问题。第二个因素是股东权益的市场价值。只要涉及"市场"，就要考虑时间和风险。因此，股东财富最大化目标解决了利润最大化目标下不考虑时间价值和风险的问题。但是，股东财富最大化目标仍然存在以下缺点。

(1) 该目标一般只适用于上市公司，因为上市公司的股价可以在股票市场上准确取得，而非上市公司的股价无法及时准确地取得。

(2) 股价除受公司的业绩水平和管理水平影响外，还受到内部、外部多种因素影响，有些还可能是非正常因素，如有的上市公司虽经营状况堪忧，但突然遇到一个特殊的市场机会，股价可能会持续走高。因此，股价有时不能完全准确反映企业财务管理状况。

(3) 该目标主要关注股东利益，因而忽视了其他利益相关者的利益。

4. 企业价值最大化

企业价值最大化是指企业财务管理行为以实现企业的价值最大为目标。企业价值可以理解为企业所有者权益和债权人权益的市场价值，或者是企业所能创造的预计未来现金流量的现值。未来现金流量的现值，包含了资金的时间价值和风险与报酬的关系，在保证企业长期稳定发展的基础上使企业总价值达到最大。

企业价值最大化目标要求企业通过采用最优的财务政策，充分考虑资金的时间价值和风险与收益的关系，在保证企业长期稳定发展的基础上使企业总价值达到最大。

企业价值最大化目标具有以下优点。

(1) 考虑了资金时间价值。企业价值最大化将企业未来现金流量进行折现，考虑了取得收益的时间，并用时间价值原理进行了计量。

(2) 考虑了产出与投入资本之间的关系。一般来说，企业的投入产出比越大，在其他条件相同的情况下，该企业的价值也就越大。

(3) 考虑了风险因素。对企业未来现金流量进行预测时要考虑风险，同时这种预测本身也包含不确定性，因此，这一目标考虑了风险因素。

(4) 在一定程度上避免了短期行为。因为不仅目前的利润会影响企业价值，未来的利润也会对企业价值产生重大影响。

(5) 用价值代替价格，避免了许多外界因素的影响。

但是，以企业价值最大化作为财务管理目标也有以下缺点。

(1) 用计算企业未来现金流量的现值计量企业价值过于理论化，不易操作。一是企业未来现金流量的预测本身就容易出现偏差；二是折现时选择的折现率也存在较大的不确定性。

(2) 用计算股权市场价值加债务市场价值确定企业价值时，依然存在只适用于上市公司的情况。对于非上市公司，只有对企业进行专门的评估，才能确定其价值，而评估由于受标准和方法的影响,客观性和准确性都无法完全保证。

5. 相关者利益最大化

现代企业是一个由多个利益相关者组成的集合体,企业的利益相关者包括股东、债权人、经营者、客户、供应商、员工、政府等。企业应当在长期稳定发展的基础上,最大限度地满足以股东为首的各利益群体的利益。

相关者利益最大化作为财务管理目标,具有以下优点。

(1)有利于企业长期稳定发展。在追求长期稳定发展的过程中,站在企业的角度上进行投资研究,避免只站在股东的角度进行投资可能导致的一系列问题。

(2)体现了合作共赢的价值理念,有利于实现企业经济效益和社会效益的统一。企业在寻求自身的发展和利益最大化过程中,由于需维护客户及其他利益相关者的利益,因此会依法经营、依法管理,正确处理各种财务关系,自觉维护和确实保障国家、集体和社会公众的合法权益。

(3)这一目标可使企业各利益主体相互作用、相互协调,并在使企业利益、股东利益达到最大化的同时,也使其他利益相关者利益达到最大化。也就是将企业财富这块"蛋糕"做到最大的同时,保证每个利益主体所得的"蛋糕"更多。

(4)体现了前瞻性和现实性的统一。例如,企业作为利益相关者之一,有其一套评价指标,如未来企业收益贴现值;股东的评价指标可以使用股票市价;债权人可以寻求风险最小、利息最大;工人可以确保工资福利;政府可考虑社会效益等。不同的利益相关者,其各自的指标不同,只要合理合法、互利互惠、相互协调,就可以实现所有相关者利益最大化。

但是,利益相关者最大化目标在实际操作过程中过于理想化,难以量化。

## 四、财务管理环境

财务管理环境又称理财环境,是对企业财务活动和财务管理产生影响作用的外部条件的总和。财务管理环境涉及面很广,主要包括技术环境、经济环境、金融环境、法律环境等。在影响财务管理的各种外部环境中,经济环境最为重要。

### (一)技术环境

财务管理的技术环境是指财务管理得以实现的技术手段和技术条件,决定着财务管理的效率和效果。大数据、人工智能、移动互联网、云计算、物联网、区块链等广义智能技术的快速发展正在重塑企业财务管理的技术环境。一方面,光学字符识别、自然语言处理、机器人流程自动化、知识图谱、数据挖掘、机器学习等智能技术的广泛应用,推动着财务向自动化、智能化、数字化方向稳步发展;另一方面,财务与技术的融合也不断创新着财务的应用场景、工具方法和理论。智能技术与财务场景的融合与创新正在以人们难以想象的速度发展。企业的财务管理模式也从电算化、信息化走向智能化。

### (二)经济环境

经济环境包括经济体制、经济周期、经济发展水平、宏观经济政策、通货膨胀水平等。

1. 经济体制

在市场经济体制下,企业成为"自主经营、自负盈亏"的经济实体,企业可以独立完成筹资、投资和分配的财务活动过程。财务管理以实现企业价值最大化或相关者利益最大化作为目标,保证企业的财务活动自始至终根据自身条件和外部环境做出各种财务管理决策并组织实施。因此,财务管理活动的内容丰富,方式复杂多样。

### 2. 经济周期

市场经济条件下,经济发展通常有一定的波动性,大体上经历复苏、繁荣、衰退、萧条几个阶段的循环,这种循环叫作经济周期。

在经济周期的不同阶段,企业应采用不同的财务管理策略,见表 3-1。

表 3-1　经济周期中不同阶段的财务管理策略

| 序号 | 复　苏 | 繁　荣 | 衰　退 | 萧　条 |
|------|--------|--------|--------|--------|
| 1 | 增加厂房设备 | 扩充厂房设备 | 停止扩张 | 建立投资标准 |
| 2 | 实行长期租赁 | 继续增加存货 | 出售多余设备 | 保持市场份额 |
| 3 | 建立存货储备 | 提高产品价格 | 停产不利产品 | 压缩管理费用 |
| 4 | 开发新产品 | 开展营销规划 | 停止长期采购 | 放弃次要利益 |
| 5 | 增加劳动力 | 增加劳动力 | 削减存货 | 削减存货 |
| 6 | | | 停止扩招雇员 | 裁减雇员 |

### 3. 经济发展水平

财务管理发展水平与国家经济发展水平密切相关,相互促进。经济发展水平越高,财务管理水平也越高。财务管理水平的提高,能推动企业降低成本,提高效率,促进经济发展水平的提高;而经济发展水平的提高,能改变企业的财务战略、财务理念、财务管理模式和财务管理的方法和手段,促进企业财务管理水平的提高。企业财务管理应当以国家经济发展水平为基础,以宏观经济发展目标为导向,从业务工作角度保证企业经营目标和经营战略的实现。

### 4. 宏观经济政策

一个国家的宏观经济政策,如经济的发展规划、国家的产业政策、金融政策、财税政策、价格政策、外汇政策等对企业的财务管理活动都有重大影响。不同的宏观经济政策,其影响也不同。例如,金融政策中的货币发行量、信贷规模会影响企业投资的资金来源和投资的预期收益;财税政策会影响企业的资金结构和投资项目的选择等;价格政策会影响资金的投向和投资的回收期及预期收益;外汇政策中汇率制度会影响企业国际投融资活动的预期收益和资本成本;会计制度的改革会影响会计要素的确认和计量,进而对企业财务活动的事前预测、决策及事后的评价等产生影响。

### 5. 通货膨胀水平

通货膨胀对企业财务活动的影响主要表现如下:引起资金占用的大量增加,因而企业对资金的需求增加;引起企业利润虚增,造成企业资金流失;引起利率上升,加大企业筹资成本;引起有价证券价格下降,增加企业的筹资难度;引起资金供应紧张,增加企业的筹资困难。

## (三) 金融环境

金融环境是指为企业资金融通提供场所的金融市场、参与交易的金融机构、作为交易手段的金融工具以及对金融市场起调控作用的利率所组成的金融体系。金融环境及其变化对财务管理有着十分重要的影响。

### 1. 金融市场

金融市场是指资金供应者和资金需求者通过一定的金融工具进行交易,进而融通资金的场所。

金融市场的主要功能就是把社会各单位和个人的剩余资金有条件地转让给社会各个缺乏资金的单位和个人,使财尽其用,促进社会发展。金融市场对企业财务活动的影响主要体现在以下几个方面:为企业筹资和投资提供场所;企业可通过金融市场实现长短期资金的相互转化;金融市场为企业理财提供相关信息。

按照不同的标准,金融市场有不同的分类,见表 3-2。

表 3-2 金融市场分类

| 标 准 | 类 型 | 内 容 |
|---|---|---|
| 期限 | 货币市场 | 短期金融市场,是指以期限在 1 年以内的金融工具为媒介,进行短期资金融通的市场、包括同业拆借市场、票据市场、大额定期存单市场和短期债券市场等 |
| | 资本市场 | 长期金融市场,是指以期限在 1 年以上的金融工具为媒介,进行长期资金交易活动的市场,包括股票市场、债券市场、期货市场和融资租赁市场等 |
| 功能 | 发行市场 | 也称一级市场,主要是处理金融工具的发行与最初购买者之间的交易 |
| | 流通市场 | 也称二级市场,主要是处理现有金融工具转让和变现的交易 |
| 融资对象 | 资本市场 | 以各种长期资金为交易对象 |
| | 外汇市场 | 以各种外汇金融工具为交易对象 |
| | 黄金市场 | 集中进行黄金买卖和金币兑换 |
| 金融工具属性 | 基础性金融市场 | 以基础性金融产品为交易对象的金融市场,如商业票据、企业债券、企业股票的交易市场 |
| | 金融衍生品市场 | 以金融衍生产品为交易对象的金融市场,如远期、期货、掉期(互换)、期权的交易市场以及具有远期、期货、掉期(互换)、期权中一种或多种特征的结构化金融工具的交易市场 |
| 地理范围 | 地方性金融市场、全国性金融市场和国际性金融市场 | |

### 2. 金融机构

金融机构分为银行和非银行金融机构两类。银行是指经营存款、放款、汇兑、储蓄等金融业务,承担信用中介的金融机构,包括商业银行和政策性银行。非银行金融机构是指非从事存贷款业务的金融机构,主要包括保险公司、信托投资公司、证券公司、财务公司、金融资产管理公司、金融租赁公司等机构。

### 3. 金融工具

金融工具是指形成一方的金融资产,并形成其他方的金融负债或权益工具的合同。借助金融工具,资金从供给方转移到需求方。

金融工具分为基本金融工具和衍生金融工具两大类。常见的基本金融工具有企业持有的现金、从其他方收取现金或其他金融资产的合同权利、向其他方交付现金或其他金融资产的合同义务等。衍生金融工具又称派生金融工具,是在基本金融工具的基础上通过特定技术设计形成新的融资工具,如各种远期合同、期货合同、互换合同和期权合同等。

### （四）法律环境

法律环境是指企业组织财务活动,处理企业与有关各方的经济关系时必须遵循的法律规范的总和,包括企业应遵守的有关法律、法规和规章(以下简称法规)。国家相关法规按照对财务管理的影响情况可以分为以下几类。

（1）影响企业筹资的各种法规主要有《公司法》《证券法》《民法典》等。这些法规从不同方面规范或制约企业的筹资活动。

（2）影响企业投资的各种法规主要有《证券法》《公司法》《企业财务通则》等。这些法规从不同角度规范企业的投资活动。

（3）影响企业收益分配的各种法规主要有《公司法》《企业财务通则》及税法等。这些法规从不同方面对企业收益分配进行了规范。

链接:《中华人民共和国公司法》

链接:《民法典》是社会主义市场经济的基本法

## 五、财务管理环节

财务管理环节是企业财务管理的工作步骤与一般工作程序。一般包括财务预测、财务决策、财务计划、财务预算、财务控制、财务分析、财务考核七个环节。这些环节相互配合、紧密联系,形成周而复始的财务管理循环过程。

**1. 财务预测**

财务预测是根据历史和现实要求和条件,预计和测算未来的财务活动。该环节主要包括明确预测目标、收集相关资料、建立预测模型、确定财务预测结果等步骤。

**2. 财务决策**

财务决策是按照财务战略目标的总体要求,利用专门方法对备选方案进行比较分析,选出最佳方案。该环节主要包括确定决策目标、提出备选方案、选择最优方案等步骤。市场经济条件下,财务决策是财务管理的核心。

**3. 财务计划**

财务计划是指根据企业整体战略目标和规划,结合财务决策的结果,对财务活动进行规划,并以指标形式落实到每一计划期间的过程。

**4. 财务预算**

财务预算是指运用科学的技术手段和数量方法,对未来财务活动的内容及指标进行具体的规划。财务预算是财务计划的具体化。财务预算的编制一般包括以下几个步骤:分析财务环境,确定预算指标;协调财务能力,组织综合平衡;选择预算方法,编制财务预算。

**5. 财务控制**

财务控制是利用有关信息和特定手段,对企业财务活动所施加的影响或调节,以便实现计划所规定的财务目标的过程。实行财务控制一般经过以下步骤:确定控制标准,分解落实责任;实施追踪控制,及时调整误差;分析执行情况,搞好考核奖惩。

**6. 财务分析**

财务分析是根据财务报表等信息资料,采用专门方法,系统分析和评价财务状况、经营成果及未来发展趋势的过程。财务分析包括以下步骤:占有资料,掌握信息;指标对比,揭露矛盾;分析原因,明确责任;提出措施,改进工作。

7. 财务考核

财务考核是将报告期实际完成数与指标进行对比,确定有关责任单位和个人完成任务。财务考核与奖惩紧密联系,是贯彻责任制原则的要求,也是构建激励与约束机制的关键环节。

# 任务二　财务管理基本价值观念

为有效组织企业财务管理工作,实现财务管理目标,企业财务管理人员必须梳理基本的财务管理观念。货币时间价值和投资风险价值是现代财务管理的两个基本观念。

## 一、货币时间价值

### (一)货币时间价值的含义

货币时间价值(time value of money)也称为资金时间价值,是指在没有风险和没有通货膨胀的情况下,货币经历一定时间的投资和再投资所增加的价值。由于货币时间价值是货币资金在周转使用中产生的,是资金的所有者在一定时期内让渡货币资金使用权而得到的报酬,所以只有在周转使用中的货币资金才具有时间价值。由于货币随时间的延续而增值,不同时间单位货币的价值不相等,所以,不同时间的货币资金不宜直接进行比较,需要把它们换算到相同的时点进行比较才有意义。

微课:货币时间价值

纯利率是指没有风险和没有通货膨胀情况下的资金市场的平均利率。因此,货币时间价值也称纯利率。

在有关利息的计算中,人们往往会将利率与货币时间价值混为一谈。实际上,利率不仅包括货币时间价值,而且也包括风险价值和通货膨胀的因素。只有购买国库券或政府债券几乎没有风险,如果通货膨胀率很低的话,政府债券利息可视同货币时间价值。

为便于研究,在涉及货币时间价值计算时,均假设没有风险和通货膨胀,以利率代表资金时间价值率。

### (二)货币时间价值的计算

由于不同时点上的等量货币资金具有不同的价值,需要将它们换算到相同的时点,才能进行大小比较和比率计算,因此,计算货币时间价值要涉及终值和现值的概念。

1. 终值与现值的含义

终值又称将来值或本利和,是指现在一定量的资金经过一段时间后,在未来某一时点的价值。例如,现在存入银行 100 元现金,年利率 3%,经过 5 年,本利和为 115.93 元,这 5 年的本利和 115.93 元即为终值。

现值又称本金,是指资金现在的价值,或未来某一时点上的一定量资金折算成现在的价值。上述 5 年后的 115.93 元折算为现在的价值是 100 元,这 100 元即为现值。

终值和现值的计算涉及利息计算方法的选择,目前有单利和复利两种计息方式。单利计息方式是指只对本金计算利息,利息不再计算利息。复利计息方式是不仅对本金计算利息,而且利息也要计算利息,俗称"利滚利"。

为方便计算,设定以下符号:$P$ 表示现值;$F$ 表示终值;$I$ 表示利息;$i$ 表示利率;$n$ 表示计息期数。除非特别说明,在计算利息时,给出的利率均为年利率,一年以 360 天计算。

2. 单利

(1) 单利终值是本金按单利方式计算的各期利息与本金之和。其计算公式为

$$F = P + I = P + P \times i \times n = P \times (1 + i \times n)$$

【例 3-1】 某企业向银行贷款 50 万元用于房屋改造,在年利率为 4.30%(选取当前 5 年期及以上 LPR 利率)条件下,单利计息,试计算该企业在 5 年后需还款多少?

解:　　　　$F = P(1 + i \times n) = 50 \times (1 + 4.3\% \times 5) = 60.75(万元)$

本例中计算出来的 60.75 万元就是本利和,即在年利率为 4.3% 的情况下,50 万元货币资金在 5 年后的终值。

(2) 单利现值就是单利终值的现在价值,可以通过单利终值公式的逆运算求得。单利现值的计算公式为

$$P = \frac{F}{1 + i \times n}$$

【例 3-2】 某企业希望在 3 年后取得本利和 100 万元,用于到期一次性支付一笔款项,在银行存款年利率为 2.75%(选取当前 3 年期银行存款利率)条件下,试计算该企业现在需要一次性存入银行多少钱?

解:　　　　$P = \dfrac{F}{1 + i \times n} = \dfrac{100}{1 + 2.75\% \times 3} = 92.38(万元)$

本例中,现在需要存入 92.38 万元,即在年利率为 2.75% 的情况下,3 年后取得 100 万元货币资金的现值。

3. 复利

(1) 复利终值是指现在一定量的本金(现值)按复利方式计算得出的将来某一特定时点的本利和(终值),即资金将来的价值。图 3-1 所示为复利终值在时间轴上的表示。

复利终值的计算公式为

$$F = P \times (1 + i)^n$$

式中,$(1 + i)^n$ 为复利终值系数(future value interest factor,FVIF),记作 $(F/P, i, n)$。

微课:复利计算

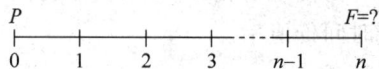

图 3-1　复利终值示意图

因此,终值的计算公式又可表示为

$$F = P \times (F/P, i, n)$$

在具体应用中,通常会使用复利终值系数表来简化计算。

$F = P \times (1 + i)^n$ 公式推导可以通过以下例子得出。

现在将 100 元存入银行,年利率 1.45%(选取当前 1 年期银行存款利率),每年复利计息一次,则第 1 年、第 2 年、第 3 年末的复利终值如下:

$F_1 = 100 \times (1 + 1.45\%) = 101.45(元)$

$F_2 = 101.45 \times (1 + 1.45\%) = 100 \times (1 + 1.45\%)^2 = 102.92(元)$

$F_3 = 102.92 \times (1 + 1.45\%) = 100 \times (1 + 1.45\%)^3 = 104.41(元)$

复利终值系数表

链接:华为:基于"知本主义"的价值创造

由此得出第 $n$ 期后的本利和

$$F = P \times (1+i)^n$$

**【例 3-3】** 某企业年初在银行存入 200 万元存款,假设银行存款年利率为 5%,复利计息,试计算 3 年后,该企业能得到的本利和,即复利终值为多少?

**解:** $\quad F = P \times (1+i)^n = 200 \times (1+5\%)^3 = 200 \times (F/P, 5\%, 3)$

$$= 200 \times 1.157\,6 = 231.52(\text{万元})$$

本例中计算出来的本利和为 231.52 万元,即为在年利率 5% 的情况下,200 万元货币资金在 3 年后的终值。

其中,$(1+5\%)^3$ 可以通过科学计算器直接求得,也可以通过查复利终值系数表快速求解。

(2) 复利现值是指未来某一特定时间的资金按复利计算的现在价值,即本金。图 3-2 所示为复利现值在时间轴上的表示。

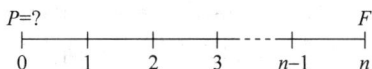

**图 3-2 复利现值示意图**

复利现值实际是复利终值的逆运算,其计算公式可以由复利终值的计算公式推导得出:

$$P = \frac{F}{(1+i)^n} = F \times \frac{1}{(1+i)^n}$$

式中,$\dfrac{1}{(1+i)^n}$ 为复利现值系数,记作 $(P/F, i, n)$。

因此,现值的计算公式也可以表示为

$$P = F \times (P/F, i, n)$$

在具体应用中,通常可以使用复利现值系数表来简化计算。

已知复利终值求复利现值的过程称为折现,计算时使用的利率称为折现率。在现代商业银行业务中,有很重要的一项业务是票据业务,买入票据的价格就是根据票面金额和利息倒算出来的现值。这项业务叫作"贴现",现值又称"贴现值"。

**复利现值系数表**

**【例 3-4】** 某企业想在 3 年后取得一笔 500 万元的资金用于项目开发。假设银行存款年利率为 5%,试计算该企业现在应存入的金额是多少?

**解:** $\quad P = \dfrac{F}{(1+i)^n} = 500 \times \dfrac{1}{(1+5\%)^3} = 500 \times (P/F, 5\%, 3)$

$$= 500 \times 0.863\,8 = 431.9(\text{万元})$$

本例中,企业现在需要存入 431.9 万元,即在年利率为 5% 的情况下,3 年后可得 500 万元资金,431.9 万元即为当前的现值。

现代财务管理中,一般都是按照复利来计算终值和现值。需要注意的是,复利终值、复利现值的计算中,现值可以泛指资金在某个特定时间段的"前一时点"(而不一定真的是"现在")的价值,终值可以泛指资金在该时间段的"后一时点"的价值;可以按照要求将该时间段划分为若干个计息期,使用相应的利息率和复利计息方法,将某个时点的资金计算得出该笔资金

**链接:《新闻调查》疯狂未了校园贷**

相当于其他时点的价值。

**4. 年金**

年金(annuity)是指每隔一定相等的时期,收到或付出相同数量的款项。年金在经济生活中非常普遍,每期支付房屋的租金、商品的分期付款、按月偿还的住房按揭贷款、企业每月为职工支付的养老保险、按平均年限法提取的折旧、零存整取业务中每次存入的款项以及投资款项的利息支付等都属于年金的具体体现。

可以发现,年金具有连续性和等额性的特点,涉及的时间段,可以是一年、半年、一季或一月等,等额的款项包括收入和支出。年金按每次收付发生的时点不同,可以分为普通年金、预付年金、递延年金和永续年金(此处对增长型年金不做讨论)。如果不做特殊说明,一般假定年金为普通年金。

(1) 普通年金。普通年金(ordinary annuity)又称期末年金、后付年金,是指从第一期起,在一定时期内每期期末等额收付的系列款项。普通年金是年金的最基本形式。图 3-3 所示为普通年金示意图。

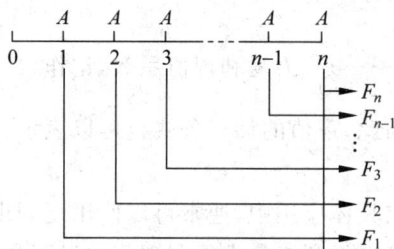

① 普通年金终值是指普通年金最后一次收付时的本利和,也就是每次收付款项的复利终值之和。普通年金终值的计算过程可以用图 3-4 来表示,即对每一期的现金流求终值,然后相加。

微课:普通年金的计算与应用

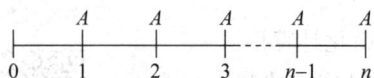

图 3-3　普通年金示意图　　图 3-4　普通年金终值示例

根据图 3-4 所示,可以推导出普通年金终值的计算公式如下:

$$F_A = F_1 + F_2 + F_3 + \cdots + F_{n-1} + F_n$$
$$= A(1+i)^{n-1} + A(1+i)^{n-2} + A(1+i)^{n-3} + \cdots + A(1+i)^1 + A(1+i)^0$$
$$= A[(1+i)^{n-1} + (1+i)^{n-2} + (1+i)^{n-3} + \cdots + (1+i)^1 + (1+i)^0] \qquad ①$$

等式两边同时乘以$(1+i)$:

$$(1+i)F_A = A[(1+i)^n + (1+i)^{n-1} + (1+i)^{n-2} + \cdots + (1+i)^2 + (1+i)^1] \qquad ②$$

式①与式②两式相减:

$$(1+i)F_A - F_A = A(1+i)^n - A$$
$$F_A = A \times \left[\frac{(1+i)^n - 1}{i}\right]$$

式中,$\frac{(1+i)^n - 1}{i}$为年金终值系数,用$(F/A, i, n)$表示。在实际应用中,通常可以使用年金终值系数表来简化计算。

年金终值系数表

普通年金终值的计算公式可以简化为

$$F_A = A \times (F/A, i, n)$$

**【例 3-5】** 某企业拟建一项借款融资的项目,建设期 5 年,每年年末借款 100 万元并全部用于该项目建设,设定银行借款年利率为 6%,试预计 5 年后该项目建成成本有多少?

**解:**
$$F_A = A \times \left[ \frac{(1+i)^n - 1}{i} \right]$$

$$= A \times (F/A, i, n)$$

$$= 100 \times (F/A, 6\%, 5) = 100 \times 5.6371$$

$$= 563.71 (万元)$$

② 普通年金现值是指一定时期内每期期末等额收付款项的复利现值之和。在普通年金终值假设的基础上,用 $P_A$ 来表示普通年金现值。普通年金现值的计算过程可以用图 3-5 来表示,即对每一期的现金流求现值,然后相加。

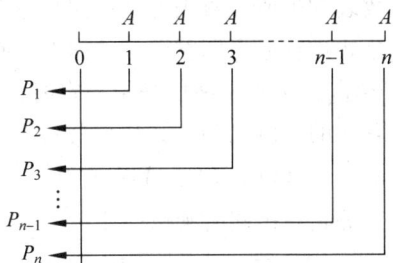

图 3-5 普通年金现值示例

根据图 3-5 所示,可以推导出普通年金现值的计算公式如下:

$$P_A = P_1 + P_2 + P_3 + \cdots + P_{n-1} + P_n$$

$$= \frac{A}{(1+i)^1} + \frac{A}{(1+i)^2} + \frac{A}{(1+i)^3} + \cdots + \frac{A}{(1+i)^{n-1}} + \frac{A}{(1+i)^n}$$

$$= A(1+i)^{-1} + A(1+i)^{-2} + A(1+i)^{-3} + \cdots + A(1+i)^{-n+1} + A(1+i)^{-n}$$

①

等式两边同时乘以 $(1+i)$:

$$(1+i)P_A = A + A(1+i)^{-1} + A(1+i)^{-2} + \cdots + A(1+i)^{-n+2} + A(1+i)^{-n+1}$$

②

式①与式②两式相减:

$$(1+i)P_A - P_A = A - A(1+i)^{-n}$$

$$P_A = A \times \left[ \frac{1 - (1+i)^{-n}}{i} \right]$$

式中,$\dfrac{1-(1+i)^{-n}}{i}$ 为年金现值系数,用 $(P/A, i, n)$ 表示。在具体应用中,通常会使用年金现值系数表来简化计算。

普通年金现值的计算公式可以简化为

$$P_A = A \times (P/A, i, n)$$

视频:Excel 设计年金终值(现值)系数表

**【例 3-6】** 某企业购买一项专利,依照合约分 6 年承付转让费,要求每年年末支付 48 000 元,设定年折现率为 5%。试计算该专利的现时转让价是多少?

年金现值系数表

**解:**
$$P_A = A \times \left[ \frac{1 - (1+i)^{-n}}{i} \right] = A \times (P/A, i, n)$$

$$= 48\,000 \times (P/A, 5\%, 6) = 48\,000 \times 5.0757$$

$$= 243\,633.6 (元)$$

（2）预付年金。预付年金（annuity due）又称先付年金、期初年金，是指从第一期起，在一定时期内每期期初等额收付的系列款项。预付年金与普通年金的区别仅在于收付款时点不同，普通年金发生在期末，而预付年金发生在期初。由于一般在现实应用中都采用普通年金，因此预付年金终值系数表和现值系数表都是按照普通年金编制。实际应用时，只需将普通年金公式进行适当调整即可。图 3-6 所示为预付年金示意图。

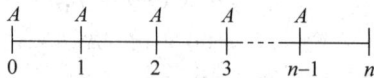

① 预付年金终值是指一定时期内每期期初等额收付款项的终值之和。其计算公式如下：

图 3-6　预付年金示意图

$$F_A = A(1+i) + A(1+i)^2 + \cdots + A(1+i)^n$$

等式两边同时乘以 $(1+i)^{-1}$：

$$(1+i)^{-1} \times F_A = A + A(1+i) + A(1+i)^2 + \cdots + A(1+i)^{n-1}$$

即

$$(1+i)^{-1} \times F_A = A \times (F/A, i, n)$$

两边同时乘以 $(1+i)$ 得到：

$$F_A = A \times (F/A, i, n) \times (1+i)$$

由推导公式可以看出，$n$ 期预付年金终值与 $n$ 期普通年金终值的收付款项的次数相同，但是由于付款时间不同，$n$ 期预付年金终值比 $n$ 期普通年金终值多计算一期利息。

还可以根据 $n$ 期预付年金终值与 $n+1$ 期普通年金终值的关系推导出另一计算公式。$n$ 期预付年金与 $n+1$ 期普通年金的计息期数相同，但比 $n+1$ 期普通年金少付一次款，因此只要从 $n+1$ 期普通年金的终值里减去一期等量现金流金额 $A$，即可求出 $n$ 期预付年金终值：

$$F_A = A \times (F/A, i, n+1) - A = A \times [(F/A, i, n+1) - 1]$$

如果把上式中的 $[(F/A, i, n+1) - 1]$ 称为预付年金终值系数，则它和普通年金终值系数有"期数加 1，系数减 1"的关系，就可以利用普通年金终值系数表查 $n+1$ 期的值再减 1 得到。

**【例 3-7】** 某企业进行一项基本建设，分 5 次于每年年初投入 800 万元，预计第 5 年年末建成，该公司是贷款投资的，设定利率为 7%，试计算 5 年后该项目的总投资是多少？

**解：** $F_A = A \times (F/A, i, n) \times (1+i) = A \times [(F/A, i, n+1) - 1]$

$\qquad = 800 \times (F/A, 7\%, 5) \times (1+7\%) = 800 \times [(F/A, 7\%, 6) - 1]$

$\qquad = 800 \times 5.7508 \times 107\%$

$\qquad = 800 \times (7.1532 - 1)$

$\qquad = 4922.6（万元）$

② 预付年金现值是指一定时期内每期期初等额收付款项的现值之和。

预付年金现值的计算公式如下：

$$P_A = A + A(1+i)^{-1} + A(1+i)^{-2} + \cdots + A(1+i)^{-(n-1)}$$

等式两边同时乘以 $(1+i)^{-1}$：

$$(1+i)^{-1} \times P_A = A(1+i)^{-1} + A(1+i)^{-2} + \cdots + A(1+i)^{-n}$$

即

$$(1+i)^{-1} \times P_A = A \times (P/A, i, n)$$

等式两边同时乘以 $(1+i)$：

$$P_A = A \times (P/A, i, n) \times (1+i)$$

由推导公式可看出，$n$ 期预付年金现值和 $n$ 期普通年金现值的收付款项的次数相同，但是由于收付款项的时间不同，在计算年金现值时，$n$ 期预付年金现值比 $n$ 期普通年金现值少贴现一期。

还可以根据 $n$ 期普通年金现值与 $n-1$ 期预付年金现值的关系推导出另一计算公式。$n$ 期预付年金现值与 $n-1$ 期普通年金现值的折现期数相同，但比 $n-1$ 期普通年金多一期不折现的等额款项 $A$，因此只要给 $n-1$ 期普通年金的现值里加上一期不用折现的付款额 $A$，即可求出 $n$ 期预付年金现值：

$$P_A = A \times (P/A, i, n-1) + A = A \times [(P/A, i, n-1) + 1]$$

如果把上式中的 $[(P/A, i, n-1) + 1]$ 称为预付年金现值系数，则它和普通年金现值系数有"期数减 1，系数加 1"的关系，就可以利用普通年金现值系数表查 $n-1$ 期的值再加 1 得到。

**【例 3-8】** 某公司采用分期付款购货，按规定每年年初付 50 万元，分 5 次付清，设定年利率为 $6\%$，试计算该分期付款相当于现在一次性付款多少元？

**解：** 
$$\begin{aligned}
P_A &= A \times (P/A, i, n) \times (1+i) = A \times [(P/A, i, n-1) + 1] \\
&= 50 \times (P/A, 6\%, 5) \times (1+6\%) = 50 \times [(P/A, 6\%, 4) + 1] \\
&= 50 \times 4.212\,4 \times 106\% \\
&= 50 \times (3.465\,1 + 1) \\
&= 223.26 (万元)
\end{aligned}$$

（3）递延年金。递延年金（deferred annuity）又称延期年金，由普通年金递延形成，递延的期数称为递延期，一般用 $m$ 表示递延期。递延年金的第一次收付发生在第 $m+1$ 期期末（$m$ 为大于 0 的整数）。图 3-7 所示为递延年金示意图。

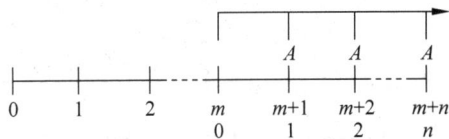

微课：递延
年金的计算
与应用

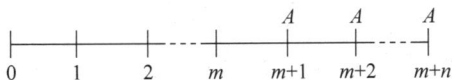

① 递延年金的终值与递延年金期数无关，只需考虑实际发生等额收付款项的后 $n$ 期年金，计算方法与普通年金终值的计算方法相同，如图 3-8 所示。

图 3-7 递延年金示意图

图 3-8 递延年金终值示意图

递延年金终值的计算方法与普通年金终值的计算方法相同，公式为

$$F_A = A \times (F/A, i, n)$$

式中，$n$ 为 $A$ 的个数，与递延期无关。

② 递延年金的现值计算，需要将 $n$ 期年金首先折现至 $m$ 期期末（$n$ 期期初），再折现至第 1 期期初的现值，可以用图 3-9 来说明。

从图 3-9 可以看出，先求出递延年金在 $n$ 期期初（$m$ 期期末）的现值，再将其作为终值折现至

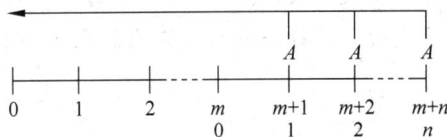

图 3-9 递延年金现值示意图

$m$ 期第一期期初,可得该延期年金现值,计算公式为

$$P_A = A \times (P/A, i, n) \times (P/F, i, m)$$

递延年金还有另外一种计算方法,即先求出 $m+n$ 期普通年金现值,再减去没有发生款项支付的前 $m$ 期普通年金现值,得到的差就是延期 $m$ 期的 $n$ 期普通年金现值,用公式可表示为

$$P_A = A \times (P/A, i, m+n) - A \times (P/A, i, m)$$

**【例 3-9】** 恒达公司拟向银行申请 10 年期贷款,用于购买一套新的生产线,贷款年利率为 6%,银行给予的优惠政策是前 3 年不必支付本金和利息,但是从第 4 年起到第 10 年年末,每年年末需要偿还贷款本息 100 万元,试计算公司拟申请贷款的现值为多少?

**解:** 方法一如下。

$$P_A = A \times (P/A, i, n) \times (P/F, i, m) = 100 \times (P/A, 6\%, 7) \times (P/F, 6\%, 3)$$
$$= 100 \times 5.5824 \times 0.8396 = 468.70(万元)$$

方法二如下。

$$P_A = A \times (P/A, i, m+n) - A \times (P/A, i, m)$$
$$= 100 \times [P/A, 6\%, (3+7)] - 100 \times (P/A, 6\%, 3)$$
$$= 100 \times 7.3601 - 100 \times 2.6730 = 468.71(万元)$$

上述两种方法计算结果的差异,是因为年金现值系数和复利现值系数小数四舍五入引起。

(4)永续年金。永续年金(perpetual annuity)是普通年金的极限形式,当普通年金的收付次数为无穷大时即为永续年金。永续年金的第一次等额收付发生在第一期期末。企业发行的永续债券、绝大多数优先股的无到期日固定股利,都是永续年金的实际体现形式。图 3-10 所示为永续年金示意图。

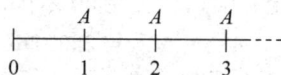

图 3-10 永续年金示意图

由于永续年金没有具体的到期日,因此计算永续年金的终值没有意义,只讨论永续年金现值的计算。

$$P_A = A \times (P/A, i, n) = \frac{A}{(1+i)^1} + \frac{A}{(1+i)^2} + \frac{A}{(1+i)^3} + \cdots$$
$$= A \times \frac{1-(1+i)^{-n}}{i}$$

当 $n \to \infty$ 时,$(1+i)^{-n} \to 0$。

计算公式可以简化为

$$P_A = \frac{A}{i}$$

**【例 3-10】** 归国华侨张先生想支持家乡建设,特地在祖籍所在县设立奖学金。奖学金每年发放一次,奖励每年高考的文理科状元各 10 000 元。奖学金的基金保存在中国银行该县支行。银行一年的定期存款利率为 2%。问张先生要投资多少钱作为奖励基金?

**解:**
$$P_A = \frac{A}{i} = \frac{20\,000}{2\%} = 1\,000\,000(元)$$

(5)年偿债基金和年资本回收额。

① 年偿债基金是指为了在约定的未来某一时点清偿某笔债务或积聚一定数额的资金

而必须分次等额形成的存款准备金,也就是为使年金终值达到既定金额的年金数额。其实质是已知普通年金终值 $F_A$,求年金 $A$。计算公式为

$$A = F_A \times \left[ \frac{i}{(1+i)^n - 1} \right] = \frac{F_A}{(F/A, i, n)} = F_A \times (A/F, i, n)$$

式中,$(A/F, i, n)$ 为偿债基金系数,它是年金终值系数的倒数。

从计算公式可知,年偿债基金与普通年金终值的计算互为逆运算。

**【例 3-11】** 徐先生拟在 5 年后还清 1 000 000 元债务,从现在起计划每年年末等额存入银行一笔款项。假设银行利率为 6%,试计算徐先生每年需存入多少元?

**解:** $$A = \frac{1\,000\,000}{(F/A, 6\%, 5)} = \frac{1\,000\,000}{5.637\,0} \approx 177\,399.33(元)$$

② 年资本回收额是指在约定年限内等额回收初始投入资本的金额。年资本回收额的实质是在已知普通年金现值 $P_A$ 的情况下,求年金 $A$。计算公式为

$$A = P_A \times \left[ \frac{i(1+i)^n}{(1+i)^n - 1} \right] = \frac{P_A}{(P/A, i, n)} = P_A \times (A/P, i, n)$$

式中,$(A/P, i, n)$ 为资本回收系数,它是年金现值系数的倒数。

从计算公式可知,年资本回收额与普通年金现值计算互为逆运算。

**【例 3-12】** 甲企业向银行借款 200 万元,利率为 4%,计划在三年内等额偿还,试计算每年应还款金额是多少?

**解:** $$A = \frac{200}{(P/A, 4\%, 3)} = \frac{200}{2.775\,1} \approx 72.07(万元)$$

视频:金融计算器在年金中的应用

5. 利率

(1) 贴现率。在企业的财务活动中,经常会遇到已知计息期数、终值、现值、每期现金流,求利率的问题。一般来说,求利率可以分为两步:第一步,求出换算系数;第二步,根据换算系数和有关系数表求利率。如果能在系数表中查到相应的数值,则对应的利率即为所求的利率。如果无法在表中找到和计算得出系数恰好一致的系数,就要找出与系数最接近的上下两个系数值,利用插值法求解较精确的利率。

假设所求利率为 $i$,$i$ 对应的现值(或终值)系数为 $B$,$B_1$、$B_2$ 为现值(或终值)系数表中与 $B$ 相邻的系数,$i_1$、$i_2$ 为 $B_1$、$B_2$ 对应的利率,可以按照以下方程计算得出 $i$:

$$\frac{i_2 - i}{i_2 - i_1} = \frac{B_2 - B}{B_2 - B_1}$$

**【例 3-13】** 假设小王想在 40 岁时拥有 100 万元存款,在 25 岁时存入银行 20 万元,那么银行利率要达到多少,小王才能实现在 40 岁时成为"百万富翁"的愿望?

**解:** $$100 = 20 \times (F/P, i, 15)$$

可得: $$(F/P, i, 15) = 5$$

通过查表法,在复利终值系数表中,对应期数为 15 的系数中,年利率 11% 对应的系数为 4.784 6,年利率 12% 对应的系数为 5.473 6,根据插值法列出方程:

$$\frac{12\% - i}{12\% - 11\%} = \frac{5.473\,6 - 5}{5.473\,6 - 4.784\,6}$$

$$i \approx 11.31\%$$

（2）实际利率。在实际经济活动中，例如，住房按揭贷款的偿付、汽车贷款的偿付、购买手机分期付款等，一般都是按月偿付；债券利息一般每半年支付一次；股利有时按季度支付。这种以半年、1 个季度、1 个月，甚至以 1 天为期间的计息周期，一年就需要复利多次。这种情况下，如果以"年"作为基本计息期，每年计算一次复利的年利率就称为名义利率($r$)。短于一年的计息期计算复利，此时得到的利率称为实际利率($i$)。在计算时，需要将名义年利率换算成实际利率进行考虑。两者之间的关系为

$$i = \left(1 + \frac{r}{m}\right)^m - 1$$

式中，$m$ 为每年复利计息次数。

例如，本金为 1 000 元，名义利率为 15%，每年计息一次，一年后的本利和为 1 000 × (1+15%) = 1 150（元）。如果每月计息一次，一年后的本利和为 $1\,000 \times \left(1 + \frac{15\%}{12}\right)^{12} = 1\,160.75$（元），相当于按年利率 16.075% 计息一次，即实际利率为 16.075%。

从公式可以看出，在一年多次计息时，实际利率高于名义利率，并且在名义利率相同的情况下，一年计息次数越多，实际利率越大。

## 二、投资风险价值

企业的财务活动常常是在有风险的情况下进行的，如果不考虑风险因素，就无法正确评价企业投资回报的高低。企业在经营活动过程中，必须研究风险、计量风险，并求最大限度地取得风险收益。

### （一）资产的收益与风险

#### 1. 资产的收益

资产收益是指资产的价值在一定时期内的增值。一般情况下，表示资产收益的方式有两种：一种以金额表示，其收益额等于利息、红利或股息收益加资本利得；另一种以百分比表示，以收益率或报酬率的方式来表示。前者是绝对数指标，不利于不同规模资产之间收益的比较，后者是相对数指标，便于不同规模下资产收益的比较和分析。因此实际工作中，通常以收益率进行计量。

资产收益率的类型有必要收益率、预期收益率、实际收益率。

（1）必要收益率（required rate of return）也称必要报酬率、最低报酬率，是人们愿意进行投资所必须得到的最低收益率。计算这种收益率的一个重要方法是建立在机会成本的概念上：即必要收益率是同等风险的其他备选方案的收益率。每个人对某特定资产（比如股票）都会要求不同的报酬率，只有人们认为至少能够获得他们所要求的必要收益率时，人们才会购买该股票。必要收益率与所投资资产的本身的风险大小有关。必要收益率与风险的关系可用图 3-11 表示。

必要收益率 = 无风险收益率 + 风险收益率

= 纯粹利率（货币时间价值）+ 通货膨胀补偿率 + 风险收益率

（2）预期收益率（expected rate of return）是指在不确定的条件下，投资者预计投资某资产未来所能获得的收益率。预期收益率仅是一种期望，实际收益可能比较高或比较低。常

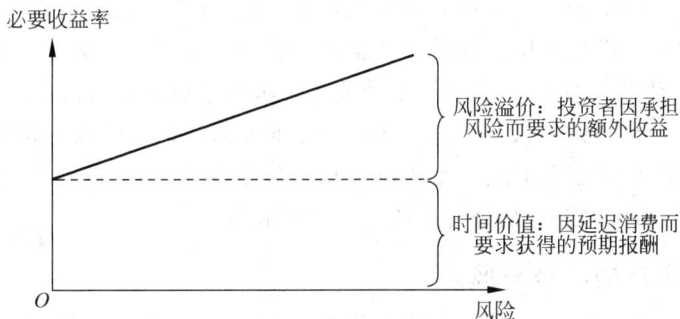

图 3-11 必要收益率与风险的关系图示

用到预期收益率计算公式如下：

$$\bar{R} = \sum P_i \times R_i$$

式中，$\bar{R}$ 为预期收益率；$P_i$ 为情况 $i$ 可能出现时的概率；$R_i$ 为情况 $i$ 出现时的收益率。

（3）实际收益率（realized rate of return）是在特定时期已经实现或者确定可以实现的收益率。这是投资的最终回报，是投资决策的真实反映。实际收益率表现为已经实现或确定可以实现的利息（股息）率与资本利得报酬率之和。需要注意的是，当存在通货膨胀时，还应当扣除通货膨胀率的影响，剩余的才是真实的收益率。

2. 资产的风险

（1）风险的概念。从财务角度看，风险是指企业在各项财务活动中，由于各种难以预料或无法控制的因素作用，使企业实际收益与预计收益发生背离，从而蒙受经济损失的可能性。例如，购买国库券，因能确知到期的本金和利息，所以几乎没有风险；投资股票，收益的不确定性就比较大，所以具有一定的风险。

因此，风险对于企业来说是一把双刃剑，正确地关注风险，注意风险因素，充分挖掘其中蕴藏的投资机会，可以使投资者获得良好的发展机会。

（2）风险的类型。风险按照是否能够通过增加持有资产的种类数而相互抵消，可以分为系统性风险（systematic risk）和非系统性风险（nonsystematic risk）。

① 系统性风险是指无法通过投资组合分散的风险。通常是指由于政治、经济、社会环境等企业外部因素的不确定性而给企业造成影响的风险。例如全球范围的长时间疫情、战争冲突、政权更迭、经济衰退、通货膨胀、利率和汇率波动、国家宏观政策变化等，对几乎所有的企业都会产生影响。这种风险无论资产组合有多么充分，也不可能消除全部的风险。

② 非系统性风险是指可以通过增加持有资产的种类数就可以相互抵消的风险，是发生在个别公司特有事件造成的风险。例如，新产品开发失败、影响公司声誉的突发事件、工人罢工等。这种风险可以通过多元化投资来分散，即可以通过"把鸡蛋放在不同的篮子里"来分散非系统性风险。

风险按照造成风险的来源，可以分为财务风险（financial risk）和经营风险（operating risk）。

① 从广义角度理解，财务风险贯穿企业财务活动全过程，包括筹资风险、投资风险、收益分配风险等，是导致企业实际收入与预期收入之间差距的各种风险因素的综合。从狭义角度理解，财务风险是指企业负债经营带来的收益的不确定性，即筹资风险。通常用股东权益报酬率（ROE）或每股收益（EPS）变动等指标描述财务风险的大小。如果企业的经营收入

到期不足以偿付本金和利息,就会使企业陷入财务危机,甚至导致企业破产。

② 经营风险是生产经营和投资活动等企业经营行为给企业收益带来的不确定性的风险,是任何商业活动都有的风险,也叫商业风险。一般用息税前收益的变动(标准差、经营杠杆等指标)来计量经营风险的大小。这种风险是企业经营活动中的固有风险,来自企业经营活动所在客观经济环境的不确定性,如市场供求和价格变化、税收政策和金融政策的调整、企业自身技术设备、产品结构、研发能力等因素的变化等。

### (二) 单一资产的收益与风险

资产风险的大小可用资产收益率的离散程度来衡量。衡量资产风险的指标有收益率的方差、标准差和标准差率等。

#### 1. 概率分布

概率是用来表示随机事件发生可能性大小的数值。例如企业投资收益率为 20% 的概率是 0.3,意味着企业获得 20% 的投资收益率的可能性是 30%。通常把必然发生的事件的概率定为 1,把不可能发生的事件的概率定为 0,而一般随机事件的概率是介于 0~1 之间的一个数,概率越大,就表示该事件发生的可能性越大,全部概率之和必须等于 100%。如果将所有可能的事件或结果都列示出来,并对每个事件都赋予一个概率,则得到事件或结果的概率分布。

同样,也可以为投资收益的可能结果(即报酬)赋予概率。假设目前市场经济情况只有繁荣、一般、衰退三种情况,概率的个数为 3,现某公司拟对有投资意向的两家公司——米素公司和澳莱公司进行投资考察,两公司投资收益率的概率分布见表 3-3。从表 3-3 中可以看出,经济状况繁荣的概率为 40%,此时两家公司都将获得很高的投资收益率;经济状况一般的概率为 30%,此时收益率适中;而经济状况衰退的概率为 30% 时,此时米素公司没有盈利,澳莱公司会遭受损失。

表 3-3　米素公司和澳莱公司投资收益率的概率分布

| 经济状况 | 发生概率($P_i$) | 投资收益率($R_i$) | |
|---|---|---|---|
| | | 米素公司 | 澳莱公司 |
| 繁荣 | 0.40 | 40% | 70% |
| 一般 | 0.30 | 20% | 20% |
| 衰退 | 0.30 | 0 | −40% |
| 总计 | 1.00 | | |

#### 2. 期望值

期望值是一个概率分布中的所有可能结果,以各自相应的概率为权数计算的加权平均值。根据表 3-3 所示,将各种可能结果与其所对应的发生概率相乘,并将乘积相加,则得到各种结果的加权平均值。此处权重系数为各种结果发生的概率,加权平均值则为预期收益率 $\bar{R}$,也称期望收益率。预期收益率的计算公式已在之前的内容中解释过。根据计算公式可得出表 3-3 中米素公司和澳莱公司的期望收益率。

米素公司:$\bar{R} = 0.4 \times 40\% + 0.3 \times 20\% + 0.3 \times 0\% = 22\%$

澳莱公司:$\bar{R} = 0.4 \times 70\% + 0.3 \times 20\% + 0.3 \times (-40\%) = 22\%$

　　从计算结果可以看出,投资米素公司的预期收益率与澳莱公司相同,无论投资哪家公司,都可能带来相同的收益率。在预期收益相同的情况下,投资的风险程度与收益的概率分布有密切关系。概率分布越集中,实际可能的结果就会越接近预期收益,实际收益率低于预期收益率的可能性就越小,投资的风险程度也就越小;反之,概率分布越分散,投资的风险程度也就越大。从表 3-3 给出的数据可以看出,在不同市场状况下,米素公司投资收益率的波动范围明显较小,最高可能收益率和最低可能收益率之差为 $40\%-0=40\%$;澳莱公司投资收益率的波动范围明显更大,最高可能收益率和最低可能收益率之差为 $70\%-(-40\%)=110\%$。米素公司收益的概率分布比澳莱公司要集中得多,因而其投资风险较低。

　　两家公司股票收益率的概率分布情况见图 3-12。

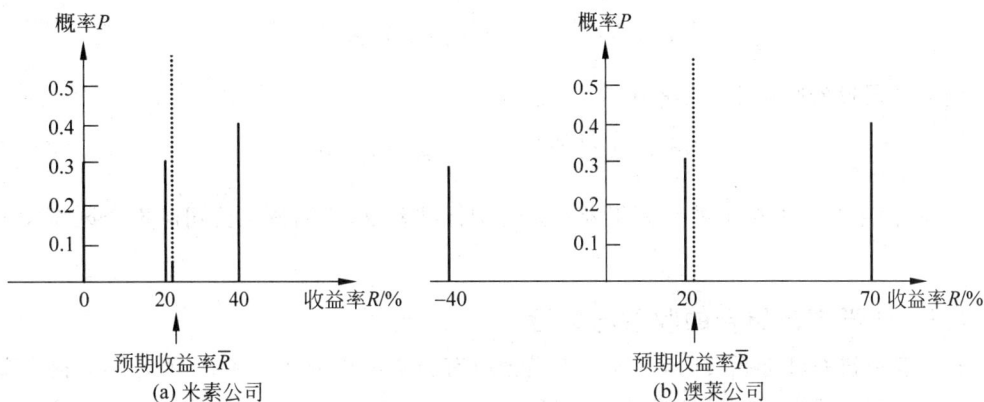

图 3-12　两家公司股票收益率的概率分布图

　　因此,对于有风险的投资项目,不仅要考虑其预期收益率的高低,还要考虑其风险程度的大小。为了准确度量风险的大小,引入标准差(standard deviation,SD)这一衡量概率分布离散程度的指标。

3. 标准差

　　标准差是各种可能的收益率偏离期望收益率的综合差异,是一个反映随机变量概率分布离散程度的绝对数指标,用来比较期望值相同的不同方案的风险程度。标准差越小,概率分布越集中,同时,相应的风险也就越小。标准差的具体计算过程如下:

$$\sigma = \sqrt{\sum_{i=1}^{n} (R_i - \bar{R})^2 \times P_i}$$

式中,$\sigma$ 为标准差;其他符号同前。

　　以表 3-3 中的数据为例,将米素公司和澳莱公司的相关数据代入标准差计算公式,可得米素公司投资收益率的标准差:

$$\sigma = \sqrt{(40\%-22\%)^2 \times 0.4 + (20\%-22\%)^2 \times 0.3 + (0-22\%)^2 \times 0.3} = 16.61\%$$

　　澳莱公司投资收益率的标准差:

$$\sigma = \sqrt{(70\%-22\%)^2 \times 0.4 + (20\%-22\%)^2 \times 0.3 + (-40\%-22\%)^2 \times 0.3}$$
$$= 45.56\%$$

　　计算结果表明,澳莱公司的标准差大于米素公司的标准差,说明澳莱公司的投资风险大于澳莱公司。本案例中,两家公司的预期收益率相同,应选择米素公司进行投资。

**4. 标准差率**

标准差率作为一个相对数指标,可用于比较预期收益率不同情况下的方案风险,为项目的选择提供了更有意义的风险和收益衡量标准。标准差率越大,风险越大;标准差率越小,风险越小。标准差率用 $V$ 表示,其计算公式为

$$V = \frac{\sigma}{R} \times 100\%$$

以表 3-3 中数据为例,将米素公司和澳莱公司的相关数据代入标准差率计算公式,可得米素公司投资收益率的标准差率:

$$V = \frac{16.61\%}{22\%} \times 100\% = 75.5\%$$

澳莱公司投资收益率的标准差率:

$$V = \frac{45.56\%}{22\%} \times 100\% = 207.09\%$$

可见,澳莱公司的标准差率大于米素公司的标准差率,说明澳莱公司的投资风险大于米素公司。

### (三)证券资产组合的收益与风险

投资者在进行证券投资时,一般并不是把所有资金都投资一种证券,而是同时持有多种证券。这种同时投资于多种证券的方式,称为证券的投资组合。由于多种证券构成的投资组合会减少投资风险,因为收益率高的证券会抵消收益率低的证券带来的负面影响。

**1. 证券资产组合的预期收益率**

证券资产组合的预期收益率就是组成证券资产组合的各种资产收益率的加权平均数,权数为各种资产在组合中的价值比例。证券资产组合的预期收益率计算公式为

$$\overline{R_p} = \omega_1 \overline{R_1} + \omega_2 \overline{R_2} + \cdots + \omega_n \overline{R_n} = \sum_{i=1}^{n} \omega_i \overline{R_i}$$

式中,$\overline{R_p}$ 为证券资产组合的预期收益率;$\overline{R_i}$ 为单项资产的预期收益率;$\omega_i$ 为第 $i$ 个单项资产价值占证券资产组合的比重;$n$ 为证券资产组合中单项资产的个数。

通过上式可知,影响证券资产组合收益率的因素是投资比重和个别资产收益率。当将投资重心放到收益率高的证券资产上时,组合收益率就高;反之,当将投资重心放到收益率低的资产上时,组合收益率就低。

**【例 3-14】** 2025 年 5 月,某证券分析师预测四只股票的预期收益率见表 3-4,试计算该证券资产组合的预期收益率。

表 3-4 单只股票的预期收益率

| 股 票 名 称 | 预期收益率 | 股 票 名 称 | 预期收益率 |
| --- | --- | --- | --- |
| A | 20% | C | 11% |
| B | 17% | D | 9% |

**解:** 对每只股票投入 25 万元,组成一个价值为 100 万元的证券组合,那么该证券资产

组合的预期收益率为

$$\overline{R_p} = \omega_1 \overline{R_1} + \omega_2 \overline{R_2} + \cdots + \omega_n \overline{R_n}$$
$$= \frac{25}{100} \times 20\% + \frac{25}{100} \times 17\% + \frac{25}{100} \times 11\% + \frac{25}{100} \times 9\%$$
$$= 14.25\%$$

需要注意的是,一年以后,每只股票的实际收益率 $R_i$ 与它们的预期收益率很可能不同,即投资组合的实际收益率很可能不等于 14.25%。也就是说,证券资产组合同样存在风险。

2. 证券资产组合风险及衡量

与证券资产组合的收益不同,投资组合的风险 $\sigma_p^2$ 通常并非组合内部单项资产标准差的加权平均数。但通过多项资产组合,可以分散投资风险。以两项资产投资组合为例,证券资产组合收益率的标准差的计算公式如下:

$$\sigma_p = \sqrt{W_1^2 \sigma_1^2 + W_2^2 \sigma_2^2 + 2W_1 W_2 \rho_{1,2} \sigma_1 \sigma_2}$$

式中, $\sigma_p$ 为证券资产组合的标准差,用来衡量证券资产组合的风险; $\sigma_1$ 和 $\sigma_2$ 分别为组合中两项资产收益率的标准差; $W_1$ 和 $W_2$ 分别为组合中两项资产所占的价值比例; $\rho_{1,2}$ 反映两项资产收益率的相关程度,即两项资产收益率之间的相对运动状态,称为相关系数。$\rho_{1,2} = 1$,表示两项资产的收益率变化幅度与方向完全相同,即它们的收益率完全正相关; $\rho_{1,2}$ 为 $-1$,表示两项资产收益率完全负相关,即它们的收益率变化幅度与方向完全相反。在实务中,绝大多数资产两两之间都具有不完全的相关关系,也就是说,相关系数介于 $[-1,1]$ 内。相关系数与组合风险的关系见表 3-5。

表 3-5　相关系数与组合风险的关系表

| 相关系数 $\rho_{1,2}$ | 证券资产组合的标准差 $\sigma_p$ | 风险分散情况 |
|---|---|---|
| $\rho_{1,2} = 1$(完全正相关) | $\sigma_p = \lvert(W_1\sigma_1 + W_2\sigma_2)\rvert$, $\sigma_p$ 达到最大 | 组合不能抵消任何风险 |
| $\rho_{1,2} = -1$(完全负相关) | $\sigma_p \lvert(W_1\sigma_1 - W_2\sigma_2)\rvert$, $\sigma_p$ 达到最小,甚至可能为零 | 组合可以最大限度地分散风险,甚至完全分散 |
| $-1 < \rho_{1,2} < 1$ | $0 < \sigma_p < (W_1\sigma_1 + W_2\sigma_2)$ | 组合可以分散部分风险 |

若证券资产组合包含的投资多于两项,通常情况下,证券资产组合的风险将随着所含资产数量的增加而降低。但不应过分夸大资产多样性和资产数量的作用。当资产数量增加到一定程度时,风险分散的效应就会逐步减弱。当组合中不同行业的资产个数达到 20 个时,绝大多数的非系统性风险已被消除掉。此时,如果继续增加资产数量,对分散风险已没有实际意义。因此,不要期望通过增加资产的多样化达到完全消除风险的目的,一个原因是想要找到期望收益率呈负相关的资产组合很困难,另一个原因是系统性风险是不能通过风险的分散来消除的。图 3-13 可以反映证券资产组合规模对组合风险的影响。

通常系统性风险的大小用 $\beta$ 系数衡量,某资产的 $\beta$ 系数表示该资产的系统性风险相当于市场组合系统性风险的倍数。

$$\beta_i = \frac{\text{单个资产对市场组合系统风险的贡献}}{\text{市场组合的系统风险水平}}$$

当 $\beta_i = 1$ 时,表示该资产的收益率与市场平均收益率成同方向比例变化,即该资产所含

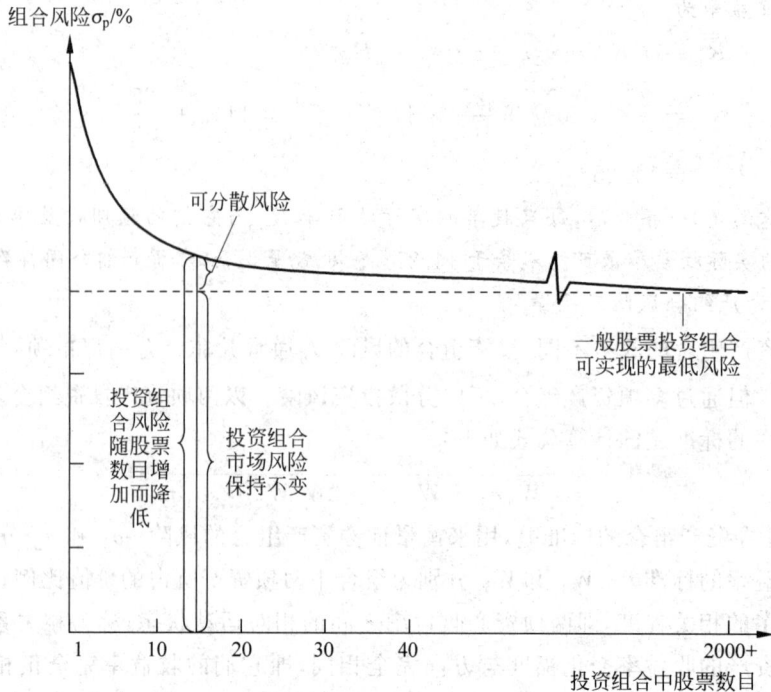

**图 3-13 证券资产组合规模对组合风险的影响**

有的系统性风险与市场组合的风险一致；如果 $0<\beta_i<1$，说明该资产所含有的系统性风险小于市场组合的风险；如果 $\beta_i>1$，说明该资产所含有的系统性风险大于市场组合的风险。个别资产的 $\beta$ 系数可以为负，表明该项资产的收益率与市场平均收益率的变化方向相反。如果是无风险资产，则 $\beta$ 系数为 0。

对于证券资产组合来说，其所含的系统性风险的大小可以用组合 $\beta$ 系数来衡量。证券资产组合的 $\beta$ 系数是所有单项资产 $\beta$ 系数的加权平均数，权数为各种资产在证券资产组合中所占的价值比例。

$\beta$ 系数一般不需要投资者自己计算，而由一些投资服务机构定期计算并公布。表 3-6 列示了 2023 年中国几家上市公司的 $\beta$ 系数。

**表 3-6 2023 年中国几家上市公司的 $\beta$ 系数**

| 公司代码 | $\beta$ 系数 | 公司代码 | $\beta$ 系数 | 公司代码 | $\beta$ 系数 |
|---|---|---|---|---|---|
| 600519 | 1.34 | 603369 | 1.49 | 300866 | 1.41 |
| 000858 | 1.72 | 000568 | 1.78 | 600060 | 0.67 |
| 002304 | 1.37 | 600809 | 1.42 | 002241 | 1.19 |

**3. 证券资产组合的风险收益率**

投资者进行证券资产组合投资与进行单项资产投资一样，都要求对所承担的风险进行补偿，股票的风险越大，要求的收益越高。但是，与单项资产投资不同，证券资产组合投资要求补偿的风险只是系统性风险，而不要求对非系统性风险进行补偿。如果非系统性风险的补偿存在，善于科学地进行投资组合的投资者将会购买这部分股票，并抬高其价格，其最后的收益率只反映系统性风险。因此,证券资产组合的风险收益率是投资者因承担系统性风险而要求的,超过时间价值的那部分额外收益率可用以下公式计算:

$$\beta_{\mathrm{p}} = \sum_{i=1}^{n}(\beta_i \times W_i)$$

式中,$\beta_{\mathrm{p}}$ 为证券资产组合的 $\beta$ 系数;$W_i$ 为第 $i$ 项资产在组合中所占的价值比例;$\beta_i$ 为第 $i$ 项资产的 $\beta$ 系数。

### (四)资本资产定价模型

由风险报酬均衡原则可知,风险越高,必要报酬率也就越高。多高的必要报酬率才足以抵补特定数量的风险呢?市场又是怎样决定必要报酬率的?资本资产定价模型较好地解释了风险收益率的决定因素和度量方法。

微课:资本资产定价模型

资本资产定价模型(capital asset pricing model,CAPM)在 1964 年由威廉·夏普(William F. Sharpe)、约翰·林特纳(John Lintner)和简·莫森(Jan Mossin)三个人同时提出。CAPM 模型第一次使人们能够准确计量市场的风险程度,是资产定价理论发展历史上第一个不确定条件下的资产定价的均衡模型,对财务理论发展具有革命性意义。

1. 资本资产定价模型的基本假设

CAPM 建立在一系列严格的假设条件之上。

(1) 资本市场是有效市场,所有投资者都具有完全的信息,市场能够达到均衡。

(2) 在市场交易中没有任何交易费用和税收。

(3) 所有资产的数量都是确定的,且市场上的所有资产都是无限可分的,资产有充分的流动性,在任何价格都可以实现交易。

(4) 所有投资者都只关注单一持有期的投资收益最大化,投资者选择最优投资组合的依据是投资组合的收益和风险,即预期收益率和标准差。

(5) 所有投资者都能够以给定的无风险利率无限制地借入或贷出资金,也可以无限制地进行卖空。

(6) 所有投资者都是价格的接受者,任何单个投资者的买卖行为都不会影响市场价格。

(7) 所有投资者对未来的预期相同,即所有投资者对资产的预期收益率、方差、任意两项资产的协方差都有相同的估计。

上述基本假设是对现有经济生活的理想化和抽象化,采用这些简化的形式有助于进行基本的理论分析。在资本资产定价模型的实际应用中,可以不受这些基本假设的严格限制。

2. 资本资产定价模型的基本表达式

在资本资产定价模型下,投资者可以根据自己愿意承受的风险程度来选择投资组合,该组合中可以包括无风险资产和风险资产,只有当风险资产的收益抵消其风险时,投资者才选择持有这种资产组合。其计算公式为必要收益率=无风险收益率+风险收益率。资本资产定价模型认为,投资者对单项资产投资所要求的收益率等于无风险资产收益率与该单项资产的风险收益率之和,基本公式如下:

$$\overline{R_i} = R_{\mathrm{f}} + R_{\mathrm{r}}$$
$$= R_{\mathrm{f}} + \beta_i(R_{\mathrm{m}} - R_{\mathrm{f}})$$

式中,$\overline{R_i}$ 为资产 $i$ 的必要收益率;$R_f$ 为无风险收益率,通常用短期国库券的收益率近似代替;$R_r$ 为风险收益率;$\beta_i$ 为第 $i$ 种资产的 $\beta$ 系数,即资产 $i$ 的系统性风险系数;$R_m$ 为市场上所有资产组合的预期收益率;$R_m - R_f$ 为市场组合 $m$ 的风险收益率,即由于承担资产的风险而获得的高出无风险资产收益的溢价部分;$\beta_i(R_m - R_f)$ 为第 $i$ 种资产的风险收益率。

某特定资产收益率与市场组合收益率的协方差越大,该资产的 $\beta$ 值越大,必要收益率也越大。从上式可知,无风险资产的 $\beta$ 系数为 0,即 $\beta_f = 0$;市场组合的 $\beta$ 系数为 1,即 $\beta_m = 1$。

资本资产定价模型反映的是一个特定资产的风险与其必要收益率(期望收益率)的关系。公式右边第一部分表示投资的机会成本补偿,用无风险收益率表示;第二部分表示投资的风险补偿,用对市场风险溢价调整后的数据表示。

**【例 3-15】** 米素公司股票的 $\beta$ 系数为 2.0,无风险收益率为 $6\%$,市场上所有股票的平均收益率为 $10\%$,试计算米素公司股票的必要收益率应为多少?

**解:** $$\overline{R_i} = R_f + \beta_i(R_m - R_f) = 6\% + 2.0 \times (10\% - 6\%) = 14\%$$

也就是说,只有在米素公司股票的收益率达到或超过 $14\%$,投资者才愿意投资。如果低于 $14\%$,则投资者不会购买米素公司的股票。

3. 资本资产定价模型的局限性

资本资产定价模型用简单的关系式表达出了"高收益伴随着高风险"的直观认知。尽管该模型已经得到了广泛的认可,但在实际应用中,资本资产定价模型仍然存在一些明显的局限性。

(1) 某些资产或企业的 $\beta$ 值难以估计,特别是对一些缺乏历史数据的新兴行业。

(2) 经济环境的不确定性和不断变化,使得依据历史数据估算出来的 $\beta$ 值对未来的指导作用必然要打折扣。

(3) 资本资产定价模型是建立在一系列假设之上的,其中一些假设与实际情况有较大偏差,使得资本资产定价模型的有效性受到质疑。这些假设包括:市场是均衡的,市场不存在摩擦,市场参与者都是理性的、不存在交易费用、税收不影响资产的选择和交易等。

★★★ 拓 展 训 练

项目三即测即评

思 行 合 一

文档:红色理财专家——郑义斋    文档:中国注册会计师第一人——谢霖    文档:巨人集团兴衰史

# 模块二

## 研习数字化财务管理之道

# 项目四

## 数字化预算管理

### 教学目标

**知识目标：**

1. 能正确阐述数字化预算管理的含义及全面预算的作用；
2. 能精准描述全面预算体系的编制原理与编制程序；
3. 能准确掌握预算管理中各种编制方法及适用范围和优缺点；
4. 能科学分析预算管理的执行与考评。

**能力目标：**

1. 能够掌握各项业务预算的编制方法；
2. 能够掌握现金预算、预计利润表和预计资产负债表的编制方法；
3. 能够根据财务预算编制方法编制企业预算方案。

**素养目标：**

1. 运用正确的方法掌握新知识、新技能，具备良好的信息素养；
2. 具备科学严谨的工作态度；
3. 遵守客观公正、坚守准则、服务协作的职业道德；
4. 强化预算管理的全局意识、责任意识、风险意识。

### 引导案例

南京水务集团有限公司前身为南京市自来水总公司，始建于 1929 年，是南京市主城区主营供排水设施投资、建设、运营、管理一体化业务的企业集团，是由南京市国资委列名监管、独立运作的市属国企。2013 年南京水务集团开始搭建全面预算管理体系，当时使用 Excel 进行预算编制及预算分析。2017 年，建立了业财联动指标体系，并通过系统落地开始实施。2021 年，开始优化全面预算管理体系，统一预决算平台、深化预算应用。

鉴于当前预算体系存在的短板与不足，南京水务集团积极寻求变革与创新，着手对全面预算系统进行全面升级，将编制预算转变为全员、全过程、全方位的全面预算管理。统一预算经营指标，优化表单勾稽关系，完善预算编制、审批流程。在预算控制方面，由事后分析逐步转变为事前、事中的预算管控。通过业务预算模型和预算指标体系，逐步提升集团预算管理的精细化和标准化。最终完成预算系统切换上线，最终用户培训，操作手册视频，输出预算填报指引。整个预算体系的搭建具体分为预算编制、预算调整、预算执行和预算控制。包括集团下发预算通知,本部/主业单位/子公司编制预算(进行初稿上报审批、初稿调整再到上报确定),到预算汇总审核定稿。然后到预算的执行,预算的执行包括了预算的控制,然后是预算分析调整,先有分析,后有调整,然后到预算的考核评价这样的一个循环过程。

经过精心组织和不懈努力,集团成功完成了数字化建设的里程碑任务,为预算管理插上了智能化的翅膀。这一重大改进不仅提升了预算管理的精准度和效率,更为南京水务集团的可持续发展注入了新的活力。整个系统构建了一套全面而精细的预算指标体系。这一体系紧密围绕集团三大核心业务板块,确保了预算指标与财务数据的高度一致性与协同性。通过业务导向的预算模型体系,打造全方位的预算规划与管理框架,为集团提供了战略决策的有力支持。值得一提的是,所建立的预算分析系统,其多维度的分析功能与实时数据处理能力,使得集团能够迅速洞察市场变化与业务发展趋势。这一系统的实施,不仅提升了预算管理的效率,更为集团的精细化管控提供了坚实的技术保障。此外,预算归口管理的创新实践,进一步满足了集团对精细化管控的迫切需求。通过归口管理,实现了预算资源的优化配置与高效利用,为集团的长远发展奠定了坚实基础。

### 知识导图

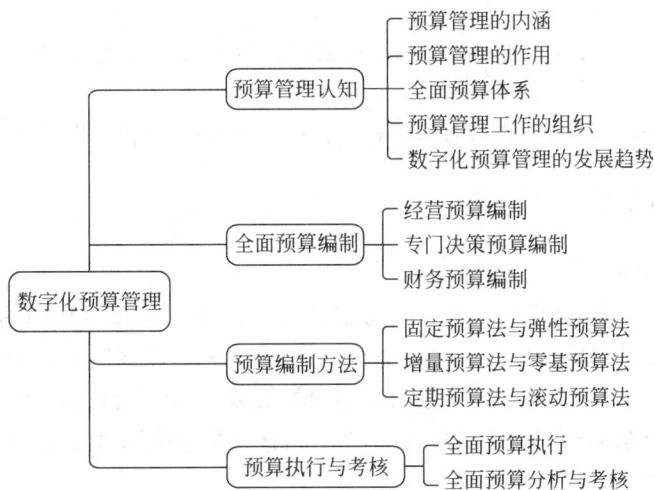

### 任务一　预算管理认知

## 一、预算管理的内涵

预算管理是指企业围绕预算开展的一系列管理活动,旨在落实战略规划,优化资源配置,提高营运绩效,强化风险控制,推动企业战略规划实现。预算就是决策目标的具体化,在预测、决策的基础上,用数量和金额以表格的形式反映企业未来一定时期内经营、投资、筹资等活动的具体计划,是为实现企业目标而对各种资源和企业活动所做的详细安排。企业通过长期决策和短期决策,分别提出了自己的长期战略目标和短期经营目标。为了实现既定的目标,保证决策所确定的最优方案在实际工作中得到贯彻执行,企业还必须研究实现目标的途

微课:预算
管理认知

径和方法,企业的所有职能部门一定要相互配合、协调行动,用编制预算的办法来规划与控制企业未来的全部经济活动,实行全面预算管理。

预算管理可直接反映企业的经营策略和发展规划,在企业管理中起着关键作用。预算具有两个特征:首先,预算与企业的战略目标保持一致,因为预算是为实现企业目标而对各种资源和企业活动所做的详细安排;其次,预算是数量化的并具有可执行性,因为预算作为一种数量化的详细计划,它是对未来活动的细致安排,是未来经营活动的依据。

数字经济时代,预算管理成为企业数字化转型核心工程。数字化预算管理是指利用现代信息技术(如大数据、云计算、人工智能、区块链等)对传统预算管理流程进行数字化改造,实现预算编制、审批、执行、监控、分析和调整的全流程自动化、智能化和可视化。其核心目标是提升预算管理的精准性、效率性和动态适应性,支持企业更科学地进行资源配置和战略决策。其核心特征表现如下。

(1) 数据驱动:基于历史数据和实时业务数据,采用算法模型(如机器学习、预测分析)优化预算编制和调整。

(2) 自动化流程:减少人工干预,通过系统自动归集数据、生成预算草案、执行控制及预警。

(3) 实时动态监控:利用 BI(商业智能)工具和可视化仪表盘,实时追踪预算执行情况,及时发现偏差。

(4) 业财融合:与 ERP、财务共享中心、供应链等业务系统集成,实现预算与业务数据的无缝衔接。

(5) 智能分析与预测:运用 AI 技术进行情景模拟、趋势预测和风险预警,辅助管理层决策。

## 二、预算管理的作用

### 1. 统筹规划功能

预算作为一种计划,规定了企业一定时期的总目标以及各级各部门的具体目标。通过企业内部各职能部门的层层分解,使财务管理目标成为各职能部门工作的具体目标,因而保证了各部门目标之间以及部门目标与总目标之间的衔接,并统筹分配给各个部门的每个员工,使得企业目标更加具体,部门目标更加明确,个人目标更具操作性,能够保障战略目标的实现。

### 2. 沟通协调功能

企业总体目标的实现需要各部门或个人的目标和企业总体目标保持一致。全面预算把企业各方面的工作纳入统一计划,将总体目标科学、合理地分配到各责任部门,促使各部门和各环节的经济活动都能在企业总目标的统一领导下协调进行。这样就可以避免各个部门由于过分强调部门利益带来的矛盾,减少预算执行的障碍,使得各部门的预算相互衔接、环环相扣,在保证最大限度实现企业总目标的前提下,有效地组织企业各部门的生产经营活动。

### 3. 控制纠偏功能

编制预算是企业经营管理的起点,也是企业控制日常经济活动的依据。在预算的执行过程中,各部门应通过计量、对比,及时揭露实际脱离预算的差异及原因,以便采取必要措施,消除薄弱环节,保证预算目标的顺利完成。

### 4. 考核激励功能

预算作为企业财务活动的行为标准,使各项活动的实际执行有章可循,各部门责任考核必须以预算标准为基础。经过分解落实的预算规划目标能与部门、责任人的业绩考评结合起来,成为奖勤罚懒、评估优劣的重要依据。全面预算是企业全员参与的预算,企业可以定期或不定期检查、考评各部门、各个员工所承担的经济责任和工作任务的完成情况,通过对比和分析,划清和落实责任。所以,全面预算是考核评价各部门、各员工业绩的重要标准。

## 三、全面预算体系

### 1. 按照内容分类

根据内容不同,全面预算可分为经营预算、专门决策预算与财务预算。各种预算是一个有机联系的整体,一般将由经营预算、专门决策预算和财务预算组成的预算体系称为全面预算体系。

(1) 经营预算是指与企业日常业务直接相关的一系列预算,包括销售预算、生产预算、采购预算、费用预算、人力资源预算等。

(2) 专门决策预算是指企业重大的或不经常发生的、需要根据特定决策编制的预算,包括投融资决策预算等。专门决策预算直接反映相关决策的结果,是实际中已选方案的进一步规划。如资本支出预算,其编制依据可以追溯到决策之前收集到的有关资料,只不过预算比决策估算更细致、更精确一些。例如,企业购置固定资产都必须在事先做好可行性分析的基础上来编制预算,具体反映投资额需要多少、何时进行投资、资金从何筹得、投资期限多长、何时可以投产、未来每年的现金流量是多少。

(3) 财务预算是指与企业资金收支、财务状况或经营成果等有关的预算,包括资金预算、预计资产负债表、预计利润表等。财务预算作为全面预算体系的最后环节,它是从价值方面总括地反映企业经营预算与专门决策预算的结果,故也称为总预算,其他预算则相应称为辅助预算或分预算。显然,财务预算在全面预算中占有举足轻重的地位。

### 2. 按照时间分类

根据预算指标覆盖的时间长短,企业预算可分为短期预算和长期预算。通常将预算期在 1 年以内(含 1 年)的预算称为短期预算,预算期在 1 年以上的预算称为长期预算。预算的编制时间可视预算的内容和实际需要而定,可以是 1 周、1 月、1 个季度、1 年或若干年等。在预算编制过程中,往往应结合各项预算的特点,将长期预算和短期预算结合使用。一般情况下,企业的经营预算和财务预算多为 1 年期的短期预算,年内再按季度或月细分,而且预算期间往往与会计期间保持一致。

## 四、预算管理工作的组织

全面预算的编制是一项工作量大、涉及面广、时间性强、操作复杂的工作。为了保证预算编制工作有条不紊地进行,企业一般要在内部专设一个预算委员会来负责预算编制并监督实施。预算委员会通常是由总经理,分管销售、生产、财务等方面的副总经理和总会计师等高级管理人员组成的,其主要任务包括:制定和颁布有关预算制度的各项政策;审查和协调各部门的预算申报工作;解决有关方面在编制预算时可能发生的矛盾和争执,批准最终预算,并经常检查预算的执行情况。

预算编制涉及企业生产经营管理的各个部门,只有执行人来参与预算的编制,才能使预算成为他们自愿努力完成的目标。因此,预算的编制应采取自上而下、自下而上和上下结合等方法,不断反复修正,最后由有关机构综合平衡,并以书面形式向下传达,作为正式的预算落实到各有关部门。

全面预算编制的一般程序如下。

(1) 在预测与决策的基础上,由预算委员会拟订企业预算总方针,包括经营方针、各项政策以及企业的总目标和分目标,如利润目标、销售目标、成本目标等,并下发到各有关部门。

(2) 组织各生产业务部门按具体目标要求编制本部门预算草案。

(3) 由预算委员会平衡与协商调整各部门的预算草案,并进行预算的汇总与分析。

(4) 审议预算并上报董事会通过企业的综合预算和部门预算。

(5) 将批准后的预算下达给各级各部门执行。

在数字化的背景下,预算管理能够帮助企业管理者通过数据洞察企业内部以及外部发展趋势。通过打通预算与内外部之间的数据壁垒,建立数字化的预算管理体系,是财务管理数字化的重要着力点和突破口。

## 五、数字化预算管理的发展趋势

### 1. 预算主体的变化

从头部企业向中小企业拓展。传统全面预算为主要内容的预算管理体系在大型头部企业的应用已经基本普及并在持续优化完善。在新形势下和数字化浪潮中,不管企业规模大小,企业管理层基本都有建立健全和优化完善预算管理的需求和认识。因此,中小企业预算管理需求日益突显。

### 2. 预算定位的变化

在数字化时代,对预算管理的理解要跳出传统的认知,应当从数据、模型、算力、算法等方面构建、优化和完善"赋能型"预算管理体系和预算解决方案,赋能各级管理者对企业经营的不确定性进行管理,实时调整企业经营行为,更好地实现企业经营目标。另外,受制于市场等环境的不确定因素,企业预算越来越难以做得具体、细致和准确。预算管理的"动态运营指导"功能日益受到重视,滚动预算的频次、精准度要求不断提升。预算管理逐渐从公司级向部门级、项目级转变,从关注"全局、长周期、静态目标"向"特定业务、短周期、动态调整"转变。

### 3. 预算内容的变化

随着数字化时代的来临,战略化将不再是预算管理的唯一最高导向,预算管理与业务经营的融合更紧密,业务化变得越来越重要,部门级、轻量化的场景化预测开始深入企业最基础的细分业务环节中,预算则深入更小的业务单元。同时,预算控制从"零散型"向"集约型"转变。通过构建统一的预算控制中心,灵活定义预算控制模型和控制策略,满足不同的预算控制场景,实现事前审批与预警机制,加强事中实时监控,完善事后分析评价,形成全方位的预算控制体系,提升预算控制的"归口管理"能力和效果,促使预算控制从"零散型"向"集约型"转变。

# 任务二　全面预算编制

企业应建立和完善预算编制的工作制度,明确预算编制依据、编制内容、编制程序和编制方法,确保预算编制依据合理、内容全面、程序规范、方法科学,确保形成各层级广泛接受的、符合业务假设的、可实现的预算控制目标。

## 一、经营预算编制

### 1. 销售预算

销售预算是指在销售预测的基础上根据销售计划编制的,用于规划预算期销售活动的一种经营预算。销售预算是整个预算的编制起点,其他预算的编制都是以销售预算为基础的。销售预算的主要内容是销量、单价和销售收入。销量是根据市场预测或销货合同并结合企业生产能力确定的,单价是通过价格决策确定的,销售收入是两者的乘积,在销售预算中计算得出。销售预算通常要分品类(或品种)、分月份、分销售区域、分推销员来编制。销售预算中通常还包括预计现金收入的计算,其目的是为编制资金预算提供必要的资料。

**【例 4-1】**　某公司生产销售某产品,单位售价为 20 元,预计在 2025 年内共计销售 50 000 件。其中,一季度为 5 000 件,二季度为 15 000 件,三季度为 20 000 件,四季度为 10 000 件。一季度的现金收入包括两部分,即上年应收账款在本年一季度收到的货款以及本季度销售中可能收到的货款。假设每季度销售收入中的 70% 于本季度以现金形式收到,另外的 30% 要到下季度才能以现金形式收到。一季度应收上年度的应收账款余额为 40 000 元。请编制该公司的销售预算表。

**解:** 根据题意编制的该公司销售预算如表 4-1 所示。

表 4-1　销售预算　　　　　　　　　　　　　　　金额单位:元

| 项　　目 | 一季度 | 二季度 | 三季度 | 四季度 | 全　年 |
|---|---|---|---|---|---|
| 某产品销售单价 | 20 | 20 | 20 | 20 | 20 |
| 某产品预计销售量/件 | 5 000 | 15 000 | 20 000 | 10 000 | 50 000 |
| 预计销售收入 | 100 000 | 300 000 | 400 000 | 200 000 | 1 000 000 |
| 预计现金收入: | | | | | |
| 期初应收账款 | 40 000 | | | | 40 000 |
| 一季度经营现金收入 | 70 000 | 30 000 | | | 100 000 |
| 二季度经营现金收入 | | 210 000 | 90 000 | | 300 000 |
| 三季度经营现金收入 | | | 280 000 | 120 000 | 400 000 |
| 四季度经营现金收入 | | | | 140 000 | 140 000 |
| 经营现金收入合计 | 110 000 | 240 000 | 370 000 | 260 000 | 980 000 |

### 2. 生产预算

生产预算是为规划预算期的生产规模而编制的一种经营预算,它是在销售预算的基础上编制的,并可以作为编制直接材料预算和产品成本预算的依据。其主要内容有销售量、期初和期末产成品存货、生产量。在生产预算中,只涉及实物量指标,不涉及价值量指标。

通常,企业的生产和销售不宜做到"同步同量",需要设置一定的存货,以保证能在发生意外需求时按时供货,并可均衡生产,节省赶工的额外支出。期末产成品存货数量通常按下期销售量的一定百分比确定。年初产成品存货是编制预算时预计的,年末产成品存货根据长期销售趋势来确定。

**【例 4-2】**　某公司 2025 年内每季度末存货占其下季度预计销售量的 20%,2025 年年末预计存货量为 2 000 件,年初预计存货量为 1 500 件。请编制该公司的生产预算表。

**解**：根据题意编制的某公司 2025 年度生产预算如表 4-2 所示。

表 4-2 生产预算 单位：件

| 项 目 | 一季度 | 二季度 | 三季度 | 四季度 | 全 年 |
|---|---|---|---|---|---|
| 预计销售量（表 4-1） | 5 000 | 15 000 | 20 000 | 10 000 | 50 000 |
| 加：期末产成品存货数量 | 3 000 | 4 000 | 2 000 | 2 000 | 2 000 |
| 产成品需要量合计 | 8 000 | 19 000 | 22 000 | 12 000 | 52 000 |
| 减：期初产成品存货数量 | 1 500 | 3 000 | 4 000 | 2 000 | 1 500 |
| 生产量 | 6 500 | 16 000 | 18 000 | 10 000 | 50 500 |

表 4-2 中涉及的计算公式：

生产预算的"预计销售量"来自销售预算。

预计期末产成品存货＝下季度销售量×20%

预计期初产成品存货＝上季度期末产成品存货

预计生产量＝预计销售量＋预计期末产成品存货－预计期初产成品存货

生产预算在实际编制时是比较复杂的，企业的产量受到生产能力的限制，产成品存货数量受到仓库容量的限制，只能在此范围内来安排产成品存货数量和各期生产量。此外，有的季度可能销量很大，可以用赶工方法增产，为此要多付加班费。如果提前在淡季生产，会因增加产成品存货而多付资金利息和仓储费用。因此，要权衡两者得失，选择成本最低的方案。

3. 直接材料预算

直接材料预算也称直接材料采购预算，是用来确定预算期内的材料采购数量和采购成本的，以生产预算为基础编制，需要同时考虑期初与期末材料存货数量。主要包括产品的预计生产量、单位产品材料耗用量、期初及期末材料存量、材料单位价格和当期支付的材料购货款等。

**【例 4-3】** 某公司生产甲产品每件耗用直接材料 4kg，每千克单价 0.5 元，各季末材料存货量为下一季度生产需要量的 10%，2025 年年末预计材料存货量为 5 500kg，2025 年年初预计材料存货量为 5 000kg。各季购料款均于当季支付 60%，下季偿还 40%，应付账款年初余额为 9 500 元，该公司生产预算如表 4-2 所示。请编制该公司的直接材料预算表。

**解**：根据题意编制的直接材料预算如表 4-3 所示。

表 4-3 直接材料预算 金额单位：元

| 项 目 | 一季度 | 二季度 | 三季度 | 四季度 | 全 年 |
|---|---|---|---|---|---|
| 生产量（表 4-2）/件 | 6 500 | 16 000 | 18 000 | 10 000 | 50 500 |
| 单位产品直接材料耗用/kg | 4 | 4 | 4 | 4 | 4 |
| 总耗用量/kg | 26 000 | 64 000 | 72 000 | 40 000 | 202 000 |
| 加：期末直接材料存货数量/kg | 6 400 | 7 200 | 4 000 | 5 500 | 5 500 |
| 总需要量/kg | 32 400 | 71 200 | 76 000 | 45 500 | 207 500 |
| 减：期初直接材料存货数量/kg | 5 000 | 6 400 | 7 200 | 4 000 | 5 000 |
| 直接材料采购数量/kg | 27 400 | 64 800 | 68 800 | 41 500 | 202 500 |
| 直接材料单位价格 | 0.5 | 0.5 | 0.5 | 0.5 | 0.5 |
| 直接材料采购金额 | 13 700 | 32 400 | 34 400 | 20 750 | 101 250 |

| 项 目 | 一季度 | 二季度 | 三季度 | 四季度 | 全 年 |
|---|---|---|---|---|---|
| 上年应付账款 | 9 500 | | | | 9 500 |
| 一季度付现额 | 8 220 | 5 480 | | | 13 700 |
| 二季度付现额 | | 19 440 | 12 960 | | 32 400 |
| 三季度付现额 | | | 20 640 | 13 760 | 34 400 |
| 四季度付现额 | | | | 12 450 | 12 450 |
| 现金支出合计 | 17 720 | 24 920 | 33 600 | 26 210 | 102 450 |

表 4-3 中涉及的计算公式：

预计生产需要量(总耗用量)＝预计生产量×单位产品材料用量

直接材料预计采购量＝预计生产需要量＋预计期末材料存货量－预计期初材料存货量

预计材料期初库存量和预计期末库存量是预计资产负债表的数据来源,四季度的应付账款是预计资产负债表的数据来源,现金支出合计是现金预算表中现金支出的数据来源,单位产品材料耗用量和单价是产品成本预算表和期末存货成本预算表的数据来源。

通常为了便于以后编制现金预算,在直接材料预算中还包括预计现金支出的计算。每个季度的现金支出包括偿还上期应付账款和本期应支付的采购货款。

**4. 直接人工预算**

直接人工预算是一种既要反映预算期内人工工时消耗水平,又要规划人工成本开支的经营预算。直接人工预算也是以生产预算为基础编制的,其主要内容有预计产量、单位产品人工工时、人工总工时、每小时人工成本和人工总成本。"预计产量"数据来自生产预算,单位产品人工工时和每小时人工成本数据来自标准成本资料,人工总工时和人工总成本是在直接人工预算中计算出来的。由于人工工资都需要使用现金支付,所以,不需要另外预计现金支出,可直接参加资金预算的汇总。

【**例 4-4**】 某公司 2025 年内单位产品需用直接人工小时为 0.8 小时,该工种直接人工小时工资率为 5 元。假定期初、期末在产品数量没有变动,各季度需要的直接人工小时可按当季预计产品生产量计算,预计生产量的资料如表 4-2 所示。请编制该公司的直接人工预算表。

**解**：根据题意编制的直接人工预算如表 4-4 所示。

**表 4-4 直接人工预算** 金额单位：元

| 项 目 | 一季度 | 二季度 | 三季度 | 四季度 | 全 年 |
|---|---|---|---|---|---|
| 生产量(表 4-2)/件 | 6 500 | 16 000 | 18 000 | 10 000 | 50 500 |
| 单位产品直接人工工时/h | 0.8 | 0.8 | 0.8 | 0.8 | 0.8 |
| 直接人工工时合计/h | 5 200 | 12 800 | 14 400 | 8 000 | 40 400 |
| 单位工资率 | 5 | 5 | 5 | 5 | 5 |
| 直接人工耗费总额 | 26 000 | 64 000 | 72 000 | 40 000 | 202 000 |

**5. 制造费用预算**

制造费用预算通常分为变动制造费用预算和固定制造费用预算两部分,变动制造费用预算是以生产预算为基础来编制。如果有完善的标准成本资料,用单位产品的标准成本与产量相乘,即可得到相应的预算金额。如果没有标准成本资料,就应逐项预计计划产量需要的各项制造费用。固定制造费用需要逐项进行预计,通常与本期产量无关,按每季度实际需要的支付额预计,然后求出全年数。

【例4-5】 某公司2025年内制造费用变动部分,按预算年度的预计生产量进行规划;固定部分根据基期的实际开支数计算。某公司编制的制造费用预算如表4-5所示。请编制该公司的制造费用现金支出预算。

表4-5 制造费用预算 金额单位:元

| 成本项目 | | 金 额 | 费用分配率计算 |
|---|---|---|---|
| 变动制造费用 | 间接人工费用 | 20 800 | 变动制造费用分配率<br>=变动制造费用预算合计<br> ÷标准总工时<br>=80 800÷40 400=2(元/h) |
| | 间接材料费用 | 30 000 | |
| | 维护费 | 13 000 | |
| | 水电费 | 17 000 | |
| | 合 计 | 80 800 | |
| 固定制造费用 | 折旧费 | 25 000 | 固定制造费用分配率<br>=固定制造费用预算合计<br> ÷标准总工时<br>=101 000÷40 400=2.5(元/h) |
| | 维护费 | 21 000 | |
| | 管理费 | 45 000 | |
| | 保险费 | 10 000 | |
| | 合 计 | 101 000 | |

**解**:根据题意编制的制造费用现金支出预算见表4-6。

表4-6 制造费用现金支出预算 金额单位:元

| 项 目 | 一季度 | 二季度 | 三季度 | 四季度 | 全年合计 |
|---|---|---|---|---|---|
| 预计直接人工工时/h | 5 200 | 12 800 | 14 400 | 8 000 | 40 400 |
| 变动制造费用分配率/(元/h) | 2 | 2 | 2 | 2 | 2 |
| 预计变动制造费用 | 10 400 | 25 600 | 28 800 | 16 000 | 80 800 |
| 预计固定制造费用 | 25 250 | 25 250 | 25 250 | 25 250 | 25 250 |
| 预计制造费用 | 35 650 | 50 850 | 54 050 | 41 250 | 181 800 |
| 减:折旧费用 | 6 250 | 6 250 | 6 250 | 6 250 | 25 000 |
| 现金支出的制造费用 | 29 400 | 44 600 | 47 800 | 35 000 | 156 800 |

为了便于以后编制产品成本预算,需要计算小时费用率。同时,为了便于以后编制资金预算,需要预计现金支出。制造费用中,除折旧费外,都需支付现金,所以,根据每个季度制造费用数额扣除折旧费后,即可得出"现金支出的费用"。

6. 产品成本预算

产品成本预算是销售预算、生产预算、直接材料预算、直接人工预算、制造费用预算的汇总,其主要内容是产品的单位成本和总成本。单位产品成本的有关数据,来自直接材料预算、直接人工预算和制造费用预算。生产量、期末存货量来自生产预算,销售量来自销售预算。生产成本、存货成本和销货成本等数据,则根据单位成本和有关数据计算得出。

【例4-6】 请根据某公司前述例题相关资料,编制产品单位成本和期末存货成本预算表。

**解**:根据题意编制的产品成本预算见表4-7。

表4-7涉及的计算公式:

销货成本=期初产成品存货成本+本期生产成本-期末产成品存货成本

表 4-7　产品成本预算　　　　金额单位：元

| 项　目 | 单位成本 | | | 生产成本<br>(50 500 件) | 期末存货成本<br>(2 000 件) | 销货成本 |
|---|---|---|---|---|---|---|
| | 单价 | 单位耗用量 | 成本 | | | |
| 直接材料(表 4-3) | 0.5 | 4 | 2 | 101 000 | 4 000 | 100 000 |
| 直接人工(表 4-4) | 5 | 0.8 | 4 | 202 000 | 8 000 | 200 000 |
| 变动制造费用<br>(表 4-5、表 4-6) | 2 | 0.8 | 1.6 | 80 800 | 3 200 | 80 000 |
| 固定制造费用<br>(表 4-5、表 4-6) | 2.5 | 0.8 | 2 | 101 000 | 4 000 | 100 000 |
| 合　计 | | | 9.6 | 484 800 | 19 200 | 480 000 |

注：期初产品存货为 1 500 件。

**7. 销售及管理费用预算**

销售费用预算是指为了实现销售预算所需支付的费用预算，它以销售预算为基础，根据费用计划编制。编制该预算时要求分析销售收入、销售利润和销售费用的关系，力求实现销售费用的最有效使用。在安排销售费用时，要利用本量利分析方法，费用的支出应能获取更多的收益。在草拟销售费用预算时，要对过去的销售费用进行分析，考察过去销售费用支出的必要性和效果。销售费用预算应和销售预算相配合，应按品种、按地区、按用途的具体预算数额列示。

管理费用是做好一般管理业务所必需的费用。随着企业规模的扩大，一般管理职能日益重要，其费用也相应增加。在编制管理费用预算时，要分析企业的业务成绩和一般经济状况，务必做到费用合理化。管理费用多属于固定成本，所以，一般是以过去的实际开支为基础，按预算期的可预见变化来调整。重要的是，必须充分考察每种费用是否必要，以便提高费用使用效率。

**【例 4-7】**　某公司单位变动销售及管理费用耗用额为 1.5 元/件，根据销售预算、生产预算和对过去发生的销售费用、管理费用进行分析后，认为预计的销售费用和管理费用应全部用现金支付。请编制该公司的销售及管理费用预算表。

**解：** 根据题意编制的销售及管理费用预算如表 4-8 所示(固定销售及管理费用的金额已在表中假设)。

表 4-8　销售及管理费用预算　　　　金额单位：元

| 项　目 | 一季度 | 二季度 | 三季度 | 四季度 | 全　年 |
|---|---|---|---|---|---|
| 预计销售量(表 4-1)/件 | 5 000 | 15 000 | 20 000 | 10 000 | 50 000 |
| 单位变动销售及管理费用耗用额 | 1.5 | 1.5 | 1.5 | 1.5 | 1.5 |
| 预计变动销售及管理费用耗用额 | 7 500 | 22 500 | 30 000 | 15 000 | 75 000 |
| 固定销售及管理费用： | | | | | |
| 广告费 | 25 000 | 25 000 | 45 000 | 25 000 | 120 000 |
| 管理人员工资 | 32 000 | 32 000 | 32 000 | 32 000 | 128 000 |
| 保险费 | 20 000 | | 10 000 | | 30 000 |
| 财产税 | | | | 12 000 | 12 000 |
| 固定销售及管理费用合计 | 77 000 | 57 000 | 87 000 | 69 000 | 290 000 |
| 预计销售及管理费用合计 | 84 500 | 79 500 | 117 000 | 84 000 | 365 000 |

## 二、专门决策预算编制

专门决策预算主要是长期投资预算（又称资本支出预算），通常是指与项目投资决策相关的专门预算，往往涉及长期建设项目的资金投放与筹集，并跨越多个年度。编制专门决策预算的依据，是项目财务可行性分析资料以及企业筹资决策资料。专门决策预算的要点是准确反映项目资金投资支出与筹资计划，同时也是编制资金预算和预计资产负债表的依据。

### 1. 资本支出预算

资本支出预算是反映企业未来期间长期资本投资活动的预算，具体由投资时点、投资计划、投资方式等要素构成。

**【例 4-8】**　某公司董事会批准在预算期 2025 年的第一季度用自有资金购置一台固定资产，5 年期，期满无残值，直线法计提折旧，价值 50 000 元，分 4 个季度付款。请编制该公司的资本支出预算表。

**解**：根据题意编制的资本支出预算如表 4-9 所示。

表 4-9　资本支出预算　　　　　　　　　　　　　　　　金额单位：元

| 投资项目 | 预计完成时间 | 一季度 | 二季度 | 三季度 | 四季度 | 全　年 |
|---|---|---|---|---|---|---|
| 固定资产 | 1 月 1 日 | | | | | 50 000 |
| 现金支出 | | 20 000 | 10 000 | 10 000 | 10 000 | 50 000 |

### 2. 筹资预算

筹资预算是单位在预算期内需要新借入的长短期借款，经批准发行的债券，以及原有借款、债券还本付息的预算，主要依据单位资金需求决策资料、发行债券审批文件、期初借款余额及利率等编制。单位经批准发行股票、配股和增发股票，应当根据股票发行预算、配股预算和增发股票预算等资料单独编制预算。股票发行费用应当在筹资预算中分项做出安排。

## 三、财务预算编制

### 1. 资金预算

资金预算是以经营预算和专门决策预算为依据编制的，专门反映预算期内预计现金收入与现金支出，以及为满足理想现金余额而进行筹资或归还借款等的预算。资金预算由可供使用现金收入、现金支出、现金余缺、现金筹措与运用四部分构成。

（1）现金收入。现金收入预算包括预算期的期初现金余额和预算期内的预计现金收入，数据来自销售预算。

（2）现金支出。现金支出部分包括预算年度的各项现金支出。直接材料、直接人工、制造费用、销售及管理费用、购买设备的数据分别来自前述有关预算。在业务预算和目标利润确定的情况下，就可以明确所得税费用及股利分配等现金支出。

（3）现金余缺。现金余缺是指现金收入总额与现金支出总额的差额。如果收入大于支出，则现金多余，多余现金可用于偿还债务等；如果收入小于支出，则现金不足，现金不足需要采取适当方式进行筹措。

（4）现金筹措与运用。资金的筹集与运用是反映企业在预算年度内取得、使用和偿还借款及借款利息等方面的情况。

【**例 4-9**】 某公司预算期分季度编制现金预算的有关资料如下。

（1）根据专门决策预算，公司一、三季度支付股利 10 000 元，每季度缴纳所得税为 17 000 元，在一季度购置设备需要支付现金 20 000 元。

（2）资金不足时，均需在季初从银行取得借款，银行借款的金额要求是 1 000 元的倍数；资金有余，同时满足企业的最低限额要求时，需于季末偿还借款，同时支付借款利息。

（3）该公司 2025 年内的现金最低限额为 30 000 元。

（4）该公司年初现金余额为 31 000 元。

其他现金收入与现金支出的资料见例 4-1 至例 4-8。请根据上述资料编制现金收支预算。

**解**：根据题意编制的现金收支预算见表 4-10。

表 4-10 现金收支预算 金额单位：元

| 项 目 | 一季度 | 二季度 | 三季度 | 四季度 | 全年合计 |
|---|---|---|---|---|---|
| 期初现金余额 | 31 000 | 30 380 | 30 360 | 30 610 | 31 000[①] |
| 加：销售现金收入（表 4-1） | 110 000 | 240 000 | 370 000 | 260 000 | 980 000 |
| 现金收入合计 | 141 000 | 270 380 | 400 360 | 290 610 | 1 011 000 |
| 减：现金支出 | | | | | |
| 直接材料（表 4-3） | 17 720 | 24 920 | 33 600 | 26 210 | 102 450 |
| 直接人工（表 4-4） | 26 000 | 64 000 | 72 000 | 40 000 | 202 000 |
| 制造费用（表 4-6） | 29 400 | 44 600 | 47 800 | 35 000 | 156 800 |
| 销售与管理费用（表 4-8） | 84 500 | 79 500 | 117 000 | 84 000 | 365 000 |
| 所得税 | 17 000 | 17 000 | 17 000 | 17 000 | 68 000 |
| 购置生产设备（表 4-9） | 20 000 | 10 000 | 10 000 | 10 000 | 50 000 |
| 发放股利 | 10 000 | | 10 000 | | 20 000 |
| 现金支出合计 | 204 620 | 240 020 | 307 400 | 212 210 | 964 250 |
| 资金融通前现金金额 | −63 620 | 30 360 | 92 960 | 78 400 | 46 750 |
| 资金融通 | | | | | |
| 借款 | 94 000 | | | | 94 000 |
| 还款 | | | −58 000 | −36 000 | −94 000 |
| 偿付利息 | | | −4 350 | −3 600 | −7 950 |
| 资金融通合计 | 94 000 | | −62 350 | −39 600 | −7 950 |
| 期末现金余额 | 30 380 | 30 360 | 30 610 | 38 800 | 38 800[②] |

注：①全年的期初现金余额等于一季度的期初现金余额；②全年的期末现金余额等于四季度的期末现金余额。

表 4-10 中有关数字填列方法说明如下：

现金收入合计 ＝ 期初现金余额 ＋ 销售现金收入 ＝ 122 350 ＋ 1 102 350 ＝ 1 224 700（元）

资金融通前现金金额 ＝ 现金收入合计 － 现金支出合计 ＝ 141 000 － 204 620 ＝ −63 620（元）

本季度期初现金余额 ＝ 上季度期末现金余额

借入银行借款 ＝ 企业要求的现金最低限额 ＋ 现金不足额

第一季度初借款额 ＝ 30 000 ＋ 63 620 ＝ 93 620（元），根据银行的借款要求，企业应借入的款项为 94 000 元。

借款年利率为 10%，三季度偿付利息 ＝ 58 000 × 10% × 3 ÷ 4 ＝ 4 350（元），四季度偿付利息 ＝ 36 000 × 10% ＝ 3 600（元）。

期末现金余额 ＝ 资金融通前现金金额 ＋ 资金融通合计 ＝ −63 620 ＋ 94 000 ＝ 30 380（元）

**2. 预计利润表**

预计利润表用来综合反映企业在计划期的预计经营成果,是企业最主要的财务预算表之一。通过编制预计利润表,可以了解企业预期的盈利水平。如果预算利润与最初编制方针中的目标利润有较大差距,就需要调整部门预算,设法达到目标,或者经企业领导同意后修改目标利润。编制预计利润表的依据是各经营预算、专门决策预算和资金预算。

**【例 4-10】** 请根据某公司前述例题相关资料,编制预计利润表。

**解:** 根据题意编制的预计利润表见表 4-11。

表 4-11 预计利润表　　　　金额单位:元

| | |
|---|---:|
| 销售收入(表 4-1) | 1 000 000 |
| 减:销货成本(表 4-7) | 480 000 |
| 毛利 | 520 000 |
| 减:销售及管理费用(表 4-8) | 365 000 |
| 利息费用(表 4-10) | 7 950 |
| 利润总额 | 147 050 |
| 所得税(表 4-10) | 68 000 |
| 净利润 | 79 050 |

**3. 预计资产负债表**

预计资产负债表用来反映企业在计划期期末预计的财务状况,它是编制全面预算的终点。编制预计资产负债表的目的,在于判断预算反映的财务状况的稳定性和流动性。如果通过预计资产负债表的分析,发现某些财务比率不佳,必要时可修改有关预算,用于改善财务状况。预计资产负债表的编制需以计划期开始日的资产负债表为基础,结合计划期间各项经营预算、专门决策预算、资金预算和预计利润表进行编制。

**【例 4-11】** 某公司有关资料见例 4-1 至例 4-10,其中,房屋、长期借款、普通股股本三项未发生变动,请编制预计资产负债表。

**解:** 根据题意编制的预计资产负债表见表 4-12。

表 4-12 预计资产负债表　　　　金额单位:元

| 资　产 | | | 负债和所有者权益 | | |
|---|---|---|---|---|---|
| 项　目 | 期初余额 | 期末余额 | 项　目 | 期初余额 | 期末余额 |
| 流动资产 | | | 流动负债 | | |
| 现金(表 4-10) | 31 000 | 38 800 | 应付账款(表 4-3) | 9 500 | 8 300 |
| 应收账款(表 4-1) | 40 000 | 60 000 | 流动负债总额 | 9 500 | 8 300 |
| 直接材料(表 4-3) | 2 500 | 2 750 | 长期负债 | | |
| 产成品(表 4-7) | 14 400 | 19 200 | 长期借款 | 100 000 | 100 000 |
| 流动资产总额 | 87 900 | 120 750 | 长期负债总额 | 100 000 | 100 000 |
| 固定资产 | | | 负债总额 | 109 500 | 108 300 |
| 房屋 | 80 000 | 80 000 | 所有者权益 | | |
| 机器设备 | 150 000 | 200 000 | 普通股股本 | 100 000 | 100 000 |
| 减:累计折旧(表 4-5) | 64 000 | 89 000 | 未分配利润(表 4-11) | 44 400 | 103 450 |
| 固定资产总额 | 166 000 | 191 000 | 所有者权益总额 | 144 400 | 203 450 |
| 资产总额 | 253 900 | 311 750 | 负债和所有者权益总额 | 253 900 | 311 750 |

表 4-12 中有关数字填列方法说明如下：

$$期末应收账款 = 四季度销售额 \times 30\%$$
$$= 200\,000[表4\text{-}1预计销售收入(元)四季度] \times 30\%$$
$$= 60\,000(元)$$

期初直接材料 $= 5\,000 \times 0.5 = 2\,500(元)$，期末直接材料 $= 5\,500 \times 0.5 = 2\,750(元)$

期初产成品 $= 1\,500 \times 9.6 = 14\,400(元)$

期末累计折旧 $= 64\,000 + 25\,000 = 89\,000(元)$

$$期末应付账款 = 四季度材料采购金额 \times 40\%$$
$$= 20\,750[表4\text{-}3直接材料采购金额(元)四季度] \times 40\%$$
$$= 8\,300(元)$$

$$期末未分配利润 = 期初未分配利润 + 本期净利润 - 本期发放股利$$
$$= 44\,400 + 79\,050 - 20\,000 = 103\,450(元)$$

# 任务三　预算编制方法

企业一般按照分级编制、逐级汇总的方式，采用自上而下、自下而上、上下结合或多维度相协调的流程编制预算。预算编制流程与编制方法的选择应与企业现有管理模式相适应。常见的预算编制方法主要包括固定预算法与弹性预算法、增量预算法与零基预算法、定期预算法与滚动预算法。

## 一、固定预算法与弹性预算法

编制预算的方法按其业务量基础的数量特征不同，可分为固定预算法和弹性预算法。

微课：固定
预算法与
弹性预算法

### （一）固定预算法

固定预算法又称静态预算法，是指以预算期内正常的、最可实现的某一业务量(是指企业产量、销售量、作业量等与预算项目相关的弹性变量)水平为固定基础，不考虑可能发生的变动的预算编制方法。

固定预算法的优点是编制相对简单，也容易使管理者理解。

固定预算法的缺点表现在两个方面。

(1) 适应性差。因为编制预算的业务量基础是事先假定的某个业务量。在这种方法下，不论预算期内业务量水平实际可能发生哪些变动，都只按事先确定的某一个业务量水平作为编制预算的基础。

(2) 可比性差。当实际的业务量与编制预算所依据的业务量发生较大差异时，有关预算指标的实际数与预算数就会因业务量基础不同而失去可比性。例如，某企业预计业务量为销售 100\,000 件产品，按此业务量给销售部门的预算费用为 5\,000 元。如果该销售部门实际销售量达到 120\,000 件，超出了预算业务量，固定预算法下的费用预算仍为 5\,000 元。

### （二）弹性预算法

弹性预算法又称动态预算法，是指企业在分析业务量与预算项目之间数量依存关系的基础上，分别确定不同业务量及其相应预算项目所消耗资源的预算编制方法。理论上，弹性

预算法适用于编制全面预算中所有与业务量有关的预算,但实务中主要用于编制成本费用预算和利润预算,尤其是成本费用预算。

编制弹性预算,要选用一个最能代表生产经营活动水平的业务量计量单位。例如,以手工操作为主的车间,就应选用人工工时;制造单一产品或零件的部门,可以选用实物数量;修理部门可以选用直接修理工时等。

弹性预算法所采用的业务量范围,视企业或部门的业务量变化情况而定,务必使实际业务量不至于超出相关的业务量范围。一般来说,可定在正常生产能力的70%~110%,或以历史上最高业务量和最低业务量为其上下限。弹性预算法编制预算的准确性,在很大程度上取决于成本性态分析的可靠性。

与按特定业务量水平编制的固定预算法相比,弹性预算法的主要优点是考虑了预算期可能的不同业务量水平,更贴近企业经营管理实际情况。弹性预算法的主要缺点:一是编制工作量大;二是市场及其变动趋势预测的准确性、预算项目与业务量之间依存关系的判断水平等会对弹性预算的合理性造成较大影响。

企业应用弹性预算法,一般按照以下程序进行。

(1) 确定弹性预算适用项目,识别相关的业务量并预测业务量在预算期内可能存在的不同水平和弹性幅度。

(2) 分析预算项目与业务量之间的数量依存关系,确定弹性定额。

(3) 构建弹性预算模型,形成预算方案。

(4) 审定预算方案并上报企业预算管理委员会等专门机构审议后,报董事会等机构审批。

弹性预算法又分为公式法和列表法两种具体方法。

1. 公式法

公式法是运用总成本性态模型,测算预算期的成本费用数额,并编制成本费用预算的方法。根据成本性态,成本与业务量之间的数量关系可用公式表示如下:

$$Y = a + bX$$

式中,$Y$ 为某项预算成本总额;$a$ 为该项成本中的固定基数;$b$ 为与业务量相关的弹性定额;$X$ 为预计业务量。

公式法的优点是便于在一定范围内计算任何业务量的预算成本,可比性和适应性强,编制预算的工作量相对较小。缺点是按公式进行成本分解比较麻烦,对每个费用子项目甚至细目逐一进行成本分解,工作量很大。另外,对于阶梯成本和曲线成本,只能先用数学方法修正为直线,才能应用公式法。必要时,还需在"备注"中说明适用不同业务量范围的固定费用和单位变动费用。此外,应用公式法编制预算时,相关弹性定额可能仅适用于一定业务量范围内。当业务量变动超出该适用范围时,应及时修正、更新弹性定额,或改为列表法编制。

【例 4-12】 某公司制造费用中的修理费用与修理工时密切相关。经测算,预算期的修理费用中的固定修理费用为 30 000 元,单位工时的变动修理费用为 30 元;预计预算期的修理工时为 3 500 小时。运用公式法,测算预算期的修理费用总额为 30 000＋30×3 500＝135 000(元);因为任何成本都可用公式"$Y = a + bX$"来近似地表示,所以只要在预算中列示 $a$(固定成本)和 $b$(单位变动成本),便可随时利用公式计算任一业务量($X$)的预算成本($Y$)。请计算业务量为 500 人工工时和 650 人工工时时的制造费用预算。

已知某公司经过分析得出某种产品的制造费用与人工工时密切相关,采用公式法编制的制造费用预算如表 4-13 所示。

表 4-13 制造费用预算(公式法)

| 费用项目 | 固定费用/(元/月) | 变动费用/(元/人工工时) |
|---|---|---|
| 运输费用 | — | 2 |
| 电力费用 | — | 10 |
| 材料费用 | — | 1 |
| 修理费用 | 850 | 8.5 |
| 油料费用 | 1 080 | 2 |
| 折旧费用 | 3 000 | — |
| 人工费用 | 1 000 | 23.5 |
| 合 计 | 5 930 | |

**解**：当业务量超过 600 工时后,修理费中的固定费用将由 850 元上升为 1 850 元。

本例中,针对制造费用而言,在业务量为 $420 \sim 600$ 人工工时的情况下,$Y = 5\,930 + 23.5X$；在业务量为 $600 \sim 660$ 人工工时的情况下,$Y = 6\,930 + 23.5X$。如果业务量为 500 人工工时,则制造费用预算为 $5\,930 + 23.5 \times 500 = 17\,680$(元)；如果业务量为 650 人工工时,则制造费用预算为 $6\,930 + 23.5 \times 650 = 22\,205$(元)。

2. 列表法

列表法是指企业通过列表的方式,在业务量范围内依据已划分出的若干个不同等级,分别计算并列示该预算项目与业务量相关的不同可能预算方案的方法。

应用列表法编制预算,首先要在确定的业务量范围内,划分出若干个不同水平,然后分别计算各项预算值,汇总列入一个预算表格。

列表法的优点：不管实际业务量多少,不必经过计算即可找到与业务量相近的预算成本；混合成本中的阶梯成本和曲线成本,可按总成本性态模型计算填列,不必用数学方法修正为近似的直线成本。但是,运用列表法编制预算,在评价和考核实际成本时,往往需要使用插值法来计算实际业务量的预算成本,比较麻烦。

【例 4-13】 某公司 2025 年各季度预计销售量为 1 000 件、1 200 件、1 400 件、1 600 件,业务量选择人工工时,业务范围为 $1\,400 \sim 2\,400$ 小时,固定成本总额为 7 000 元、固定制造费用为 5 000 元、固定销售与管理费用为 2 000 元。请按列表法编制销售弹性预算表。

**解**：根据题意编制的销售弹性预算表见表 4-14。

表 4-14 某公司销售利润弹性预算表

| | | | | |
|---|---|---|---|---|
| 预计销售量/件 | 1 000 | 1 200 | 1 400 | 1 600 |
| 预计销售收入/(20 元/件) | 20 000 | 24 000 | 28 000 | 32 000 |
| 减:变动成本总额/(10 元/件) | 10 000 | 12 000 | 14 000 | 16 000 |
| 其中:直接材料/(5 元/件) | 5 000 | 6 000 | 7 000 | 8 000 |
| 直接人工/(3 元/件) | 3 000 | 3 600 | 4 200 | 4 800 |
| 变动制造费用/(1 元/件) | 1 000 | 1 200 | 1 400 | 1 600 |
| 变动销售与管理费用/(1 元/件) | 1 000 | 1 200 | 1 400 | 1 600 |
| 边际贡献/元 | 10 000 | 12 000 | 14 000 | 16 000 |
| 减:固定成本总额/元 | 7 000 | 7 000 | 7 000 | 7 000 |
| 其中:固定制造费用/元 | 5 000 | 5 000 | 5 000 | 5 000 |
| 固定销售与管理费用/元 | 2 000 | 2 000 | 2 000 | 2 000 |
| 销售利润/元 | 3 000 | 5 000 | 7 000 | 9 000 |

表 4-14 中有关数字填列方法说明如下：

变动成本总额＝直接材料＋直接人工＋变动制造费用＋变动销售与管理费用

边际贡献＝销售收入－变动成本

销售利润＝边际贡献－固定成本

在表 4-14 中，分别列示了四种业务量水平的成本预算数目（根据企业情况，也可以按更多的业务量水平来列示）。这样，无论实际业务量达到何种水平，都有适用的一套成本数据来发挥控制作用。

## 二、增量预算法与零基预算法

按其出发点的特征不同，编制预算的方法可分为增量预算法和零基预算法两大类。

微课：增量
预算法与零
基预算法

### 1. 增量预算法

增量预算法是指以历史期实际经济活动及预算为基础，结合预算期经济活动及相关影响因素的变动情况，通过调整历史期经济活动项目及金额形成预算的编制方法。增量预算法以过去的费用发生水平为基础，主张不需在预算内容上做较大的调整，它的编制遵循以下假定。

（1）企业现有业务活动是合理的，不需要进行调整。

（2）企业现有各项业务的开支水平是合理的，在预算期予以保持。

（3）以现有业务活动和各项活动的开支水平下，确定预算期各项活动的预算数。

增量预算法的缺陷是可能导致无效费用开支无法得到有效控制，使得不必要开支合理化，造成预算上的浪费。

### 2. 零基预算法

零基预算法是指企业不以历史期经济活动及其预算为基础，以零为起点，从实际需要出发分析预算期经济活动的合理性，经综合平衡，形成预算的编制方法。零基预算法适用于企业各项预算的编制，特别是不经常发生的预算项目或预算编制基础变化较大的预算项目。零基预算法的应用程序如下。

（1）明确预算编制标准。企业应收集和分析对标单位、行业等外部信息，结合内部管理需要形成企业各预算项目的编制标准，并在预算管理过程中根据实际情况不断分析评价、修订完善预算编制标准。

（2）制订业务计划。预算编制责任部门应依据企业战略、年度经营目标和内外环境变化等安排预算期经济活动，在分析预算期各项经济活动合理性的基础上制订详细、具体的业务计划，作为预算编制的基础。

（3）编制预算草案。预算编制责任部门应以相关业务计划为基础，根据预算编制标准编制本部门相关预算项目，并上报预算管理责任部门审核。

（4）审定预算方案。预算管理责任部门应在审核相关业务计划合理性的基础上，逐项评价各预算项目的目标、作用、标准和金额等，并按战略相关性、资源限额和效益性等进行综合分析和平衡，汇总形成企业预算草案，上报企业预算管理委员会等专门机构审议后报董事会等机构审批。

零基预算法的优点：一是以零为起点编制预算，不受历史期经济活动中的不合理因素

影响,能够灵活应对内外环境的变化,预算编制更贴近预算期企业经济活动需要;二是有助于增加预算编制透明度,有利于进行预算控制。

其缺点主要表现在以下两个方面:一是预算编制工作量较大、成本较高;二是预算编制的准确性受企业管理水平和相关数据标准准确性的影响较大。

### 三、定期预算法与滚动预算法

编制预算的方法按其预算期的时间特征不同,可分为定期预算法和滚动预算法两大类。

微课:定期
预算法与
滚动预算法

#### (一) 定期预算法

定期预算法是指在编制预算时,以固定会计期间(如日历年度)作为预算期的一种预算编制方法。这种方法的优点是能够使预算期间与会计期间相对应,便于将实际数与预算数进行对比,也有利于对预算执行情况进行分析和评价。但这种方法以固定会计期间(如 1 年)为预算期,在执行一段时期之后,往往使管理人员只考虑剩下时间的业务量,缺乏长远打算,导致一些短期行为的出现。

【例 4-14】　某公司 2025 年各季度预计销售量为 300 件、200 件、400 件、300 件,固定成本总额为 1 750 元、固定制造费用为 1 250 元、固定销售与管理费用为 500 元。请按定期预算法编制销售利润预算表。

**解**:根据题意编制的销售利润预算表见表 4-15。

表 4-15　某公司销售利润定期预算表

| 项　　目 | 一季度 | 二季度 | 三季度 | 四季度 | 全　年 |
|---|---|---|---|---|---|
| 预计销售量/件 | 300 | 200 | 400 | 300 | 1 200 |
| 预计销售收入/(20 元/件) | 6 000 | 4 000 | 8 000 | 6 000 | 24 000 |
| 减:变动成本总额/(10 元/件) | 3 000 | 2 000 | 4 000 | 3 000 | 12 000 |
| 其中:直接材料/(5 元/件) | 1 500 | 1 000 | 2 000 | 1 500 | 6 000 |
| 直接人工/(3 元/件) | 900 | 600 | 1 200 | 900 | 3 600 |
| 变动制造费用/(1 元/件) | 300 | 200 | 400 | 300 | 1 200 |
| 变动销售与管理费用/(1 元/件) | 300 | 200 | 400 | 300 | 1 200 |
| 边际贡献/元 | 3 000 | 2 000 | 4 000 | 3 000 | 12 000 |
| 减:固定成本总额/元 | 1 750 | 1 750 | 1 750 | 1 750 | 7 000 |
| 其中:固定制造费用/元 | 1 250 | 1 250 | 1 250 | 1 250 | 5 000 |
| 固定销售与管理费用/元 | 500 | 500 | 500 | 500 | 2 000 |
| 预计销售利润/元 | 1 250 | 250 | 2 250 | 1 250 | 5 000 |

表 4-15 中有关数字填列方法说明如下:

变动成本总额＝直接材料＋直接人工＋变动制造费用＋变动销售与管理费用

边际贡献＝销售收入－变动成本

销售利润＝边际贡献－固定成本

#### (二) 滚动预算法

滚动预算法是指企业根据上一期预算执行情况和新的预测结果,按既定的预算编制周期和滚动频率,对原有的预算方案进行调整和补充、逐期滚动、持续推进的预算编制方法。

按照预算编制周期,可以将滚动预算分为中期滚动预算和短期滚动预算。中期滚动预算的预算编制周期通常为 3 年或 5 年,以年度作为预算滚动频率。短期滚动预算通常以 1 年为预算编制周期,以月度或季度作为预算滚动频率。短期滚动预算通常使预算期始终保持 12 个月,每个月或 1 个季度,立即在期末增列 1 个月或 1 个季度的预算,逐期往后滚动,因而在任何一个时期都使预算保持为 12 个月的时间长度。这种预算能使企业各级管理人员对未来始终保持整整 12 个月时间的考虑和规划,因而保证企业的经营管理工作能够稳定而有序地进行。

1. 逐月滚动

逐月滚动是指在预算编制过程中,以月份为预算的编制和滚动单位,每个月调整一次预算的方法。如在 2025 年 1—12 月的预算执行过程中,需要在 1 月末根据当月预算的执行情况修订 2—12 月的预算,同时补充 2026 年 1 月的预算;到 2 月末可根据当月预算的执行情况,修订 2025 年 3 月至 2026 年 1 月的预算,同时补充 2026 年 2 月的预算,以此类推。按照逐月滚动方式编制的预算比较精确,但工作量较大。

2. 逐季滚动

逐季滚动是指在预算编制过程中,以季度为预算的编制和滚动单位,每个季度调整一次预算的方法。逐季滚动编制的预算比逐月滚动的工作量小,但精确度较差。

# 任务四　预算执行与考核

预算编制完成后,应按照相关法律、法规及企业章程的规定报经企业预算管理决策机构审议批准,以正式文件形式下达执行。预算审批包括预算内审批、超预算审批、预算外审批等。预算内审批事项应简化流程,提高效率;超预算审批事项应执行额外的审批流程;预算外审批事项应严格控制,防范风险。

微课:预算的
执行与考核

## 一、全面预算执行

企业预算一经批复下达,各预算执行单位就必须认真组织实施,将预算指标层层分解,从横向到纵向落实到内部各部门、各单位、各环节和各岗位,形成全方位的预算执行责任体系。预算执行一般按照预算控制、预算调整等程序进行。

1. 预算控制

预算控制是指企业以预算为标准,通过预算分解、过程监督、差异分析等促使日常经营不偏离预算标准的管理活动。

企业应建立预算授权控制制度,强化预算责任,严格预算控制。企业应建立预算执行的监督、分析制度,提高预算管理对业务的控制能力。企业应将预算目标层层分解至各预算责任中心。预算分解应按各责任中心权、责、利相匹配的原则进行,既公平合理,又有利于企业实现预算目标。

企业应当将预算作为预算期内组织、协调各项经营活动的基本依据,将年度预算细分为月份和季度预算,以便分期实施预算控制,确保年度预算目标的实现。

企业应当强化现金流量的预算管理,按时组织预算资金的收入,严格控制预算资金的支付,调节资金收付平衡,控制支付风险。

对于预算内的资金拨付,按照授权审批程序执行;对于预算外的项目支出,应当按预算管理制度规范支付程序;对于无合同、无凭证、无手续的项目支出,不予支付。

对于预算编制、执行和考评过程中的风险,企业应当采取一定的防控措施对风险进行有效管理。必要时,可以在企业内部建立负责日常预算管理需求的部门,加强员工风险意识,以个人为预算风险审查对象,并形成相应的奖惩机制,通过信息技术和信息管理系统控制预算流程中的风险。

企业应当严格执行销售、生产和成本费用预算,努力完成利润指标。在日常控制中,企业应当健全凭证记录,完善各项管理规章制度,严格执行生产经营月度计划和成本费用的定额、定率标准,加强实时监控。对预算执行中出现的异常情况,企业有关部门应及时查明原因,提出解决办法。

企业应通过信息系统展示、会议、报告、调研等多种途径及形式,及时监督、分析预算执行情况,分析预算执行差异的原因,提出对策建议。

企业财务管理部门应利用财务报表监控预算的执行情况,及时向预算执行单位、企业预算管理委员会以及董事会或经理办公会提供财务预算的执行进度、执行差异及其对企业预算目标的影响等财务信息,促进企业完成预算目标。

2. 预算调整

年度预算经批准后,原则上不做调整。企业应在制度中严格明确预算调整的条件、主体、权限和程序等事宜,当内外战略环境发生重大变化或突发重大事件等,导致预算编制的基本假设发生重大变化时,可进行预算调整。

企业应当建立内部弹性预算机制,对于不影响预算目标的经营预算、资本支出预算、筹资预算之间的调整,企业可以按照内部授权批准制度执行,鼓励预算执行单位及时采取有效的经营管理对策,保证预算目标的实现。

企业调整预算,应当由预算执行单位逐级向企业预算管理委员会提出书面报告,阐述预算执行的具体情况、客观因素变化情况及其对预算执行造成的影响程度,提出预算指标的调整幅度。

企业财务管理部门应当对预算执行单位的预算调整报告进行审核分析,集中编制企业年度预算调整方案,提交预算管理委员会以及企业董事会或经理办公会审议批准,再下达执行。

对于预算执行单位提出的预算调整事项,企业进行决策时,一般应当遵循以下要求。

(1)预算调整事项不能偏离企业发展战略。

(2)预算调整方案应当在经济上能够实现最优化。

(3)预算调整重点应当放在预算执行中出现的重要的、非正常的、不符合常规的关键性差异方面。

## 二、全面预算分析与考核

企业应当建立预算分析制度,由预算管理委员会定期召开预算执行分析会议,全面掌握预算的执行情况,研究、解决预算执行中存在的问题,纠正预算的执行偏差。

开展预算执行分析,企业管理部门及各预算执行单位应当充分收集有关财务、业务、市场、技术、政策、法律等方面的信息资料,根据不同情况分别采用比率分析、比较分析、因素分析、平衡分析等方法,从定量与定性两个层面充分反映预算执行单位的现状、发展趋势及其存在的潜力。

针对预算的执行偏差,企业财务管理部门及各预算执行单位应当充分、客观地分析产生的原因,提出相应的解决措施或建议,提交董事会或经理办公会研究决定。

企业预算管理委员会应当定期组织预算审计,纠正预算执行中存在的问题,充分发挥内部审计的监督作用,维护预算管理的严肃性。

预算审计可以采用全面审计或者抽样审计。在特殊情况下,企业也可组织不定期的专项审计。审计工作结束后,企业内部审计机构应当形成审计报告,直接提交预算管理委员会以及董事会或经理办公会,作为预算调整、改进内部经营管理和财务考核的一项重要参考。

预算年度终了,预算管理委员会应当向董事会或者经理办公会报告预算执行情况,并依据预算完成情况和预算审计情况对预算执行单位进行考核。

预算考核主要针对定量指标进行考核,是企业绩效考核的重要组成部分。企业应建立健全预算考核制度,并将预算考核结果纳入绩效考核体系,切实做到有奖有惩、奖惩分明。预算考核主体和考核对象的界定应坚持上级考核下级、逐级考核、预算执行与预算考核职务相分离的原则。

企业内部预算执行单位上报的预算执行报告,应经本部门、本单位负责人按照内部议事规范审议通过,作为企业进行财务考核的基本依据。企业预算按调整后的预算执行,预算完成情况以企业年度财务会计报告为准。

预算考核以预算完成情况为考核依据,通过预算执行情况与预算目标的比较,确定差异并查明产生差异的原因,进而据以评价各责任中心的工作业绩,并通过与相应的激励制度挂钩,促进其与预算目标相一致。

文档:数字化技术在全面预算管理中的快速迭代

## ★★★ 拓 展 训 练

项目四即测即评

项目四计算题

## 思 行 合 一

文档:M公司预算考评管理办法

文档:"增"和"减"是增量预算的两个维度

# 数字化营运资金管理

## 教学目标

**知识目标：**

1. 能准确陈述企业营运资金管理的主要工作内容；
2. 能正确解释营运资金的含义与特点；
3. 能精准识别现金、应收账款和存货的数字化管理模式；
4. 能明确区别现金、应收账款、存货和短期借款的成本核算方法。

**能力目标：**

1. 能合理选择企业营运资金管理策略；
2. 能计算企业营运过程中的最佳现金持有量及确定存货经济进货批量；
3. 能灵活选择企业销售中的信用政策和现金折扣。

**素养目标：**

1. 发扬理论联系实际的工作态度；
2. 培养财务数字化转型思维，适应行业升级；
3. 培养诚信正直、科学进取的职业道德规范思维；
4. 坚定职业信念；
5. 培养钻研奋进的钉子精神和精益求精、追求卓越的工匠精神，以爱国主义精神厚植家国情怀。

## 引导案例

在数字经济时代背景下，数字化转型已成为新兴及传统行业的必由之路。随着数字化浪潮的持续演进，众多企业加速推进自身的数字化进程。无论是采纳尖端信息技术，还是改善业务流程与管理架构，数字化正为各行各业带来空前的机遇与挑战。

企业采纳尖端的数字技术，不仅有助于深化与供应商的合作关系，还能改善生产流程、缩短生产周期、提升供应链的运营效能，进而加速企业营运资金的循环。而实现供应链数字化可促进营运资金的快速周转，缩短营运资金的周转周期，使企业整体资金流动更为顺畅。

三一集团自 2018 年起，建立了 AP 应付共享平台，实现了采购付款流程的自动化，推动了票据电子化和无纸化办公。这种流程自动化显著缩短了保障周期，提升了企业组织效率，达到 65％的效率增幅。同年，三一集团还上线了供应商管理平台（GSP），实现了对子公司所有供应商的统一管理。鉴于三一重工拥有近千家供应商,涉及的订货信息极为庞大,该系统整合了供应商信息、原材料及备件价格、交易进度、物料清单等各类信息,增强了系统信息的透明度。这在一定程度上确保了采购成本的合理性,并提升了采购决策的效率,极大地优化了营运资金的周转。

自 2019 年起,三一重工积极发展"金票"供应链支付平台,并拓展供应链融资付款业务。在该平台上,三一集团可使用"金票"进行网上支付,供货商亦可选择拆分转让或持有到期收款。供货商凭借承诺函提出融资申请后,合作金融机构可在一天内完成融资放款。此举不仅提升了三一重工的付款效率,而且供货商为了能在较短时间内收款,往往愿意给予企业一定的折扣,这有利于降低企业的采购成本,缓解融资难题,实现产业链多方共赢的局面。

资料来源:https://www.sanygroup.com/.

## 知识导图

数字化营运资金管理
- 数字化营运资金管理概述
  - 营运资金的概念及特点
  - 营运资金管理策略
  - 数字化营运资金管理的影响
- 流动资金管理
  - 现金管理
  - 应收账款管理
  - 存货管理
- 流动负债管理
  - 短期借款
  - 短期融资券
  - 商业信用

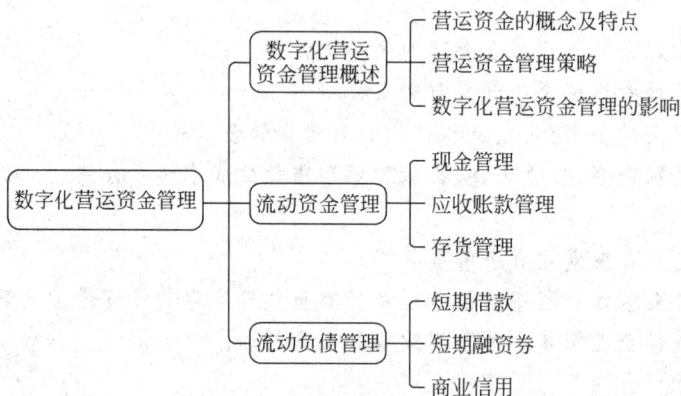

# 任务一    数字化营运资金管理概述

## 一、营运资金的概念及特点

营运资金是企业日常运营中重要的财务概念。企业对营运资金管理的目标在于确保企业有足够的流动资源来满足日常运营的需求,同时避免过多的资金被闲置在非生产性资产上。良好的营运资金管理可以帮助企业提高流动性,增强偿债能力,并优化资源配置。

微课:营运资金的概念及特点

### (一)营运资金的概念

营运资金是指企业在其日常经营活动中所占用于流动资产上的资金。营运资金存在广义与狭义之别,广义上的营运资金是指企业流动资产的全部价值;而狭义上的营运资金则是指流动资产与流动负债之间的差额。此处所探讨的是狭义的营运资金概念。营运资金的管理涵盖了对流动资产和流动负债的双重管理。

1. 流动资产

流动资产是指可以在 1 年或超过 1 年的一个营业周期内变现或运用的资产。流动资产具有占用时间短、周转快、易变现等特点,企业若持有充裕的流动资产,则能在一定程度上减轻财务风险。流动资产可根据不同的分类标准进行划分,其常见分类方法如下。

(1) 根据占用形态的差异,可将资产划分为现金、以公允价值计量且变动计入当期损益的金融资产、应收款项及预付款项以及存货等类别。

(2) 根据其在生产经营流程中所处的不同阶段,流动资产可细分为生产阶段的流动资产、流通阶段的流动资产以及其他阶段的流动资产。

### 2. 流动负债

流动负债是指需要在一年或者超过一年的一个营业周期内偿还的债务。流动负债也称短期债务,以其低成本和短期偿还期限为特征,需予以严格管理。根据不同的分类标准,流动负债可被划分为多种类型,其中最普遍的分类方法如下。

(1) 根据是否具有确定的应付金额,流动负债可分为确定金额的流动负债与不确定金额的流动负债两类。确定金额的流动负债指的是那些依据合同或法律条款到期必须偿还且金额明确的负债,例如短期借款、应付票据以及应付短期融资券等;而不确定金额的流动负债则涉及那些需依据企业经营状况,在特定时期或满足特定条件后才能确定的负债,或者其金额需要进行估算的负债,例如应交税费、产品质量担保债务等。

(2) 根据流动负债的形成机制,流动负债可分为自然性流动负债与人为性流动负债两大类。自然性流动负债乃因结算流程或相关法律、法规之规定而自然产生的,无须刻意安排;而人为性流动负债则是基于企业对短期资金需求的考量,由财务人员主动策划并形成的流动负债,例如银行短期借款等。

(3) 以是否支付利息为标准,可以分为有息流动负债和无息流动负债。

## (二) 营运资金的特点

为了有效地管理企业的营运资金,必须研究营运资金的特点,以便有针对性地进行管理。营运资金一般具有以下特点。

### 1. 营运资金的来源具有多样性

企业在筹集长期资金方面通常采取的方法较为有限,主要包括吸收直接投资、发行股票以及发行债券等途径。相较于长期资金的筹集方式,企业获取营运资金的手段则显得更为灵活和多样化,常见的方法包括银行短期借款、短期融资券、商业信用、应交税费、应付股利以及应付职工薪酬等多种内外部融资途径。

### 2. 营运资金的数额具有波动性

流动资产的规模会随着企业内外部环境的变动而出现波动,其价值时而升高,时而降低,变化幅度显著。无论是季节性企业还是非季节性企业,均会呈现此类现象。相应地,流动负债的数额也会随着流动资产的变动而发生相应的调整。

### 3. 营运资金的周转具有短期性

企业所投入的流动资产资金,一般会在一年或超过一年的一个营业周期内回收,对企业产生的影响时间相对较短。基于这一特性,营运资金可通过商业信用、银行短期借款等短期融资手段予以解决。

### 4. 营运资金的实物形态具有变动性和易变现性

企业营运资金的占用形态持续发生变动,其循环过程涉及采购、生产、销售等多个环节,通常遵循现金、原材料、在制品、成品、应收账款、现金的转化顺序。因此,在管理流动资产时,必须确保在各项流动资产上合理分配资金,以实现结构的合理性,从而保障资金的顺畅周转。同时,那些以公允价值计量且其变动计入当期损益的金融资产、应收账款、存货等流动资产,通常具备较高的变现能力。在面临意外状况,企业出现资金周转困难或现金不足时,这些资产可以迅速被变卖以获取现金,这对于财务上应对临时性资金需求具有至关重要的作用。

## 二、营运资金管理策略

### (一)流动资产的融资策略

微课:营运
资金管理概述

企业对流动资产的需求量通常会根据产品销售的波动而相应调整。例如,对于那些产品销售具有显著季节性特征的企业而言,在销售旺季期间,流动资产的需求往往更为迫切,可能达到非旺季时期的数倍;而在销售淡季,流动资产的需求则相应减少,可能仅为旺季时的一小部分;即便在销售量降至最低点时,企业对流动资产的基本需求依然存在。

在企业经营状况不发生大的变化的情况下,流动资产最基本的需求具有一定的刚性和相对稳定性,可以将其界定为流动资产的永久性水平。当销售发生季节性变化时,流动资产将会在永久性水平的基础上增加。因此,流动资产可以被分解为两部分:永久性部分和波动性部分。所谓永久性流动资产,乃指满足企业长期基本需求之流动资产,其持有量一般保持相对稳定;而波动性流动资产又称临时性流动资产,是指因季节性或临时性因素所形成的流动资产,其持有量会随着当时需求的变化而发生波动。

流动负债的分类与流动资产相对应,可以细分为临时性负债与自发性负债。通常而言,临时性负债又称筹资性流动负债,是指企业为应对临时性资金需求而产生的负债。例如,商业零售企业在春节前为了满足节日销售需求而进行的超量货物采购所借入的短期银行借款。此类负债一般仅适用于企业短期内的资金周转。自发性负债又称经营性流动负债,是指企业在持续经营活动中直接产生的负债,包括商业信用融资、日常运营中产生的其他应付款项,以及应付职工薪酬、应付利息、应交税费等。尽管自发性流动负债属于流动负债范畴,但随着经营活动的持续,旧的自发性流动负债会消失,新的自发性流动负债会随之产生,因此,它们构成了企业的长期资金来源,可供企业长期使用。

一般来说,永久性流动资产的水平具有相对稳定性,需要通过长期来源解决;而波动性部分的融资则相对灵活,最经济的办法是通过低成本的短期融资解决,如采用1年期以内的短期借款或发行短期融资券等融资方式。

融资决策主要受管理者的风险偏好所影响,同时,短期、中期及长期负债的利率差异也会对其产生作用。根据资产的期限结构与资金来源的期限结构的匹配程度差异,流动资产的融资策略可以划分为期限匹配融资策略、保守融资策略和激进融资策略三种基本类型。各种方法在特定时期均可能适用,这主要取决于收益曲线的形态、利率的波动以及对未来利率的预期,特别是管理者的风险承受能力。融资的长期渠道包括自发性流动负债、长期债务以及股东权益资本;而短期渠道则主要指临时性流动负债,例如短期银行借款。

1. 期限匹配融资策略

在期限匹配融资策略框架下,企业将长期融资手段(包括负债或股东权益)用于永久性

流动资产及非流动资产的融资,而将短期资金来源用于波动性流动资产的融资。这一策略表明,在特定时期内,企业短期融资的规模与当时波动性流动资产的规模相对应。随着波动性流动资产的增加,企业会相应提高信贷额度,以支持业务的扩展;反之,当波动性流动资产减少时,企业将释放资金以偿还短期债务。

资金来源的有效期限与资产的有效期限之间的匹配,本质上是一种战略性的观念上的对应,并不要求在具体数额上实现完全一致。实际上,企业往往难以实现这种完全的数额匹配。其原因在于:首先,企业无法为每项资产根据其有效期限配置相应的资金来源,通常只能将资金来源划分为短期和长期两大类,以进行统筹规划和筹资。其次,企业必须存在所有者权益筹资,这是一种无限期的资本来源,而资产总是具有一定的期限,因此,在期限上无法实现完全匹配。最后,资产的实际有效期限存在不确定性,而偿还债务的期限是固定的,这自然会导致期限上的不匹配。

2. 保守融资策略

在采取保守的融资策略时,长期资金主要用于支持非流动资产、永久性流动资产及部分波动性流动资产。企业一般会利用长期融资手段来满足波动性流动资产的平均需求,而仅将短期融资应用于其余的波动性流动资产,因而保持较低的融资风险。该策略倾向于最小化短期融资的使用。然而,由于长期负债的成本通常高于短期负债,这将导致融资成本增加,进而可能降低收益。若长期负债采用固定利率,而短期融资采用浮动或可变利率,那么利率风险可能会相应降低。因此,这种策略具有较低的风险和较高的成本特征。

3. 激进融资策略

在激进的融资策略中,企业主要利用长期债务、自发性负债以及股东权益资本来为全部非流动资产提供资金,而仅对部分永久性流动资产采取长期融资手段。剩余的永久性流动资产以及全部的临时性流动资产则由短期融资方式支持。在这一策略理念下,企业倾向于更多地使用短期融资方式。

短期融资相较于长期融资往往具有较低的成本。然而,过度依赖短期融资可能会导致流动比率下降和流动性风险增加。例如,在经济衰退、企业竞争环境变化以及其他多种因素的影响下,企业可能会遭遇经营业绩不佳的年份。销售量的减少将导致存货转换为现金的速度放缓,进而引发现金短缺。原本按时付款的客户可能会延迟支付,这将使现金短缺的情况进一步恶化。企业可能会面临超过信用期限的应付账款支付问题。同时,由于销售量的下降,会计利润也会相应减少。

在此背景下,企业需与银行重新协商短期融资协议。然而,此时企业对银行而言似乎存在较大风险。银行可能会要求企业支付更高的利率,这可能使得企业在关键时刻难以筹集到所需资金。

因此,采纳激进融资策略的企业通常依赖于大量短期债务以应对当前的困难,这将迫使企业每年更新短期债务协议,从而带来更多的风险。然而,某些协议能够缓解此类风险。例如,多年期(通常为3～5年)滚动信贷协议,该协议允许企业基于短期借款进行融资。此类借款协议相较于传统短期借款,不会导致流动比率下降。

## (二)流动资产的投资策略

鉴于销售能力、成本结构、生产周期、从订购至交付的时滞、客户服务水准以及收付款期限等方面存在诸多不确定性,流动资产的投资决策显得尤为关键。企业运营中的不确定性和风险承受能力决定了流动资产的持有量,这一持有量反映在流动资产账户的投资额度上。需要明确的是,此处所指的流动资产特指在生产经营活动中产生的存货、应收账款以及现金等具有生产性质的流动资产,而不涵盖股票、债券等金融性质的流动资产。

流动资产账户的变动通常与销售额的波动紧密相关,销售额的稳定性与可预测性是衡量流动资产投资风险的关键因素,两者之间的相互作用不容忽视。当销售额保持稳定且可预测时,流动资产的投资水平可以相对较低;若销售额虽不稳定但具备可预测性(例如受季节性因素影响),则流动资产的投资水平应控制在适度范围内,以应对潜在风险;然而,若销售额波动剧烈且难以预测(如石油、天然气开采业及众多建筑行业所面临的状况),则流动资产的投资水平需保持在较高水平,以防范显著的风险。

企业必须根据其业务需求及管理风格,选择适宜的流动资产投资策略。若企业采取较为保守的管理政策,则倾向于维持较高的流动资产与销售收入比率,以确保较高的流动性(即安全性),然而这可能会导致盈利能力的降低;反之,若管理者愿意为了追求更高的盈利而承担相应的风险,则会倾向于维持一个较低水平的流动资产与销售收入比率。

流动资产的投资策略有两种基本类型。

1. 紧缩的流动资产投资策略

采取紧缩的流动资产管理策略能够有效降低持有流动资产的成本,例如减少资金的机会成本。在紧缩的流动资产投资策略下,企业维持低水平的流动资产与销售收入比率。然而,这种策略可能带来更高的风险,这些风险体现在更加严格的应收账款信用政策、较低的存货水平,以及可能缺乏足够的现金来清偿应付账款等方面。只要未发生不可预见的事件对企业的流动性造成损害,从而引发严重问题,紧缩的流动资产管理策略便能提升企业的经济效益。

实行紧缩的流动资产投资策略,显然对企业管理能力提出了较高的要求。一旦管理失当,流动资产的不足将对企业的运营活动产生深远的影响。近年来的研究显示,美国、日本等发达国家的流动资产与销售收入比率正呈现逐渐下降的趋势。然而,这并不表明企业对流动性的需求有所降低,而是因为在流动资产管理,特别是应收账款与存货管理方面,取得了一些显著的成就。

2. 宽松的流动资产投资策略

在宽松的流动资产投资策略指导下,企业往往维持较高的流动资产与销售收入比例。换言之,企业倾向于保持充足的现金和有价证券、宽松的应收账款政策(通常向客户提供较长的付款期限)以及较高的存货水平(这通常是因为补充原材料库存或避免因成品库存不足而错失销售机会)。在这样的策略下,企业因具备较高的流动性而面临较低的财务和经营风险。然而,过度投资于流动资产无疑会带来较高的持有成本,增加企业的资金成本,从而降低企业的盈利水平。

在制定流动资产投资策略时,首先考虑的是资产的收益性与风险性之间的平衡。增加对流动资产的投资将导致持有成本上升,因而降低资产的收益性,但同时会增强资产的流动性。相反,减少对流动资产的投资则会降低持有成本,提升资产的收益性,然而这会减弱资产的流动性,并可能导致短缺成本的增加。因此,理论上,最优的流动资产投资策略应当是实现流动资产持有成本与短缺成本总和的最小化。

其次必须充分考量企业的内外部经营环境。通常情况下,银行及其他贷款机构极为关注企业的流动性状况,因为这直接关系到它们确定信贷额度与借款利率的关键因素。此外,它们亦会评估应收账款与存货的品质,特别是在这些资产作为贷款抵押时。部分企业由于面临融资难题,往往采取较为保守的流动资产投资策略。

最后企业的流动资产投资策略可能受到产业因素的影响。在销售边际毛利较高的产业中,若额外销售所获利润超过因应收账款增加而产生的成本,宽松的信用政策可能会为企业带来更显著的收益。流动资产的占用在不同行业中表现出明显的特征。以机械行业为例,存货在流动资产项目中占据主导地位,通常约占全部流动资产的50%。而在其他行业,流动资产的占用情况往往与机械行业存在显著差异。例如,在商业零售行业中,其流动资产的占用比例通常高于机械行业。

流动资产投资策略受多种因素影响,其中包括影响企业政策的决策者。倾向于保守的决策者往往偏好宽松的流动资产投资策略,而那些能够承受较高风险的决策者则倾向于采取紧缩的流动资产投资策略。生产部门的管理者通常偏好保持较高水平的原材料库存,以确保生产活动的顺畅进行。销售部门的管理者则倾向于维持较高水平的成品库存,以满足市场需求,并且倾向于实施较为宽松的信用政策,以此促进销售业绩的增长。相对地,财务部门的管理者则倾向于最小化存货和应收账款,以降低流动资产融资的成本。

## 三、数字化营运资金管理的影响

### (一)库存现金管理

#### 1. 数字化对企业资金存续的影响

企业所持有的现金主要涵盖库存现金、各类银行票据以及短期现金等价物。在数字化时代背景下,电子货币的兴起对企业的现金管理产生了深远的影响。电子货币的便捷性导致企业现金使用量减少,现金存量显著下降,同时银行票据的比重有所上升。此外,金融机构之间的资金转移速度得到显著提升,资金转移所需时间缩短,这大幅降低了企业境外外汇资产中现金的比例。

#### 2. 数字化对最佳现金储备的影响

持有现金所涉及的成本包含存储成本、转换成本以及短缺成本。现金持有成本主要由两部分构成:一是企业持有现金库存所放弃的潜在收益,即机会成本;二是企业为保管库存现金所承担的管理成本。转换成本特指企业在将现金与证券进行转换过程中产生的相关费用。短缺成本则源于公司资产流动性不足,导致无法及时将资产变现而产生的损失。在这三项成本中,存储成本受网络技术发展的影响尤为显著。随着电子货币的普及,企业的现金持有量将大幅减少,相应的存储成本亦将显著降低。因此,在确定最优现金流水平时,企业应考虑减少现金持有成本。同时,鉴于数字化技术的广泛应用,企业投资交易成本也有所下降,转换成本也将相应减少。因此,在数字化时代背景下,企业应更加重视对短缺成本的评估。

#### 3. 数字化对现金集中管理的影响

在众多大型企业组织中,由于存在众多子公司及分支机构,企业资金往往分布于不同地区。各子公司均需保持一定量的现金储备,进而形成资金池。在传统信息技术架构下,集团内部子公司间实时传递现金供求信息存在困难。然而,随着数字技术的普及应用,实时传递现金供求信息的功能得以实现。企业能够利用网络技术,实时共享内部现金供求信息。企业集团通过协调资金管理,从整体利益出发,实现最优现金储备。集团整体优化的货币持有量将显著低于各子公司独立持有量的总和,这将有效降低企业持有现金的成本,并且在企业总体战略规划下,进一步降低运营成本。企业集团建立统一的现金管理制度,实现现金集中管理后,其他子公司能够将更多资源和精力投入业务发展上,因而推动企业快速成长。

### 4. 数字化对现金预算编制的影响

鉴于实际运营的需要,企业必须保留一定额度的现金储备,以防范可能发生的现金不足风险。通过精确而审慎的现金预算规划,财务管理者能够更有效地预测和控制未来的现金流动,这被视为动态现金管理的有效手段。在传统环境下,由于信息传递速度较慢以及预算编制工具的局限性,企业难以实现动态和实时的现金预算管理。因此,企业往往选择编制周期较长的现金预算,这在一定程度上限制了现金预算管理的效率。然而,在数字化时代,信息技术特别是数字技术的持续发展,显著提升了信息传递的速度,增强了信息收集和核算的效率,使得企业能够高效处理采购、销售、工资支付等现金收支活动。此外,智能化财务软件的应用也提升了核算的精确度。财务核算速度和准确性的提升,使企业财务人员能够及时、便捷地获取精确的财务信息,这对于缩短预算编制周期、实施滚动预算编制具有重要意义,进而提高了预算编制的准确性和时效性。

### 5. 数字化对现金收支管理的影响

为提升资金运用的效率与成效,企业通常采取精确的现金预算编制和合理运用现金浮游量的策略,以强化现金收支的管理。随着数字化时代的到来,企业能够迅速且实时地获取现金流量及相关信息,信息掌握的丰富程度直接关系到现金预算的精确度,进而有助于实现与实际现金流同步的理想状态;同时,企业亦可借助精确且实时的信息流与数据流,更合理地分配资金,以促进企业营运资金管理的最优化。至于现金浮游量,鉴于企业资金与银行资金的拨付同时进行,现金浮游量原有的作用与角色已不复存在。

## (二)应收账款管理

### 1. 数字化对客户信用等级评估的影响

客户的信用评级与企业对管理应收账款的策略及其调整紧密相关。企业的客户信息始终与公司的信用评级保持一致。在传统环境下,企业收集所有的客户信息存在困难,但在数字化时代,企业能够便捷地解决这一难题。企业借助先进的信息技术,能够轻松收集客户的基础信息,包括公司性质、信用状况、诉讼历史等;在客户配合的前提下,企业也可通过政府管理部门、信用调查机构及其他相关机构获取客户信息。在收集完毕相关数据后,公司利用财务软件及自行构建的信用评级评估模型,将客户信息输入系统进行分析,然后对客户进行信用评级,并依据大数据反馈及自身经营状况,持续对信用等级进行调整。

### 2. 数字化对应收账款管理的影响

在经济全球化的背景下,企业的产品销售范围覆盖全球多个地区。许多企业选择在外地建立生产基地。在传统模式下,集团总部对分支机构的赊销状况掌握存在时滞,这种信息的延迟不利于集团从宏观层面进行应收账款的管理。然而,在数字化时代,企业能够借助网络技术,将经济活动的详细信息实时传输至销售部门,用于及时了解应收账款状况。实际上,这种做法不仅提高了业务人员与公司的沟通效率,也便利了企业管理层的监督与控制。它使得管理部门能够迅速组织工作并整合相关信息,以便及时向各个下属部门传递。企业也可运用信息技术自动汇总往来账目,实现数据的即时更新。

3. 数字化对收款成本的影响

企业催收成本的高低主要取决于催收政策的严格程度。公司应收账款的回收主要依赖于与客户的沟通,传统方式下,企业员工多采用信函、电话以及上门拜访进行交流。在网络环境下,公司主要通过电子邮件或电话来回收应收账款。通信成本的降低显著减少了企业的收款成本。此外,企业的收款成本还包括因失去客户而产生的成本。互联网的便捷性使得企业能够与客户及时沟通,准确掌握客户的真实状况。对于那些暂时面临经营困难的客户,公司可以考虑放宽信用政策,用于避免因采取诉讼手段而导致客户流失。

### (三)库存商品管理

为了提高企业的生产经营效率,必须做好库存管理。企业库存管理效率直接影响企业的经济效益。

1. 数字化对订单成本的影响

在传统经济模式下,为了筛选出符合特定需求的供应商,企业往往需要投入大量时间,导致采购订单成本及试错成本显著增加。然而,在数智经济时代,企业拥有了更多途径来发现合适的供应商,采购过程的透明度也有所提升,这使得企业能够更便捷地找到满足需求的供应商,并获取所需物料,因而有效降低了采购订单成本。若谈判未能成功,企业也能迅速转向其他潜在供应商。因此,通过运用数字技术和智能技术,企业能够迅速订购到符合要求的商品,进而减少订单成本。

2. 数字化对缺货成本的影响

为减少缺货成本,企业通常会建立库存安全边际。虽然安全边际有助于降低缺货风险,但同时也会导致库存成本上升。因此,最佳的库存管理策略在于权衡两者,以确定能够最小化总成本的订货点和安全边际。在数字化时代背景下,一方面,企业内部实现了信息系统的全面整合,能够实时反映库存状况;另一方面,企业利用现代信息技术,能够迅速将订单需求传递给供应商。供应商在接获订单需求后,能够立即组织生产并安排发货,并将发货和到货信息及时反馈给采购企业。因此,从企业发出订单到货物抵达的时间间隔得以显著缩短,时间的缩短有助于降低企业的安全边际,进而降低缺货成本。

链接:财务共享模式下影响美的集团营运资金管理的路径

# 任务二　流动资金管理

现金作为一种即时可用的交换媒介,其主要特征在于其普遍的可接受性,即能够有效地用于购买商品、货物、劳务或清偿债务。因此,现金在企业资产中具有最高的流动性。现金范畴内的项目涵盖了企业的库存现金、各类银行存款、银行本票以及银行汇票。

有价证券则可视为现金的一种转化形态。由于其具备较强的变现能力,有价证券能够随时转换为现金。企业通常会在手头现金充裕时,将部分现金转换为有价证券;反之,在现金流出量超过流入量,企业需要补充现金时,则会通过出售有价证券来获取现金。在这种情形下,有价证券充当了现金的替代品。

# 一、现金管理

## (一)现金管理的目标及方法

### 1. 现金管理的目标

企业置存现金的原因,主要是满足交易性需求、预防性需求和投机性需求。

(1)交易性需求是指企业为了应对日常经营活动中的支付需求而保持一定现金余额。由于企业收入与支出往往无法实现完全同步,因此在收入超过支出时,会形成现金储备;反之,当支出超过收入时,则需通过借贷等方式补充现金。为了确保业务流程的顺畅进行,企业必须保持一个适宜的现金余额水平。

(2)预防性需求是指为了应对意外支出而保持一定现金储备。企业在运营过程中可能会遭遇意料之外的费用,若现金流量的波动性较高,则应相应增加预防性现金的持有量;反之,若企业现金流量的预测性较强,则可减少预防性现金的持有量。此外,预防性现金的规模也与企业的借款能力紧密相关,若企业能够轻松获得短期融资,则可适度降低预防性现金的规模;若此能力有限,则应相应增加预防性现金的规模。

(3)投机性需求是指为了抓住非日常的购买机遇而储备现金,例如在出现廉价原材料或其他资产供应时,能够利用手头现金进行大量采购;又或者在市场时机适宜时购入价格有利的股票和其他有价证券等。通常情况下,除金融机构和投资公司外,其他企业很少专门为了投机性需求而储备现金,面对非同寻常的购买机会,它们通常会设法临时筹集资金。然而,持有一定量的现金确实为突如其来的大量采购提供了便利。

企业若缺乏必需的现金储备,将无法应对日常业务的财务需求,进而导致企业遭受经济损失,此类损失被称为现金短缺成本。现金短缺成本的计算不涉及企业其他资产的变现能力,而是特指企业因现金不足而无法支付购买费用的情况。其内容主要包括:错失购买良机(可能因现金短缺而无法及时采购原材料,导致生产停滞和停工损失)、信用受损以及无法享受折扣优惠。其中,因信用损失导致的后果往往难以精确量化,但其影响通常十分重大,甚至可能引发供货商拒绝或延迟供货,或债权人要求企业清算。然而,若企业持有过量现金,同样会因资金无法参与运营而无法获得收益,进而产生其他损失。此外,在市场正常运作的情况下,通常流动性高的资产其收益率较低,这表明企业应尽量减少现金储备,即使不将其用于企业自身的经营活动,也应尽可能投资于能够带来较高收益的其他资产,以避免资金闲置或投资于低收益资产所造成的损失。因此,企业面临着现金不足和现金过剩的双重风险。企业现金管理的核心目标是在资产的流动性和盈利性之间做出权衡,以实现长期利润的最大化。

### 2. 现金管理的方法

为了提高现金使用效率,可采用以下现金管理方法。

(1)力争现金流量同步。若企业致力于实现现金流入与现金流出时间上的匹配,便能将所持有的交易性现金余额降至最低,此即现金流量同步的概念。

(2)使用现金浮游量。企业开具支票后,收款人将支票存入银行,直至银行从企业账户中划拨款项,此过程中存在一定的时滞。在此期间,企业虽已发出支票,但其活期存款账户上的资金仍可被使用,此现象被称为现金浮游量。然而,在利用现金浮游量时,必须严格控制使用时限,以避免产生银行账户透支的风险。

(3)加速收款。此问题主要涉及缩短应收账款周期。应收账款的产生虽然会增加企业资金的占用,但其存在是必要的,因为它有助于扩大销售规模并提升销售收入。关键在于如何在利用应收账款吸引顾客的同时,有效地缩短收款周期。因此,必须在两者之间寻找到恰当的平衡,并采取恰当的收款策略。

(4)推迟应付账款的支付。延迟支付应付账款,意指企业在确保自身信誉不受损害的情况下,尽可能延长应付款项的结算期限,充分利用供应商提供的信贷优惠。在企业面临现金需求紧迫的情况下,甚至可以考虑放弃供应商提供的折扣优惠,选择在信用期限届满之日进行款项结算。然而,此决策需仔细权衡放弃折扣优惠与现金需求紧迫之间的利弊。

### (二)现金的持有动机和成本

1. 现金的持有动机

现金的管理要与其持有现金的动机联系起来考虑,企业持有现金的动机如下。

(1)交易性动机。交易性动机即支付动机,企业持有现金乃是为了满足日常生产经营之需。企业在生产经营过程中需购置原材料,支付各类成本费用,为满足此等需求,企业应保有一定量的现金。

(2)预防性动机。预防性动机涉及持有现金以应对不可预见的现金需求,该动机对企业现金持有量具有显著影响。以航空业为例,由于天气状况、燃油价格波动以及游客数量的不确定性,其现金流量预测极为复杂,导致航空企业通常需要保持较高的最低现金余额。预防性动机所需现金量的大小,受以下三个因素影响:首先,现金收支预测的准确性;其次,企业临时筹集现金的能力;最后,企业愿意承受的风险水平。在日常运营中,企业也可通过持有一定量的有价证券来满足预防性动机。通常情况下,有价证券与现金之间的转换相对便捷。鉴于有价证券作为准现金资产,相较于现金能够提供更高的收益率,因此,通过投资有价证券来满足预防性动机被视为一种明智的策略。

(3)投机性动机。企业的现金储备与有价证券投资紧密相关,即企业将闲置现金用于购买有价证券,而当需要现金时,则将有价证券变现。然而,有价证券的价格与市场利率之间存在密切的联系,通常情况下,利率下降会导致有价证券价格上升,反之,利率上升则会引起有价证券价格下降。因此,当企业拥有大量现金并计划投资于有价证券时,若预测市场利率即将上升,企业可能会选择暂停购买有价证券,从而保持一定量的现金储备,这种现象体现了企业的投机性现金需求。

2. 现金的成本

企业拥有任何资产都有成本,现金的成本通常由以下四个部分组成。

(1)管理成本。管理成本是指企业在维持一定现金持有量时所产生的管理费用,包括管理人员的薪酬以及必要的安全措施开支。这些费用在特定范围内与现金持有量的多少关联性较小,通常被视为固定成本。

(2)机会成本。机会成本是指企业在持有一定数量现金时所放弃的再投资收益。鉴于现金本身不具备盈利性,保留现金意味着放弃了相应的再投资机会及其潜在收益,从而产生了持有现金的机会成本。这一成本在数值上等同于资金成本。例如,若企业选择持有 5 万元现金,那么它将不得不放弃 5 000 元左右的投资收益(假定企业平均收益率为 10%)。因此,放弃的再投资收益构成了变动成本,它与现金持有量成正比关系,即现金持有量越大,机会成本相应越高;反之,则越低。

(3)转换成本。转换成本是指企业在购买有价证券或出售有价证券以换取现金时所承担的交易费用,包括委托买卖佣金、委托手续费、证券过户费及交割手续费等。证券转换成本与现金持有量之间的关系表现为:在现金需求量固定的情况下,现金持有量的减少将导致证券变现的频率增加,进而使得转换成本相应提高;反之,现金持有量的增加则会减少证券变现的频率,进而降低所需的转换成本。因此,现金持有量的不同将通过影响证券变现的频率,进而对转换成本产生作用。

(4)短缺成本。短缺成本是指企业在现金持有量不足且无法迅速通过出售有价证券来补充时所遭受的损失,该损失涵盖了直接损失与间接损失两个方面。随着现金持有量的增加,现金短缺成本相应降低;反之,当现金持有量减少时,该成本则会上升,显示出与现金持有量呈负相关关系。

### (三)最佳现金持有量分析

现金的管理除应对日常收支,加速现金流转速度外,还需控制好现金持有规模,即确定适当的现金持有量。下面是几种确定最佳现金持有量的方法。

微课:最佳现金持有量的确定

#### 1. 成本分析模式

成本分析模式是通过分析持有现金的成本,寻找持有成本最低的现金持有量。企业持有现金,将会有三种成本。

(1)机会成本。现金作为企业资金的一部分,其持有是有成本的,这种成本体现为机会成本。现金资产虽然具有极高的流动性,但其盈利性却相对较低。持有现金意味着这部分资金无法用于生产经营活动,因而丧失了可能获得的收益。企业为了确保业务的正常运转,必须保持一定量的现金,用于应对突发的现金需求。然而,若现金持有量过多,其机会成本将显著增加,导致整体经济效益降低。

(2)管理成本。企业持有现金时,将产生管理费用,包括管理人员薪酬、安全措施费用等。这些费用构成了现金管理的成本。管理成本属于固定成本范畴,与现金持有量之间不存在显著的比例关联。

(3)短缺成本。短缺成本是指企业在因缺少必需的现金而无法满足业务支出需求时所遭受的损失或必须承担的转换成本。随着现金持有量的增加,现金短缺成本相应降低;反之,现金持有量减少,则现金短缺成本相应上升。

上述三项成本之和最小的现金持有量,就是最佳现金持有量。如果把以上三种成本线放在一张图上(图 5-1),就能表现出持有现金的总成本(总代价),找出最佳现金持有量的点。图 5-1 中,机会成本线向右上方倾斜,短缺成本线向右下方倾斜,管理成本线为平行于横轴的平行线,总成本线便是一条抛物线,该抛物线的最低点即为持有现金的最低总成本。超过这一点,机会成本上升的代价又会大于短缺成本下降的好处;这一点之前,短缺成本上升的代价又会大于机会成本下降的好处。这一点横轴上的量,即是最佳现金持有量。

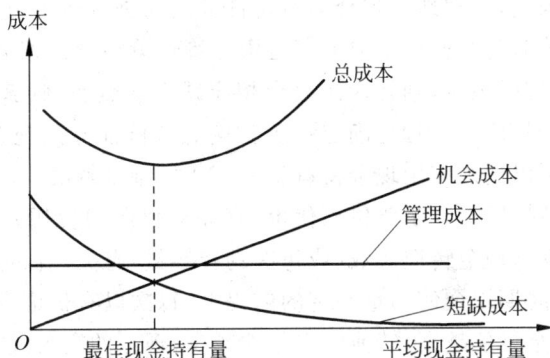

图 5-1 持有现金的总成本

最佳现金持有量的具体计算,可以先分别计算出各种方案的机会成本、管理成本、短缺成本之和,再从中选出总成本之和最低的现金持有量即为最佳现金持有量。

【例 5-1】 某企业有四种现金持有方案,它们各自的机会成本、管理成本、短缺成本如表 5-1 所示。试计算该企业的最佳平均现金持有量。

表 5-1 现金持有方案 单位:元

| 方案 项目 | 甲 | 乙 | 丙 | 丁 |
|---|---|---|---|---|
| 平均现金持有量 | 25 000 | 50 000 | 75 000 | 100 000 |
| 机会成本 | 3 000 | 6 000 | 9 000 | 12 000 |
| 管理成本 | 20 000 | 20 000 | 20 000 | 20 000 |
| 短缺成本 | 12 000 | 6 750 | 2 500 | 0 |

注:机会成本率即该企业的资本收益率,为 12%。

**解**:这四种方案的总成本计算结果如表 5-2 所示。

表 5-2 现金持有总成本 单位:元

| 方案 项目 | 甲 | 乙 | 丙 | 丁 |
|---|---|---|---|---|
| 平均现金持有量 | 25 000 | 50 000 | 75 000 | 100 000 |
| 机会成本 | 3 000 | 6 000 | 9 000 | 12 000 |
| 管理成本 | 20 000 | 20 000 | 20 000 | 20 000 |
| 短缺成本 | 12 000 | 6 750 | 2 500 | 0 |
| 总成本 | 35 000 | 32 750 | 31 500 | 32 000 |

将以上各方案的总成本加以比较可知,丙方案的总成本最低,也就是说,当企业平均持有 75 000 元现金时,各方面的总代价最低,对企业来说最合算,故 75 000 元是该企业的最佳平均现金持有量。

**2. 存货模式**

通过前述分析,大家了解到企业日常持有较多现金可降低现金短缺成本,但同时会增加现金占用的机会成本;反之,若日常持有较少现金,则会提高现金短缺成本,却有助于减少机会成本。企业在日常运营中,若仅保持较低现金余额,在现金需求出现时(例如现有现金耗尽),通过出售有价证券或从银行借贷来补充现金,既可以满足现金需求,避免短缺成本,又能减少机会成本。因此,合理地在现金与有价证券之间进行转换,是提升企业资金使用效率的有效策略。这一策略与企业所采取的营运资金管理策略紧密相关。若企业采取保守型投资策略,倾向于保留较多现金,则转换次数会相应减少。然而,频繁地进行大量有价证券与现金的转换会增加交易成本,因此,确定每次转换的有价证券与现金量,成为一个值得研究的问题。这一问题可以通过应用现金持有量的存货模型来解决。

企业以有价证券转换回现金是要付出代价的(如支付经纪费用),这被称为现金的交易成本。现金的交易成本与现金转换次数(或每次的转换量)有关。假定现金每次的交易成本是固定的,在企业一定时期现金使用量确定的前提下,每次以有价证券转换回现金的金额越大,企业平时持有的现金量便越高,转换的次数便越少,现金的交易成本就越低;反之,每次转换回现金的金额越低,企业平时持有的现金量便越低,转换的次数会越多,现金的交易成本就越高,现金交易成本与持有量成反比。在现金成本构成图上,可以将现金的交易成本与现金的机会成本合并为同一条曲线,反映与现金持有量相关的总成本(图5-2)。

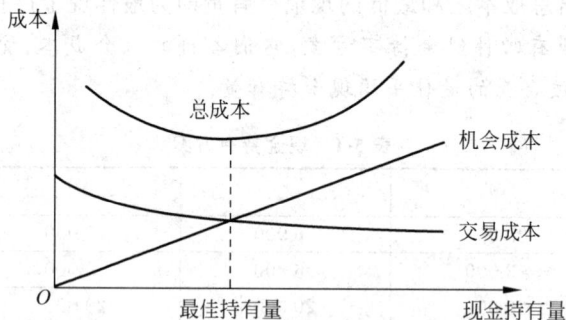

**图 5-2  现金的成本构成**

在图 5-2 中,现金的机会成本和交易成本是两条随现金持有量成不同方向发展的曲线,两条曲线交叉点相应的现金持有量,即是总成本最低的现金持有量,它可以运用现金持有量存货模式求出。以下通过举例,说明现金持有量存货模式的应用。

某企业的现金使用量是均衡的,每周的现金净流出量为 100 000 元。若该企业第 0 周开始时持有现金 300 000 元,那么这些现金足够企业支用 3 周,在第 3 周结束时现金持有量将降为 0,其 3 周内的平均现金持有量则为 150 000 元(300 000÷2)。第 4 周开始时,企业需将 300 000 元的有价证券转换为现金以备支用;待第 6 周结束时,现金持有量再次降为 0,这 3 周内的现金平均余额仍为 150 000 元。如此循环,企业一段时期内的现金持有状况可用图 5-3 表示。

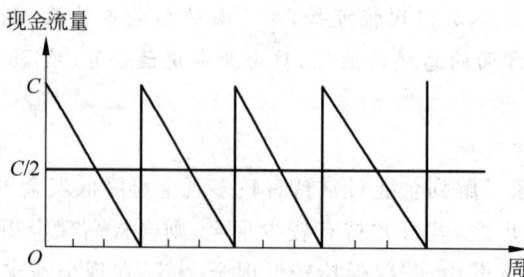

**图 5-3  一段时期内的现金持有状况**

在图 5-3 中,每 3 周为一个现金使用的循环期,以 $C$ 代表各循环期之初的现金持有量,以 $C/2$ 代表各循环期内的现金平均持有量。

如果企业将 $C$ 定得较高些,例如定为 600 000 元,每周的现金净流出量仍为 100 000 元,这些现金将足够支用 6 周,企业可以在 6 周后再出售有价证券补充现金,这能够减少现金的交易成本;但 6 周内的现金平均余额将增加为 300 000 元(600 000÷2),这又会增加现金的机会成本。

如果企业将 $C$ 定得较低些,例如定为 200 000 元,每周的现金净流出量还是 100 000 元,那么这些现金只够支用 2 周,企业必须频繁地每 2 周就出售有价证券,这必然增加现金的交易成本;不过 2 周循环期内的现金平均余额可降为 100 000 元(200 000÷2),这降低了现金的机会成本。

于是,企业需要合理地确定 $C$,以使现金的相关总成本最低。解决这一问题先要明确三点。

(1) 一定期间内的现金需求量,用 $T$ 表示。

(2) 每次出售有价证券以补充现金所需的交易成本,用 $F$ 表示。一定时期内出售有价证券的总交易成本为

$$交易成本 = \frac{T}{C} \times F$$

(3) 持有现金的机会成本率,用 $K$ 表示。一定时期内持有现金的总机会成本为

$$机会成本 = \frac{C}{2} \times K$$

在以上的举例中,企业一年的现金需求量为 100 000×52＝5 200 000(元)。该企业有几种确定 $C$ 的方案,每种方案对应的机会成本和交易成本如表 5-3、表 5-4 所示。

表 5-3　现金持有的机会成本　　　　　　　　　　　　　单位:元

| 现金总需求($T$) | 初始现金持有($C$) | 交易成本($F=1\,000$)$\left(\frac{T}{C} \times F\right)$ |
| --- | --- | --- |
| 5 200 000 | 600 000 | 8 667 |
| 5 200 000 | 400 000 | 13 000 |
| 5 200 000 | 300 000 | 17 333 |
| 5 200 000 | 200 000 | 26 000 |
| 5 200 000 | 100 000 | 52 000 |

表 5-4　现金持有的交易成本　　　　　　　　　　　　　单位:元

| 初始现金持有量($C$) | 平均现金持有量$\left(\frac{C}{2}\right)$ | 机会成本($K=0.1$)$\left(\frac{C}{2} \times K\right)$ |
| --- | --- | --- |
| 600 000 | 300 000 | 30 000 |
| 400 000 | 200 000 | 20 000 |
| 300 000 | 150 000 | 15 000 |
| 200 000 | 100 000 | 10 000 |
| 100 000 | 50 000 | 5 000 |

计算出了各种方案的机会成本和交易成本,将它们相加,就可以得到各种方案的总成本:

$$总成本 = 机会成本 + 交易成本 = \frac{C}{2} \times K + \frac{T}{C} \times F$$

该企业各种初始现金持有量方案的总成本如表 5-5 所示。

表 5-5 现金持有的总成本

单位：元

| 初始现金持有量 | 机会成本 | 交易成本 | 总成本 |
|---|---|---|---|
| 600 000 | 30 000 | 8 667 | 38 667 |
| 400 000 | 20 000 | 13 000 | 33 000 |
| 300 000 | 15 000 | 17 333 | 32 333 |
| 200 000 | 10 000 | 26 000 | 36 000 |
| 100 000 | 5 000 | 52 000 | 57 000 |

表 5-5 显示，当企业的初始现金持有量为 300 000 元时，现金总成本最低。以上结论是通过对各种初始现金持有量方案的逐次成本计算得出的。此外，也可以利用公式求出成本最低的现金持有量，这一现金持有量被称为最佳现金持有量，以 $C^*$ 表示。

从图 5-2 中已知，最佳现金持有量 $C^*$ 是机会成本线与交易成本线交叉点所对应的现金持有量，因此 $C^*$ 应当满足：机会成本＝交易成本，即

$$\frac{C^*}{2} \times K = \frac{T}{C^*} \times F$$

整理后，可得出：

$$C^{*2} = \frac{2T \times F}{K}$$

等式两边分别取算术平方根：

$$C^* = \sqrt{\frac{2T \times F}{K}}$$

本例中，$T=5\,200\,000$ 元，$F=1\,000$ 元，$K=0.1$，利用上述公式即可计算出最佳现金持有量为

$$C^* = \sqrt{\frac{2 \times 5\,200\,000 \times 1\,000}{0.1}} = 322\,490(元)$$

现金持有量的存货模式是一种简单、直观地确定最佳现金持有量的方法。但它也有缺点，主要是假定现金的流出量稳定不变，实际上这种情况很少出现。相比而言，那些适用于现金流量不确定的控制最佳现金持有量的方法，就显得更具普遍应用性。

### （四）现金日常数字化管理

#### 1. 收款管理

（1）收款系统。高效的收款系统能够显著降低收款成本和缩短收款浮动期，同时确保与客户汇款及其他现金流入相关的信息质量。为了进一步提升收款系统的效率和降低成本，企业可以采取以下优化策略。

① 自动化处理。通过引入自动化工具和软件，可以减少人工处理环节，进而降低管理成本和错误率。例如，使用自动化的账单生成和发送系统，可以确保账单及时准确地发送给客户，并且能够自动追踪付款状态。

② 实时监控。建立实时监控系统，对收款流程进行实时跟踪和分析。这样可以快速识别收款过程中的瓶颈和异常情况，及时采取措施进行调整，确保收款流程的顺畅。

③ 数据分析。利用大数据分析技术，对收款数据进行深入挖掘和分析，以识别收款模式和趋势。通过这些信息，企业可以优化收款策略，预测收款情况，进而更好地规划资金使

用和现金流管理。

④ 客户关系管理。加强与客户的沟通和关系管理,提高客户满意度和忠诚度。通过提供多种支付方式和灵活的支付条件,鼓励客户及时付款,减少逾期账款。

⑤ 风险管理。建立风险评估和管理机制,对收款过程中可能出现的风险进行识别和评估。通过制订相应的应对措施(如信用管理、保险等),降低收款风险,确保资金安全。

(2) 收款系统的未来展望。随着科技的不断进步,收款系统将朝着更加智能化、自动化的方向发展。未来的收款系统将具备以下特点。

① 人工智能的应用。人工智能技术将被广泛应用于收款系统中,例如,通过智能客服机器人处理客户咨询,使用机器学习算法预测收款趋势和风险。

② 区块链技术。区块链技术将为收款系统带来更高的透明度和安全性。通过分布式账本技术,可以实现支付信息的不可篡改和实时更新,降低欺诈风险。

③ 移动支付的普及。随着移动支付技术的普及,越来越多的客户将通过手机等移动设备进行支付。收款系统需要支持多种移动支付方式,用于满足客户的多样化需求。

④ 无现金社会。随着无现金支付方式的普及,收款系统将逐渐向无现金社会过渡。企业需要适应这一趋势,优化收款流程,以便应对未来收款方式的变革。

通过不断优化和创新,收款系统将为企业提供更加高效、安全和便捷的收款服务,助力企业实现更好的财务管理和业务发展。

2. 付款管理

现金支出管理的主要任务是尽可能延缓现金的支出时间。当然,这种延缓必须是合理合法的。控制现金支出的目标是在不损害企业信誉条件下,尽可能推迟现金的支出。

(1) 使用现金浮游量。现金浮游量是指由于企业提高收款效率和延长付款时间所产生的企业账户上的现金余额和银行账户上的企业存款余额之间的差额。

(2) 推迟应付款的支付。推迟应付款的支付是指企业在不影响自己信誉的前提下,充分运用供货方所提供的信用优惠,尽可能地推迟应付款的支付期。

(3) 汇票代替支票。汇票分为商业承兑汇票和银行承兑汇票,与支票不同的是,承兑汇票并不是见票即付,因此可以推迟企业调入资金支付汇票的实际所需时间。这样企业就只需在银行中保持较少的现金余额。然而某些供应商可能并不喜欢用汇票付款,银行也不喜欢处理汇票,它们通常需要耗费更多的人力。同支票相比,银行会收取较高的手续费。

(4) 改进员工工资支付模式。企业可以为支付工资专门设立一个工资账户,通过银行向职工支付工资。为了最大限度地减少工资账户的存款余额,企业要合理预测开出支付工资的支票到职工去银行兑现的具体时间。

(5) 透支。企业开出支票的金额大于活期存款余额,它实际上是银行向企业提供的信用,透支的限额由银行和企业共同商定。

(6) 争取现金流出与现金流入同步。企业应尽量使现金流出与流入同步,这样就可以降低交易性现金余额,同时可以减少有价证券转换为现金的次数,提高现金的利用效率,节约转换成本。

(7) 使用零余额账户。即企业与银行合作,保持一个主账户和一系列子账户。企业只在主账户保持一定的安全储备,而在一系列子账户不需要保持安全储备。当从某个子账户签发的支票需要现金时,所需要的资金立即从主账户划拨过来,进而使更多的资金可以用作他用。

(8) 合理安排短期融资。企业可以通过短期融资来应对临时性的现金短缺,例如,通过银行贷款、商业票据贴现等方式。合理安排短期融资不仅可以缓解现金压力,还可以在资金紧张时保持企业的正常运营。然而,短期融资需要支付利息,因此企业必须权衡融资成本和现金短缺带来的损失,确保融资决策的经济合理性。

(9)优化现金管理信息系统。企业应投资于现金管理信息系统,用于提高现金流动的透明度和预测准确性。通过实时监控现金流入和流出,企业能够更准确地预测未来现金需求,进而提前做好资金安排。此外,现金管理信息系统还可以帮助企业自动化处理日常现金交易,减少人为错误,提高工作效率。

(10)加强与银行的合作关系。与银行建立良好的合作关系,可以为企业带来更多的融资便利和优惠条件。例如,银行可能会提供较低的透支利率、更灵活的贷款条件或更快捷的结算服务。企业应主动与银行沟通,了解各种金融产品和服务,选择最适合自身需求的方案,优化现金管理。

通过上述措施,企业可以有效地控制现金支出,提高资金使用效率,降低财务成本,进而在竞争激烈的市场环境中保持竞争优势。

## 二、应收账款管理

### (一)应收账款的功能与成本

#### 1. 应收账款的功能

企业通过实施商业信用政策,采用赊销、分期付款等手段,能够拓展销售范围,提升市场竞争力,并实现利润增长。应收账款作为企业为了扩大销售和提高盈利水平而进行的一项投资,同样伴随着一定的成本开支。因此,企业必须在应收账款带来的额外收益与由此产生的成本之间进行审慎的权衡。应收账款管理的核心在于评估赊销条款,确保赊销带来的收益增长能够超过应收账款投资所产生的成本费用,进而实现企业利润的提升和企业价值的增值。

应收账款的功能是指其在生产经营中的作用,主要有以下两方面。

(1)增加销售的功能。在激烈的市场竞争环境下,通过实施赊销政策能够有效地推动销售增长。企业通过赊销不仅提供了商品,而且在一定期限内为顾客提供了资金支持,使顾客得以从赊销中获益。因此,赊销能够促进企业销售收入和利润的提升,尤其是在企业推广新产品、拓展新市场时,赊销的作用尤为显著。

提供赊销所增加的产品一般不增加固定成本,因此,赊销所增加的收益等于增加的销售量与单位边际贡献的乘积,计算公式如下:

$$增加的收益 = 增加的销售量 \times 单位边际贡献$$

(2)减少存货的功能。企业持有一定数量的产成品存货,将不可避免地占用资金,导致仓储费用、管理费用等成本的产生;而通过赊销的方式,则可以规避这些成本。因此,无论是季节性生产企业还是非季节性生产企业,当产成品存货量较大时,通常会采取较为优惠的信用条件进行赊销,将存货转化为应收账款,以减少产成品存货量,相应地降低存货资金占用成本、仓储与管理费用等,进而提升企业的收益。

#### 2. 应收账款的成本

应收账款作为企业为增加销售和盈利进行的投资,会发生一定的成本。应收账款的成本主要有以下三种。

(1) 应收账款的机会成本。应收账款会占用企业一定量的资金,而企业若不把这部分资金投放于应收账款,便可以用于其他投资并可能获得收益,例如投资债券获得利息收入。这种因投放于应收账款而放弃其他投资所带来的收益,即为应收账款的机会成本。其计算公式如下:

应收账款平均余额＝日销售额×平均收现期

应收账款占用资金＝应收账款平均余额×变动成本率

$$\text{应收账款占用资金的应计利息(即机会成本)}=\text{应收账款占用资金×资本成本}$$

$$=\text{应收账款平均余额×变动成本率×资本成本}$$

$$=\text{日销售额×平均收现期×变动成本率×资本成本}$$

$$=\frac{\text{全年销售额}}{360}\times\text{平均收现期×变动成本率×资本成本}$$

$$=\frac{\text{全年销售额×变动成本率}}{360}\times\text{平均收现期×资本成本}$$

$$=\frac{\text{全年变动成本}}{360}\times\text{平均收现期×资本成本}$$

式中,平均收现期为各种收现期的加权平均数。

(2) 应收账款的管理成本。应收账款管理成本主要是指在执行应收账款管理过程中所产生的额外费用。这些费用包括对客户信用状况进行调查的费用、收集各类信息的费用、账务记录的费用、催收账款的费用、数据处理的成本、管理人员的相关开支以及从第三方获取信用信息的费用等。

(3) 应收账款的坏账成本。在赊销交易过程中,债务人因多种原因可能无法履行偿还债务的义务,导致债权人面临无法回收应收账款的风险,这种风险即所谓的坏账成本。可以认为,企业遭受坏账成本是难以避免的,且通常该成本与应收账款的规模成正相关关系。

坏账成本一般用下列公式测算:

应收账款的坏账成本 ＝赊销额×预计坏账损失率

### (二) 应收账款的信用政策

应收账款赊销的效果好坏,依赖于企业的信用政策。信用政策包括信用期间、信用标准和现金折扣政策。

#### 1. 信用期间

信用期间是企业允许顾客从购货到付款之间的时间,或者说是企业给予顾客的付款期间。例如,若某企业允许顾客在购货后的 50 天内付款,则信用期为 50 天。信用期过短,不足以吸引顾客,在竞争中会使销售额下降;信用期过长,对销售额增加固然有利,但只顾及销售增长而盲目放宽信用期,所得的收益有时会被增长的费用抵消,甚至造成利润减少。因此,企业必须慎重研究,确定出恰当的信用期。

信用期的确定,主要是分析改变现行信用期对收入和成本的影响。延长信用期,会使销售额增加,产生有利影响;与此同时,应收账款、收账费用和坏账损失增加,会产生不利影响。当前者大于后者时,可以延长信用期,否则不宜延长。如果缩短信用期,情况与此相反。

【例 5-2】 某公司现在采用 30 天按发票金额付款的信用政策,拟将信用期放宽至

60 天,仍按发票金额付款,即不给折扣。假设风险投资的必要报酬率为 15%,其他有关的数据如表 5-6 所示。请判断该公司应采用哪种信用期。

**表 5-6    某公司信用期放宽的有关资料表**

| 信用期项目 | 30 天 | 60 天 |
| --- | --- | --- |
| 销售量/件 | 100 000 | 120 000 |
| 销售额/元(单价 5 元) | 500 000 | 600 000 |
| 变动成本(每件 4 元)/元 | 400 000 | 480 000 |
| 固定成本/元 | 50 000 | 50 000 |
| 息税前利润/元 | 50 000 | 70 000 |
| 可能发生的收账费用/元 | 3 000 | 4 000 |
| 可能发生的坏账损失/元 | 5 000 | 9 000 |

**解**:在分析时,先计算放宽信用期得到的收益,然后计算增加的成本,最后根据两者比较的结果做出判断。

(1) 收益的增加:

$$收益的增加 = 销售量的增加 \times 单位边际贡献$$
$$= (120\,000 - 100\,000) \times (5 - 4) = 20\,000(元)$$

(2) 应收账款占用资金的应计利息增加:

$$应收账款应计利息 = 应收账款占用资金 \times 资本成本$$
$$应收账款占用资金 = 应收账款平均余额 \times 变动成本率$$
$$应收账款平均余额 = 日销售额 \times 平均收现期$$

$$30\,天信用期应计利息 = \frac{500\,000}{360} \times 30 \times \frac{400\,000}{500\,000} \times 15\% = 5\,000(元)$$

$$60\,天信用期应计利息 = \frac{600\,000}{360} \times 60 \times \frac{480\,000}{600\,000} \times 15\% = 12\,000(元)$$

$$应计利息增加 = 12\,000 - 5\,000 = 7\,000(元)$$

(3) 收账费用和坏账损失增加:

$$收账费用增加 = 4\,000 - 3\,000 = 1\,000(元)$$
$$坏账损失增加 = 9\,000 - 5\,000 = 4\,000(元)$$

(4) 改变信用期的税前损益增加:

$$收益增加 - 成本费用增加 = 20\,000 - (7\,000 + 1\,000 + 4\,000) = 8\,000(元)$$

由于税前损益的增加大于 0,故应采用 60 天的信用期。

上述信用期分析的方法是比较简略的,可以满足一般制定信用政策的需要。如有必要,也可以进行更细致的分析,如进一步考虑销货增加引起存货增加而多占用的资金等。

**【例 5-3】** 接例 5-2 资料,现假定信用期由 30 天改为 60 天,由于销售量的增加,平均存货水平将从 9 000 件上升到 20 000 件,每件存货成本按变动生产成本 3 元计算,其他情况不变。请判断在增加存货的情况下,该公司应采用哪种信用期。

**解**:由于增添了新的存货增加因素,需在原来分析的基础上,再考虑存货增加而多占用资金所带来的影响,重新计算放宽信用的损益增加。

$$存货增加而多占用资金的利息 = (20\,000 - 9\,000) \times 3 \times 15\% = 4\,950(元)$$
$$改变信用期的税前损益增加 = 8\,000 - 4\,950 = 3\,050(元)$$

因为仍然可以增加税前收益,所以尽管会增加平均存货,还是应该采用 60 天的信用期。

更进一步地细致分析,还应考虑存货增加引起的应付账款的增加。这种负债的增加会节约企业的营运资金,减少营运资金的应计利息。因此,信用期变动的分析,一方面要考虑对利润表的影响(包括收入、成本和费用);另一方面要考虑对资产负债表的影响(包括应收账款、存货、应付账款),并且要将对资金占用的影响用资本成本转化为应计利息,以便进行统一的得失比较。

此外,还有一个值得注意的细节,就是应收账款占用资金应当按应收账款平均余额乘以变动成本率计算确定,因为需要增加的营运资金数额仅是变动成本,既不是全部销售额,也不是全部制造成本。

### 2. 信用标准

信用标准是指顾客获得企业的交易信用所应具备的条件。如果顾客达不到信用标准,则不能享受企业的信用优惠或只能享受较低的信用优惠。

微课:信用标准
与信用条件

企业在设定某一顾客的信用标准时,往往要先评估其赖账的可能性,这可以通过"5C"系统来进行。所谓"5C"系统,是指评估顾客信用品质的五个方面,即品质(character)、能力(capacity)、资本(capital)、抵押(collateral)和条件(conditions)。

(1) 品质。品质是指顾客的信誉,即履行偿债义务的可能性。企业必须设法了解顾客过去的付款记录,看其是否有按期如数付款的一贯做法,以及与其他供货企业的关系是否良好。这一点经常被视为评价顾客信用的首要因素。

(2) 能力。能力是指顾客的偿债能力,即其流动资产的数量和质量以及与流动负债的比例。顾客的流动资产越多,其转换为现金以支付款项的能力越强。同时,还应注意顾客流动资产的质量,看是否有存货过多、过时或质量下降,影响其变现能力和支付能力的情况。

(3) 资本。资本是指顾客的财务实力和财务状况。

(4) 抵押。抵押是指顾客拒付款项或无力支付款项时能被用作抵押的资产。这对于不知底细或信用状况有争议的顾客尤为重要。一旦收不到这些顾客的款项,便以抵押品抵补。如果这些顾客提供足够的抵押,就可以考虑向他们提供相应的信用。

(5) 条件。条件是指可能影响顾客付款能力的经济环境。例如,万一出现经济不景气情况时,会对顾客的付款产生什么影响、顾客会如何做等,这需要了解顾客在过去困难时期的付款历史。

### 3. 现金折扣政策

现金折扣是企业对顾客在商品价格上所做的扣减。向顾客提供这种价格上的优惠,主要目的在于吸引顾客为享受优惠而提前付款,缩短企业的平均收款期。另外,现金折扣也能招揽一些视折扣为减价出售的顾客前来购货,借此扩大销售量。折扣的表示常采用如 $5/10$、$3/20$、$n/30$ 这样的符号形式。这三种符号的含义为:$5/10$ 表示 10 天内付款,可享受 5% 的现金折扣,即只需支付原价的 95%,如原价为 10 000 元,只支付 9 500 元;$3/20$ 表示 20 天内付款,可享受 3% 的现金折扣,即只需支付原价的 97%,若原价为 10 000 元,只支付 9 700 元;$n/30$ 表示付款的最后期限为 30 天,此时付款无优惠。

企业在决定现金折扣的幅度时,必须综合考虑信用期间。例如,若规定客户最迟应在

30 日内完成付款,企业可考虑在客户提前至 20 日或 10 日内付款时,提供何种程度的折扣。反之,若企业决定提供 5% 或 3% 的折扣,又应如何设定付款期限以吸引客户?无论是信用期间还是现金折扣,均可能为企业带来利益,但同时也可能增加成本。现金折扣的利益已在前面阐述,其增加的成本则体现在因折扣而产生的损失上。企业在向客户提供现金折扣时,应评估由此产生的收益与成本,权衡利弊,并做出明智的决策。

由于现金折扣与信用期间是相互关联的,因此确定折扣幅度的方法和程序与确定信用期间的方法和程序基本相同。关键在于将延期付款的时间与折扣相结合,评估不同方案所能带来的收益增量,计算各方案的成本变化,最终确定最优化方案。

**【例 5-4】**　接例 5-2 资料,假定该公司在放宽信用期的同时,为了吸引顾客尽早付款,提出了 0.8/30、$n/60$ 的现金折扣条件,估计会有一半的顾客(按 60 天信用期所能实现的销售量计)将享受现金折扣优惠。请判断该现金折扣政策是否合理。

**解**:(1)收益的增加:

$$收益的增加 = 销售量的增加 \times 单位边际贡献$$
$$= (120\,000 - 100\,000) \times (5 - 4) = 20\,000(元)$$

(2)应收账款占用资金的应计利息增加:

$$30 天信用期应计利息 = \frac{500\,000}{360} \times 30 \times \frac{400\,000}{500\,000} \times 15\% = 5\,000(元)$$

$$平均收现期 = 30 \times 50\% + 60 \times 50\% = 45(天)$$

$$45 天信用期应计利息 = \frac{600\,000}{360} \times 45 \times 80\% \times 15\% = 9\,000(元)$$

$$应计利息增加 = 9\,000 - 5\,000 = 4\,000(元)$$

(3)收账费用和坏账损失增加:

$$收账费用增加 = 4\,000 - 3\,000 = 1\,000(元)$$
$$坏账损失增加 = 9\,000 - 5\,000 = 4\,000(元)$$

(4)现金折扣成本的增加:

$$现金折扣成本增加 = 新的销售水平 \times 新的现金折扣率 \times 享受现金折扣的顾客比例$$
$$- 旧的销售水平 \times 旧的现金折扣率 \times 享受现金折扣的顾客比例$$
$$= 600\,000 \times 0.8\% \times 50\% - 500\,000 \times 0 \times 0 = 2\,400(元)$$

(5)改变现金折扣条件后的税前损益增加:

$$收益增加 - 成本费用增加 = 20\,000 - (4\,000 + 1\,000 + 4\,000 + 2\,400) = 8\,600(元)$$

由于可增加税前收益,故应当放宽信用期,提供现金折扣。

### (三)应收账款数字化管理

#### 1. 建立企业业财信息互通机制

为了解决信息不对称问题,企业需构建业务与财务信息互通的机制。在大数据时代背景下,实现业务与财务的深度融合,对从业务到财务的工作人员提出了极高的要求。企业应根据自身业务特点及财务人员的年龄结构,打造一支高素质的专业团队,该团队应具备处理业务大数据的专业技能与知识、创新的财务管理理念与模式以及数据共享的观念。通过建立企业业务与财务信息互通机制,整合财务与业务流程,优化工作流程,可以促进业务与财务大数据的共享,并进一步挖掘与分析数据信息。在管理企业应收账款方面,通过共享财务报表层与业务经营层的分析数据,可以确保以动态、全员参与、全程监控、综合性的方法进行跟踪管理。

2. 建设应收账款智能化信息系统平台

企业必须对现有的应收账款管理框架进行细致的梳理,以实现大数据技术与资源的深度融合,并将企业信息化系统平台中的收款管理、票据管理、合同管理等关键环节有效串联。通过这种方式,可以构建一个信息化、标准化、程序化、规范化的闭环管理流程,为应收账款智能化信息系统平台的建设奠定坚实基础。在该智能化信息系统平台的支持下,企业能够基于收款核销程序和对账程序自动提示账期。系统平台将自动提取实收与应收数据信息,并与合同管理系统模块进行匹配,进而自动核对基本信息(例如已开发票数额、付款客户账户、付款客户名称等),提取应收账款的形成时间、账龄,并对已到收款节点的项目发出警示。此外,应收账款智能化信息系统平台能够实现企业合同信用管理系统、OA 办公系统、财务管理系统、资金管理系统的有效对接,构建一个高效的系统平台共享或互通机制。进一步地,通过大数据技术的深入应用,企业能够扩展其价值链,收集、挖掘、分析、评价外部上游供应商的行业、业务、财务等数据信息,因而强化和完善应收账款智能化信息系统平台的功能。

3. 构建信用评价模型体系

在智能化财务时代背景下,大数据技术展现了其在财务认知方面的显著优势。具体而言,通过构建在大数据信息化系统平台之上的信用评价模型体系,该体系依据既定规则对海量数据信息进行筛选、整合、计算和处理,最终形成具有价值的数据分析报告。企业信用评价模型体系的建立,旨在执行日常的动态评估任务。在企业财务领域,财务部门负责对客户进行动态评估,并依据企业信用政策严格管理资金回收风险;在企业业务领域,业务部门则从多维度和多角度掌握客户的日常经营状况,综合分析客户的业务经营信息和动态,以客观和科学的方式评估客户的业务经营风险。通过这种方式,企业能够实时优化信用评价机制,并据此制定有效的应对策略。

4. 建设价值导向型的应收账款风险防控体系

在企业应收账款坏账风险预测领域,构建了一套基于价值导向的应收账款风险预测指标体系,并综合运用大数据技术对坏账预测的准确性进行分析评估。同时,通过模型中的应收账款风险评级,指导企业业务人员科学、合理地选择资金回款方式。在客户信用风险控制方面,传统的客户信用管理侧重于事后分析评价。通过运用大数据算法,企业业务人员在签订合同前进行全面的风险信用评级,并在执行过程中及后期进行跟踪评价,注重全过程的事前、事中、事后分析评价。通过企业信用评价模型体系的智能化功能,可以实现自主学习和优化,自动进行客户风险信用评级及应收账款风控评价,进而提升企业财务信息化水平,提高应收账款管理工作的效率。综上所述,构建价值导向型的应收账款风险防控体系能够实现理想的应收账款风险控制效果。

# 三、存货管理

## (一)存货管理的目标与存货成本

1. 存货管理的目标

存货是指企业在生产经营过程中为销售或者耗用而储备的物资,包括原材料、燃料、低值易耗品、在产品、半成品、协作件、外购商品等。

企业持有存货的目的在于确保生产和销售活动的连续性,同时考虑到成本效益,因为零星采购物资往往价格较高,而批量采购则能享受价格优惠。然而,存货的过度积累会占用大量资金,并且会增加仓储费、保险费、维护费以及管理人员工资等多项成本。因此,存货管理的核心目标是在满足生产和销售需求的基础上,尽可能地减少存货成本。具体目标如下。

(1) 确保生产流程的顺畅进行。生产过程中所需的原材料和在制品是生产活动的物质基础。适量的存货储备能够有效预防生产中断和停工待料的情况,保障生产流程的顺畅。

(2) 提升销售的灵活性。适量的存货储备能够增强企业应对市场变化的能力,避免在市场需求激增时因存货不足而错失销售机会。同时,考虑到顾客倾向于批量采购以节约成本,企业为了实现运输的经济批量,保持一定量的存货对市场销售具有积极意义。

(3) 保持生产均衡,降低产品成本。对于季节性产品或需求波动较大的产品,若仅根据需求安排生产,可能导致生产能力时而闲置,时而超负荷,因而增加生产成本。适量的原材料和成品储备有助于缓解这一问题,实现生产均衡,降低产品成本。

(4) 降低存货采购成本。企业通过大批量集中采购,可以减少订货次数,更容易获得价格折扣,降低购置成本和订货成本,进而减少总的进货成本。

(5) 预防意外事件的影响。在采购、运输、生产和销售的各个环节中,企业都可能遭遇意外事故。保持必要的存货安全储备,可以避免或减轻意外事件带来的损失。

2. 存货成本

(1) 取得成本。取得成本是指为取得某种存货而支出的成本,通常用 $TC_a$ 来表示,其又分为订货成本和购置成本。

① 订货成本。订货成本是指取得订单的成本,如办公费、差旅费、邮资、电话费、运输费等支出。订货成本中有一部分与订货次数无关,如常设采购机构的基本开支等,称为订货的固定成本,用 $F_1$ 表示;另一部分与订货次数有关,如差旅费、邮资等,称为订货的变动成本,每次订货的变动成本用 $K$ 表示;订货次数等于存货年需要量 $D$ 与每次进货量 $Q$ 之商。

订货成本的计算公式为

$$订货成本 = F_1 + \frac{D}{Q}K$$

② 购置成本。购置成本是指为购买存货本身所支出的成本,即存货本身的价值,经常用数量与单价的乘积来确定。年需要量用 $D$ 表示,单价用 $P$ 表示,于是购置成本为 $DP$。

订货成本加上购置成本,就等于存货的取得成本。其公式可表达为

取得成本 = 订货成本 + 购置成本 = 订货固定成本 + 订货变动成本 + 购置成本

$$TC_a = F_1 + \frac{D}{Q}K + DP$$

(2) 储存成本。储存成本是指为保持存货而发生的成本,包括存货占用资金所应计算的利息、仓库费用、保险费用、存货破损和变质损失等,通常用 $TC_c$ 来表示。

储存成本也分为固定成本和变动成本。固定储存成本与存货数量的多少无关,如仓库折旧、仓库职工的固定工资等,常用 $F_2$ 表示。变动储存成本与存货的数量有关,如存货占用资金的应计利息、存货的破损和变质损失、存货的保险费用等,单位变动储存成本用 $C$ 来表示。用公式表达的储存成本为

$$储存成本＝固定储存成本＋变动储存成本$$

$$TC_c = F_2 + \frac{Q}{2}C\left(\frac{Q}{2}\text{表示存货的平均储存量}\right)$$

（3）缺货成本。缺货成本是指由于存货供应中断而造成的损失，包括材料供应中断造成的停工损失、产成品库存缺货造成的拖欠发货损失和丧失销售机会的损失及造成的商誉损失等。如果生产企业以紧急采购代用材料解决库存材料中断之急，那么缺货成本表现为紧急额外购入成本。缺货成本用 $TC_s$ 表示。

如果以 TC 来表示储备存货的总成本，它的计算公式为

$$TC = TC_a + TC_c + TC_s = F_1 + \frac{D}{Q}K + DP + F_2 + \frac{Q}{2}C + TC_s$$

企业存货的最优化，就是使企业存货总成本（即 TC 值）最小。

### （二）经济进货批量的确定

存货管理决策包含四个核心要素：选择进货项目、挑选供应商、确定进货时机及决定进货批量。其中，选择进货项目与挑选供应商的职责归属于销售、采购及生产部门。而财务部门则负责确定进货时机和进货批量（分别以 $T$ 和 $Q$ 表示）。

微课：经济订货批量的确定

存货管理的目标在于确定一个合理的进货批量与时机，以期将存货总成本降至最低，此数量被称作经济订货量或经济批量。一旦经济订货量得以确定，便能简便地确定最适宜的进货时机。

存货总成本受众多因素影响，为了解决这些复杂问题，必须对这些因素进行简化或排除，先研究较为简单的问题，随后逐步扩展至更复杂的问题。此过程需要建立一系列假设，以便构建经济订货量的基础模型。

1. 经济订货量的基本模型

构建经济订货量基本模型需要的假设条件如下。

（1）企业能够及时补充存货，即需要订货时便可立即取得存货。

（2）货物能集中到货，而不是陆续入库。

（3）不允许缺货，即无缺货成本（$TC_s$ 为 0），这是因为良好的存货管理本来就不应该出现缺货成本。

（4）货物的年需求量稳定，并且能够预测，即 $D$ 为已知常量。

（5）存货单价不变，即 $P$ 为已知常量。

（6）企业现金充足，不会因现金短缺而影响进货。

（7）所需存货市场供应充足，不会因买不到需要的存货而影响其他方面。在上述假设条件下，存货总成本的公式可以写成：

$$TC = F_1 + \frac{D}{Q}K + DP + F_2 + \frac{Q}{2}C$$

当 $F_1$、$K$、$D$、$P$、$F_2$、$C$ 为常数量时，TC 的大小取决于 $Q$，为了求出 TC 的最小值，对其进行求导演算，可得出下列公式：

$$Q^* = \sqrt{\frac{2KD}{C}}$$

式中，$K$ 为一次订货变动成本；$D$ 为存货年需求量；$C$ 为单位储存变动成本。这一公式称

为经济订货量基本模型,求出的每次订货批量可使 TC 达到最小值。

这个基本模型还可以演变为其他形式。

每年最佳订货次数公式:

$$N^* = \frac{D}{Q^*} = \frac{D}{\sqrt{\dfrac{2KD}{C}}} = \sqrt{\frac{DC}{2K}}$$

与批量有关的存货总成本公式:

$$TC^* = \frac{KD}{\sqrt{\dfrac{2KD}{C}}} + \frac{\sqrt{\dfrac{2KD}{C}}}{2} \times C = \sqrt{2KDC}$$

最佳订货周期公式:

$$t^* = \frac{1}{N^*} = \frac{1}{\sqrt{\dfrac{DC}{2K}}}$$

经济订货量占用资金:

$$I^* = \frac{Q^*}{2} \times P = \frac{\sqrt{\dfrac{2KD}{C}}}{2} \times P = \sqrt{\frac{KD}{2C}} \times P$$

**【例 5-5】** 某企业每年耗用 A 材料 100t,该材料单位存储成本为 2 元,一次订货成本为 15 元。试计算经济订货量。

**解:**

$$Q^* = \sqrt{\frac{2KD}{C}} = \sqrt{\frac{2 \times 15 \times 100}{2}} = 38.73 \text{(t)}$$

$$N^* = \frac{D}{Q^*} = \frac{100}{38.73} = 3 \text{(次)}$$

$$TC^* = \sqrt{2KDC} = \sqrt{2 \times 15 \times 100 \times 2} = 77.46 \text{(元)}$$

如果每次订货单价为 1 500 元/t,则

$$I^* = \frac{Q^*}{2} \times P = \frac{38.73}{2} \times 1\,500 = 29\,047.5 \text{(元)}$$

**2. 经济订货量基本模型的扩展**

经济订货量模型建立在一系列前提假设之上,但在实际业务中,这些假设条件得到完全满足的情况极为罕见。为了使模型更贴近实际状况,并提升其应用价值,必须逐步放宽这些前提假设,并对模型进行相应的优化。

(1) 提前订货。一般情况下,企业的存货不能做到随用随时补充,因此不能等存货用光后再去订货,而需要在没有用完时提前订货。在提前订货的情况下,企业再次发出订货单时,尚有存货的库存量,称为再订货点,用 $R$ 来表示。在不存在保险储备的情况下,它的数量等于平均交货时间($L$)和每日平均需求量($d$)的乘积:

$$R = Ld$$

【**例 5-6**】　接例 5-5 资料,企业订货日期至到货日期的时间为 10 天,每日存货需求量为 5kg,试计算企业在尚存多少存货时,就应当再次订货?

**解:**
$$R = Ld = 10 \times 5 = 50(\text{kg})$$

即企业在尚存 50kg 存货时,就应当再次订货,等到下批订货到达时(再次发出订货单 10 天后),原有库存刚好用完。此时,有关存货的每次订货批量、订货次数、订货间隔时间等并无变化,与瞬时补充相同,只不过在达到再订货点(库存 50kg)时即发出订货单。如果公司为了应急或不时之需,会多储备一些存货,这些多储备的存货则称为保险储备。这时的再订货点需要在基础上增加保险储备。如果本例中公司需要保险储备 50kg,则必须在仓库还有 100kg 时就发出订货单。订货提前期如图 5-4 所示。

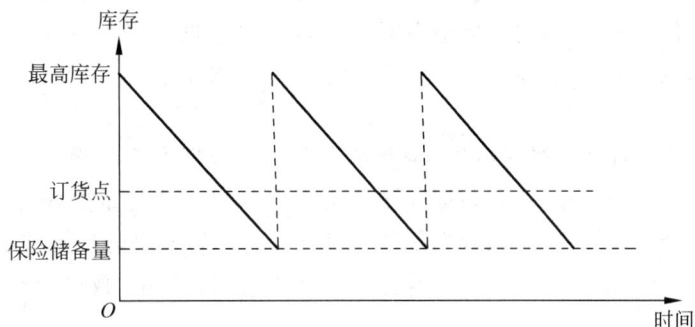

**图 5-4　订货提前期**

(2) 存货陆续供应和使用。在建立基本模型时,是假设存货一次全部入库,故存货增加时存量变化为一条垂直的直线。事实上,各批存货可能陆续入库,使存量陆续增加。尤其是产成品入库和在产品转移,几乎总是陆续供应和陆续耗用的。在这种情况下,需要对基本模型做一些修改。

假设投产数为 $Q$,每日生产量为 $g$,所以该批零部件生产完毕需要 $\dfrac{Q}{g}$,零部件每日耗用量为 $d$,则生产期耗用量为 $\dfrac{Q}{g}d$,于是公司零部件最高库存量为 $Q - \dfrac{Q}{g}d$,平均库存量为 $\dfrac{1}{2} \times \left(Q - \dfrac{Q}{g}d\right)$。

综上所述,总成本模型可以修正为
$$T = \frac{Q}{g}d + \frac{1}{2} \times \left(Q - \frac{Q}{g}d\right)C$$

对 $Q$ 求导,并令其等于 0,则
$$Q^* = \sqrt{\frac{2KD}{C} \times \left(\frac{g}{g-d}\right)}$$
$$T^* = \sqrt{2DKC \times \left(1 - \frac{d}{g}\right)}$$

【**例 5-7**】　某公司全年耗用甲自制零部件 10 800 件($D$),每天耗用 30 件($d$),该零部件的生产能力为 100 件($g$),每件生产成本为 3 元($p$),每次生产准备成本为 20 元($K$),单位储存成本为 2 元($C$),问每次投产多少件时效益最好?

解：$Q^* = \sqrt{\dfrac{2KD}{C} \times \left(\dfrac{g}{g-d}\right)} = \sqrt{\dfrac{2 \times 10\,800 \times 20}{2} \times \left(\dfrac{100}{100-30}\right)} = 555（件）$

$T^* = \sqrt{2DKC \times \left(1 - \dfrac{d}{g}\right)} = \sqrt{2 \times 10\,800 \times 20 \times 2 \times \left(1 - \dfrac{30}{100}\right)} = 778（元）$

### （三）存货数字化管理

存货信息化管理的实施要求将物资供应链模块深度整合至企业的数字化平台系统中，通过与采购管理、库存管理、财务管理等模块的紧密协作，确保物资流与财务流的高度一致性与信息共享，进而为高层管理人员提供高效的存货管理支持。在执行过程中，企业需对存货管理系统方案进行详尽的调研与规划，并对所有相关人员进行专业的岗前培训。同时，应分模块构建信息化集成平台，对采购业务类型及其相关审批流程进行详尽调查与梳理。借助计算机网络和数据库技术，将存货管理流程融入信息化平台，最终实现存货的数字化管理。

在存货数字化管理的推进过程中，企业还需要关注数据安全和隐私保护。随着大量敏感信息的数字化存储和传输，确保数据安全成为企业不可忽视的重要任务，因此，企业应建立完善的数据安全管理体系，包括数据加密、访问控制、网络安全防护等措施。同时，企业还应定期进行数据安全审计和风险评估，确保在数字化管理过程中，数据的安全性和完整性得到保障。

此外，存货数字化管理的实施还需要借助先进的物联网技术。通过在仓库中部署传感器和 RFID（无线射频识别）标签，企业可以实时监控存货的状态和位置，进而提高库存的透明度和准确性。物联网技术的应用不仅有助于减少人为错误，还可以通过智能预警系统及时发现库存异常情况，进一步提升存货管理的效率和效果。

为了进一步优化存货管理，企业还可以引入人工智能和大数据分析技术。通过分析历史数据和市场趋势，企业可以预测未来的存货需求，进而制订更为科学的采购计划和库存策略。人工智能还可以帮助企业实现自动化决策，通过算法模型自动调整库存水平，确保存货始终处于最适当的数量。

企业还应注重存货数字化管理系统的持续优化和升级。随着市场环境的变化和企业业务的发展，原有的存货管理系统可能无法满足新的需求。因此，企业应定期收集用户反馈，评估系统性能，及时进行功能升级和优化，确保存货管理系统的先进性和适用性。通过持续改进，企业可以不断提升存货管理的效率和效果，为企业的稳健发展提供有力支持。

# 任务三　流动负债管理

## 一、短期借款

短期借款是指企业从银行及其他非银行金融机构获取的，偿还期限不超过一年的贷款。在流动负债的融资方式中，短期借款的地位仅次于商业信用。该借款方式可根据企业需求灵活安排，使用便捷，并且获取过程相

微课：短期借款

对简单。然而,其显著的劣势在于必须在短期内偿还,尤其是在存在众多附加条件的情况下,这将显著增加财务风险。

### (一)短期借款的种类

在我国,短期借款根据其目的和用途被细分为多种类型,主要包括生产周转借款、临时借款以及结算借款等。参照国际惯例,短期借款也可根据偿还方式的不同,划分为一次性偿还借款与分期偿还借款;根据利息支付方式的不同,可分为收款法借款、贴现法借款以及加息法借款;依据是否提供担保,又可分为抵押借款和信用借款等类别。企业在进行借款申请时,应当依据各类借款的具体条件及自身需求做出恰当选择。

### (二)短期借款的取得

企业在获取短期借款之前,必须先提交借款申请书。经过相关审查机构的审核批准后,双方当事人需签订正式的借款合同,合同中应明确记载借款的具体用途、金额、利率、期限、偿还方式以及违约时的责任等条款。完成上述程序后,企业方可依照借款合同的规定办理相应的借款手续。手续办理完毕,企业方能正式取得所申请的借款资金。

### (三)短期借款的信用条件

按照国际通行做法,银行发放短期借款往往带有以下信用条件。

#### 1. 信贷额度

信贷额度是指银行对借款人设定的无担保贷款的最高限额。信贷额度的有效期限通常为一年,但根据具体情况,该期限可延长至一年。通常情况下,企业可以在批准的信贷额度内随时向银行申请借款。然而,银行并无义务必须提供全部信贷额度。若企业信用状况出现恶化,即便银行先前同意按信贷额度提供贷款,企业也可能无法获得借款。在这种情况下,银行不承担任何法律责任。

#### 2. 周转信贷协议

周转信贷协议是银行所负有的法律义务,承诺在不超过既定最高限额的条件下向企业提供贷款。在协议有效期间,只要企业所借资金总额未超出该上限,银行即需满足企业随时提出的借款需求。企业使用周转信贷协议时,通常需向银行支付一笔费用,作为未动用贷款额度的承诺费。

例如,某周转信贷额为1 000万元,承诺费率为0.5%,借款企业年度内使用了600万元,余额400万元,借款企业该年度就要向银行支付承诺费2万元(400×0.5%)。这是银行向企业提供此项贷款的一种附加条件。

周转信贷协议的有效期限通常超过一年,然而,实际上该贷款是每隔数月进行一次发放,因此此类信贷兼具短期与长期借贷的特性。

#### 3. 补偿性余额

补偿性余额是指银行要求借款企业在银行账户中维持的最低存款额度,该额度通常为贷款额度或实际借款金额的一定比例(一般为10%~20%)。从银行的角度来看,设置补偿性余额有助于降低贷款风险,并在一定程度上补偿可能遭受的贷款损失。对于借款企业而言,补偿性余额的存在则增加了借款的实际年利率。

例如,某企业按年利率8%向银行借款10万元,银行要求维持贷款限额15%的补偿性

余额,那么,企业实际可用的借款只有 8.5 万元,该项借款的有效年利率则为

$$实际年利率 = \frac{10 \times 8\%}{8.5} \times 100\% = 9.4\%$$

**4. 借款抵押**

银行在向财务风险较高或信誉存疑的企业提供贷款时,往往要求以抵押品作为担保,用于降低潜在的损失风险。短期贷款的抵押品通常包括企业的应收账款、存货、股票和债券等。银行在接收抵押品后,会依据其面值来确定贷款额度,通常这一额度介于抵押品面值的 $30\% \sim 90\%$。此比例的设定,受到抵押品的流动性及银行风险承受偏好的影响。抵押贷款的成本通常高于无抵押贷款,原因在于银行倾向于向信用良好的客户提供无抵押贷款,并将抵押贷款视为一种风险较高的投资,因此会收取更高的利率。此外,由于管理抵押贷款相较于无抵押贷款更加复杂,银行通常还会额外收取管理费用。

企业为获得贷款而提供抵押品,可能会对其资产的使用及未来的融资能力造成一定的限制。

**5. 偿还条件**

贷款的偿还方式主要有两种:一种是一次性到期偿还;另一种是在贷款期限内定期(如每月或每季)等额偿还。通常情况下,企业倾向于避免后者,因为这会提升借款的有效年利率;相对地,银行则不倾向于前者,因为这可能会加重企业的财务压力,提高拒付风险,并且会降低实际贷款利率。

**6. 其他承诺**

银行在某些情况下会要求企业为获得贷款而作出额外承诺,包括及时提交财务报表、维持一定的财务健康水平(例如特定的流动比率)等。若企业未能履行所承诺的义务,银行有权要求企业即刻偿还全部贷款。

## (四) 短期借款利率及支付方法

短期借款的利率形式多样,利息支付方式也不尽相同,银行将依据借款企业的具体情况来选择适用的利率。

**1. 借款利率**

借款利率主要分为以下三种类型。

(1) 优惠利率。优惠利率适用于财务实力雄厚、经营状况良好的企业,是银行提供贷款时所采用的最低利率标准。

(2) 浮动优惠利率。浮动优惠利率随着其他短期利率的波动而相应调整,是一种与市场条件紧密相关的变动利率。

(3) 非优惠利率。非优惠利率是银行向一般企业收取的利率,通常高于优惠利率。这种利率是在优惠利率的基础上增加一定比例得出的。例如,若银行以高于优惠利率 $1\%$ 的利率为某企业提供贷款,那么在优惠利率为 $8\%$ 的情况下,该企业所需支付的利率将是 $9\%$;若优惠利率为 $7.5\%$,则贷款利率为 $8.5\%$。非优惠利率与优惠利率之间的差异,取决于借款企业的信用状况、与银行的合作关系以及当时的信贷市场环境。

**2. 借款利息的支付方式**

关于借款利息的支付方式,通常企业可采取以下三种方法向银行支付贷款利息。

(1) 收款法。收款法涉及在贷款到期时向银行支付利息。银行向工商企业提供的贷款

通常采用此方式收取利息。

（2）贴现法。贴现法是指银行在向企业发放贷款时，预先从本金中扣除利息部分，而到期时企业需偿还全部本金。采用贴现法，企业实际可用的贷款额为扣除利息后的差额，因此贷款的有效年利率会高于名义上的报价利率。

例如，某企业从银行取得借款 10 000 元，期限 1 年，年利率（即报价利率）为 8%，利息额 800 元（10 000×8%），按照贴现法付息，企业实际可利用的贷款为 9 200 元（10 000−800），该项贷款的实际年利率为

$$实际年利率 = \frac{800}{10\,000 - 800} \times 100\% = 8.7\%$$

（3）加息法。加息法是银行在发放分期等额偿还贷款时所采用的利息计算方式。在分期等额偿还贷款的情形下，银行会将按报价利率计算的利息加至贷款本金之上，进而确定贷款的本息总额，并要求企业在贷款期限内分期偿还该总额。由于贷款是分期均衡偿还，企业实际上仅平均使用了贷款本金的一半，却需支付全额利息。因此，企业所承担的有效年利率大约是报价利率的两倍。

例如，某企业借入（名义）年利率为 12% 的贷款 20 000 元，分 12 个月等额偿还本息。该项借款的有效年利率约为

$$实际年利率 = \frac{20\,000 \times 12\%}{\dfrac{20\,000}{2}} \times 100\% = 24\%$$

## 二、短期融资券

短期融资券是企业依法发行的无担保短期本票。在我国，短期融资券是指企业依照《银行间债券市场非金融企业债务融资工具管理办法》所规定的条件与程序，在银行间债券市场发行及交易，并约定于一定期限内偿还本金及支付利息的有价证券，为企业筹集短期（一年以内）资金的直接融资途径。

1. 发行短期融资券的相关规定

（1）发行人应为非金融企业，且须经过在中国境内市场监督管理局注册并具备债券评级能力的评级机构进行信用评级，其评级结果应向银行间债券市场公开。

（2）发行与交易对象为银行间债券市场之机构投资者，不得向社会公众发行与交易。

（3）融资券的发行由符合条件的金融机构承销，企业不得自行销售融资券，发行融资券所募资金应用于本企业的生产经营活动。

（4）融资券采用实名记账方式在中央国债登记结算有限责任公司登记托管，中央国债登记结算有限责任公司负责提供相关服务。

（5）债务融资工具的发行利率、发行价格及所涉费率应以市场化方式确定，任何商业机构不得以欺诈、操纵市场等不正当手段谋取利益。

2. 短期融资券的种类

（1）按发行人分类，短期融资券可分为金融企业融资券与非金融企业融资券。在我国，目前发行与交易者为非金融企业融资券。

（2）按发行方式分类，短期融资券可分为经纪人承销融资券与直接销售融资券。非金融

企业发行融资券通常采用间接承销方式,而金融企业发行融资券则通常采用直接发行方式。

3．短期融资券的筹资特点

（1）短期融资券的筹资成本较低。相较于发行企业债券筹资,发行短期融资券的筹资成本更加经济。

（2）短期融资券的筹资数额较大。相较于银行借款筹资,短期融资券可一次性筹集较大数额的资金。

（3）发行短期融资券的条件较为严格。唯有具备一定信用等级且实力雄厚的企业,方可发行短期融资券进行筹资。

## 三、商业信用

商业信用是企业在商品或服务交易过程中,通过延期支付或预先收取货款的方式所形成的借贷关系,体现了企业间直接的信用活动,同时构成企业短期资金的关键来源。该信用形式源于企业日常生产经营活动中的商品与服务交易,被视为一种"自发性筹资"机制。

### （一）商业信用的形式

1．应付账款

应付账款构成了供应商向企业提供的一种商业信贷形式。鉴于采购方通常在货物交付后的一段时间内才进行支付,商业信贷便成为企业短期资金的重要来源。例如,企业若规定所有账单在见票后若干天内支付,商业信贷便成为随着生产循环而自然变化的内部资金来源。当企业扩展其生产规模时,相应的进货量和应付账款也会增加,商业信贷则为增加的生产需求提供了部分资金支持。

2．应付票据

应付票据是企业在进行商品购销活动及工程款项结算过程中,因采纳商业汇票作为结算方式而形成的商业信用工具。商业汇票是由出票人或存款人(即承兑申请人)所签发,由承兑人承诺到期支付款项给收款人或被背书人的一种有价证券,其种类涵盖商业承兑汇票与银行承兑汇票。应付票据可设定利息,也可不设定,其利率通常低于银行贷款利率。

3．预收货款

预收货款是指销售方依据合同及协议的规定,在交付货物之前向购买方预先收取全部或部分货款的一种信用交易方式。对于稀缺商品,购买方通常愿意采取此种方式采购;而销售方对于生产周期较长、成本较高的商品,也倾向于通过预收货款的方式进行销售,旨在缓解企业资金占用过大的问题。

4．应计未付款

应计未付款项是指企业在其经营活动中,以及在利润分配过程中已经计提但尚未以现金形式支付的款项。这些款项主要包括应付给员工的薪酬、应缴纳的税费、应付的利润或应付的股利等。以应付职工薪酬为例,企业通常按照半月或月度周期支付薪酬,而在薪酬已计提但尚未支付的期间内,便产生了应计未付款项。这相当于企业对员工的一种信用承诺。应交税费、应付利润或应付股利等也具有类似的性质。随着企业规模的扩大,应计未付款项通常会相应增加,企业可以无偿使用这些自然形成的资金。然而,企业并不能完全控制这些款项,因为它们的支付是受到一定时间限制的,企业不能无限制地拖欠这些款项。因此,尽管企业可以充分利用这些应计未付款项,但并不能完全掌握这些账目余额的水平。

### (二)商业信用筹资的优缺点

1. 商业信用筹资的优点

(1)商业信用的获取相对便捷。商业信用依托于商品的买卖行为,企业通常拥有一批既存在供需关系又具备相互信任基础的客户群体。因此,对于大多数企业而言,应付账款和预收账款构成了自然且持续的信贷方式。商业信用的提供者往往不会对企业的经营状况和潜在风险进行严格审查,企业能够避免复杂的银行贷款程序,因而迅速获得商业信用,以应对生产经营中的紧急需求。

(2)企业享有较高的决策自由度。企业可以根据自身需求,自主决定筹资的额度及期限,相较于银行贷款等其他融资方式,这种灵活性更为显著。即便在约定的期限内无法完成付款或交货,企业通常可以通过与客户的协商,请求延长履行期限。

(3)企业一般无须提供担保。在商业信用筹资过程中,通常不需要第三方担保,也不会要求筹资企业以资产作为抵押。这样一来,在出现逾期付款或交货的情形时,企业可以避免银行贷款中可能面临的抵押资产被处置的风险,进而确保企业的生产经营能力在较长时间内不受限制。

2. 商业信用筹资的缺点

(1)商业信用筹资的成本较高。在存在现金折扣条件的应付账款融资模式中,筹资成本往往高于银行信用。

(2)商业信用可能对企业的信用状况产生负面影响。由于商业信用的偿还期限较短,企业面临的还款压力较大,这就要求企业必须具备高效的现金流量管理能力。若企业长期且频繁地延迟支付账款,可能会导致其信用状况受损。

(3)商业信用筹资受外部环境的影响较大,其稳定性较差,即便不考虑机会成本,也无法无限制地利用。首先,商品市场的波动可能影响商业信用,例如,在供不应求的情况下,卖方可能停止提供信用。其次,资金市场的状况也会对商业信用筹资产生影响,例如,市场资金供应紧张或存在更佳的投资机会时,商业信用筹资可能会遭遇障碍。

**拓展训练**

项目五即测即评　　　　　项目五计算题

**思行合一**

文档:康美又放大招:突然抹掉 203 亿元"存货",300 亿元资金造假终于了清?

# 项目六

## 数字化筹资管理

### 教学目标

**知识目标：**

1. 能列举企业筹资的渠道和方式；
2. 能全面阐述筹资的资金预测方法；
3. 能准确描述企业经营杠杆、财务杠杆和复合杠杆的计算原理和风险评估方法；
4. 能解释企业资本成本的测算原理和最佳资本结构的评估方法。

**能力目标：**

1. 能根据企业情况区分筹资类型；
2. 能判断企业筹资资金需求量；
3. 能计算企业的风险系数并解释系数的重要性；
4. 能计算企业筹资成本并评估企业最佳资本结构。

**素养目标：**

1. 培养团队合作精神，与团队成员共同解决财务问题；
2. 贯彻绿色、环保、可持续的发展理念；
3. 培养大局意识和勇于担当的社会责任感；
4. 遵守财务会计职业道德；
5. 培养实业强国的职业信仰。

### 引导案例

官网显示，江苏银行于 2007 年 1 月 24 日挂牌开业，后于 2016 年 8 月 2 日在上交所上市，总部位于江苏省会南京。截至 2024 年上半年末，江苏银行资产总额达 3.77 万亿元，在全球银行 1 000 强排名中列第 66 位；入选《财富》中国上市公司 500 强，排名第 197 位，列国内城商行首位；首次跻身全球品牌价值 500 强，在全球银行品牌排名中列第 69 位、蝉联全国城商行第一；当选"联合国环境署金融倡议组织银行理事会"中东亚地区理事代表。

如此雄厚的实力下，江苏银行始终保持初心，坚守"服务中小企业、服务地方经济、服务城乡居民"的市场定位，深入贯彻"保量、稳价、优结构"的政策要求，扎实开展"普惠金融推进月"行动，借助普惠金融服务来增强对小微企业、科创企业、涉农经营主体及重点帮扶群体的服务能力。

2024年,江苏银行针对普惠业务进行了多方面升级,从发展现状来看,客户基数、产品创新、业务转型等方面均有了质的飞跃。

在服务科创方面,该行聚焦多层次、多领域创新主体,加大信贷投放力度,推进科技金融全生命周期服务迭代优化。2024年以来,该行升级推出科创e贷、苏知贷、融合贷、仪器贷、苏孵贷等创新产品,推动科技金融服务向初创科技企业和创新龙头企业延伸。报告期末,江苏银行支持科技企业数量省内第一,战略新兴产业贷款余额超1 800亿元,较2023年年末增长26%;科技贷款余额超2 250亿元,较2023年年末增长近20%;承销绿色、科创、"两新"等领域各类创新债券116亿元,同比增长21%。

在支小助农方面,江苏银行持续擦亮小微业务特色名片,深入贯彻"保量、稳价、优结构"政策要求,扎实开展"普惠金融推进月"行动,加快随e贷、企业手机银行功能优化,创新推出"采销e贷"线上供应链产品,创设"农机设备贷"等专项产品,构建"四季农时"营销服务机制。报告期末,江苏银行小微贷款余额超6 800亿元,普惠型小微贷款余额1 975亿元,支持新型农业主体8 185户,涉农贷款近3 000亿元。

资料来源:时代周报.

## 知识导图

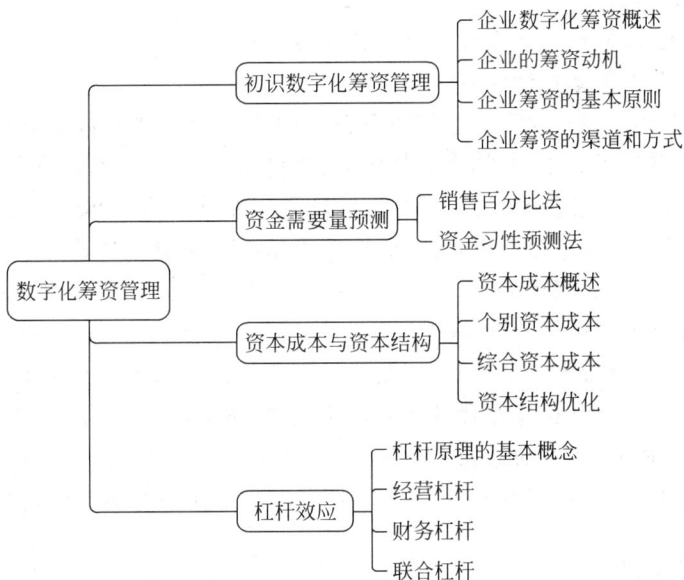

## 任务一　初识数字化筹资管理

### 一、企业数字化筹资概述

企业筹资是指企业根据其生产经营、对外投资和调整资本结构的需要,通过各种取得资金的渠道获得资金的行为。筹资管理是指企业为实现既定的战略目标,在风险匹配的原则下,对通过一定的筹资方式和渠道筹集资金进行的管理活动。对于任何一个企业来说,为保证生产经营的正常进行,其必须具备一定数量的资金。即使是在企业生产经营过程中,由于季节性和临时性原因,以及企业扩大生产规模等的需要,企业同样要筹集资金。因此,资金筹集既是企业生产经营活动的前提,又是企业生产顺利进行的保证。

企业数字化筹资管理是指企业通过运用互联网、云计算、大数据分析和人工智能等数字技术,来优化和创新其筹资活动的过程。这种管理方式不仅包括筹资策略的制定和筹资渠道的选择,还涉及筹资成本的控制和筹资风险的管理,进而提高筹资效率和决策的精准度。

1. 数字化筹资管理的特点

数字化筹资管理的特点可以概括为以下三个方面:①效率与自动化。数字化筹资管理通过在线平台和自动化工具简化了筹资流程,减少了人工操作,提高了处理速度和准确性。自动化的申请、审批和资金分配流程不仅加快了筹资速度,还降低了交易成本,使得企业能够更快地响应市场变化和资金需求。②数据分析与决策支持。利用大数据分析和人工智能技术,企业能够更深入地洞察市场趋势和投资者行为,进而做出更精准的筹资决策。数据分析帮助企业评估筹资方案的可行性,预测筹资风险,并优化筹资结构。此外,数字化工具还能够提供实时的财务报告和性能指标,为企业决策提供强有力的支持。③透明度与合规性。数字化筹资管理增强了筹资活动的透明度,使得投资者能够更容易地获取企业信息和筹资细节,这有助于建立投资者信任并提高筹资成功率。同时,数字化平台通常内置合规性检查和报告功能,确保筹资活动符合监管要求,减少违规风险。数据安全和隐私保护也是数字化筹资管理的重要组成部分,确保企业和投资者的信息安全。

2. 数字化对企业筹资管理的影响

数字化正在深刻改变企业筹资管理的面貌,通过自动化工具和数据分析技术,它提高了筹资流程的效率,降低了成本,并加强了与投资者的沟通。这种技术的应用不仅加快了资金的筹集速度,还通过实时监控和风险评估工具,增强了企业对筹资风险的管理能力。同时,数字化也增强了筹资活动的透明度,使企业能够更精准地预测市场趋势,评估筹资需求,进而在竞争激烈的市场中获得优势。

3. 数字化对企业筹资管理的挑战

数字化筹资管理也带来了新的挑战,尤其是在合规性和数据安全方面。随着筹资活动的数字化,企业必须确保其操作符合日益复杂的法律、法规,并采取有效措施保护投资者和企业的数据安全。此外,企业还需要不断学习和适应新的筹资工具和方法,探索创新的筹资模式,用于实现更高效、更低成本的资金筹集,同时维护企业的长期可持续发展。

## 二、企业的筹资动机

企业筹资的动机来自自身生存与发展的需要,主要包括扩张性筹资动机、偿还性筹资动机、混合性筹资动机。

1. 扩张性筹资动机

扩张性筹资动机是指企业因扩大生产经营规模或追加对外投资的需要而产生的筹资动机。企业创建、开展日常生产经营活动,购置设备材料等生产要素,不能没有一定数量的资金;扩大生产规模、开发新产品、提高技术水平,更需要追加投资。具有良好发展前景、处于成长时期的企业通常会产生这种筹资动机。扩张性筹资动机所产生的直接结果是企业资产规模的扩大,同时负债规模也会扩大,在给企业带来收益增长机会的同时,也带来更大的风险。

### 2. 偿还性筹资动机

偿还性筹资动机是指企业为了偿还某项债务而形成的借款动机,即借新债还旧债。偿债筹资有两种情形:一种是调整性偿债筹资,即企业虽有足够的能力支付到期旧债,但为了调整现有的资本结构,仍然举债,因而使资本结构更加合理,这是主动的筹资策略;另一种是恶化性偿债筹资,即企业现有的支付能力已不足以偿付到期旧债,而被迫举债还债。企业在生产经营过程中由于经营管理不善造成亏损或产品销售款不能及时回笼使用,使企业无法及时归还欠款,只能采取借新债还旧债的方式维持企业生产经营,这表明企业的财务状况已经恶化。

### 3. 混合性筹资动机

企业因同时需要长期资金和现金而形成的筹资动机,即为混合性筹资动机。企业在生产经营过程中,一方面可能因为扩大生产经营规模而需要资金,另一方面可能因为现金短缺而无法偿还到期债务。企业通过混合筹资,既扩大了资产规模,又偿还了部分旧债,即在这种筹资中混合了扩张性筹资和偿债性筹资两种动机。

## 三、企业筹资的基本原则

企业筹集资金是一项重要而复杂的工作,除选择多种筹资方式外,还应遵循以下一些基本原则。

### 1. 规模适当原则

企业财务人员应认真分析科研、生产、经营状况,采用一定的方法,预测资金需求数量,按需要进行筹资。

### 2. 筹措及时原则

同等数量的资金在不同时间点上具有不同的价值,企业财务人员应熟知资金时间价值的原理和计算方法,以便根据资金需求的具体情况,合理安排资金的筹集时间,适时取得所需资金。这样既可避免过早筹集资金,形成资金投放前的闲置,又能防止取得资金的时间滞后,错过资金投放的最佳时间。

### 3. 来源合理原则

资金来源的渠道和资金市场为企业提供了资金的来源和筹集场所,反映了资金的分布状况和供求关系,决定着筹资的难易程度。不同来源的资金对企业的收益和成本有着不同的影响,因此应该认真研究筹资渠道和资金市场,合理选择资金来源。

### 4. 方式经济原则

企业筹集资金必然要付出一定的代价,不同筹资方式条件下的资金成本有高有低,因此,企业应该对各种筹资方式进行分析、对比,选择经济、可行的筹资方式,确定合理的资金结构,以降低成本,减少风险。

## 四、企业筹资的渠道和方式

### (一)企业筹资的渠道

筹资渠道是指企业资金的来源。我国企业的筹资渠道主要有以下几种。

#### 1. 国家财政资金

国家对企业的投资是我国全民所有制企业的主要资金来源,对于大中型国有企业而言,国家投资占有重要地位。

**2. 银行资金**

银行对企业的贷款也是企业的重要资金来源,企业可以根据自己的需要灵活选择。

**3. 非银行金融机构**

除专业银行外,企业还可以选择信托投资公司、保险公司、租赁公司等非银行金融机构,这些非银行金融机构的资金力量比专业银行小,但资金供应灵活方便,而且能提供其他方面的服务,给企业提供了更多的选择机会。

**4. 其他企业资金**

企业在生产经营过程中往往有部分暂时闲置的资金,甚至存在可以较长时间才能腾出来供企业调剂使用的部分资金,主要包括联营、入股、负债、商业信用等。

**5. 社会团体、事业单位资金(民间资金)**

社会团体、事业单位属于国家事业经费拨款单位,经济体制改革后,国家对一部分依靠国家事业经费拨款的单位实行了企业化管理。这些单位除国家拨款外,自己还有部分经营性收入,虽然占整个资金来源渠道的比重不大,但却是企业资金来源的重要补充。

**6. 个人资金**

企业职工和城乡居民的投资都属于个人资金渠道,在动员闲置的消费基金方面具有重要作用。

**7. 企业内部资金**

企业内部资金主要指企业税后利润在一定条件下转化为生产经营资金。按照规定,企业在缴纳所得税后应提取盈余公积,形成企业的留存收益。留存收益在一定条件下可转化为企业的经营资金,是稳定的资金来源,在企业资金中占有较大的比重。

**8. 外商资金**

外商资金是指吸收的外商投资。吸收外资不仅可以满足我国资金的需要,而且可以引进先进的技术和管理经验,促进我国技术和产品的进步。

## (二) 企业筹资的方式

筹资方式是指企业取得资金的具体形式。企业取得资金的方式多种多样,主要有发行股票、发行债券、租赁、吸收投资、商业信用、银行借款等。企业根据资金需要情况来确定筹资的方式。

**1. 发行股票**

股票是股份公司为筹集资金而发行的有价证券,是持股人拥有公司股份的凭证,它代表持股人在公司中拥有的所有权。股票持有人就是公司的股东,拥有企业所有权、经营决策权和盈利分配权等,并承担企业亏损。发行股票使得大量社会游资得到集中和运用,并把一部分消费资金转化为生产资金,是企业筹集长期资金的一个重要途径。

**2. 发行债券**

企业发行的债券又叫公司债券,是企业为取得长期债务而发行的有价证券,是持券人拥有公司债权的证书,代表持券人同公司之间的债权债务关系。企业要按时偿还本息,债权人不享有盈利分配权,也不承担企业亏损。发行债券是企业筹集资金的又一重要途径。

**3. 租赁**

租赁是出租人以收取租金为条件,在契约或合同规定的期限内将资产让给承租人使用,按性质分为经营性租赁和筹资租赁两种。经营性租赁是由租赁公司向承租单位在短期内提供设备,并提供维修、保养、人员培训等的一种服务,又称服务性租赁。筹资租赁是由租赁公司按要求出资购买资产,在较长的合约期内提供给承租单位使用的信用业务,是以融通资金为主要目的的租赁。一般借贷对象是资金,而筹资租赁的对象是实物,筹资租赁是筹资与融物相结合、带有商品销售性质的租赁活动,是企业筹集资金的一种重要方式。

**4. 吸收投资**

企业吸收投资的主要来源是国家投资和其他企事业单位联营投资。联营合同或协议一般规定税后分利的方法,有的还规定还本方式与期限。

**5. 商业信用**

商业信用是指商品交易中以延期付款或预收货款的方式进行购销活动而形成的借贷关系,是企业与企业之间的直接信用行为。

**6. 银行借款**

银行借款是指企业按照与银行等金融机构签订的借款合同借入款项的一种筹资方式,是筹集负债资金的重要形式。这种方式适用于各类企业,既可以筹集长期负债资金,也可以筹集短期负债资金,具有灵活、方便的特点。

**7. 留存收益筹资**

留存收益筹资是企业财务管理中一种重要的内部筹资方式,它是指企业将其盈利的一部分保留在企业内部,而不是以股利分配的形式分配给股东。这种方式可以为企业的未来发展提供资金支持,用于扩大再生产、偿还债务、研发新产品或进行其他投资。

**8. 发行信托产品**

信托业务作为一项金融业务,具有筹集资金的职能。信托机构通过发行信托产品的形式筹集资金,成为企业筹资的一种新的方式。

筹资渠道和筹资方式之间有着密切的关系。一定的筹资方式可能适用于多种筹资渠道,也可能只适用于某一特定的筹资渠道;同一渠道的资金也可能采取不同的筹资方式取得。筹资渠道解决的是资金来源问题,筹资方式则是解决以何种方式取得资金的问题,它们之间存在一定的对应关系。因此,企业在筹集资金时,必须将两者结合在一起,研究两者的合理配合。企业筹资渠道与筹资方式之间相配合的对应关系见表 6-1。

**表 6-1 企业筹资渠道与筹资方式之间相配合的对应关系**

| 筹资渠道 | 筹资方式 | | | | | | | |
|---|---|---|---|---|---|---|---|---|
| | 吸收投资 | 发行股票 | 利用留存收益 | 银行借款 | 发行债券 | 商业信用 | 租赁 | 其他筹资方式 |
| 国家财政资金 | √ | √ | | | | | | |
| 银行资金 | | | | √ | | | | |
| 非银行金融机构资金 | | | | √ | √ | | | |
| 其他企业资金 | √ | √ | | | √ | √ | √ | √ |
| 民间资金 | √ | √ | | | √ | | | √ |
| 企业内部资金 | | | √ | | | | | |

### （三）企业筹资的类型划分

**1. 按资金的权益性质划分**

企业筹资的类型按资金的权益性质，可分为股权筹资、债务筹资和混合性筹资。

（1）股权筹资。股权筹资是指企业通过发行股票的方式从外部投资者筹集资金的过程。在股权筹资中，企业以股份的形式向投资者出售所有权，并在交换资金后无须偿还本金或支付利息。这种筹资方式使得企业能够获取资金而不需要增加债务负担，从而降低了企业的财务风险。同时，股权筹资也可以带来战略性投资者和资源支持，有助于企业的战略发展。

微课：股权融资

这种筹资方式有着独特的优势和风险，主要包括首次公开发行（IPO）、增发新股、定向配售、员工持股计划（ESOP）等。IPO 是指企业首次向公众发行股票，在证券交易所挂牌上市。这是企业从私人所有权到公开所有权的转变，通常会伴随着严格的法律和财务披露要求。IPO 为企业提供了大额筹资、股东分散风险、提高知名度和增加流动性等优势，但同时也需要承担更多的合规成本和公众公司治理压力。增发新股是企业在已有的股本基础上再次向现有股东或新投资者发行新的股票，这种方式可以帮助企业快速

文档："股权众筹融资"补进政府工作报告

筹集资金，增加股东权益，也可用于奖励员工或并购重组等目的，但需注意可能会对现有股东利益造成稀释。定向配售是指企业通过私下协商的方式向特定的机构投资者或个人投资者发行股票，这种方式通常用于寻求战略投资、引入关键合作伙伴、进行重大资产收购等，能够精准地满足特定资金需求，但也可能引发信息不对称和内幕交易等问题。ESOP 是一种鼓励员工参与企业所有权的计划，通过向员工发行股票或期权的方式，激励员工为企业发展贡献力量，这种方式有助于激发员工积极性，增强团队凝聚力，但也需要考虑员工持股对企业治理和激励体系的影响。

（2）债务筹资。债务筹资是指企业通过向外部债权人（如银行、债券投资者等）筹集资金的过程。在这种筹资方式中，企业以借款或发行债券的形式取得资金，未来按约定条件偿还本金和支付利息。债务筹资可以帮助企业扩大业务、投资项目或满足其他资金需求，但也增加了企业的财务杠杆和债务负担。债务筹资可以采用多种形式，如银行贷款、公开发行债券和私募债券等。

微课：债务筹资

每种形式都有其特点和适用场景，企业需要根据具体情况来选择最合适的债务筹资方式。债务筹资相比股权筹资有着控制权保持、税收优势和灵活性等优势，但也面临着偿债风险和财务压力等挑战。在选择债务筹资时，企业需要谨慎权衡利弊，确保能够满足发展需求并有效管理财务风险。

文档：济南完成数据资产科创金融领域融资首单

（3）混合性筹资。混合性筹资是指兼具股权筹资和债务筹资双重性质的筹资活动，其所筹集到的资金既有一定的股权资本特性，也有一定的负债资本特性，主要通过发行优先股、可转换债券等活动进行筹资。

**2. 按资金的使用期限划分**

企业筹资的类型按资金使用期限，可分为短期资金筹集和长期资金筹集。

（1）短期资金筹集。常指筹集使用期在一年以内的资金，主要用于补充流动资金。其

特点是筹资速度快、容易取得、筹资富有弹性、筹资成本较低、筹资风险高,但若资金安排不当,则可能造成财务危机。其主要的筹集方式为短期借款、商业信用等。

(2) 长期资金筹集。一般是指筹集使用期在一年以上的资金,主要用于项目研发、固定资产构建等长期性的投资,其特点是筹资数额大、影响时间长、发生次数少、筹资成本高等,其主要的筹集方式有吸收直接投资、发行股票、长期借款、发行债券、筹资租赁等。

**3. 按是否以金融机构为媒介划分**

企业筹资的类型按筹资是否以金融机构为媒介,可分为直接筹资和间接筹资。

(1) 直接筹资。直接筹资是指企业不借助银行等金融机构,通过发行股票、债券等办法直接筹集资金。

(2) 间接筹资。间接筹资是指企业借助银行或非银行金融机构等进行的筹资。

直接筹资和间接筹资的区别如下。

(1) 筹资载体不同。直接筹资通过货币或资本市场,以各种证券为载体;而间接筹资则是以银行或非银行金融机构为载体。

(2) 筹资范围不同。直接筹资具有广阔的领域,利用的渠道和方式较多;而间接筹资的范围比较狭窄,利用的渠道和方式比较单一。

(3) 筹资费用及成本不同。直接筹资的费用和成本比较高,而间接筹资的费用和成本相对比较低。

(4) 筹资风险不同。吸收直接投资和发行股票的筹资风险比较小,而间接筹资风险比较大。

文档:投资视角

**4. 按资金来源的范围划分**

企业筹资的类型按资金来源的范围不同,可分为内部筹资和外部筹资。

(1) 内部筹资。内部筹资是指企业通过留存收益的形式从企业内部筹措资本的筹资活动,是在企业内部通过利润分配形成的,其数额大小取决于企业可供分配的利润的规模及企业的利润分配政策。内部筹资无须支付筹资费用,可降低资金成本。

(2) 外部筹资。外部筹资是指企业向外部筹措资金的一种筹资活动。在企业内部筹资无法满足资金需要的情况下,企业应当从外部筹集资金。外部筹资一般需要支付一定的筹资费用,主要方式有吸收直接投资、发行股票、发行债券、筹资租赁、银行借款等。

# 任务二　资金需要量预测

企业的资金需求是基于经营和投资活动而定,必须进行科学合理的预测。企业开展筹资数量预测的主要目的是确保经营和投资活动能够顺利进行,保证所筹集的资金既能满足需求,又不会过多闲置,进而促进实现企业财务管理目标。预测企业筹资数量的依据如下。

(1) 企业现有经营业务、资产和资本规模。

(2) 企业经营效率、资产管理效率和资本使用效率。

(3) 企业新增投资项目等情况的变化。

微课:资金需求量的测算

企业资金需求量预测的方法包括销售百分比法、资金习性预测法等。

## 一、销售百分比法

### (一)销售百分比法的基本原理

销售百分比法是一种用于预测资金需求量的方法,通过销售收入与利润表及资产负债表项目之间的比率关系来实现。根据项目与销售收入的关系,这些项目可分为敏感项目和非敏感项目。敏感项目是指在短期内与销售收入比例基本不变的项目,通常与主要经营业务规模密切相关;而非敏感项目则不随销售收入变动而变动。在利润表中,敏感项目包括营业成本、税金及附加、销售费用和管理费用等,而资产中的敏感项目则包括货币资金、应收票据、应收账款、预付账款和存货等。需要特别注意的是,有些非敏感资产可能会出现阶梯式跳跃的情况,例如固定资产规模在一定范围内保持不变,但超过此范围时就需要考虑扩充规模。负债中的敏感项目通常包括应付票据、应付账款、预收账款等。因此,在使用销售百分比法进行资金需求预测时,应对各项目的敏感性和非敏感性加以区分并进行适当考虑。

### (二)销售百分比法的基本步骤

(1)确定敏感项目和非敏感项目。首先,要对利润表和资产负债表中的各个项目进行分类,区分出敏感项目和非敏感项目。不同的企业,其敏感性项目也不完全相同,需要根据历史数据逐项研究确定。

(2)计算敏感项目的百分比。针对敏感项目,如货币资金、应收票据、应收账款、预付账款和存货,计算它们与销售收入之间的比率关系。

(3)计算需要增加的资金,将步骤(2)中计算得到的敏感项目与预测的销售收入相乘,计算增加的资产与增加的负债。其计算式为需要增加的资金量=增加的资产-增加的负债。

(4)考虑计算应从外部追加的资金(测算外部筹资需求),应追加的外部筹资额=增加的资产-(增加负债+增加所有者权益)。

【例 6-1】 强生工程公司 2024 年 12 月 31 日资产负债表如表 6-2 所示。已知 2024 年销售额为 200 万元,预计 2025 年销售额为 240 万元,销售净利率 10%,当年利润分红比率 60%。试用销售百分比法预测 2025 年需对外筹资的总金额。据历史财务数据分析,流动资产与流动负债(除短期借款外)随销售额同比例增减。

表 6-2　强生工程公司资产负债表(基期)　　　　单位:万元

| 资　　产 | | 负债与所有者权益 | |
| --- | --- | --- | --- |
| 现金 | 10 | 应付费用 | 10 |
| 应收账款 | 32 | 应付账款 | 20 |
| 存货 | 64 | 短期借款 | 60 |
| 固定资产净值 | 60 | 应付债券 | 20 |
| 长期投资 | 34 | 实收资本 | 60 |
| | | 留存收益 | 30 |
| 资产合计 | 200 | 负债与所有者权益合计 | 200 |

**解**:采用销售百分比法进行资金需要量预测的基本步骤如下。

(1)区分敏感性(随销售收入变动而成同比率变动的项目)与非敏感性项目。

（2）计算敏感性项目的销售百分率（表6-3）。

$$销售百分率＝基期敏感项目÷基期销售收入$$

**表6-3 强生工程公司敏感性项目的销售百分率** 单位：%

| 资　产 | 销售百分比 | 负债与所有者权益 | 销售百分比 |
|---|---|---|---|
| 现金 | 5 | 应付费用 | 5 |
| 应收账款 | 16 | 应付账款 | 10 |
| 存货 | 32 | | |
| 合　计 | 53 | 合　计 | 15 |

（3）计算需要追加的资金＝增加的资产－增加的负债。

其中：

增加的资产＝增量收入×基期敏感资产占基期销售收入的百分比（非变动资产的调整数）

$$＝40×53\%＝21.2（万元）$$

增加的负债＝增量收入×基期敏感负债占基期销售收入的百分比

$$＝40×15\%＝6（万元）$$

需要追加的资金＝增加的资产－增加的负债＝21.2－6＝15.2（万元）

（4）计算应从外部追加的资金（测算外部筹资需求）。

$$增加的留存收益＝预计销售收入×销售净利率×收益留存比率$$

$$＝240×10\%×(1－60\%)＝9.6（万元）$$

$$追加的外部筹资＝增加的资产－增加的负债－增加的留存收益$$

$$＝15.2－9.6＝5.6（万元）$$

## 二、资金习性预测法

资金习性预测法是一种根据资金习性来预测未来资金需求量的方法。资金习性是指资金的变动与产销量（或业务量）变动之间的关系。根据这种习性，资金可以分为不变资金、可变资金和混合资金。

（1）不变资金是指在特定产销量范围内保持固定不变的资金部分，不受产销量变动影响。这包括维持营业所需的最低现金、原材料储备、必要的成品储备以及固定资产占用的资金。

（2）可变资金是指随着产销量变动而同比例变动的资金部分，通常包括直接构成产品实体的原材料和外购件等占用的资金。

（3）混合资金是指受产销量变化影响但变动比例不同的资金，如一些辅料所占用的资金。可以通过适当的方法将混合资金划分为不变资金和可变资金两部分。

运用数字模型来理解：设产销量为自变量$X$，资金占用量为因变量$Y$，它们之间的关系表达式为$Y＝a＋bX$。式中，$a$为不变资金；$b$为单位产销量所需变动资金。资金习性预测法的关键就是运用企业历史数据，确定$a$与$b$两个系数，得到企业资金占用量模型，实现资金需要量的预测。具体来看，有高低点法与回归直线法两种典型方法。

### （一）高低点法

资金预测的高低点法是指根据企业一定期间资金占用的历史资料，按照资金习性和

$Y=a+bX$ 直线方程式,选用最高收入期和最低收入期的资金占用量之差,同这两个收入期的销售额之差进行对比,先求 $b$ 的值,然后代入原直线方程式,求出 $a$ 的值,从而估计推测资金发展趋势。其计算公式为

$$b=\frac{Y_{高}-Y_{低}}{X_{高}-X_{低}}$$

【例 6-2】 强生工程公司历史上现金占用与销售收入之间的关系如表 6-4 所示。要求:如果 2025 年预计销售收入为 2 900 万元,试采用高低点法预测 2025 年所需现金数额。

表 6-4 现金与销售收入变化资料 单位:万元

| 年 度 | 销售收入($X$) | 现金占用($Y$) |
|---|---|---|
| 2020 | 4 000 | 22 |
| 2021 | 4 800 | 26 |
| 2022 | 5 200 | 28 |
| 2023 | 5 600 | 30 |
| 2024 | 6 000 | 32 |

**解**:根据资料可知,对应的高点、低点数据分别为(6 000,32)、(4 000,22),则

$$b=\frac{32-22}{6\ 000-4\ 000}=0.005$$

$$a=32-0.005\times 6\ 000=2$$

$$a=22-0.005\times 4\ 000=2$$

在预计销售收入为 2 900 万元时,所需资金为

$$Y=2+0.005\times 2\ 900=16.5(万元)$$

高低点法简单易懂,在企业资金变动趋势比较稳定的情况下,较为适宜。

### (二)回归直线法

回归直线法是根据若干期业务量和资金占用的历史资料,运用最小平方法原理计算不变资金和单位销售额变动资金的一种资金习性分析方法。

回归直线法计算公式的推导过程如下:

将混合成本的基本公式 $Y=a+bX$ 以合计数 $\sum$ 的形式表述得到

$$\sum Y=na+b\sum X$$

将式中的每一项分别乘以 $X$ 得

$$\sum XY=a\sum X+b\sum X^2$$

求得

$$a=\frac{\sum Y-b\sum X}{n}$$

再代入得

$$b=\frac{n\sum XY-\sum X\sum Y}{n\sum X^2-\left(\sum X\right)^2}$$

后得

$$a = \frac{\sum X^2 \sum Y - \sum X \sum Y}{n \sum X^2 - (\sum X)^2}$$

**【例 6-3】** 根据例 6-2 的资料,采用回归直线法预测资金需要量。

**解:** 各年度现金占用与销售收入的资料见表 6-5。

表 6-5 各年度现金占用与销售收入的资料

| 年 度 | 销售收入($X$) | 现金占用($Y$) | $XY$ | $X^2$ |
|---|---|---|---|---|
| 2020 | 4 000 | 22 | 88 000 | 16 000 000 |
| 2021 | 4 800 | 26 | 124 800 | 23 040 000 |
| 2022 | 5 200 | 28 | 145 600 | 27 040 000 |
| 2023 | 5 600 | 30 | 168 000 | 31 360 000 |
| 2024 | 6 000 | 32 | 192 000 | 36 000 000 |
| 合计 $n=5$ | 25 600 | 138 | 718 400 | 133 440 000 |

$$b = \frac{5 \times 718\,400 - 25\,600 \times 138}{5 \times 133\,440\,000 - 25\,600^2} = \frac{59\,200}{11\,840\,000} = 0.005$$

代入,得

$$a = \frac{138 - 0.005 \times 25\,600}{5} = 2$$

所以,资金方程为 $Y = 2 + 0.005X$

当预计的销售收入为 2 900 万元时,预计资金量为 $Y = 2 + 0.005 \times 2\,900 = 16.5$(万元)。

从理论上讲,回归直线法是一种计算结果最为精确的方法,但这种方法的计算过程比较复杂。

# 任务三 资本成本与资本结构

## 一、资本成本概述

### (一)资本成本的概念

资本成本又称资金成本,是指筹集和使用资金的成本率,或进行投资时所要求的必要报酬率,一般用相对数(即资本成本率)表达。在市场经济条件下,企业不能无偿使用资金,必须从其经营收益中拿出一定数量的资金支付给资金提供者。企业筹集和使用资金往往要付出代价,企业的这种为筹措和使用资金而付出的代价即为资金成本。资金成本由用资费用和筹资费用两部分构成。

微课:资本
(资金)成本

1. 用资费用

用资费用是指企业在生产经营、投资过程中因使用资金而付出的费用。如向股东支付的股利、向债权人支付的利息等,这是资金成本的主要内容。

企业从金融市场筹集到资金,对资金供应者来说,暂时失去了使用这部分资金的获利机会,因此要求得到相应的报酬,即一定数额的货币时间价值;对于筹集资金的企业来说,得到了使用资金的权利,需要按规定支付一定的费用。在投资有风险的情况下,资金供应者在要求获得货币的时间价值之外,还要求得到一定的风险价值;与此对应,资金使用者为了获得资金使用权需要付出更大的代价。因此,资金使用费包括支付给投资者的无风险报酬和风险报酬两部分。

2. 筹资费用

筹资费用是指企业在筹措资金过程中为获取资金而付出的费用。例如,向银行支付的借款手续费,因发行股票、债券而支付的发行费等均属于筹资费用。筹资费用与用资费用不同,它通常是在筹措资金时一次性支付的,在用资过程中不再发生,因此可将其视为筹资数量的一项扣除。

资金成本可以用绝对数来表示,也可用相对数来表示,但在财务管理中,一般用相对数表示,即表示为用资费用与实际筹得资金的比率。其通用计算公式为

$$资金成本率 = \frac{用资费用}{筹资总额 - 筹资费用} \times 100\%$$

### (二)资金成本率的种类

在公司筹资实务中,通常运用资金成本的相对数,即资金成本率。资金成本率一般分为以下三种。

1. 个别资金成本率

个别资金成本率是指企业各种长期资本的成本率。例如,股票资金成本率、债券资金成本率、长期借款资金成本率。企业在比较各种筹资方式时,需要使用个别资金成本率。

2. 综合资金成本率

综合资金成本率是指企业全部长期资本的成本率。企业在进行长期资本结构决策时,可以利用综合资金成本率。

3. 边际资金成本率

边际资金成本率是指企业追加长期资本的成本率。企业在追加筹资方案的选择中,需要运用边际资金成本率。

### (三)资金成本的应用

资金成本是企业筹资、投资决策的主要依据。只有当投资项目的投资报酬率高于资金成本时,资金的筹集和使用才有利于提高企业价值。资金成本在许多方面都可以加以应用,主要用于筹资决策和投资决策。

文档:"三升两降"优化资本结构透视华侨城 A 稳健底色

1. 资金成本是比较筹资方式、选择追加筹资方案的依据

个别资金成本是比较各种筹资方式优劣的一个尺度。企业筹集长期资金一般有多种方式可供选择,如长期借款、发行债券、发行股票等,这些长期筹资方式的个别资金成本是不一样的。资金成本的高低可作为比较各种筹资方式优缺点的一个依据——当然它并不是选择筹资方式的唯一依据,企业还要考虑财务风险、资金期限、偿还方式、限制条件等,但资金成本作为一个重要因素,直接关系到企业的经济利益,是在做筹资决策时需要考虑的一个首要问题。

2．综合资金成本是企业进行资本结构决策的基本依据

企业的全部长期资金通常是采用多种方式筹资组合构成的，这种长期筹资组合可有多个方案供选择。因此，综合资金成本的高低就是比较各个筹资组合方案、做出资本结构决策的基本依据。

3．资金成本是评价投资项目、比较投资方案和进行投资决策的主要经济标准

一般而言，一个投资项目，只有其投资收益率高于其资金成本，经济上才是合理的；否则，该投资项目就无利可图，甚至会发生亏损。通常将资金成本视为投资项目的最低报酬率和是否采用投资项目的"取舍率"，并将其作为比较、选择投资方案的标准。

4．资金成本还可作为衡量企业整个经营业绩的基准

在这方面，可将企业实际的资金成本与相应的总资产报酬率相比较。如果总资产报酬率高于资金成本，则可以认为经营有利；反之，如果总资产报酬率低于资金成本率，则可以认为企业经营业绩不佳，需要改善经营管理、提高总资产报酬率或降低资金成本。

## 二、个别资本成本

个别资金成本率是公司用资费用与有效筹资额的比率。其基本的计算公式如下：

微课：个别资本成本的计算

$$K = \frac{D}{P-F} \quad 或 \quad K = \frac{D}{P(1-f)}$$

式中，$K$ 为资金成本率；$D$ 为用资费用额；$P$ 为筹资额；$F$ 为筹资费用额；$f$ 为筹资费用率，即筹资费用额与筹资额的比率。

1．债券资金成本率的计算

公司债券资金成本中的利息费用在所得税前列支，但发行债券的筹资费用一般较高，应予以考虑。债券的筹资费用即发行费用，包括申请费、注册费、印刷费、上市费及推销费等。

债券资金成本率可按下列公式计算：

$$K_b = \frac{I_b(1-T)}{B_0(1-f)} = \frac{Bi(1-T)}{B_0(1-f)}$$

式中，$K_b$ 为债券资金成本率；$T$ 为所得税税率；$B$ 为债券面值；$B_0$ 为债券筹资额，按发行价格确定；$i$ 为债券票面利率；$f$ 为债券筹资费用率。

【例 6-4】　强生工程公司发行一笔期限为 10 年的债券，债券面值为 1 000 万元，票面利率为 12%，每年付息一次，发行费率为 3%，所得税税率为 40%，债券按面值等价发行，试计算该债券的资金成本率。

**解**：该债券的资金成本率计算如下。

$$K_b = \frac{1\,000 \times 12\% \times (1-40\%)}{1\,000 \times (1-3\%)} = 7.42\%$$

2．银行借款资金成本率的计算

银行借款资金成本率的计算与债券一致，可按下列公式计算：

$$K_1 = \frac{I(1-T)}{L(1-f)} = \frac{Li(1-T)}{L(1-f)}$$

式中，$K_1$ 为银行借款资金成本率；$I$ 为银行借款年利息额；$L$ 为银行借款筹资总额，即借款

本金；$i$ 为银行借款利率；$f$ 为长期借款筹资费用率，即借款手续费率。

【例 6-5】 强生工程公司欲从银行取得一笔借款 1 000 万元，手续费 0.1%，年利率 5%，期限 3 年，每年结息一次，到期一次还本。公司所得税税率为 25%。试计算这笔借款的资金成本率。

**解**：该笔借款的资金成本率计算如下。

$$K_1 = \frac{1\,000 \times 5\% \times (1 - 25\%)}{1\,000 \times (1 - 0.1\%)} = 3.75\%$$

如果公司借款的筹资费用很少，可以忽略不计。这时银行的借款资金成本率可按下式计算：

$$K_1 = i(1 - T)$$

式中，$i$ 为银行借款利率。

3. 普通股资金成本率的计算

按照资金成本率实质上是投资必要报酬率的思路，普通股的资金成本率就是普通股投资的必要报酬率。这里主要介绍股利折现模型的计算方法。

股利折现模型的基本形式：

$$P_0 = \sum_{t=1}^{n} \frac{D_t}{(1 + K_c)^t}$$

式中，$P_0$ 为普通股现值；$D_t$ 为普通股第 $t$ 年的股利；$K_c$ 为普通股投资必要报酬率，即普通股资金成本率。

上述普通股资金成本率的模型应用，因具体的股利政策而有所不同。股利政策包括剩余股利政策、固定股利支付率政策、固定股利或稳定增长股利政策和低正常股利加额外股利政策。

如果公司采用固定股利政策，即每年分派固定股利 $D$ 元，则资金成本率可按下式计算：

$$K_c = \frac{D}{P_0} \times 100\%$$

如果把筹资费用考虑进去，则为

$$K_c = \frac{D}{P_0(1 - f)} \times 100\%$$

【例 6-6】 强生工程公司拟发行普通股，发行价格为 12 元，每股发行费用为 2 元，预定每年每股分派现金股利 1.2 元。试计算资金成本率。

**解**：资金成本率计算如下。

$$K_c = \frac{1.2}{12 - 2} \times 100\% = 12\%$$

如果公司采用固定增长股利政策，股利固定增长率为 $G$，则资金成本率需按下式计算：

$$K_c = \frac{D}{P_0} + G$$

【例 6-7】 强生工程公司准备增发普通股，每股发行价格 15 元，发行费用 3 元，预定第一年每股分派现金股利 1.5 元，以后每年股利增长 2.5%。试计算资金成本率。

**解**：资金成本率计算如下。

$$K_c = \frac{1.5}{15-3} \times 100\% + 2.5\% = 15\%$$

4. 优先股资金成本率的计算

优先股的股利通常是固定的,公司利用优先股筹资还需花费发行费用。优先股与债券的不同之处在于,股利在税后支付且没有固定的到期日。优先股资金成本率的计算公式为

$$K_p = \frac{D}{P_0(1-f)} \times 100\%$$

式中,$K_p$ 为优先股成本;$D$ 为优先股每年的股利;$P_0$ 为发行优先股总额;$f$ 为优先股筹资费率。

**【例 6-8】** 强生工程公司按面值发行 100 万元的优先股,筹资费率为 4%,每年支付 12% 的股利,试计算优先股的成本。

**解**:优先股的成本计算如下。

$$K_p = \frac{100 \times 12\%}{100 \times (1-4\%)} \times 100\% = 12.5\%$$

5. 留存收益资金成本率的测算

公司的留存收益又称保留盈余,是由公司税后利润形成的,是企业资金的一种重要来源。从表面上看,公司保留盈余并不花费什么资金成本。实际上,股东愿意将其留用于公司而不作为股利取出投资于别处,是因为股东要求留存收益能获得与普通股等价的报酬。因此,留存收益也有资金成本,不过这是一种机会成本。留存收益资金成本率的测算方法与普通股基本相同,只是不考虑筹资费用。其计算公式为

$$K_e = \frac{D}{P_0}$$

股利不断增加的留存收益的计算公式为

$$K_e = \frac{D}{P_0} + G$$

普通股和留存收益都属于所有者权益,股利支付不固定。与其他投资者相比,普通股股东所承担的风险最大,因此普通股的报酬也应最高。所以,在各种资金来源中,普通股的资金成本最高。

## 三、综合资金成本

企业可以从多种渠道、以多种方式筹集资金,而各种方式筹集的资金成本是不一样的。要想正确进行筹资和投资决策,就必须计算企业的综合资金成本。综合资金成本也称加权平均资金成本,是指一个公司全部资金

微课:综合资金成本的计算

的成本率,通常是以各种资金所占的比重为权数,对各种资金的成本进行加权平均测算的。因此,加权平均资金成本是由个别资金成本率和各种资金所占的比重这两个因素所决定的。

个别资金成本率在之前已经介绍了,包括长期借款、债券、普通股、优先股和保留盈余的资金成本率。各种资金所占的比重是指一个公司各种资金分别占公司全部资金的比重。

加权平均资金成本的计算公式为

$$K_w = \sum_{j=1}^{n} K_j W_j$$

式中,$K_w$ 为综合资金成本率;$K_j$ 为第 $j$ 种资金成本率;$W_j$ 为第 $j$ 种资金比例。其中:

$$\sum_{j=1}^{n} W_j = 1$$

**【例 6-9】** 强生工程公司的资金总额为 1 000 万元,筹资方式见表 6-6,试计算该公司的综合资金成本率。

**表 6-6 强生工程公司的筹资方式**

| 筹资方式 | 账面价值/万元 | 比重/% | 资金成本率/% |
|---|---|---|---|
| 银行借款 | 200 | 20 | 6 |
| 长期债券 | 300 | 30 | 7 |
| 普通股 | 400 | 40 | 9 |
| 保留盈余 | 100 | 10 | 8 |
| 合　计 | 1 000 | 100 | — |

**解:** 该公司综合资金成本率的计算如下。

$$K_w = 6\% \times 20\% + 7\% \times 30\% + 9\% \times 40\% + 8\% \times 10\% = 7.7\%$$

## 四、资本结构优化

### (一)资本结构的含义

筹资管理中,资本结构有广义和狭义之分。广义的资本结构是指全部债务与股东权益的构成比例;狭义的资本结构则是指长期负债与股东权益的构成比例。本书所指的资本结构,是指狭义的资本结构。

资本结构是在企业多种筹资方式下筹集资金形成的,各种筹资方式不同的组合决定着企业资本结构及其变化。企业筹资方式虽然很多,但总的来看分为债务资本和权益资本两大类。权益资本是企业必备的基础资本,因此资本结构问题实际上也就是债务资本的比例问题,即债务资金在企业全部资本中所占的比重。

文档:烟台市区地下管线测绘数据资产融资

微课:资本结构

不同的资本结构会给企业带来不同的后果。企业利用债务资本进行举债经营具有双重作用,既可以发挥财务杠杆效应,也可能带来财务风险。因此企业必须权衡财务风险和资本成本的关系,确定最佳的资本结构。评价企业资本结构最佳状态的标准应该是既能够提高股权收益或降低资本成本,又能控制财务风险,最终目的是提升企业价值。

股权收益表现为净资产收益率或普通股每股收益,资本成本表现为企业的平均资本成本率。根据资本结构理论,当企业平均资本成本最低时,企业价值最大。所谓最佳资本结构,是指在一定条件下使企业平均资本成本率最低、企业价值最大的资本结构。资本结构优化的目标,是降低平均资本成本率或提升公司价值。

从理论上讲,最佳资本结构是存在的,但由于企业内部条件和外部环境的经常性变化,动态地保持最佳资本结构十分困难。因此在实践中,目标资本结构通常是企业结合自身实际进行适度负债经营所确立的资本结构,是根据满意化原则确定的资本结构。

### (二)影响资本结构的因素

影响企业资本结构的因素主要包括宏观经济状况、企业的经营状况、企业的财务目标和投资者的行为等。

**1. 宏观经济状况**

决定企业资本结构的宏观经济因素主要有以下几个方面。

(1)经济发展状况。一个国家的社会经济发展状况,决定了企业资本结构选择的空间范围,如果一个国家经济发展水平低,人们的大部分收入主要用于生活必需的消费支出,而没有多少剩余资本用于投资,这种情况下,资本市场就不会发达,企业的筹资就会受到影响,经济发展状况主要包括社会经济发展水平、国家经济政策、物价变动状况、国际贸易关系等。

(2)金融制度及金融市场。一国的金融制度直接影响着企业筹资合约达成的成本,以及投资者对企业管理者的有效监督。如果一个国家的金融体制不健全,运行效率不高,企业往往倾向于选择短期性负债筹资或间接筹资,而有效的金融制度有助于降低筹资合约达成的成本。降低金融中介的贷款风险,可以增加长期负债或直接筹资的供给。金融市场的发达程度及运行状态对企业资本结构有着重要影响。如果股票市场发达,股票市场所提供的股票筹资代替负债筹资的机会就会增多。如果货币市场比较发达,则企业就可以增加短期负债的比重,进而降低企业的筹资成本。

(3)企业所处行业状况。企业所处行业不同,对其资本结构的影响也不同。通常,竞争性行业中的企业,其负债率一般都较低,这些企业谋求比较稳定的财务状况,用较低的财务风险来抵御激烈竞争引起的高经营风险。

(4)税收优惠。税收优惠对企业的资本结构有重要影响。企业发行股票、债券及贷款等筹资方式的税收待遇是不同的。税收制度规定利息可以在税前支付,这实际减少了企业负债筹资的成本。企业总是愿意选择能够享受税收优惠的筹资方式,用于降低筹资成本,增加企业价值。

**2. 企业的经营状况**

决定企业资本结构的企业经营状况因素主要有以下几方面。

(1)企业成长机会及稳定性。企业成长性主要表现在企业未来的销售情况。对于高成长性的企业,一般来说,应保持较低的杠杆比率。企业成长性越好,就越倾向于权益筹资,这样可以增强资本实力,扩大企业经营规模。

(2)企业投资项目的性质。企业投资项目的盈利性、建设周期等因素会影响企业对筹资方式的选择。如果盈利性好,建设周期短,则企业会倾向于内部筹资;如果企业现金流量不足,则倾向于使用负债,这样可以获得杠杆利益及抵税收益;如果项目盈利性或建设周期较长,则倾向于发行股票,这样,如果未来股票价值下降,则会有更多的股东共同承担。

(3)企业规模。企业规模对企业资本结构的影响是明显的。对于大企业来说,其经营往往是多元化的,规模因素与企业破产成反向关系。因此,大企业可以较多地利用负债筹资;而小企业抗拒风险的能力较差,往往要降低负债比率,进而降低企业整体风险。

(4)企业盈利性。企业盈利性越强,财务状况越好,变现能力越强,就越有能力承担更大的财务风险,企业举债筹资的能力也就越强。因此,盈利性强的企业可以较多地利用负债资本,以取得更大的财务杠杆利益。

(5) 企业偿债能力及承担风险的能力。一般来说,企业都不愿意承受较大的财务风险,企业总是尽量保持能按时还本付息的能力。因此,偿债能力及承担风险的能力会影响企业的资本结构。如果企业的偿债能力强,有承担风险的能力,则可选择较高的杠杆比率;而偿债能力较弱的企业,一般更倾向于选择权益筹资方式。

### 3. 企业的财务目标

企业财务目标主要有三种观点:利润最大化、股东财富最大化和企业价值最大化。不同的企业财务目标,对资本结构决策的影响也不同。

(1) 利润最大化目标。在利润最大化目标条件下,企业的资本结构决策也应围绕这一目标来选择。这就要求企业在财务风险适当的情况下合理地安排负债筹资,用于尽可能地降低资成本,提高企业的净利润水平,一股而言,由于非股份制企业的股权成本不具有市场值,因而在资本结构决策中采用利润最大化目标是一种现实的选择。资本结构决策的资本成本比较法,实际上就是直接以利润最大化为目标的。

(2) 股东财富最大化目标。股东财富最大化目标是指企业在财务活动中将最大限度地提高股票的市场价值作为总目标。该目标克服了利润最大化目标不考虑时间价值,不考虑风险的缺点。在企业资本结构决策中以股东财富最大化为目标,需要在财务风险适当的情况下合理确定企业负债比例,尽可能地降低综合资本成本,通过增加企业的净利润而使股票的市场价格上升。资本结构决策的每股利润分析法,在一定程度上体现了这一目标。

(3) 企业价值最大化目标。企业价值最大化目标是指企业在财务活动中以最大限度地提高企业的总价值作为总目标。一般来说,企业的价值等于权益资本的价值加上负债资本的价值。企业的资本结构对于其权益资本和负债资本的价值都有影响。企业在资本结构决策中以企业价值最大化为目标,就应当在适度财务风险的条件下合理确定负债筹资比例,尽可能地提高企业的总价值。资本结构决策的企业价值分析法,就是直接以企业价值最大化为目标的。

### 4. 投资者的行为

企业的资本是从投资者那里筹集来的,投资者的行为会影响企业筹资方式的选择,进而影响企业的资本结构。投资者的行为是由其投资动机所决定的。企业在确定资本结构时,应当分析投资者的投资动机对筹资的影响。广义而言,投资者包括债权投资者和股权投资者,两者对企业投资的动机有所不同。债权投资者对企业投资的动机主要是在按期收回投资本金的条件下获取一定的利息收益。股权投资者的基本动机是在保证投资本金的基础上获得一定的股利收益并使投资价值不断增值。企业在决定资本结构时,必须根据投资者的动机,合理安排好权益资本和负债资本的比例关系。

## (三) 资本结构决策方法

资本结构是企业筹资决策的核心问题。企业应当综合有关影响因素,运用适当的方法确定最佳资本结构,并在以后追加筹资中继续保持。所谓最佳资本结构,是指在特定条件下,使公司筹资的加权平均资本成本最低、企业价值最大的资本结构。

### 1. 资本成本比较法

寻求最佳资本结构的实质就是寻求加权平均资本成本率最低点。每个企业都试图以最低的成本取得资本。通过确定现有资本结构的资本成本,再计算、度量预计资本结构的变化范围内的资本成本变化情况,实现以资本成本最小化选择适宜的资本结构。其基本步骤如下。

(1)计算各种筹资方案的不同资本额的比重。其公式如下:

$$W_i = \frac{X_i}{\sum X}$$

式中,$W_i$ 为第 $i$ 种筹资方式所筹集资本在总筹资额中的比重;$X_i$ 为第 $i$ 种筹资方式所筹资本数额;$X$ 为筹资总额。

(2)计算筹资方案的加权平均资本成本。其计算公式为

$$K_w = \sum W_i K_i$$

式中,$K_w$ 为加权平均资本成本;$K_i$ 为第 $i$ 种筹资方式的资本成本。

(3)比较各个资本结构方案的加权平均资本成本,最低的筹资方案的资本结构就是最优资本结构。

【**例6-10**】　强生工程公司需要筹集资金10 000万元,可选3个筹资组合方案,有关资料经过测算如表6-7所示,试确定最佳资本结构。

表6-7　强生工程公司筹资组合方案资料测算表

| 筹资方式 | 筹资额/万元 | 方案1资本成本率/% | 筹资额/万元 | 方案2资本成本率/% | 筹资额/万元 | 方案3资本成本率/% |
|---|---|---|---|---|---|---|
| 长期借款 | 800 | 6 | 1 000 | 6.5 | 1 600 | 7 |
| 长期债券 | 2 000 | 7 | 3 000 | 8 | 2 400 | 7.5 |
| 优先股 | 1 200 | 12 | 2 000 | 12 | 1 000 | 12 |
| 普通股 | 6 000 | 15 | 4 000 | 15 | 5 000 | 15 |
| 合　计 | 10 000 | | 10 000 | | 10 000 | |

**解**:假定强生工程公司的3个筹资组合方案的财务风险相当,都是可以承受的。下面分别测算这3个筹资组合方案的综合资本成本率并比较其高低,进而确定最佳筹资组合方案(即最佳资本结构)。

方案1如下。

(1)各种筹资方式的筹资额比例,见表6-8。

表6-8　各种筹资方式的筹资额比例(方案1)

| 筹资方式 | 筹资额比例 |
|---|---|
| 长期借款 | 800÷10 000=0.08 |
| 长期债券 | 2 000÷10 000=0.20 |
| 优先股 | 1 200÷10 000=0.12 |
| 普通股 | 6 000÷10 000=0.60 |

(2)加权平均资本成本率:

$$0.08 \times 6\% + 0.20 \times 7\% + 0.12 \times 12\% + 0.6 \times 15\% = 12.32\%$$

方案2如下。

(1)各种筹资方式的筹资额比例,见表6-9。

表 6-9    各种筹资方式的筹资额比例（方案 2）

| 筹资方式 | 筹资额比例 |
|---|---|
| 长期借款 | $1\,000 \div 10\,000 = 0.10$ |
| 长期债券 | $3\,000 \div 10\,000 = 0.30$ |
| 优先股 | $2\,000 \div 10\,000 = 0.20$ |
| 普通股 | $4\,000 \div 10\,000 = 0.40$ |

（2）加权平均资本成本率：

$$0.10 \times 6.5\% + 0.3 \times 8\% + 0.2 \times 12\% + 0.4 \times 15\% = 11.45\%$$

方案 3 如下。

（1）各种筹资方式的筹资额比例，见表 6-10。

表 6-10    各种筹资方式的筹资额比例（方案 3）

| 筹资方式 | 筹资额比例 |
|---|---|
| 长期借款 | $1\,600 / 10\,000 = 0.16$ |
| 长期债券 | $2\,400 / 10\,000 = 0.24$ |
| 优先股 | $1\,000 / 10\,000 = 0.10$ |
| 普通股 | $5\,000 / 10\,000 = 0.50$ |

（2）加权平均资本成本率：

$$0.16 \times 7\% + 0.24 \times 7.5\% + 0.10 \times 12\% + 0.50 \times 15\% = 11.62\%$$

以上 3 个筹资方案的加权平均资本成本相比较，方案 2 的最低。在其他因素相同条件下，方案 2 是最好的筹资方案，其形成的资本结构可确定为企业的最佳资本结构。可以按照这种方案筹集资本，以便实现其资本结构的最优化。

资本成本指标分析成为筹资分析和投资决策的联系桥梁。但是，资本成本的确定始终存在着一些不确定性因素：负债的成本、权益资本的成本和各种资金占筹资总额的比重处于不断变化之中。负债资本成本的计算确定较简便，而确定权益资本的成本就存在着一定的困难，财务教科书中关于权益资本成本的计算假设条件过于苛刻，机会成本的度量标准难以统一；资本价值用账面价值还是市场价值，在理论和实践上一直存在分歧；用资本成本率来决策，主要考虑筹资成本，而没有充分考虑筹资效益。

2. 每股利润分析法

每股利润分析法是用每股利润无差别点来进行资本结构决策的一种方法，每股利润无差别点是两种筹资方式下普通股每股利润相等时的息税前利润点，即息税前利润平衡点，也可以称为筹资无差别点。根据每股利润无差别点，可以分析判断在什么情况下利用负债或权益筹资来安排和调整资本结构，进行资本结构决策，以达到每股利润最大。

这种方法的核心是根据不同的 EBIT（息税前利润）对 EPS（每股收益）的不同影响，找出有债与无债的平衡点，即每股收益无差别点，以便判断在什么情况下有债好，在什么情况下无债好。它要求研究分析资金来源结构中的负债比例时不能脱离企业的收益能力和普通股每股收益，将这两方面结合起来，计算、分析和评价负债筹资与收益能力、每股收益之间的关系，进而为确定最佳资本结构提供依据。每股利润无差别点计算公式如下：

$$\frac{(\overline{\text{EBIT}} - I_1)(1 - T) - D_1}{N_1} = \frac{(\overline{\text{EBIT}} - I_2)(1 - T) - D_2}{N_2}$$

式中,$\overline{\text{EBIT}}$ 为息税前利润平衡点,即每股利润无差别点;$I_1$,$I_2$ 分别为两种筹资方式下的债务年利息额;$D_1$,$D_2$ 分别为筹资方式下的优先股年股利额;$N_1$,$N_2$ 分别为筹资方式下的普通股股数;$T$ 为所得税税率。

【**例 6-11**】　强生工程公司现有资本 75 万元,现在拟追加筹资 25 万元,可选择增加普通股、发行债券两种方案。表 6-11 解释了原资本结构和筹资后资本结构对比情况,请为强生工程公司进行资本结构决策。

**表 6-11　公司筹资前后资本结构变化**

| 筹 资 方 式 | 原资本结构 | 增发普通股 | 发 行 债 券 |
|---|---|---|---|
| 发行债券(利率 8%)/万元 | 10 | 10 | 35 |
| 普通股(面值 10 元)/万元 | 20 | 30 | 20 |
| 资本公积/万元 | 25 | 40 | 20 |
| 留存收益/万元 | 20 | 20 | 20 |
| 资金总额合计/万元 | 75 | 100 | 95 |
| 普通股股数/股 | 20 000 | 30 000 | 20 000 |

发行新股票时,每股发行价格为 25 元,筹资 25 万元需要发行 10 000 股,普通股股本增加 10 万元,资本公积增加 15 万元。

**解**:根据表 6-11 揭示的数据计算强生工程公司不同资本结构下每股利润,如表 6-12 所示。

**表 6-12　不同资本结构下的每股利润**

| 项　　　目 | 增发普通股 | 发行债券 |
|---|---|---|
| 预计息税前利润/万元 | 20 | 20 |
| 减:利息/万元 | 0.8 | 2.8 |
| 息税前利润/万元 | 19.2 | 17.2 |
| 减:所得税 25% | 4.8 | 4.3 |
| 净利润/万元 | 14.4 | 12.9 |
| 普通股股数/万股 | 3 | 2 |
| 每股利润/元 | 4.8 | 6.45 |

从表 6-12 中可以看出,在息税前利润为 20 万元的情况下,利用发行债券的形式筹集资金能使每股利润上升得更多,对于股份公司来讲,更利于股票价格上涨,更适合财务管理目标。这反映了在息税前利润一定的条件下,不同的资本结构对普通股每股收益的影响是不同的。

那么,息税前利润为多少时,发行普通股有利,或者发行债券更有利?这就需要测算每股利润无差别点处息税前利润。

将本例中的资料代入每股利润无差别点计算公式,则增发普通股和发行债券两种筹资方式下的无差别点计算如下:

$$\frac{(\overline{\text{EBIT}} - 8\,000) \times (1 - 25\%) - 0}{30\,000} = \frac{(\overline{\text{EBIT}} - 28\,000) \times (1 - 25\%) - 0}{20\,000}$$

$$\text{EBIT} = 6.8 \text{ 万元}$$

根据表 6-12 的数据可以绘制每股利润分析图,如图 6-1 所示。

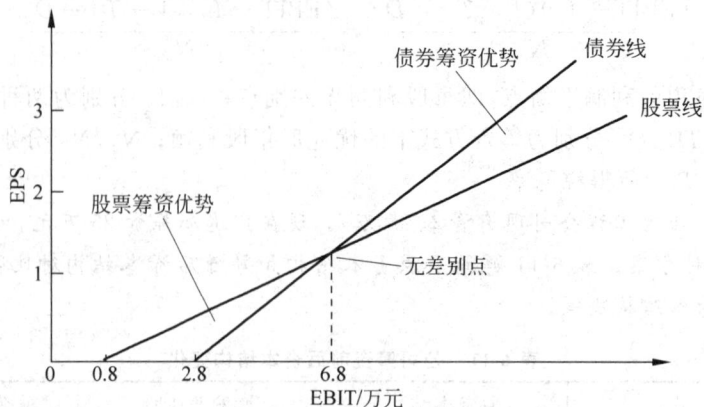

图 6-1  每股利润分析图

在这点上,$EPS_1 = EPS_2 = 1.5$ 元

这就是说,当息税前利润为 6.8 万元时,增发普通股和发行债券的每股利润相等。当息税前利润大于 6.8 万元时,发行债券筹资比发行普通股筹资更有利;当息税前利润小于 6.8 万元时,则不应该发行债券,发行普通股更为适当。当然,企业增加发行债券也不是没有止境的,当负债增加到一定程度之后,企业的信誉下降,负债利率会上升,而且企业还本付息的风险很大,再增加负债就对企业不利了。

现实生活中,企业进行资本结构决策并不拘泥于这两种方法。企业应该根据自身的实际状况,结合对风险和收益的分析和权衡,选择最适合自己的资本结构。

# 任务四  杠杆效应

## 一、杠杆原理的基本概念

### 1. 成本习性

成本习性也称为成本性态、成本特性,是指在相关范围内,成本总额的变动与业务量之间的依存关系。这里,业务量既可以是生产量、销售量、劳务量、工时量等绝对量,也可以是百分比或比率等相对量。业务量的不同计量单位在一定条件下可以相互换算。具体使用什么计量单位应视管理需要和现实可能而定。

成本按其性态进行分类的方法对企业管理很有益,它可以使管理者掌握成本与产销量最变动的规律性,进而分析计算有关指标,为企业正确的经营决策和控制活动提供有价值的数据。

按成本与产销量的依存关系通常可以把成本分为固定成本、变动成本和混合成本。

（1）固定成本是指其成本总额在一定期间和一定业务量范围内不随业务量变动的成本。固定成本一般包括房屋设备租赁费、保险费、广告费、固定资产折旧费、管理人员薪金、职工培训费、办公费、差旅费、新产品研究开

文档:加快推进财务数字化进程,助力企业实现跨越式发展

文档:河南数据集团数据资产无抵押融资800万元

发费等。固定成本具有以下两个特征：①固定成本总额的不变性，即固定成本不随业务量的变动而变动；②单位固定成本的反比例变动性，由于固定成本总额不变，因此单位产品负担的固定成本就会随业务量的变动成反比例变动。

微课：杠杆效应及应用

（2）变动成本是指在一定条件下，其总额随业务量成正比例变化的那部分成本，如直接材料、直接人工、制造费用内随业务量成正比例变动的物料用品费、燃料动力费，以及按销量支付的销售人员佣金、装运费、包装费和按产量计提的固定资产折旧费等。变动成本具有以下两个特征：①变动成本总额的正比例变动性，即变动成本随业务量成正比例变动；②单位变动成本的不变性，即单位变动成本不受业务量增减变动的影响而保持不变。

（3）混合成本又称半变动成本，是指那些既含有固定成本又含有变动成本的成本项目，如水费、电费、维修费、电话费等。混合成本与业务量的关系比较复杂，按照混合成本变动趋势不同，又可分为标准式混合成本、阶梯式混合成本、曲线式混合成本、递延式混合成本。

从以上分析可知，成本按习性可以分为变动成本、固定成本和混合成本三类，但混合成本又可以进一步按特定方法分为变动部分和固定部分，这样总成本实际上就是由固定成本和变动成本组成。

2. 边际贡献与息税前利润（EBIT）

边际贡献又称贡献毛益或创利额，是指销售收入减去变动成本后的余额。计算边际贡献指标，其作用在于可以提供一种产品的盈利能力情况。其计算公式为

边际贡献 ＝ 销售收入 － 变动成本 ＝（单位产品价格 － 单位产品可变成本）× 产销量

或写为

$$M = (P - v)Q$$

式中，$M$ 为边际贡献；$P$ 为单位产品价格；$v$ 为单位产品可变成本；$Q$ 为产销量。

息税前利润（EBIT）是指企业支付利息和交纳所得税前的利润。其计算公式为

息税前利润 EBIT ＝ 销售收入 － 变动成本 － 固定成本

＝（单位产品价格 － 单位产品可变成本）× 产销量 － 固定成本

＝ 边际贡献总额 － 固定成本

或写为

$$EBIT = M - F$$

式中，$M$ 为边际贡献；$F$ 为固定成本。

# 二、经营杠杆

经营杠杆（operating leverage）又称营业杠杆或营运杠杆，是指企业在经营决策时对经营成本中固定成本的利用。

文档：使用财务杠杆的利和弊

这里的经营成本包括销售成本、价内销售税金、销售费用和管理费用等，不包括财务费用。按成本习性的不同，经营成本分为固定成本和变动成本两部分。固定成本是不随销售额变动而变动的成本，变动成本是随着销售额变动而变动的成本。

运用经营杠杆，企业可以获得一定的经营杠杆利益，同时也承受相应的经营风险。

1. 经营杠杆利益

经营杠杆利益是指在扩大销售额条件下,经营成本中固定成本这个杠杆所带来的增长程度更大的经营利润(指息税前利润)。因为在一定的产销规模内,由于固定成本并不随产品销量(或销售额)的增加而增加,随着销量的增长,单位产品所负担的固定成本会相对减少,进而给企业带来额外的收益。

**【例 6-12】** 强生工程公司的经营杠杆分析见表 6-13,试分析该公司销售收入改变后,经营杠杆作用情况。

**表 6-13 强生工程公司的经营杠杆分析**　　　　　　　　　　单位:万元

| 项　　目 | (1)原来 | (2)增长后 | (3)变化率=[(2)-(1)]/(1) |
|---|---|---|---|
| 销售收入 | 500 | 550 | 10% |
| 减:变动成本 | 300 | 330 | 10% |
| 边际贡献 | 200 | 220 | 10% |
| 减:固定成本 | 100 | 100 | 0 |
| 息税前利润(EBIT) | 100 | 120 | 20% |

**解**:当强生工程公司的销售收入从 500 万元增加到 550 万元,增长 10% 时,EBIT 增长 20%。由于固定成本总额的不变,随着销售收入的增长,息税前利润以更快的速度增长。

2. 经营风险

经营风险也称营业风险,是指利用经营杠杆而导致息税前利润变动的风险,它是由于企业经营上的原因所导致的未来经营收益的不确定性。

由于经营杠杆的作用,当销售额下降时,息税前利润会下降得更快,因而给企业带来经营风险。影响经营风险的因素主要有产品需求、产品售价、产品成本、调整价格的能力、固定成本比重等。

3. 经营杠杆系数

经营杠杆作用的大小一般用经营杠杆系数(degree of operating leverage,DOL)表示。经营杠杆系数也称经营杠杆程度,是息税前利润的变动率,相当于销售额(或量)变动率的倍数。经营杠杆系数(DOL)是营业利润对产销量变动敏感性的量度,或者说当销售变动 1% 时,引起营业利润的变动程度。其表达公式为

$$DOL = \frac{\Delta EBIT/EBIT}{\Delta Q/Q}$$

式中,DOL 为经营杠杆系数;$\Delta EBIT$ 为息税前利润变动额;$\Delta Q$ 为产销量的变动额;EBIT 为变动前的息税前利润;$Q$ 为变动前的产销量。

由于

$$EBIT = (P-v)Q, \quad \Delta EBIT = (P-v)\Delta Q$$

变形后则有

$$DOL = \frac{(P-v)Q}{(P-v)Q-F}$$

也可写为

$$DOL = \frac{M}{EBIT}$$

或者

$$DOL = \frac{M}{M-F}$$

经营杠杆系数反映经营杠杆的作用程度,表示不同程度的经营杠杆利益和经营风险经营杠杆系数的值越大,经营风险就越大;反之,经营杠杆系数的值越小,经营风险就越小。

在实际工作中,公式 DOL 可用于计算单一产品的经营杠杆系数,还可用于计算多种产品的经营杠杆系数。另外,从上面公式中可以看出:如果固定成本等于 0,则经营杠杆系数为 1,此时不存在经营杠杆效应;当固定成本不为 0,经营杠杆系数大于 1,此时能够显现出经营杠杆效应。

**【例 6-13】** 根据表 6-13 所示的资料,试计算销售额为 500 万元时公司的经管杠杆系数。

**解:** 经营杠杆系数计算如下。

$$DOL = \frac{M}{EBIT} = \frac{200}{100} = 2$$

## 三、财务杠杆

财务杠杆(financial leverage)又称筹资杠杆,是指企业在制定资本结构决策时对债务筹资的利用。运用财务杠杆,企业可以获得一定的财务杠杆利益,同时也承受相应的财务风险。

### 1. 财务杠杆利益

财务杠杆利益是指利用债务筹资这个杠杆而给企业带来的额外收益。在企业资本结构一定的条件下,企业从息税前利润中支付的债务利息是相对固定的。当息税前利润增加时,每 1 元息税前利润所负担的债务利息就会相应地降低,扣除所得税后,可分配给企业所有者的利润就会增加,进而给企业所有者带来额外的收益。

**【例 6-14】** 接表 6-13,强生工程公司财务杠杆分析见表 6-14,试分析该公司财务杠杆作用情况。

表 6-14　强生工程公司财务杠杆分析　　　　　　　　单位:万元

| 项　　目 | (1) 原来 | (2) 增长后 | (3) 变化率=[(2)-(1)]/(1) |
|---|---|---|---|
| 销售收入 | 500 | 550 | 10% |
| 减:变动成本 | 300 | 330 | 10% |
| 边际贡献 | 200 | 220 | 10% |
| 减:固定成本 | 100 | 100 | 0 |
| 息税前利润(EBIT) | 100 | 120 | 20% |
| 减:利息 | 25 | 25 | 0 |
| 税前利润 | 75 | 95 | 27% |
| 减:所得税(25%) | 18.75 | 23.75 | 26.67% |
| 税后利润 | 56.25 | 71.25 | 26.67% |
| 优先股股利 | 20.25 | 20.25 | 0 |
| 普通股收益 | 36 | 51 | 41.67% |
| 每股收益 EPS(10 万股) | 3.6 | 5.1 | 41.67% |

**解**：当强生工程公司的 EBIT 从 100 万元增加到 120 万元，增长 20％时，税后利润从 56.25 万元增加到 71.25 万元，EPS 从 3.6 元上升到 5.1 元，增长 41.67％。由于债务利息总额不变，随着 EBIT 的增长，EPS 将以更快的速度增长。

2. 财务风险

广义的财务风险是指企业在组织财务活动过程中，由于客观环境的不确定性以及主观认识上的偏差，导致企业预期收益产生多种结果的可能性，它存在于企业财务活动的全过程，包括筹资风险、投资风险和收益分配风险。狭义的财务风险是指与企业筹资相关的风险，也称筹资风险，它是指财务杠杆作用导致企业所有者收益变动，甚至可能导致企业破产的风险，即由于债务筹资引起每股收益（EPS）或净资产收益率（ROE）的变动以及由于债务筹资而到期不能还本付息的可能性。

由于财务杠杆的作用，当息税前利润下降时，税后利润下降得更快，进而给企业带来财务风险。影响财务风险的因素主要有资本供求的变化，利率水平的变动，获利能力的变动，资本结构的变化（即财务杠杆的利用程度）。其中，资本结构的变化对筹资风险的影响最为直接。企业负债比例越高，筹资风险就越高；反之，负债比例越低，筹资风险就越小。

公司资本结构管理的目标之一在于找到这样一种筹资组合，使得风险一定条件下的股东收益最大化。风险与收益间的对等关系可以从表 6-15 中看出。

表 6-15　强生工程公司财务杠杆作用情况分析　　　　单位：万元

| 负债/总资产 | 0 | 40％ | 80％ |
| --- | --- | --- | --- |
| 总资产 | 100 | 100 | 100 |
| 其中：负债 | 0 | 40 | 80 |
| 权益资本 | 100 | 60 | 20 |
| （1）当 EBIT＝20 万元时 | 20 | 20 | 20 |
| 利息（10％） | 0 | 4 | 8 |
| 所得税（25％） | 5 | 4 | 3 |
| 税后利润 | 15 | 12 | 9 |
| ROE | 15％ | 20％ | 45％ |
| （2）当 EBIT＝15 万元时 | 15 | 15 | 15 |
| 利息（10％） | 0 | 4 | 8 |
| 所得税（25％） | 3.75 | 2.75 | 1.75 |
| 税后利润 | 11.25 | 8.25 | 5.25 |
| ROE | 11.25％ | 13.75％ | 26.25％ |
| （3）当 EBIT＝8 万元时 | 8 | 8 | 8 |
| 利息（10％） | 0 | 4 | 8 |
| 所得税（25％） | 2 | 1 | 0 |
| 税后利润 | 6 | 3 | 0 |
| ROE | 6％ | 5％ | 0 |

可以看到：

（1）在 EBIT 不变的情况下（如第 1 种情形），总资产报酬率保持不变（ROA＝20％），随着负债比重由 0 上升到 40％和 80％，净资产收益率（ROE）由 15％提高到 20％和 45％。总资产报酬率与净资产收益率间存在某种函数关系，变量为负债/权益资本。

(2) 随着 EBIT 由原来的 20 万元下降到 15 万元和 8 万元(下降 25% 和 60%),ROE 也将由原来的 20% 下降到 13.75% 和 5%,它反映出债务筹资的另一作用,即由于债务利息的固定不变,股东收益也会随着资产收益能力的波动而波动,因而导致收益变动的风险。

### 3. 财务杠杆系数

财务杠杆系数又称财务杠杆程度(degree of financial leverage,DFL),是普通股每股收益(EPS)变动率相当于息税前利润(EBIT)变动率的倍数。计算公式为

$$DFL = \frac{\Delta EPS/EPS}{\Delta EBIT/EBIT}$$

式中,DFL 为财务杠杆系数;$\Delta EPS$ 为普通股每股收益变动额;EPS 为变动前普通股每股收益。

设 $I$ 为债务利息,$T$ 为企业所得税税率,$N$ 为流通在外的普通股股数,$D$ 为优先股股利,则有

$$EPS = \frac{(EBIT - I) \times (1 - T) - D}{N}$$

$$\Delta EPS = \frac{\Delta EBIT \times (1 - T)}{N}$$

所以,财务杠杆系数可用下列公式计算:

$$DFL = \frac{EBIT}{EBIT - I - D/(1 - T)}$$

如果没有优先股,则有

$$DFL = \frac{EBIT}{EBIT - I}$$

财务杠杆系数用来反映财务杠杆的作用程度;财务杠杆系数越大,财务风险就越高;反之,财务杠杆系数的值越小,财务风险就越小。

**【例 6-15】** 根据表 6-15 的资料,试计算强生工程公司 EBIT 为 20 万元时的财务杠杆。

**解:** 当负债/总资产=0% 时,

$$DFL = \frac{20}{20 - 100 \times 0\% \times 10\%} = 1$$

当负债/总资产=40% 时,

$$DFL = \frac{20}{20 - 100 \times 40\% \times 10\%} = 1.25$$

当负债/总资产=80% 时,

$$DFL = \frac{20}{20 - 100 \times 80\% \times 10\%} = 1.67$$

以上计算结果表明:

(1) 财务杠杆系数说明息税前利润变动所引起的普通股每股收益变动的幅度。当公司的负债比重为 80% 时,息税前利润变动 1 倍,其普通股每股收益将变动 1.67 倍。

(2) 在资本总额、息税前利润相同的条件下,负债比例越高,财务杠杆系数越大,财务风险就越大。

负债比例是可以控制的,企业可以通过合理安排资本结构,适度负债,使财务杠杆利益抵销风险增大所带来的不利影响。

## 四、联合杠杆

从前述分析可知,经营杠杆通过扩大销售影响息税前利润,财务杠杆通过扩大息税前利润影响每股收益,两者最终都将影响每股收益。如果同时利用经营杠杆和财务杠杆,这种影响就会更大、总的风险会更高。

对于经营杠杆和财务杠杆的综合作用程度,可以用联合杠杆系数(degree of combined leverage,DCL)表示,它是经营杠杆系数与财务杠杆系数的乘积,用公式表示为

$$DCL = DOL \times DFL$$

$$DOL = \frac{\Delta EBIT/EBIT}{\Delta S/S} \times \frac{\Delta EPS/EPS}{\Delta EBIT/EBIT}$$

$$= \frac{\Delta EPS/EPS}{\Delta S/S}$$

由上式可知,总杠杆系数是每股收益变动率相当于销售额(量)变动率的倍数。

【例 6-16】　根据表 6-14 中的资料,当销售额为 500 万元时,试计算该公司的联合杠杆系数。

解:

$$DOL = \frac{500 - 300}{100} = 2$$

$$DOL = \frac{100}{100 - 25 - \dfrac{20.25}{75\%}} = 2.08$$

$$DCL = 2 \times 2.08 = 4.16$$

计算结果表明,当销售额变动 1 倍时,每股收益将会变动 4.16 倍。

在实际工作中,企业对经营杠杆和财务杠杆的运用,可以有不同的组合。即使有时两者组合不同,但都能产生相同的总杠杆系数,这就需要企业综合考虑有关因素,做出具体的选择。

联合杠杆系数的重要意义在于:能够估计出销售量(额)变动对每股收益的影响幅度。它表明经营杠杆系数与财务杠杆系数的相互关系。经营风险高的企业,可选用较低的财务风险;经营风险低的企业,可选用较高的财务风险。

**拓 展 训 练**

项目六即测即评　　　项目六计算题、分析题

**思 行 合 一**

文档:绿色信贷

# 数字化投资管理

## 教学目标

### 知识目标：

1. 能全面阐述投资管理的内涵及数字化投资管理的特点；
2. 能准确列举项目现金流的构成；
3. 能全面列举投资项目的财务评价指标；
4. 能精准描述证券投资的含义及特点。

### 能力目标：

1. 能准确估算项目现金流；
2. 能选择正确的项目投资决策评价方法；
3. 能准确分析并计算股票及债券的价值。

### 素养目标：

1. 培养理论联系实际的工作作风；
2. 培养诚信守法的职业信仰；
3. 增强绿色投资意识，积极履行社会责任；
4. 增强职业意识，提高职业自豪感；
5. 提高"理性投资、防范风险"的意识。

## 引导案例

中共中央、国务院 2024 年 8 月 11 日印发了《关于加快经济社会发展全面绿色转型的意见》，意见围绕五大领域、三大环节，部署加快形成节约资源和保护环境的空间格局、产业结构、生产方式、生活方式。

五大领域包括：构建绿色低碳高质量发展空间格局，优化国土空间开发保护格局，打造绿色发展高地；加快产业结构绿色低碳转型，推动传统产业绿色低碳改造升级，大力发展绿色低碳产业，加快数字化绿色化协同转型发展；稳妥推进能源绿色低碳转型，加强化石能源清洁高效利用，大力发展非化石能源，加快构建新型电力系统；推进交通运输绿色转型，优化交通运输结构，建设绿色交通基础设施，推广低碳交通运输工具；推进城乡建设发展绿色转型，推行绿色规划建设方式，大力发展绿色低碳建筑，推动农业农村绿色发展。

三大环节包括：实施全面节约战略，大力推进节能降碳增效，加强资源节约集约高效利用,大力发展循环经济；推动消费模式绿色转型,推广绿色生活方式,加大绿色产品供给,积极扩大绿色消费；发挥科技创新支撑作用,强化应用基础研究,加快关键技术研发,开展创新示范推广。

资料来源：http://www.xinhuanet.com/money/20240812/aa78126abe8b468e9055849567e22ff0/c.html.

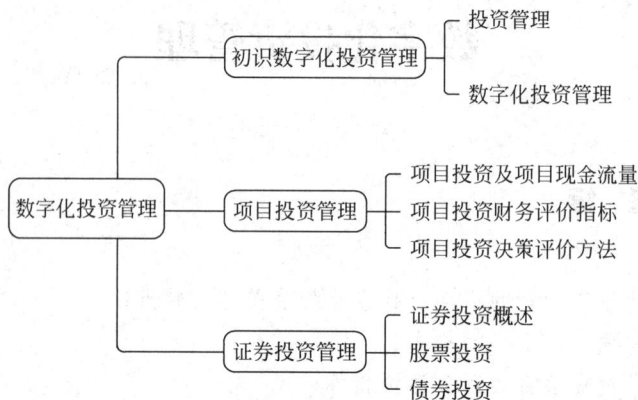

### 知识导图

## 任务一　初识数字化投资管理

### 一、投资管理

#### （一）企业投资管理的内涵

投资是指企业把资金直接或间接投放于一定对象,以期在未来获取收益的经济活动。投资对于企业具有非常重要的意义,是企业获得利润的前提,也是企业生产和发展的必要手段。投资管理是指通过一系列策略和方法,对投资活动进行规划、执行、监控和评估的过程,旨在降低投资风险的基础上,实现投资回报最大化。与日常经营活动相比,投资管理一般属于企业的战略性决策,涉及的资金数额较大,影响的时间较长,有效的投资管理有助于企业保持财务稳健和可持续发展。因此,企业应高度重视投资管理,建立完善的投资管理体系和流程,确保投资项目的成功实施和企业的持续发展。

#### （二）企业投资的分类

投资是一项复杂的经济活动,将投资项目进行分类,有利于明确投资项目性质,按照投资对象的不同特点和要求进行投资决策,加强投资管理,具体来说,企业投资主要分为以下几类。

1. 对内投资和对外投资

企业投资活动按投出的方向,可以分为对内投资和对外投资。

（1）对内投资是指把资金投向企业内部,用于购买和配置生产所需的各项经营性资产。对内投资通常是企业内部为了扩大生产、提高效率或改善服务质量等目的而进行的投资。

（2）对外投资是指把资金投向企业外部,如投资子公司、分公司或购买股票等股权性投资和购买其他企业的债券等债权性投资。

2. 项目投资和证券投资

企业投资活动按投资对象的性质不同,可以分为项目投资和证券投资。

(1) 项目投资是指企业购买形成生产经营能力的实体性资产,以便开展实质性的生产经营活动,谋求经营利润的投资。项目投资一般涉及一项或多项具体的项目,并会形成企业实体性资产。

(2) 证券投资是指将资金投资于股票、债券、基金等证券资产上,通过证券所赋予的权利,获取投资收益。

3. 独立投资和互斥投资

企业投资活动按投资项目之间的相互关系,可以分为独立投资和互斥投资。

(1) 独立投资是指项目之间互不关联、互不影响,可以同时存在。对于一个独立投资项目而言,其他投资项目是否采纳,对本项目的决策并无显著影响。例如,某电器生产企业,拟投资生产冰箱的项目和投资生产洗衣机的项目,两个项目之间可同时进行,互不干涉,不可相互替代,那么,这两个项目为独立项目。

(2) 互斥投资是指投资项目之间相互关联、互相替代,不可同时存在。对于互斥投资项目而言,其他投资项目是否采纳,直接影响本项目的采纳或者放弃。例如,某电器生产企业,拟投资生产冰箱的 A 项目和 B 项目,两项目可相互替代、互相关联,不能同时投资,则 A 项目和 B 项目为互斥项目。

## 二、数字化投资管理

数字化投资管理是指在投资管理活动中,运用现代信息技术,特别是互联网、大数据、人工智能等数字技术,对投资项目进行全生命周期的管理。通过数字化手段,将投资管理的业务流程自动化,为投资决策提供支持,帮助管理者在复杂多变的市场环境中做出更加精准和科学的决策。数字化不仅提高了投资管理的效率和准确性,还为企业带来了新的机遇和挑战。随着技术的不断进步,数字化在投资管理领域的应用将更加广泛和深入。

1. 数字化对投资管理的影响

数字化对企业的投资管理的影响是深远且多维的,主要表现在以下几个方面:①通过数字化技术,投资决策者可以迅速获取并分析大量数据,进而提高决策的速度和准确性;②数字化可以帮助企业实现投资管理的全流程自动化,从项目评估和投资决策,到风险监控和回报分析,大大提高了业务流程的效率;③数字化技术使得实时监控和评估投资风险成为可能,企业可以更及时地调整投资策略,降低潜在损失;④数字化平台通常遵循行业标准和法规,有助于企业实现投资管理的规范化和标准化;⑤数字化技术为投资管理带来了新的商业模式和产品,为行业注入了新的活力。总之,数字化投资管理的实施,有助于企业提高投资效率,降低投资成本,控制投资风险,增强投资决策的科学性,最终实现投资收益的最大。

2. 数字化投资管理的特点

与传统投资管理相比,数字化投资管理具有高效性、精准性、灵活性和透明性等特点,能够帮助投资者更好地应对市场挑战和实现投资目标。具体来说,数字化投资管理具有以下几个特点:①高效性,数字化投资管理系统可以快速地获取和处理各种投资信息,提高决策的效率和准确性;②精准性,数字化投资管理可以利用先进的数据分析技术,对投资项目进行深入的研究和挖掘,进而更准确地评估其价值和风险;③灵活性,数字化投资管理可以根据市场环境和投资者需求的变化,灵活调整投资策略和组合配置,这种灵活性使得投资者能够更好地应对市场波动和风险挑战,实现长期稳定的投资回报;④透明性,数字化投资管理能够提供全面的信息披露和报告功能,使投资者能够清晰地了解投资组合的风险、收益和绩效表现。

# 任务二　项目投资管理

## 一、项目投资及项目现金流量

### （一）项目投资

#### 1. 项目投资的含义

企业项目投资一般是以生产性资产为投资对象,与新建项目或更新改造项目有关的长期投资行为。新建项目是企业以扩大再生产,提高生产能力为目的的外延性投资;改造项目是企业因原有生产设备老化或设备需要更新换代,以恢复或改善生产能力为目的的内含式投资。项目投资行为涉及对公司内部各种生产经营资产的长期投资,其目的是获取未来的经济利益。项目投资按其投资对象的类型还可细分为单纯固定资产投资和完整工业投资项目。

链接：着眼全局推动数字经济高质量发展

#### 2. 项目投资的特点

项目投资具有投资金额大、影响时间长、决策风险大、变现能力差等特点。因投资金额大,项目投资一旦决策失误,对企业生产经营活动,甚至长期稳定发展具有重大不利影响。因此,企业在进行项目投资前,应当利用科学的方法对项目投资进行可行性及效益性评价,保证项目投资的有效性。

文档：三一集团的数字化项目管理

### （二）项目现金流量

项目现金流量(cash flow)是指一个项目从筹建、设计、施工、正式投产使用,直到报废为止的整个期间内形成的现金流入和现金流出的统称。这里的现金投入是广义的现金,不仅包含货币资金投入,也包含厂房、设备、原材料等非货币资源投入的变现价值。图7-1所示为项目投资计算期。

完整的项目投资计算期包含投资期和营业期。项目投资时点分为投资起点、投产日和终结点,项目从投资起点到最终清理结束整个过程的全部时间称为项目投资计算期。因此,投资项目的现金流量可以分为三部分:项目初始现金流量、项目营业期现金流量、项目终结期现金流量。每个时期的现金流量又可分为现金流入量和现金流出量。

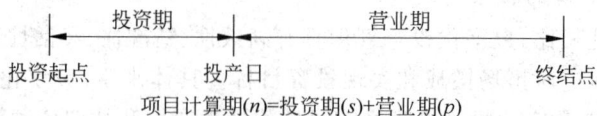

微课：投资项目现金流量的估计

```
        投资期              营业期
   |----------------|------------------------|
投资起点          投产日                  终结点
   项目计算期(n)=投资期(s)+营业期(p)
```

**图 7-1　项目投资计算期**

1. 项目初始现金流量

初始现金流量是指企业为使该项目完全达到设计生产能力,以及开展正常经营而投入的全部现实资金,包括建设投资和流动资金投资。具体来说,初始现金流量主要包含以下几项内容。

(1) 固定资产和无形资产投入。新购固定资产的投入主要包括固定资产的购买成本、运输费、安装费等,无形资产投资包含专利权、非专利技术、商标权等。这部分主要为项目初始现金流出量。

(2) 垫支营运资金。垫支营运资金是指投资项目形成生产能力后,为了保证项目的正常经营,需要追加的日常营运资金。垫支营运资金一般以因项目投产所增加的经营性流动资产与经营性流动负债的金额之差为计算标准。项目评价时为简化计算,一般假设垫支的营运资金在投产日投入,在终结点收回,忽略项目营业期内垫支营运资金的变动。垫支营运资金为项目初始现金流出量。

(3) 其他方面的投资。其他方面的投资主要包含因项目投资而发生的开办费、职工培训费等,主要是项目初始现金流出量。

【例 7-1】 某公司拟投资建设一生产线,目前正在进行项目的可行性研究。相关资料如下:企业聘请专业顾问对生产线的可行性进行分析,咨询费用 5 万元;企业拟在 2025 年年初开始投资建设生产线,预计建设期为 0 年,预计该生产线的购置和安装成本合计为 140 万元,在投资起点一次性投入;为保证项目可以正常运营,在项目营业期初投入 30 万元的垫支营运资金。请分析企业该生产线的初始现金流量?

**解**:初始现金流量包括建设投资和流动资金投资。而企业聘请专业顾问费用是在决定投资项目前发生的咨询费,属于项目投资的沉没成本,在项目评价时不予考虑,不属于项目初始现金流量。

因此,该生产线的购置和安装成本合计 140 万元,以及投入的垫支营运资金 30 万元,属于项目初始现金流量,为现金流出。项目的初始现金流量为 140+30=170(万元)。

2. 项目营业期现金流量

营业期现金流量是指投资项目建设完成后进入营业期,在营业期内由于生产经营所引起的现金流量。营业期现金流量分为营业期现金流入量和营业期现金流出量,两者的差额为营业期现金净流量。通常,项目营业期现金流量主要包括以下几项。

(1) 营业收入。营业期现金流量中的营业收入是指项目投产后每年销售的产品的收现收入。如果没有特殊强调,一般假定项目销售收入均可当年收现。如营业收入在当年无法收回,则按照实际收回的期间确定现金流入期间。营业收入为营业期现金流入量。

(2) 付现成本。付现成本是指因项目投资所引起的营业成本、营业税金、管理费用、销售费用中需要当期付现金额的增加。付现成本既包含因生产新产品所需的原材料、人工费用、水电费、税金等,也包含与新产品生产与销售相关且所需付现的管理费用、销售费用。付现成本等于营业期总成本扣除折旧和摊销后的金额。付现成本是项目营业期的主要现金流出。

(3) 所得税费用。所得税费用是项目生产销售产生的收益中应缴纳所得税的金额,是项目营业期现金流出。

因此,营业期现金净流量(net cash flow,NCF)计算公式如下:

营业期现金净流量＝营业收入－付现成本－所得税　　　　　　　　①

$$营业期现金净流量＝营业收入－（总成本－折旧与摊销）－所得税$$
$$＝税后净利润＋折旧与摊销 \qquad ②$$
$$营业期现金净流量＝（营业收入－付现成本－折旧与摊销）$$
$$×（1－所得税税率）＋折旧与摊销$$
$$＝（营业收入－付现成本）×（1－所得税税率）$$
$$＋折旧与摊销×所得税税率 \qquad ③$$

营业期现金净流量可通过上面三个计算公式得出,其中,计算公式①从现金流量含义的角度理解,现金净流量等于现金流入量减去现金流出量;计算公式②从项目营业成果的角度理解,现金净流量等于净利润加上不需支付现金的部分;计算公式③从所得税的角度理解,折旧的增加会减少营业期所得税费用,增加营业期现金净流量。三个计算公式之间可以互相推导,计算结果一致。

**【例 7-2】** 接例 7-1,项目建设投资为 140 万元,在项目建设起点一次性投入,投资期 0 年,营业期 5 年,企业所得税税率为 25%。其他具体情况如下:①税法要求项目按照直线法计提折旧,折旧年限 5 年,净残值为 20 万元。②新产品销售单价 8 元/件,年销售量 10 万件。③新产品的单位产品付现成本为 3 元/件,包含单位销售费用和管理费用等。在不考虑其他条件的情况下,该项目营业期现金净流量为多少?

**解**:通过题目可以得出以下内容。

营业期营业收入＝$8×10＝80$(万元)

营业期付现成本＝$3×10＝30$(万元)

营业期折旧与摊销＝$\dfrac{140－20}{5}＝24$(万元)

营业期所得税费用＝$(80－30－24)×25\%＝6.5$(万元)

营业期净利润＝$80－30－24－6.5＝19.5$(万元)

营业期现金净流量＝营业收入－付现成本－所得税＝$80－30－6.5＝43.5$(万元)

或

营业期现金净流量＝税后净利润＋折旧与摊销＝$19.5＋24＝43.5$(万元)

或

营业期现金净流量＝(营业收入－付现成本)×(1－所得税税率)＋折旧与摊销×所得税税率
$$＝(80－30)×(1－25\%)＋24×25\%＝43.5(万元)$$

**3. 项目终结期现金流量**

终结期现金流量是指投资项目终结时发生的现金流量,终结期现金流量主要为现金流入量,包括以下几项。

(1) 固定资产和无形资产的残值或变价净收入。这里收入是指扣除处置费用及税金后的净收入,计算变价收入时,要考虑资产处置对所得税费用的影响。

(2) 垫支营运资金的收回。

(3) 其他方面。

**【例 7-3】** 接例 7-2,项目终结期,项目变价收入 30 万元,原有垫支营运资金 30 万元在终结期全部收回。请计算项目终结期现金净流量以及项目各年现金净流量。

**解**:本题中,终结期现金流量主要包含固定资产变价净收入及垫支营运资金的收回。

项目终结期出售收入 30 万元,项目终结期账面价值 20 万元。

$$项目变价时影响的所得税费用=(30-20)\times 25\%=2.5(万元)$$

原有垫支营运资金 30 万元在终结期全部收回。

$$项目终结期现金净流量=30-2.5+30=57.5(万元)$$

通过例 7-1、例 7-2 以及本题中的项目终结期现金净流量,可以得出表 7-1 投资项目的各年现金净流量。

**表 7-1 投资项目的各年现金净流量** 单位:万元

| 项　　目 | 年　　度 | | | | | |
| --- | --- | --- | --- | --- | --- | --- |
| | 第 0 年 | 第 1 年 | 第 2 年 | 第 3 年 | 第 4 年 | 第 5 年 |
| 初始现金净流量 | −170.00 | | | | | |
| 营业期现金净流量 | | 43.50 | 43.50 | 43.50 | 43.50 | 43.50 |
| 终结期现金净流量 | | | | | | 57.50 |
| 各期项目现金净流量 | −170.00 | 43.50 | 43.50 | 43.50 | 43.50 | 101.00 |

### (三)项目现金流量估算时应注意的问题

在对项目现金流量进行估算时,必须明确哪些是项目的增量现金流量。项目的增量现金流量是指所有因接受这个项目而直接导致公司未来现金流的变化量。只有项目的增量现金流量才属于项目的现金流量。

1. 沉没成本为决策非相关成本

沉没成本是指过去已经发生的,无法由现在或将来的任何决策所能改变的成本,在对项目现金流量进行估算时,沉没成本不属于增量现金流量,在估算时不予考虑。例 7-1 中企业对拟投资的项目聘请的专业顾问费用,该费用在投资起点前已经发生,无论企业是否投资项目,咨询费都属于项目的沉没成本,在估算项目现金流量时不予考虑。

2. 考虑机会成本

机会成本并不是实际取得的收益,而是失去的潜在收益。企业在选择一种投资方案时,可能会放弃投资其他方案的机会,则其他投资方案所能取得的收益是实施所选方案的一种代价,这个所放弃的收益就是所选方案的机会成本。例如,企业在投资新生产线时需要投入企业的一项固定资产,该固定资产用于生产线就无法通过出售获取收益,因此固定资产的现行出售价格就是投资新项目需要放弃的收益,即新项目投资的机会成本,在估算项目现金流量时应予以考虑。

3. 考虑对其他项目的影响

在对项目进行分析时,应当以项目对企业所有经营活动产生的影响为基础进行评价。例如,企业在对新型冰箱生产线的投资可行性进行分析时,新型冰箱的销售可能会降低旧型冰箱的销售量,那么进行分析时应当考虑对旧型冰箱销售的影响。企业通过有效的项目管理,可以确保各个项目之间的互补性和一致性,实现企业整体效益的最大化。

4. 不考虑利息支付

在本项目对投资项目进行分析时,采用全投资假设。全投资假设是指不考虑项目投入资金的来源,只关注与项目本身相关的现金流量。这是因为从企业经营的角度而言,计算项目评价指标时项目所要求的报酬率包含了债权和股权筹资的合计影响。因此,在估算项目现金流时,不再重复考

文档:智能化,挖掘现金流数字化的本质

虑债权影响。

### （四）项目投资的评价程序

企业项目投资应当遵循科学的评价程序，才能尽可能地规避项目风险。项目投资的评价程序主要如下。

（1）提出各种项目投资方案。项目经理负责收集项目资料，提出各种项目投资方案。

（2）估算投资项目的相关现金流入和现金流出，得出项目计算期内各期间的项目现金净流量。

（3）计算投资项目的评价指标。计算投资项目的净现值、内含报酬率、回收期、会计报酬率等指标。

（4）比较评价指标结果与可接受标准。对投资项目的评价指标结果进行分析，确定项目的可接受性。

（5）对已接受的项目进行敏感分析。对投资项目收益的不确定性进行分析，评价项目的风险性。

## 二、项目投资财务评价指标

项目投资决策评价指标是评价投资项目是否可行或项目优劣的标准。项目投资决策评价指标按照是否考虑资金时间价值可分为非折现财务评价指标和折现财务评价指标。对项目进行评价时折现财务评价指标作为主要指标，非折现财务评价指标作为辅助指标。

### （一）非折现财务评价指标

非折现财务评价指标又称静态评价指标，是指在指标计算过程中未考虑资金时间价值，认为不同时点取得的现金是等价的。非折现财务评价指标主要包括会计报酬率指标、静态回收期指标。

#### 1. 会计报酬率指标

会计报酬率又称投资利润率（return on investment，ROI），是从会计利润角度对项目进行评价，是项目的年平均净利润与初始投资额的百分比。会计报酬率指标的计算公式为

$$会计报酬率 = \frac{年平均净利润}{原始投资额} \times 100\%$$

利用会计报酬率指标对投资项目进行评价时，评价标准如下：单一项目评价时，需要预先设定项目可接受的会计报酬率，实际会计报酬率≥可接受的会计报酬率，项目可行；实际会计报酬率<可接受的会计报酬率，项目不可行。多项目比较时，会计报酬率较高的项目较优。

会计报酬率计算的数据来源于会计报表，容易取得；会计报酬率指标计算简单；会计报酬率可以衡量项目的盈利性，便于理解。但是，会计报酬率指标存在一定的局限性，该指标忽略资金的时间价值以及折旧对现金流的影响。

【例 7-4】 某公司拟投资一项大型固定资产，可选择甲、乙两个项目，甲项目的初始投资额为 550 万元，乙项目的初始投资额为 700 万元，且均为投资起点一次性投入，甲、乙项目的建设期均为 0，项目计算期均为 5 年。企业可接受的会计报酬率为 16%。表 7-2 为投资项目的各年净利润，要求计算项目的会计报酬率指标，评价甲、乙项目的可行性，并通过会计报酬率指标评价两项目的优劣。

表 7-2　投资项目的各年净利润　　　　　　　　　　　单位：万元

| 项　　目 | 第 1 年 | 第 2 年 | 第 3 年 | 第 4 年 | 第 5 年 |
|---|---|---|---|---|---|
| 甲项目的净利润 | 100 | 100 | 100 | 100 | 100 |
| 乙项目的净利润 | 130 | 120 | 110 | 100 | 90 |

**解**：题目中已知投资项目的各年净利润，通过会计报酬率指标的计算公式可以得出：

$$甲项目的会计报酬率 = \frac{100}{550} \times 100\% = 18.18\%$$

甲项目的会计报酬率高于企业可接受的项目会计报酬率（16%），甲项目可行。

$$乙项目的年平均净利润 = \frac{130+120+110+100+90}{5} = 110（万元）$$

$$乙项目的会计报酬率 = \frac{110}{700} \times 100\% = 15.71\%$$

乙项目的会计报酬率低于企业可接受的项目会计报酬率（16%），乙项目不可行。

甲项目的会计报酬率（18.18%）高于乙项目的会计报酬率（15.71%），甲项目优于乙项目。

2. 静态回收期指标

回收期（payback period，PP）是指收回某投资项目的初始投资额所需要的时间，包含静态回收期和动态回收期。静态回收期就是不考虑资金时间价值时，收回初始投资额所需要的时间。因此，静态回收期是累计未来现金净流量与初始投资额相等时所需的时间。静态回收期指标的计算公式为

微课：回收期
指标

$$累计初始投资额 = 累计未来现金净流量$$

$$\sum_{t=0}^{PP} C_t = \sum_{t=1}^{PP} NCF_t$$

式中，$C_t$ 为项目计算期内第 $t$ 年的初始投资额；$NCF_t$ 为项目计算期内第 $t$ 年的现金净流量；PP 为计算出来的回收期。

利用静态回收期指标对投资项目进行评价时，评价标准如下：单一项目评价时，需预先设定项目可接受的投资回收年限，实际的静态回收期≤可接受的投资回收年限，项目可行；实际的静态回收期>可接受的投资回收年限，项目不可行。多项目比较时，静态回收期较小的项目较优。

静态回收期指标计算简单，便于理解，可以大体上衡量项目的流动性和风险。但静态回收期指标忽略资金的时间价值，且没有考虑回收期以后期间项目的现金流情况，容易导致企业投资短期项目，忽略有长期战略价值的投资项目。

**【例 7-5】** 某公司有甲、乙两个投资项目，甲、乙项目的初始投资额均为 800 万元，且均为投资起点一次性投入。甲、乙项目的建设期均为 0，项目计算期均为 5 年。企业可接受的静态回收期为 2.5 年。表 7-3 所示为投资项目的各年现金净流量，要求分别计算甲、乙项目的静态回收期，并通过静态回收期指标评价两项目的优劣。

表 7-3　投资项目的各年现金净流量　　　　　　　　　单位：万元

| 项目 | 第 0 年 | 第 1 年 | 第 2 年 | 第 3 年 | 第 4 年 | 第 5 年 |
|---|---|---|---|---|---|---|
| 甲 | −800 | 280 | 280 | 280 | 280 | 280 |
| 乙 | −800 | 350 | 320 | 290 | 260 | 230 |

**解**：题目中已知投资项目的各年现金净流量，因此通过静态回收期指标的计算公式可以得出：

$$甲项目的静态回收期 = \frac{800}{280} = 2.86(年)$$

甲项目的静态回收期高于企业可接受的静态回收期(2.5年)，甲项目不可行。

表 7-4 所示为乙项目的累计现金净流量。

**表 7-4 乙项目的累计现金净流量**  单位：万元

| 指　标 | 第 0 年 | 第 1 年 | 第 2 年 | 第 3 年 | 第 4 年 | 第 5 年 |
|---|---|---|---|---|---|---|
| 年现金净流量 | −800 | 350 | 320 | 290 | 260 | 230 |
| 累计现金净流量 | −800 | −450 | −130 | 160 | 420 | 650 |

因此，乙项目的静态回收期 $= 2 + \frac{130}{290} = 2.45(年)$。

乙项目的静态回收期为 2.45 年，低于企业可接受的静态回收期(2.5年)，乙项目可行。

乙项目的静态回收期(2.45年)小于甲项目的静态回收期(2.86年)，乙项目优于甲项目。

### （二）折现财务评价指标

折现财务评价指标又称动态评价指标，是指在指标计算过程中考虑资金时间价值，认为不同时点取得的现金是不同的。折现财务评价指标是项目投资决策的主要评价指标。折现财务评价指标包括净现值指标、现值指数指标、内含报酬率指标、动态回收期指标。

#### 1. 净现值指标

净现值(net present value, NPV)是指特定项目未来现金净流量现值与初始投资额现值之间的差额。净现值指标是衡量投资项目能够为企业带来价值增加量的指标，是项目投资评价的最重要指标。净现值指标的计算公式为

微课：净现值
指标

$$净现值 = 未来现金净流量现值 - 初始投资额现值$$

$$NPV = \sum_{t=1}^{n} \frac{NCF_t}{(1+i)^t} - \sum_{t=0}^{n} \frac{C_t}{(1+i)^t}$$

利用净现值指标对投资项目进行评价时，评价标准如下：单一项目评价时，净现值≥0，项目可行；净现值<0，项目不可行。多项目比较时，净现值较大的项目较优。

净现值指标的主要优点：①净现值指标在项目投资决策中广泛应用，在理论上较为容易理解；②净现值指标考虑资金时间价值；③净现值指标考虑项目计算期内全部现金流量；④净现值指标考虑项目投资风险，企业可以根据项目投资风险水平调整折现率。

但是，净现值指标也有一定的局限性：①净现值指标是一个绝对数指标，不能揭示项目的实际报酬率；②针对初始投资额不同的项目进行评价时，仅用净现值指标无法确定项目优劣。例如，初始投资额分别为 100 万元和 200 万元的项目，项目计算期相同，净现值分别为 30 万元和 40 万元，从净现值角度，初始投资额为 200 万元的项目净现值较大，但是该项目的投资收益率较低。

**【例 7-6】** 某公司有甲、乙、丙三个投资项目，初始投资额均为 500 万元，项目折现率均为 10%，假设初始投资额均为投资起点一次性投入，项目投资期为零，不考虑项目残值和垫

支营运资金的影响,三个投资项目的营业期现金净流量情况如表 7-5 所示,要求:①计算甲、乙、丙项目的净现值,并评价各项目是否可行;②不考虑其他因素,仅通过净现值指标评价项目优劣。

表 7-5 投资项目的营业期现金净流量　　　　　　　　单位:万元

| 项目 | 第 1 年 | 第 2 年 | 第 3 年 | 第 4 年 |
| --- | --- | --- | --- | --- |
| 甲 | 180 | 180 | 180 | 180 |
| 乙 | 200 | 190 | 180 | 170 |
| 丙 | 150 | 150 | 150 | 150 |

**解**:(1)题中已知项目的各年现金净流量,因此,通过净现值指标的公式可以得出:

甲项目的净现值 $=180 \times (P/A, 10\%, 4) - 500 = 180 \times 3.1699 - 500 = 70.58$(万元)

乙项目的净现值计算过程见表 7-6。

表 7-6 乙项目的净现值计算过程　　　　　　　　单位:万元

| 指　标 | 第 0 年 | 第 1 年 | 第 2 年 | 第 3 年 | 第 4 年 |
| --- | --- | --- | --- | --- | --- |
| 乙项目年现金净流量 | −500 | 200 | 190 | 180 | 170 |
| 复利现值系数 | 1 | 0.9091 | 0.8264 | 0.7513 | 0.6830 |
| 年现金净流量现值 | −500 | 181.82 | 157.016 | 135.234 | 116.11 |
| 乙项目净现值 | 90.18 | | | | |

丙项目的净现值 $=150 \times (P/A, 10\%, 4) - 500 = 150 \times 3.1699 - 500 = -24.52$(万元)

因甲、乙项目的净现值大于零,丙项目的净现值小于零,因此,甲、乙项目可行,丙项目不可行。

(2)乙项目净现值>甲项目的净现值>丙项目的净现值,因此,从净现值角度,乙项目优于甲项目,甲项目优于丙项目。

### 2. 现值指数指标

现值指数(profitability index,PI)又称获利指数或现值比率,是指投资项目未来现金净流量现值与初始投资额现值之间的比值。因此,现值指数指标的计算公式为

$$现值指数 = \frac{未来现金净流量现值}{初始投资额现值}$$

$$PI = \frac{\displaystyle\sum_{t=1}^{n} \frac{NCF_t}{(1+i)^t}}{\displaystyle\sum_{t=0}^{n} \frac{C_t}{(1+i)^t}}$$

利用现值指数指标可对投资项目进行评价,评价标准如下:单一项目评价时,现值指数≥1,项目可行;现值指数<1,项目不可行。多项目比较时,现值指数较大的项目较优。

现值指数是相对数,可以反映投资的效率;现值指数可以消除初始投资额的差异。但是,现值指数指标也有一定的局限性,现值指数指标无法直接反映投资项目的实际收益率和收益额;针对投资期限不同的项目进行比较时,无法简单地利用净现值和现值指数指标评价项目优劣。例如,初始投资额分别为 200 万元和 400 万元的互斥项目,项目计算期分别为 3 年和 9 年,未来产生现金流量净现值分别为 390 万元和 800 万元,那么两个项目的现值指数分别为 1.95 和 2,从现值指数指标的评价结果认为 400 万元的项目较好,但 400 万元的

项目的投资期较长,200万元的项目到期后可再投资,在这种情况下,无法简单利用净现值和现值指数对项目进行评价。

**【例 7-7】** 接例 7-6。要求:①计算甲、乙、丙项目的现值指数,并评价各项目是否可行;②不考虑其他因素,请仅根据现值指数评价项目优劣。

**解:**(1)通过现值指数指标的公式可以得出:

$$甲项目的现值指数=\frac{180\times(P/A,10\%,4)}{500}=\frac{180\times3.1699}{500}=1.14$$

$$乙项目的现值指数=\frac{590.18}{500}=1.18$$

$$丙项目的现值指数=\frac{150\times(P/A,10\%,4)}{500}=\frac{150\times3.1699}{500}=0.95$$

因甲项目和乙项目的现值指数大于1,甲项目和乙项目可行;丙项目的现值指数小于1,丙项目不可行。

(2)乙项目的现值指数>甲项目的现值指数>丙项目的现值指数,因此,从现值指数角度,乙项目优于甲项目,甲项目优于丙项目。

**3. 内含报酬率指标**

内含报酬率又称内部收益率(internal rate of return,IRR),是指能够使未来现金净流量现值等于初始投资额现值的折现率,即使项目净现值为零的折现率。内含报酬率是项目本身的投资报酬率。内含报酬率指标的计算公式为

微课:内含报酬率指标

$$未来现金净流量现值-初始投资额现值=0$$

$$NPV=\sum_{t=1}^{n}\frac{NCF_t}{(1+IRR)^t}-\sum_{t=0}^{n}\frac{C_t}{(1+IRR)^t}=0$$

式中,IRR 为计算出来的内含报酬率。

内含报酬率的计算分为两步:①采取"逐步测试法"找出两个近似折现率,通过多次测试,找出两个相邻的折现率,要求两个相邻折现率算出来的两个净现值分别为正数和负数;②利用"插值法"找出近似折现率,从而作为方案的内含报酬率。

若项目初始投资额在投资起点一次性投入,无投资期,不考虑项目残值及垫支营运资金的影响,且营业期每年现金净流量相等时,内含报酬率可以简化计算:①计算出使项目净现值为零的年金现值系数(年金现值系数=初始投资额÷营业期年现金净流量);②通过年金现值系数表,利用"插值法"计算出项目内含报酬率。

利用内含报酬率指标对投资项目进行评价时,评价标准如下:单一项目评价时,企业预先设定要求的必要报酬率,当内含报酬率≥企业要求的必要报酬率,项目可行;内含报酬率<企业要求的必要报酬率,项目不可行。多项目比较时,内含报酬率较大的项目较优。

内含报酬率的主要优点:①内含报酬率指标考虑了资金的时间价值;②内含报酬率指标能够反映项目本身的投资报酬率,便于理解;③内含报酬率是相对数指标,可以反映投资的效率,便于投资额不同的项目进行比较;④内含报酬率不受折现率的影响,计算过程较为客观。

但是,内含报酬率指标也存在一定的局限性:①内含报酬率计算过程较为复杂,需要多次测算;②在互斥项目选择时,内含报酬率较大的项目,净现值不一定大,无法简单的利用

内含报酬率指标确定项目优劣。

**【例 7-8】** 某公司有甲、乙两个投资项目,项目的初始投资额均为 2 000 万元,项目计算期均为 4 年,投资期为 0 年,假设初始投资额均为投资起点一次性投入,不考虑项目残值和垫支营运资金的影响,企业可接受的项目投资收益率为 10%。甲、乙项目的营业期现金净流量如表 7-7 所示,要求:①分别计算甲、乙两个投资项目的内含报酬率,并评价其可行性;②利用内含报酬率指标,比较甲、乙两个投资项目的优劣。

表 7-7　投资项目的营业期现金净流量　　　　单位:万元

| 项目 | 第 1 年 | 第 2 年 | 第 3 年 | 第 4 年 |
|---|---|---|---|---|
| 甲 | 620 | 620 | 620 | 620 |
| 乙 | 500 | 600 | 700 | 800 |

**解:**(1) 甲项目的内含报酬率的计算如下。

由于甲项目的营业期未来年现金净流量相等,所以

$$甲项目的年金现值系数 = \frac{2\,000}{620} = 3.225\,8$$

已知甲项目的项目计算期为 4 年,则通过查"年金现值系数表":

$$(P/A, 9\%, 4) = 3.239\,7$$
$$(P/A, 10\%, 4) = 3.169\,9$$

则

$$甲项目的内含报酬率 = 9\% + \frac{3.239\,7 - 3.225\,8}{3.239\,7 - 3.169\,9} \times (10\% - 9\%) = 9.20\%$$

甲项目的内含报酬率低于企业可接受的项目投资收益率(10%),甲项目不可行。

乙项目的内含报酬率的计算如下。

乙项目未来每年现金净流量不相等,通过"逐步测试法"发现:

折现率为 10% 时,NPV = 22.74 万元,大于零。

折现率为 11% 时,NPV = −23.76 万元,小于零。

则

$$乙项目的内含报酬率 = 10\% + \frac{22.74}{22.74 + 23.76} \times (11\% - 10\%) = 10.49\%$$

乙项目的内含报酬率高于企业可接受的项目投资收益率(10%),乙项目可行。

(2) 从内含报酬率角度,乙项目的内含报酬率高于甲项目的内含报酬率,乙项目优于甲项目。

4. 动态回收期指标

动态回收期是指未来现金净流量现值的累计数与初始投资额现值相等时所需的时间。动态回收期指标的计算公式为

$$初始投资额现值 = 未来现金净流量现值的累计数$$

$$\sum_{t=0}^{PP} \frac{C_t}{(1+i)^t} = \sum_{t=1}^{PP} \frac{NCF_t}{(1+i)^t}$$

式中,PP 为计算出来的动态回收期。

利用动态回收期对投资项目进行评价时,评价标准如下:单一项目评价时,预先设定项

目可接受的回收年限,动态回收期≤可接受的回收年限,项目可行;动态回收期>可接受的回收年限,项目不可行。多项目比较时,动态回收期较小的项目较优。

动态回收期指标计算简便,便于理解;动态回收期考虑了资金的时间价值;动态回收期可以大体上衡量项目的流动性和风险。但是,动态回收期指标也存在一定的局限性,该指标没有考虑回收期以后期间的项目现金流情况,容易导致企业投资短期项目,忽略有长期战略价值项目的投资。

【例 7-9】 某公司有甲、乙两个投资项目,甲、乙项目的初始投资额均为 800 万元,且均为投资起点一次性投入。企业可接受的动态回收期为 3.2 年,项目折现率为 10%。甲、乙项目计算期内的年现金净流量如表 7-8 所示,要求分别计算甲、乙项目的动态回收期,并通过动态回收期指标评价两项目的优劣。

**表 7-8  投资项目的各年现金净流量**　　　　　　　　单位:万元

| 项目 | 第 0 年 | 第 1 年 | 第 2 年 | 第 3 年 | 第 4 年 | 第 5 年 |
|---|---|---|---|---|---|---|
| 甲 | −800 | 280 | 280 | 280 | 280 | 280 |
| 乙 | −800 | 350 | 320 | 290 | 260 | 230 |

**解**:本题中已知投资项目各年现金净流量及项目折现率,可以得出甲项目的累计现金净流量现值,如表 7-9 所示,从而计算项目的动态回收期。

**表 7-9  甲项目的累计现金净流量现值**　　　　　　　　单位:万元

| 指　标 | 第 0 年 | 第 1 年 | 第 2 年 | 第 3 年 | 第 4 年 | 第 5 年 |
|---|---|---|---|---|---|---|
| 各年现金净流量 | −800 | 280 | 280 | 280 | 280 | 280 |
| 复利现值系数 | 1 | 0.909 1 | 0.826 4 | 0.751 3 | 0.683 0 | 0.620 9 |
| 各年现金净流量现值 | −800 | 254.55 | 231.39 | 210.36 | 191.24 | 173.85 |
| 累计现金净流量现值 | −800 | −545.45 | −314.06 | −103.70 | 87.54 | 261.40 |

甲项目的动态回收期:

$$3+\frac{103.70}{191.24}=3.54(年)$$

甲项目的动态回收期大于企业可接受的动态回收期为 3.2 年,项目不可接受。

表 7-10 所示为乙项目的累计现金净流量现值。

**表 7-10  乙项目的累计现金净流量现值**　　　　　　　　单位:万元

| 指　标 | 第 0 年 | 第 1 年 | 第 2 年 | 第 3 年 | 第 4 年 | 第 5 年 |
|---|---|---|---|---|---|---|
| 各年现金净流量 | −800 | 350 | 320 | 290 | 260 | 230 |
| 复利现值系数 | 1 | 0.909 1 | 0.826 4 | 0.751 3 | 0.683 0 | 0.620 9 |
| 各年现金净流量现值 | −800 | 318.19 | 264.45 | 217.88 | 177.58 | 142.81 |
| 累计现金净流量现值 | −800 | −481.82 | −217.37 | 0.51 | 178.09 | 320.90 |

乙项目的动态回收期:

$$2+\frac{217.37}{217.88}=3(年)$$

乙项目的动态回收期小于企业可接受的动态回收期为 3.2 年,项目可接受。

通过以上计算可以看出,乙方案的动态回收期(3 年)小于甲方案的动态回收期(3.54 年),乙方案可以较快地收回初始投资额,乙方案优于甲方案。

### （三）项目折现率的确定

对项目现金净流量进行折现时,需要确定项目折现率。一般来说,项目折现率的参考标准如下:①以企业当前加权平均资本成本为标准,这是企业项目投资的最低要求;②以投资者期望获得的必要报酬率为标准,这考虑了投资项目的风险补偿因素及通货膨胀因素;③以行业平均资金收益率作为折现率。

文档:中国银河:数字化项目转型实践

## 三、项目投资决策评价方法

因项目之间关系的不同,对项目进行评价的方法不同。项目投资决策评价主要包含独立投资项目的评价、互斥投资项目的评价、资本总量有限时项目的评价。

### （一）独立投资项目的评价

单一独立项目评价标准:若一项投资项目的净现值为正数或内含报酬率高于企业所要求的报酬率,则企业应当投资该项目;反之,则应当拒绝。

多个独立项目的投资排序:以各独立投资项目的获利程度为评价标准,一般采用内含报酬率法确定项目的投资顺位。

微课:独立投资项目的评价

企业对多个独立投资项目进行评价时,因项目之间相互独立,互不影响,企业应当优先投资于获利程度较高的项目。具体来说:①对初始投资额不同,期限相同的项目进行比较时,因净现值指标为绝对数,内含报酬率更能反映投资项目的获利程度,更为客观;②对初始投资额相同,期限不同的项目进行比较时,因期限较短的项目在项目回收后可以再投资进行获利,因此净现值不能作为两者比较依据,一般采用项目的内含报酬率确定投资顺位。因此,多个独立项目以内含报酬率指标为标准确定投资顺位。

**【例 7-10】** 某公司为电器生产企业,经过市场调研发现有甲、乙、丙三个意向投资项目,甲项目为冰箱生产设备,乙项目为电视机生产设备,丙项目为洗衣机生产设备。各项目之间相互独立,企业项目投资的必要报酬率均为 10%,项目详情如表 7-11 所示。要求:①分别评价甲、乙、丙三个项目的投资可行性;②若甲、乙、丙三个项目间相互独立,请确定项目的投资顺位。

表 7-11　项目的投资评价指标　　　　　　　　　单位:万元

| 指　　标 | 甲 | 乙 | 丙 |
|---|---|---|---|
| 初始投资额 | 300 | 500 | 500 |
| 年营业期现金净流量 | 110 | 180 | 150 |
| 折现率 | 10% | 10% | 10% |
| 项目投资计算期 | 4 | 4 | 5 |
| 年金现值系数 | 3.169 9 | 3.169 9 | 3.790 8 |
| 营业期现金流量现值 | 348.69 | 570.58 | 568.62 |
| 净现值 | 48.69 | 70.58 | 68.62 |
| 现值指数 | 1.16 | 1.14 | 1.14 |
| 内含报酬率 | 17.30% | 16.37% | 15.24% |

**解**：(1)通过表7-11可以看出，甲、乙、丙三个项目的内含报酬率均远高于企业所要求的必要报酬率(10%)，因此，甲、乙、丙三个项目均值得投资。

(2)通过甲、乙、丙三个项目指标对比发现：

甲项目和乙项目初始投资额不同，投资期限相同。虽然甲项目的净现值低于乙项目，但因初始投资额不同，甲项目投资一元的获利金额较高。因此，内含报酬率较高的甲项目优于乙项目。

乙项目和丙项目的初始投资额相同，投资期限不同。虽然乙项目的净现值和现值指数小于丙项目，但乙项目的内含报酬率高于丙项目，四年后回收的资金可以继续投资其他项目。因此，内含报酬率较高的乙项目优于丙项目。

甲项目和丙项目的初始投资额和投资期限均不同。通过上述分析得知内含报酬率较高的甲项目优于乙项目、乙项目优于丙项目，因此，甲项目优于丙项目。

因此，甲、乙、丙三个项目投资顺位为甲项目＞乙项目＞丙项目。

### (二)互斥投资项目的评价

互斥投资项目之间相互排斥，接受一个项目就必须放弃另外的项目。因此，互斥项目的决策是比较并选择最优投资项目的过程。因为企业追求的是价值最大化，初始投资额大小并不影响决策结论，而能给企业带来经济效益额最大的项目才是最佳方案，所以，互斥投资项目的方案选择以项目的获利数额作为评价标准。

微课：互斥投资项目的评价

1. 项目计算期相同

互斥项目的项目计算期相同时，以项目的获利数额作为评价标准。因此，项目计算期相同的互斥项目，净现值较高的项目较优。

【**例7-11**】 接例7-10，若甲项目和乙项目为互斥项目，企业只能选择其中一个项目进行投资，不考虑其他因素的影响，要求评价甲项目和乙项目的优劣。

**解**：通过例7-10可知甲项目和乙项目的投资评价指标，如表7-12所示。

表7-12 项目的投资评价指标 单位：万元

| 指 标 | 甲 项 目 | 乙 项 目 |
|---|---|---|
| 项目投资计算期 | 4 | 4 |
| 净现值 | 48.69 | 70.58 |
| 现值指数 | 1.16 | 1.14 |
| 内含报酬率 | 17.30% | 16.37% |

通过表7-12可以看出，虽然甲项目的内含报酬率和现值指数均高于乙项目，但互斥项目的选择以获利数额作为评价标准，乙项目的净现值较高，给企业带来的经济效益数额较大，因此，互斥项目选择时，乙项目优于甲项目。

2. 项目计算期不同

项目计算期不同也可以导致项目的内含报酬率和净现值的结果存在不一致的情况，即净现值较低的项目可能内含报酬率高。在这种情况下，一般有两种解决方法：年金净流量法和共同年限法。

(1)年金净流量法是以项目的年平均获利数额作为评价项目优劣的标准。年金净流量

法考虑项目重置问题,克服了净现值法的局限性。

年金净流量的计算步骤如下。

① 计算各项目净现值。

② 根据项目的净现值与年金现值系数的比较来确定项目的年金净流量。计算公式如下:

$$年金净流量 = \frac{NPV}{(P/A, i, n)}$$

③ 若项目折现率一致,利用年金净流量评价项目优劣即可;若项目折现率不一致,则假设项目可以无限重置,需要计算项目的永续净现值。

$$永续净现值 = \frac{年金净流量}{i}$$

**【例 7-12】** 接例 7-10,假设甲、乙、丙三个项目为互斥项目,项目均可无限重置。要求评价甲、乙、丙三个项目优劣。

项目的投资评价指标如表 7-13 所示。

表 7-13　项目的投资评价指标　　　　　　　　　　单位:万元

| 指　　标 | 甲 | 乙 | 丙 |
|---|---|---|---|
| 折现率 | 10% | 10% | 10% |
| 项目投资计算期 | 4 | 4 | 5 |
| 净现值 | 48.69 | 70.58 | 68.62 |
| 年金现值系数 | 3.169 9 | 3.169 9 | 3.790 8 |
| 年金净流量=净现值/年金现值系数 | 15.36 | 22.27 | 18.10 |
| 永续净现值=年金净流量/折现率 | 153.61 | 222.66 | 181.02 |

**解**:通过表 7-13 可以看出:

甲项目和乙项目初始投资额不同,投资期限相同。互斥项目的选择比较的是获利数额,则两项目通过净现值、年金净流量、永续净现值计算得出来结果均为乙项目优于甲项目。

乙项目和丙项目的初始投资额相同,投资期限不同。在投资期限不同时,可以通过比较年金净流量和永续净现值确定项目优劣,通过表 7-13 可以看出,乙项目的年金净流量和永续净现值均高于丙项目,乙项目优于丙项目。

甲项目和丙项目的初始投资额和投资期限均不同。因初始投资额大小并不影响互斥项目的决策结论,可以通过比较年金净流量和永续净现值评价项目优劣,通过表 7-13 可以看出,丙项目年金净流量和永续净现值均高于甲项目,丙项目优于甲项目。

因此,甲、乙、丙三个项目优劣顺位为乙项目>丙项目>甲项目。

(2) 共同年限法是假设项目在终止时可以无限重置,通过重置使得项目的投资年限相同,再比较项目净现值的大小。共同年限法的计算步骤如下。

① 计算项目的共同比较期。共同比较期一般为项目投资计算期的最小公倍数,例如,甲项目的项目投资计算期为 3 年,乙项目的项目投资计算期为 5 年,则共同比较期为 15 年。

② 计算共同比较期下的项目净现值。

共同年限法计算过程有一定的局限性:共同年限法计算量较大,且共同比较期可能较长。年金净流量法和共同年限法均假设项目在保持原有现金流的情况下可以无限重置,但如果期限过长,受通货膨胀、资产更新换代等影响,无限重置的可能性较低。因此,在实际操作中,只有重置概率较高的项目才用上述分析方法。对于年限差别较小的项目,可以直接比较项目净现值,如项目投资计算期分别为 8 年和 9 年的投资项目。

### (三)资本总量有限时项目的评价

总量有限时项目的资本分配是指企业在有资本总量预算约束的情况下,如何在相互独立的多个项目中进行投资分配。实际上,企业的资本一般都是有限的,企业经营是为了获利,能给企业带来经济效益额最大的项目才是最佳方案,因此,总量有限时项目的资本分配以项目组合的获利数额为评价标准。

微课:资本总量有限时项目的评价

总量有限时项目的资本分配步骤:①将各项目排列出不同的项目组合,每个组合所需投资总额不超过企业资本总量;②计算出各投资项目的净现值;③按照项目组合,计算各项目组合的净现值;④最大净现值的项目组合为企业资本的最佳分配方案。

【例 7-13】 某公司目前有 1 500 万元的资金额度用于投资,经过市场调研发现,可选择甲、乙、丙、丁四个项目,项目之间相互独立,互不影响。各项目详情如表 7-14 所示,请评价企业如何选择项目进行投资?

表 7-14 各项目的投资评价指标 单位:万元

| 项目 | 初始投资额 | 未来现金流量现值 | 净现值 |
| --- | --- | --- | --- |
| 甲 | −800 | 1 200 | 400 |
| 乙 | −600 | 900 | 300 |
| 丙 | −300 | 500 | 200 |
| 丁 | −200 | 350 | 150 |

**解**:已知,企业总共有 1 500 万元的投资额度,因此,企业共有三个投资组合方案。

方案 1:投资甲、乙项目,投资总额 1 400 万元,净现值为 400+300=700(万元)。

方案 2:投资甲、丙、丁项目,投资总额 1 300 万元,净现值为 400+200+150=750(万元)。

方案 3:投资乙、丙、丁项目,投资总额 1 100 万元,净现值为 300+200+150=650(万元)。

文档:如何评估数字化项目的效果

通过计算可以看出,方案二投资组合下的净现值最高,给企业带来的经济效益最大,因此,企业应当投资甲、丙、丁项目。

# 任务三 证券投资管理

## 一、证券投资概述

### (一)证券投资的含义

证券投资是指企业购买股票、债券、基金等有价证券以及这些有价证券的衍生品,以获取红利、利息及资本利得的投资行为和投资过程。投资者利用金融市场上的各种工具和资源,对证券市场上的证券进行投资,它是市场经济的一大进步,为资本的积聚提供了广阔的市场,同时也为投资者提供了更多的投资选择和投资机会。

### （二）证券投资的特点

证券投资不同于项目投资,项目投资的对象是直接为企业生产经营服务的实体性经营资产,而证券投资的对象是金融资产。因此,与项目投资相比,证券投资主要有以下几个特点。

1. 价值虚拟性

证券投资的价值并不完全基于实际资产的价值,而是更多地基于市场的供求关系、投资者的预期等因素。这使证券投资的价值具有较大的波动性,但同时也为投资者提供了更多的投资机会。

2. 可分割性

证券投资可以分割为更小的单位,例如股票可以拆分为若干股,这使证券投资具有更强的灵活性。投资者可以根据自己的资金情况和风险承受能力,选择购买不同数量的证券。

3. 持有目的多元性

证券投资的目的可以是多种多样的,包括获取股息、股价上涨带来的资本增值,通过买卖证券赚取差价以及为取得其他公司的控制权而持有股票等。

4. 强流动性

证券市场通常具有较高的流动性,投资者可以在较短时间内买卖证券,这使证券投资具有更强的变现能力。虽然证券投资具有强流动性,但是企业持有证券时间的长短主要取决于企业的持有目的。

5. 高风险性

虽然证券投资具有较高的收益潜力,但同时也伴随着较高的风险。市场波动、公司业绩变化、政策调整等因素都可能影响证券的价格,从而给投资者带来损失。

总的来说,证券投资相对于项目投资具有更高的灵活性、更多元的投资目的和更高的风险。投资者在参与证券投资时,需要根据自己的风险承受能力、投资目标和市场情况做出合理的投资决策。

## 二、股票投资

### （一）股票投资的含义

股票投资(stock investment)是指企业通过购买股票借以获得收益的行为。股票是一种权利凭证,它能够给持有者带来未来的收益。股票投资的目的包括获利和控股。获利是指投资者通过购买股票,期望从公司的盈利分配或股票交易差价中获得收益。控股则是指投资者通过购买某一企业的大量股票,达到控制该企业的目的。

### （二）股票价值的估计

股票价值又称股票的内在价值、理论价值,是指股票预期获得的未来现金流量的现值。被投资公司的利润分配是决定股票价值的基础。股票给持有者带来未来的收益一般是以股利的形式存在,因此,可以通过股利来估算股票价值。

文档：股票价值估计

1. 股票估价的基本模型

理论上,若股东长期持有股票,股票没有到期日,那么股票带来的未来现金流量为各期

的股利收入。因此,普通股股票的现金流入量为各年股利,普通股股票的价值为各年股利的现值加总。股票估价的基本模型为

$$V_s = \frac{D_1}{(1+r_s)^1} + \frac{D_2}{(1+r_s)^2} + \cdots + \frac{D_n}{(1+r_s)^n} + \cdots = \sum_{t=1}^{\infty} \frac{D_t}{(1+r_s)^t}$$

式中,$V_s$ 为股票价值;$D_t$ 为第 $t$ 年的股利收入;$r_s$ 为股票投资必要报酬率。

通过上述模型可以看出,当未来各期间股利收入越高,投资者所要求的必要报酬率越低时,企业的股票价值越高;反之,当未来各期间股利收入越低,投资者所要求的必要报酬率越高时,企业的股票价值越低。

2. 常用股票估价模型

通过股票估价的基本模型可以看出,影响股票价值的因素为各期股利、股票投资的必要报酬率,如果股票的投资必要报酬率是一定的,那么未来各期股利的变化就成为影响股票估值的重要因素,因此,可以假定股利按照一定规律发生变化,从而简化股票估价模型。常用股票估价模型主要包括零增长股票、固定增长股票、阶段性增长股票。

(1) 零增长股票是假定股利零增长,每年股利金额保持不变,那么,股利取得的方式就可以看作为永续年金。零增长股票估价模型为

$$V_s = \sum_{t=1}^{\infty} \frac{D}{(1+r_s)^t} = \frac{D}{r_s}$$

【例 7-14】 某公司拟投资一股票,该股票每年分配股利为每股 5 元,投资的必要报酬率为 10%,请对该股票进行估值。

解:通过题目可知,该股票为零增长股票,因此,股票的价值为 $V_s = 5 \div 10\% = 50$(元)。

(2) 固定增长股票是假定企业的股利是不断增长的,股利的增长率是固定的。固定增长股票估价模型为

$$V_s = \sum_{t=1}^{\infty} \frac{D_0(1+g)^t}{(1+r_s)^t} = \frac{D_0(1+g)}{r_s - g}$$

式中,$g$ 为股利增长率。

【例 7-15】 某公司拟投资一股票,该股票上年分配股利为每股 5 元,预计股利将按每年 5% 的增长率进行增长,股票投资的必要报酬率为 10%,请对该股票进行估值。

解:通过题目可知,该股票为固定增长股票,因此,股票的价值为

$$V_s = \frac{5 \times (1+5\%)}{10\% - 5\%} = 105(元)$$

(3) 阶段性增长股票是指股利可能在一个阶段呈现高速增长模式,一个阶段呈现固定股利或固定增长模式。对于阶段性增长的股票,应当分段计算,然后各段进行合计计算股票价值。

【例 7-16】 某公司准备购买甲公司的股票,并且准备长期持有,该公司要求的投资收益率为 8%,甲公司今年每股股利 1 元,预计甲公司未来 3 年股利将高速增长,增长率为 10%,在此以后转为正常的增长,增长率为 6%。请计算甲公司股票的价值。

解:通过题目可知,该股票为阶段性增长股票,因此,股票价值应当分段计算。

未来 3 年股利如下。

第 1 年股利收入:

$$1 \times (1+10\%) = 1.1(元)$$

第 2 年股利收入：

$$1.1 \times (1 + 10\%) = 1.21(\text{元})$$

第 3 年股利收入：

$$1.21 \times (1 + 10\%) = 1.33(\text{元})$$

前 3 年股利的现值：

$$1.1 \times (P/F, 8\%, 1) + 1.21 \times (P/F, 8\%, 2) + 1.33 \times (P/F, 8\%, 3)$$
$$= 1.1 \times 0.925\,9 + 1.21 \times 0.857\,3 + 1.33 \times 0.793\,8 = 3.11(\text{元})$$

第 4 年及以后各年的股利的现值：

$$\frac{1.33 \times (1 + 6\%)}{8\% - 6\%} \times \frac{1}{(1 + 8\%)^3} = 56.00(\text{元})$$

因此，甲公司股票的价值：

$$3.11 + 56.00 = 59.11(\text{元})$$

## 三、债券投资

### （一）债券投资介绍

债券是发行者为筹集资金发行的，在约定的时间支付一定比例的利息，并在到期偿还本金的一种有价证券。因此，债券投资人进行债券投资的目的主要是取得利息收入。

债券价值（bond investment）也称债券的内在价值、债券的理论价值，是指债券预期获得的未来利息和本金的现值。债券价值的影响因素包括债券面值、债券的票面利率、债券的到期日、利息和本金的支付方式。

（1）债券面值是债券发行时所设定的票面金额，它代表着债券发行人借入资金时承诺于未来某一特定日期偿付给债券持有人的金额。

（2）债券的票面利率也称名义利率，是指投资者购买债券后，每年可以获得的利息收益与债券面值的比例。

（3）债券的到期日是指债券发行合同中明确约定的，债券持有者在合同规定的期限到期时，债券发行者必须归还本金和利息的日期。

（4）利息和本金的支付方式是指发行人支付本金和利息的时间节点，包含一次债券和分期债券。到期一次性偿还本息的为一次债券，而一次发行、分期偿还的债券称为分期债券。

### （二）债券价值的估计

1. 债券估价的基本模型

债券价值是债券预期获得的未来利息和本金的现值，债券估价的基本模型为

文档：债券价值估计

$$V_{\text{b}} = \sum_{t=1}^{n} \frac{I_t}{(1 + r_{\text{b}})^t} + \sum_{t=1}^{n} \frac{M_t}{(1 + r_{\text{b}})^t}$$

式中，$V_{\text{b}}$ 为债券价值；$I_t$ 为债券第 $t$ 年的利息收入；$M_t$ 为债券第 $t$ 年的本金收入；$r_{\text{b}}$ 为债券投资的必要报酬率。

2. 常用债券估价模型

通过债券估价的基本模型可以看出，影响债券价值的因素为各期收到的利息收入、本金

收入和债券投资的必要报酬率,如果债券的投资报酬率是一定的,那么利息和本金的偿还方式就成为影响债券估值的重要因素,因此,可以假定利息和本金的支付时点为特殊时点,从而简化债券估价模型。常用债券估价模型主要包括按年付息到期还本的债券、到期一次还本付息的债券、贴现发行的债券。

(1) 按年付息到期还本的债券是指债券持有者每年取得债券利息收入,且债券到期时收回债券本金。按年付息到期还本的债券的估价模型为

$$V_b = \sum_{t=1}^{n} \frac{I_t}{(1+r_b)^t} + \frac{M}{(1+r_b)^n}$$

式中,$M$ 为债券到期日的本金收入。

**【例 7-17】** 某债券面值为 50 元,票面利率为 10%,期限为 3 年,每年年末付息一次,到期还本,该债券的市场利率为 8%。请计算该债券的价值。

**解**:通过题目可知,该债券为按年付息到期还本债券。

债券价值 $= 50 \times 10\% \times (P/A, 8\%, 3) + 50 \times (P/F, 8\%, 3)$
$= 50 \times 10\% \times 2.577\ 1 + 50 \times 0.793\ 8 = 52.58(元)$

(2) 到期一次还本付息的债券是指债券持有期内无利息和本金收入,债券持有者只有在到期日可以获得债券本金和利息。到期一次还本付息的债券估值较为简单,该债券的估价模型为

$$V_b = \frac{M+I}{(1+r_b)^n}$$

**【例 7-18】** 某债券面值为 50 元,票面利率为 10%,期限为 3 年,该债券为到期一次还本付息的债券,债券的市场利率为 8%。请计算该债券的价值。

**解**:通过题目可知,该债券为到期一次还本付息的债券。

债券价值 $= (50 \times 10\% \times 3 + 50) \times (P/F, 8\%, 3) = 65 \times 0.793\ 8 = 51.60(元)$

(3) 贴现发行的债券是指债券无票面利率,只有票面价值的债券,债券持有人到期可以取得票面价值的金额。贴现发行的债券无票面利息,投资者购买该债券主要为取得发行价格与债券面值之间的差额。贴现发行债券估价模型为

$$V_b = \frac{M}{(1+r_b)^n}$$

**【例 7-19】** 某债券面值 1 000 元,期限为 3 年,债券期限内没有利息,到期一次还本。假设市场利率为 8%。请计算该债券价值。

**解**:通过题目可知,该债券为贴现发行的债券。

债券价值 $= 1\ 000 \times (P/F, 8\%, 3) = 1\ 000 \times 0.793\ 8 = 793.80(元)$

文档:东吴证券:数据中台赋能债券投资业务数字化转型

**拓 展 训 练**

项目七即测即评

思·行·合·一

文档：美丽中国建设迈出新步伐

文档：深化环境信息依法披露制度改革

# 项目八

## 数字化收入与分配管理

### 教学目标

**知识目标：**

1. 能描述数字化收入与分配的意义和内容；
2. 能说明销售预测分析方法，识别销售定价策略的基本计算；
3. 能重述股利政策的核心，定义股利分配的基本概念和股利分配的类型；
4. 能归纳股利分配政策的类型及优缺点，陈述股票分割与回购。

**能力目标：**

1. 能结合企业的财务分析，进行销售预测和销售定价决策；
2. 能区别股票股利、股票分割和股票回购对公司财务的影响；
3. 能操作运用股利政策理论分析公司股利政策。

**素养目标：**

1. 秉承公平和效率并重的原则；
2. 树立正确价值观，培养职业认同感；
3. 培养集体意识，践行共同富裕的伟大目标。

### 引导案例

回顾人类发展历史，每一轮技术革命都颠覆性地改变了人类的生产和生活方式，并对国民收入分配格局产生深入而持久的影响。当前，以数字技术为代表的新一轮产业革命方兴未艾。数字技术革命具有不同于以往历次技术革命的鲜明特点，故数字时代的收入分配格局可能呈现显著特征，如初次分配中财富不平等的形势可能加剧、再分配中社会保障制度面临更大挑战。同时，数字时代的国民收入分配格局演变会进一步加快，未来也可能面临更多不可预料的情景，需要未雨绸缪，加大顶层设计力度，"调高、促中、提低"，构建更有韧性、更具适应性的收入分配调节政策体系，如建立适应数字经济发展的教育体系、建立更精细化的社会保障制度、推动"调高促中就低"的税收体制改革等。

人类发展史是一部社会生产力的进步史，每一轮技术革命都推动社会生产力出现新的飞跃，创造的社会财富总量也随之实现大规模的增长。1848年马克思在《共产党宣言》中指出，"资产阶级在它的不到一百年的阶级统治中所创造的生产力，比过去一切世代创造的全部生产力还要多。"20世纪以来，现代生产力发展创造的社会财富总量，远远超过了蒸汽时代所能达到的水平。技术革命率先推动产业结构发生变革,在催生新兴产业不断发展壮大的同时,传统产业有的逐渐走向没落,有的则通过技术改造实现了升级。投射到收入分配领域表现为两个特征。一是社会主要财富形式的日渐丰富。从农业社会的土地,到工业社会的固定资产、商业资本、金融资本,再到信息社会的信息资产、技术资产、数字资产,每一轮技术革命都促进了财富形式的创新和财富再分配。同时,社会分层的划分也随之演化。二是财富分配逐步突破时间和空间的局限。农业时代的财富与土地牢牢绑定,收入分配受地理空间限制。大航海时代开启了全球化进程,财富的创造、转移和分配开始突破地域的局限。工业时代,随着分工的深化、资本和技术的全球化布局,围绕资本和劳动为主的分配真正进入全球化时代。进入信息时代,数字技术的全面普及赋予全球化新的内容和意义,随着全球金融市场的完善、世界贸易体系的健全以及跨国公司的遍地开花,资本、信息、技术的自由流动,使财富的创造和分配突破时间和空间局限。总的来看,不同类型的要素资产规模,及其能否在全球范围内的配置和流动,对一个国家的财富总量、社会阶层的调整发挥着关键性作用。随着社会财富效应越来越显著,财富集中度也逐年提升,对资产性收益进行有效调节,对于完善收入分配格局至关重要。

资料来源:http://www.360doc.com/content/22/1201/08/10993297_1058335273.shtml.

**知 识 导 图**

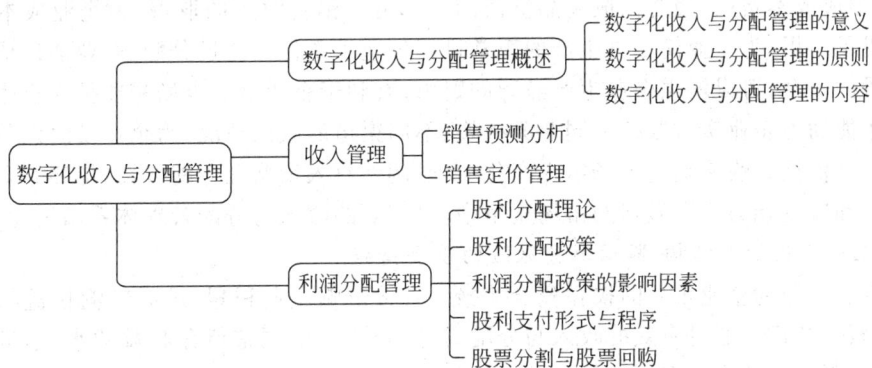

## 任务一　数字化收入与分配管理概述

　　企业的收入与分配管理是企业财务运作中的一项核心任务。收入与分配管理是对企业收入与分配的主要活动及其形成的财务关系的组织与调节,是企业将一定时期内所创造的经营成果合理地在企业内、外部各利益相关者之间进行有效分配的过程。企业的收入分配有广义和狭义两种概念。广义的收入分配是指对企业的收入和净利润进行分配,狭义的收入分配仅是指对企业净利润的分配。本任务所指收入和分配采用广义的收入分配概念,即对企业收入和净利润的分配。数字化收入与分配管理是企业数字化转型的重要组成部分,它涉及数字经济的发展对收入分配格局的影响,以及如何在数字化背景下实现公平高效的收入分配。

## 一、数字化收入与分配管理的意义

数字化收入与分配管理作为数字化财务管理的重要内容之一,对维护企业与各相关利益主体的财务管理、提升企业价值、增强决策科学性、提高企业竞争力具有重要意义。具体而言,企业数字化收入与分配管理的意义表现在以下四个方面。

1. 集中体现了企业所有者、经营者与职工之间的利益关系

企业所有者是企业权益资金的提供者,按照谁出资、谁受益的原则,其应得的投资收益须通过企业的收益分配来实现,而获得投资收益的多少取决于企业盈利状况及利润分配政策。企业的债权人在向企业投入资金的同时也承担了一定的风险,企业的收益分配应体现出对债权人利益的充分保护。除按时支付到期本金、利息外,企业在进行收益分配时,也要考虑债权人未偿付本金的保障程度。职工是价值的创造者,是企业收入和利润的源泉。通过薪资的支付以及各种福利的提供,可以提高职工的工作热情,为企业创造更多价值。在数字化转型的背景下,透明的分配机制可以增强员工对企业的信任度和归属感,合理调整分配方案可以激发员工的工作积极性和创造力。通过自动化的分配系统,提高分配的及时性和准确性,确保员工、股东等各方利益得到合理保障。

2. 企业维持简单再生产和实现扩大再生产的基本条件

企业在生产经营过程中所投入的各类资金,随着生产经营活动的进行不断地发生消耗和转移,形成成本费用,最终构成商品价值的一部分。销售收入的取得,为企业成本费用的补偿提供了前提,为企业简单再生产的正常进行创造了条件。通过分配,企业能形成一部分自行安排的资金,可以增强企业生产经营的财力,有利于企业适应市场需要扩大再生产。数字化技术能助力企业实时跟踪不同业务板块、不同渠道的收入情况,为企业及时调整经营策略提供准确依据。快速响应市场需求变化,及时调整收入策略和分配方案,提高企业的市场适应能力和应变能力。在激烈的市场竞争中,以高效的收入与分配管理体系赢得竞争优势。

3. 企业优化资本结构、降低财务风险的重要措施

留存收益作为企业重要的权益资金来源,直接影响企业积累,进而影响权益与负债的比例,即资本结构。通过有效的收入与分配管理,企业可以调整留存收益的水平,进而优化资本结构,影响企业内部资金的使用效率,因而收入分配便成为优化资本结构、降低资本成本的重要措施。通过数字化技术手段可以实时监控收入和分配过程,及时发现异常情况,防范财务风险和内部舞弊行为。确保企业收入的合法性和合规性,避免因违规操作而带来的法律风险。

4. 国家财政资金的重要来源

在企业正常的生产经营活动中,职工不仅为自己创造了价值,还为社会创造了一定的价值。利润代表企业的新创财富,是企业收入的重要构成部分。除满足企业自身的生产经营性积累外,通过收益分配,国家财政也能够集中一部分企业利润,由国家有计划地分配使用,实现国家政治职能和经济职能,发展能源、交通和原材料基础工业,为社会经济的发展创造良好条件。

## 二、数字化收入与分配管理的原则

数字化收入与分配作为重要的财务活动,应当遵循以下原则。

1. 依法分配

企业的收入与分配必须依法进行。为了规范企业的收益与分配行为,维护各利益相关者的合法权益,国家颁布了相关法规。根据《中华人民共和国公司法》的相关规定,企业应依法提取法定公积金,并根据公司章程或股东会决议进行利润分配,企业应当认真执行,不得违反。

2. 分配与积累并重

企业的收益与分配必须坚持积累与分配并重的原则。企业通过经营活动赚取收益,既要保证企业简单再生产的持续进行,又要不断积累企业扩大再生产的财力基础。恰当处理分配与积累之间的关系,留存一部分净收益以供未来分配之需,能够增强企业抵抗风险的能力,同时,也可以提高企业经营的稳定性与安全性。

3. 兼顾各方利益

企业的利润分配必须兼顾各方面的利益。企业是经济社会的基本单元,企业的收益分配涉及国家、企业股东、债权人、职工等多方面的利益。正确处理它们之间的关系,特别是股东之间,应根据实缴的出资比例或其他约定进行利润分配,协调各利益相关者之间的矛盾,统筹兼顾,维护其合法权益,对企业的生存、发展来说至关重要。

4. 投资与收益对等

企业进行利润分配应当体现"谁投资谁受益"、收益大小与投资比例相对等的原则。这是正确处理投资者利益关系的关键。企业在向投资者分配收益时,应本着平等一致的原则,按照投资者投资额的比例进行分配,不允许任何一方随意多分多占,以从根本上实现收益与分配中的公开、公平和公正,保护投资者的利益。

## 三、数字化收入与分配管理的内容

企业通过销售产品、提供劳务、转让资产使用权等活动取得收入,而这些收入的去向主要是两个方面:一是弥补成本费用,即为取得收入而发生的资源耗费;二是形成利润,即收入匹配成本费用后的余额。收入、成本费用和利润三者之间的关系可以简单表述为"收入-成本费用=利润",可以看出,广义的收入分配首先是对企业收入的分配,即对成本费用进行弥补,进而形成利润的过程,然后对其余额(即利润)按照一定的程序进行再分配。显然,收入的取得、成本费用的发生以及利润的形成与流向构成了收入分配的主要内容。因此,数字化收入与分配管理包括数字化收入管理、数字化成本费用管理和数字化利润分配管理三个部分。

1. 数字化收入管理

收入是企业收益分配的首要对象。企业的收入多种多样,其中,销售收入是指企业在日常经营活动中,由于销售产品、提供劳务等所形成的货币收入。这是企业收入的主要构成部分,是企业能够持续经营的基本条件。销售收入的制约因素主要是销量与价格。由于企业一般是按"以销定产"的原则组织生产,那么对于销售量的预测便显得尤为重要。科学的销售预测可以加速企业的资金周转,提高企业的经济效益。产品价格是企业获得市场占有率、提升产品竞争能力的重要因素。产品价格的制定直接或间接地影响着销售收入。企业可以通过不同的价格制定方法与运用策略来调节产品的销售量,进而作用于销售收入。所以,销售预测分析与销售定价管理便构成了收入管理的主要内容。通过数字化手段,企业可以更有效地识别商业机会,提高运营效率、收益和客户体验。这涉及小规模测试、选择恰当的用例进行规模化拓展,以及构建数字化能力。例如 Oracle NetSuite 提供的解决方案,可以帮助企业遵循会计准则(如 ASC 605、ASC 606 和 IFRS 15),自动进行收入预测、分配、确认、重新分类和审计,确保收入数据的准确性和合规性。

### 2. 数字化成本费用管理

企业取得的收入首先应当弥补成本费用。成本费用是商品价值中所耗费的生产资料的价值和劳动者必要劳动所创造的价值之和,在数量上表现为企业的资金耗费。收入必须首先弥补成本费用,才可以保证企业简单再生产的继续进行。成本费用有多种不同的分类,例如,按照经济用途可以分为生产成本和期间费用;按照成本性态可以分为固定成本、变动成本和混合成本等。成本费用管理对于提高经营效率、增加企业收益具有重要意义,主要的成本费用管理模式包括归口分级管理、成本性态分析、标准成本管理、作业成本管理和责任成本管理等。大型企业集团的数字化成本管理转型目标包括强化合规管控能力、提升服务质量与效率、创造价值与业务赋能等,需要从全链路成本管理闭环出发,实现资源全生命周期的自动化、标准化、集约化、透明化、智能化管理。德勤提供的全链路成本管理解决方案,旨在帮助企业打通成本价值链条,实现集约管理,推动精细化成本管理能力的发展,注重用户需求,精益流程,并利用科技赋能释放价值。这部分内容与管理会计理论中的成本管理交叉较多,本书对成本费用管理不予展开。

### 3. 数字化利润分配管理

利润分配是利润形成和流向的分配,也是狭义的收入分配。利润是收入弥补成本费用后的余额。由于成本费用包括的内容与表现的形式不同,利润所包含的内容与形式也有一定的区别。若成本费用不包括利息和所得税,则利润表现为息税前利润;若成本费用包括利息而不包括所得税,则利润表现为利润总额;若成本费用包括利息和所得税,则利润表现为净利润,本书所指利润分配是指对净利润的分配。在数字经济背景下,数据成为与土地、劳动、资本、技术等并列的核心生产要素。然而,数据资源垄断、数据隐私泄露、数字经济税源隐蔽等问题正在加速利润分配的不平等。同时在数据相关税收项目制度设计中,可以考虑增设面向数据交易、使用数据提供数字服务的收入性税收项目,以最大限度发挥税收调节作用。数字化利润分配是一个多维度的问题,涉及企业内部分配机制、税收政策、人才培养、资本监管等多个方面。企业和政府需要共同努力,以确保数字化转型带来的红利能够公平合理地分配,同时促进经济的高质量发展。

动画:利润
分配的程序

# 任务二　收入管理

企业销售收入是企业的主要财务指标,在资金运动过程中处于起点和终点的地位,具有重要的经济意义,它是企业简单再生产和扩大再生产的资金来源,是加速资金周转的前提。由于销售收入是企业收入的主体,故本任务所指收入主要是销售收入(或营业收入),即企业在日常经营活动中,由于销售产品、提供劳务等所形成的收入。企业销售收入是企业的重要财务指标,是企业资金运动的起点和终点。它是企业简单再生产和扩大再生产的资金来源,是加速资金周转的前提,所以必须加强企业销售收入的管理。销售收入大小的制约因素主要是产品的销售数量和销售价格,因此,企业在经营管理过程中,一定要做好销售预测分析以及销售定价管理。

# 一、销售预测分析

销售预测分析是指通过市场调查,以有关的历史资料和各种信息为基础,运用科学的预测方法或管理人员的实际经验,对企业产品在计划期间的销售量或销售额做出预计或估量的过程。企业在进行销售预测时,会研究和分析企业产品销售的相关资料,诸如产品价格、产品质量、售后服务、推销方法等;同时对企业所处的市场环境、物价指数、市场占有率及经济发展趋势等情况也会进行研究分析。销售预测的方法有很多种,主要包括定性分析法和定量分析法。

微课:销售
预测分析

## (一)销售预测的定性分析法

定性分析法是指由专业人员根据实际经验,对预测对象的未来情况及发展趋势做出预测的一种分析方法,它一般适用于预测对象的历史资料不完备或无法进行定量分析时,主要包括营销员判断法、专家判断法和产品寿命周期分析法。

1. 营销员判断法

营销员判断法又称意见汇集法,是由企业熟悉市场情况及相关变化信息的营销人员对市场进行预测,再将各种判断意见加以综合分析、整理,并得出预测结论的方法。企业营销人员能充分了解市场现状以及企业的生产、销售情况,因此在一定程度上保证了预测的准确性。这种方法的优点在于用时短、成本低、比较实用。但是这种方法单纯靠营销人员的主观判断,具有较多的主观因素和较大的片面性。

2. 专家判断法

专家判断法是由专家根据他们的经验和判断能力对特定产品的未来销售量进行判断和预测的方法。专家判断法主要有个别专家意见汇集法、专家小组法、德尔菲法三种方法。

(1)个别专家意见汇集法首先分别向每位专家征求对本企业产品未来销售情况的个人意见,然后将这些意见加以综合分析,确定预测值,将意见汇总后再进行判断。

(2)专家小组法即将专家分成小组,运用专家们的集体智慧进行判断预测的方法。此方法的缺陷是预测小组中专家意见可能受权威专家的影响,客观性就会比较差。有权威专家在,其他专家可能不太敢发表不同的意见。

(3)德尔菲法采用函询的方式,首先征求各方面专家的意见,各专家在互不通气的情况下,根据自己的观点和方法进行预测,然后把各个专家的意见汇集在一起,通过不记名方式反馈给各位专家,再参考别人的意见修正,如此反复多次,最终确立判断结果。这种方法是在前两种方法的基础上进行的改进,预测结果更加客观,不过弊端就是耗时长,且需要投入大量的人力物力。

3. 产品寿命周期分析法

产品寿命周期分析法是利用产品销售量在不同寿命周期阶段上的变化趋势,进行销售预测的一种定性分析方法,它是对其他预测分析方法的补充。产品寿命周期是指产品从投入市场到退出市场所经历的时间,一般要经过推广期、成长期、成熟期和衰退期四个阶段。在这一发展过程中,产品销售量的变化呈一条曲线,称为产品寿命周期曲线。

判断产品所处的寿命周期阶段,可根据销售增长率指标进行。一般来说,推广期增长率不稳定,成长期增长率最大,成熟期增长率稳定,衰退期增长率为负数。了解产品所处的寿命周期阶段,有助于正确选择预测方法。例如,在推广期缺少历史资料,可以运用定性分析法、专家意见判断、销售人员判断法等;成长期可运用回归分析法进行预测;成熟期销售量比较稳定,适用趋势预测分析法。

### (二)销售预测的定量分析法

定量分析法也称数量分析法,是指在预测对象有关资料完备的基础上,运用一定的数学方法,建立预测模型,做出预测,它一般包括趋势预测分析法和因果预测分析法两大类。

1. 趋势预测分析法

趋势预测分析法主要包括算术平均法、加权平均法、移动平均法、指数平滑法等。

(1)算术平均法是指将若干历史时期的实际销售量或销售额作为样本值,求出其算术平均数,并将该平均数作为下期销售量的预测值。其计算公式为

$$Y = \frac{\sum X_i}{N}$$

式中,$Y$ 为预测值;$X_i$ 为第 $i$ 期的实际销售量;$N$ 为期数。

算术平均法适用于每期销售量波动不大的产品的销售预测。

(2)加权平均法是指将若干历史时期的实际销售量或销售额作为样本值,将各个样本值按照一定的权数计算得出加权平均数,并将该平均数作为下期销售量的预测值。一般来说,由于市场变化较大,离预测期越近的样本值对其影响越大,而离预测期越远的则影响越小,所以权数的选取应遵循"近大远小"的原则。其计算公式为

$$Y = \sum_{i=1}^{n} W_i X_i$$

式中,$Y$ 为预测值;$W_i$ 为第 $i$ 期的权数 $(0 < W_i \leqslant W_{i+1} < 1,$且$\sum W_i = 1)$;$X_i$ 为第 $i$ 期的实际销售量;$n$ 为期数。

加权平均法较算术平均法更为合理,计算也较方便,因而在实践中应用较多。

(3)移动平均法是指从 $n$ 期的时间数列销售量中选取 $m$ 期($m$ 数值固定,且 $m < n/2$)数据作为样本值,求其 $m$ 期的算术平均数,并不断向后移动计算观测其平均值,以最后一个 $m$ 期的平均数作为未来第 $n+1$ 期销售预测值的一种方法。这种方法假设预测值主要受最近 $m$ 期销售量的影响。其计算公式为

$$Y_{n+1} = \frac{X_{n-(m-1)} + X_{n-(m-2)} + \cdots + X_{n-1} + X_n}{m}$$

为了使预测值更能反映销售量变化的趋势,可以对上述结果按趋势值进行修正,其计算公式为

$$\overline{Y_{n+1}} = Y_{n+1} + (Y_{n+1} - Y_n)$$

由于移动平均法只选用了 $n$ 期数据中的最后 $m$ 期作为计算依据,故而代表性较差。此法只适用于销售量略有波动的产品预测。

(4)指数平滑法实质上是一种加权平均法,是以事先确定的平滑指数 $a$ 及 $1-a$ 作为权数进行加权计算,预测销售量的一种方法。其计算公式为

$$Y_{n+1} = aX_n + (1-a)Y_n$$

式中,$Y_{n+1}$ 为未来第 $n+1$ 期的预测值;$a$ 为平滑指数;$X_n$ 为第 $n$ 期的实际销售量,即预测前期的实际销售量;$Y_n$ 为第 $n$ 期的预测值,即预测前期的预测值;$n$ 为期数。

一般来说,平滑指数的取值通常在 $0.3\sim0.7$,其取值大小决定了前期实际值与预测值对本期预测值的影响。采用较大的平滑指数,预测值可以反映样本值新近的变化趋势;采用较小的平滑指数,则反映了样本值变动的长期趋势。因此,在销售量波动较大或进行短期预测时,可选择较大的平滑指数;在销售量波动较小或进行长期预测时,可选择较小的平滑指数。

该方法运用比较灵活,适用范围较广,但在平滑指数的选择上具有一定的主观随意性。

2. 因果预测分析法

因果预测分析法是指分析影响产品销售量(因变量)的相关因素(自变量)以及它们之间的函数关系,并利用这种函数关系进行产品销售预测的方法。因果预测分析法最常用的是回归分析法。

回归分析法也称回归直线法。该方法假定仅有一个因素对预测对象的销售量($Y$)产生影响。依据直线方程式 $Y=a+bX$,运用最小二乘法原理,旨在确定一条误差达到最小、能够精准体现自变量 $X$ 与因变量 $Y$ 之间关系的直线。其中,常数项 $a$ 与系数 $b$ 的计算公式为

$$a = \frac{\sum Y - b\sum X}{n}, \quad b = \frac{n\sum XY - \sum X \sum Y}{n\sum X^2 - \left(\sum X\right)^2}$$

待求出 $a$、$b$ 的值后,代入 $Y=a+bX$,结合自变量 $X$ 的取值,即可求得预测对象 $Y$ 的预测销售量或销售额。

### (三) 数字技术在销售预测中的应用

随着人工智能和大数据技术的发展,销售预测方法也在不断革新。

1. 机器学习

机器学习模型可以从大量历史销售数据中学习并识别复杂的模式,用于对未来的销售进行预测。通过历史数据的分析和建模,构建和训练适用于销售预测的模型。这些模型可能包括线性回归、决策树、随机森林、神经网络等,它们能够学习历史数据中的模式,训练好的模型可以用来预测未来的销售数据,并将预测结果以图表或表格的形式展示给用户。商家可以根据这些预测结果进行库存调整、制定营销策略等决策分析。

2. 大数据分析

利用大数据分析技术,企业可以综合考虑多种数据源和维度(包括社交媒体、网站流量、顾客行为数据等),以更全面地理解市场动态和消费者行为,从而进行更精准的销售预测。例如,可以采用天眼查方法确定公司所有客户的股东情况;通过对用户行为数据的分析,可以更加准确地了解客户的需求和偏好;通过对用户的消费行为、浏览历史等数据进行分析,可以为用户提供个性化的产品推荐;通过对用户反馈数据的分析,可以更加及时地了解产品存在的问题和不足之处,从而及时进行改进和优化。

然而值得注意的是,任何预测方法都存在一定的不确定性,因此在实际应用中,结合多种方法并结合企业的具体情况进行灵活应用,将更有助于提高预测的准确性和可靠性。在未来,随着数据技术的不断发展,财务管理将会在企业销售预测管理中发挥更加重要的作用。

## 二、销售定价管理

### （一）销售定价管理的含义

销售定价管理是指在调查分析的基础上，选用合适的产品定价方法，为销售的产品制定最为恰当的售价，并根据具体情况运用不同价格策略，以实现经济效益最大化的过程。

企业销售各种产品都必须确定合理的产品销售价格。产品价格的高低直接影响销售量的大小，进而影响企业的盈利水平。单价水平过高，会导致销售量降低，如果达不到保本点，企业就会亏损；单价水平过低，虽然能起到促销作用，但单位毛利降低，企业的盈利水平会下降。因此，销售定价不仅影响产品的边际贡献，同时影响产品的销售数量与市场地位，还会影响企业正常的生产经营活动，甚至影响企业的生存和发展。进行良好的销售定价管理，可以使企业的产品更富有吸引力，扩大市场占用率，改善企业的相对竞争地位。

### （二）企业的定价目标

定价目标是指企业在一定的经营环境中，制定产品价格，通过价格效用实现企业预期的经营目标。要使销售定价管理卓有成效，企业必须制定与战略目标相匹配、切实可行的定价目标，以明确定价管理的方向，并用于指导选择适合的定价方法和价格运用策略。企业自身的实际情况及所面临的外部环境不同，企业的定价目标也多种多样，主要有以下几种。

文档：影响产品价格的因素

1. 实现利润最大化

这种目标通常是通过为产品制定一个较高的价格，进而提高产品单位利润率，最终实现企业利润最大化。它适用于在市场中处于领先或垄断地位的企业，或者在行业竞争中具有很强的竞争优势，并能长时间保持这种优势的企业。

2. 保持或提高市场占有率

市场占有率是指企业产品销售额在同类产品市场销售总额中所占的比重，其大小在一定程度上反映了企业的经营状况和竞争实力。以保持或提高市场占有率为定价目标，其目的是使产品价格有利于销售收入的提高，企业利润得到有效保障，并且可以有效打击竞争对手，这是一种注重企业长期经营利润的做法。企业为了实现这一目标，其产品价格往往需要低于同类产品价格，以较低的价格吸引客户，逐步扩大市场份额，但在短期内可能要牺牲一定的利润空间。因此，这种定价目标要求企业具有潜在的生产经营能力，总成本的增长速度低于总销量的增长速度，商品的需求价格弹性较大，即适用于能够薄利多销的企业。

3. 稳定市场价格

为了长期稳定地占领市场，行业中能左右市场价格的一些大企业，往往希望价格稳定，在稳定的价格中获取稳定的利润。通常做法是由行业中的领导企业制定一个价格，其他企业的价格则与之保持一定的比例关系，无论是大企业，还是中小企业，都不会随便降价。其优点是创造了一个相对稳定的市场环境，避免过度竞争产生两败俱伤的负面效应，减少风险，使企业能够以稳定的价格获得比较稳定的利润。这种定价通常适用于产品标准化的行业，如钢铁制造业等。

4. 应对和避免竞争

企业参照对市场有决定性影响的竞争对手的产品价格变动情况，随时调整本企业产品价格。当竞争对手维持原价时，企业也保持原价；竞争对手改变价格时，企业也相应地调整价格,但是企业不会主动调整价格。这种定价方法主要适用于中小型企业。在激烈的价格竞争中,中小型企业没有足够实力对价格进行干预,为了避免在竞争中被淘汰,必须与市场行情保持一致。

5. 树立企业形象及产品品牌

企业形象及产品品牌是企业在经营中创造的重要无形资产,而价格是企业竞争的一种手段,表达了企业产品的定位,在一定程度上反映着企业形象和产品形象。以树立企业形象及产品品牌为定价目标主要有两种情况。一是树立优质高价形象。某些品牌产品具有较高的质量的认知价值,会被某一客户群所认同和接受。企业在定价时,可以不拘泥于实际成本,而是制定一个较高的价格,产生一种品牌的增值效应。采用这种策略不但可以使企业获得高额利润,而且还能够满足消费者的心理需求。二是树立大众化评价形象。通过大众化的评价定位树立企业形象,吸引大量的普通消费者,以扩大销量获得利润。

### (三)产品定价策略

产品定价策略主要包括以成本为基础的定价策略和以市场需求为基础的定价策略两大类。

微课:销售
定价管理

1. 以成本为基础的定价策略

在企业成本范畴中,基本上有三种成本可以作为定价基础,即全部成本费用、变动成本和制造成本。

全部成本费用是指企业为生产、销售一定种类和数量的产品所发生的所有成本和费用总额,包括制造成本和管理费用、销售费用及财务费用等各种期间费用。在全部成本费用基础上制定价格,既可以保证企业简单再生产的正常进行,又可以使劳动者为社会劳动所创造的价值得以全部实现。

变动成本是指在特定的业务量范围内,其总额会随业务量的变动而变动的成本。变动成本可以作为增量产量的定价依据,但不能作为一般产品的定价依据。

制造成本是指企业为生产产品或提供劳务等发生的直接费用支出,一般包括直接材料、直接人工和制造费用。由于它不包括各种期间费用,因此不能正确反映企业产品的真实价值消耗和转移。利用制造成本定价不利于企业简单再生产的继续进行。

(1)完全成本费用加成定价。完全成本费用加成定价法就是在全部成本费用的基础上,加合理利润来定价。合理利润的确定,在工业企业一般是根据成本利润率,而在商业企业一般是根据销售利润率。在考虑税金的情况下,有关计算公式如下。

① 成本利润率定价。

$$成本利润率 = \frac{预测利润总额}{预测成本总额} \times 100\%$$

$$单位产品价格 = \frac{单位成本 \times (1 + 成本利润率)}{1 - 适用税率}$$

② 销售利润率定价。

$$销售利润率 = \frac{预测利润总额}{预测销售总额} \times 100\%$$

$$单位产品销售价格 = \frac{单位成本}{1 - 销售利润率 - 适用税率}$$

上述公式中,单位成本是指单位全部成本费用,可以用单位制造成本加上单位产品负担

的期间费用来确定,适用税率为产品适用的消费税税率。

【例 8-1】 某企业生产锂电池,预计单位产品的制造成本为 200 元,计划销售 20 000 件,预计期间费用总额为 750 000 元,该产品适用的消费税税率为 5%,成本利润率必须达到 25%。请根据上述资料,运用完全成本加成定价法测算单位锂电池的价格。

解: 
$$单位锂电池价格 = \frac{\left(200 + \dfrac{750\ 000}{20\ 000}\right) \times (1 + 25\%)}{1 - 5\%} = 312.5(元)$$

或者设单位锂电池的价格为 $P$,根据题意列出等式如下:

$$(200 \times 20\ 000 + 750\ 000) \times 25\% = 20\ 000 \times P - 20\ 000 \times P \times 5\%$$
$$- (200 \times 20\ 000 + 750\ 000)$$

则单位锂电池价格 = 312.5 元。

【例 8-2】 某企业生产精密模具,公司预测该模具将为企业带来 2 400 万元的收益,销售部门预计 A 产品全年销售额为 12 000 万元。生产部门预计单位产品成本为 300 元,该产品适用的消费税税率为 5%,试运用销售利润率定价法对产品进行定价。

解: 
$$销售利润率 = 2\ 400 \div 12\ 000 = 20\%$$

$$单位模具价格 = \frac{单位模具成本}{1 - 销售利润率 - 适用税率}$$
$$= \frac{300}{1 - 20\% - 5\%} = 400(元)$$

或者设模具销量为 $Q$,根据题意列出等式如下:

$$12\ 000 \times 20\% = 12\ 000 \times (1 - 5\%) - Q \times 300$$

得出销售量 $Q = 30$ 万件,单位产品价格 $= \dfrac{12\ 000}{30} = 400(元)$。

完全成本费用加成定价法可以保证全部生产耗费得到补偿,但它很难适应市场需求的变化,往往导致定价过高或过低。并且,当企业生产多种产品时,间接费用难以准确分摊,因而会导致定价不准确。

(2)变动成本定价法。变动成本定价法是指企业在生产能力有剩余的情况下增加生产一定数量的产品,这些增加的产品可以不负担企业的固定成本,只负担变动成本,在确定价格时产品成本仅以变动成本计算。此处所指变动成本是指完全变动成本,包括变动制造成本和变动期间费用。其计算公式为

文档:小米汽车一晚上卖出去 9 万台

$$单位产品价格 = \frac{单位变动成本 \times (1 + 成本利润率)}{1 - 适用税率}$$

【例 8-3】 某企业生产 N 产品,设计生产能力为 12 000 件,计划生产 10 000 件,预计单位变动成本为 190 元,计划期的固定成本费用总额为 950 000 元,该产品适用的消费税税率为 5%,成本利润率必须达到 20%。假定本年度接到一额外订单,订购 1 000 件丁产品,单价 280 元。请问该企业计划内产品单位价格是多少,是否应接受这一额外订单?

解:根据上述资料,企业计划内生产的产品价格为

$$计划内单位 N 产品价格 = \frac{\left(\dfrac{950\ 000}{10\ 000} + 190\right) \times (1 + 20\%)}{1 - 5\%} = 360(元)$$

文档:以成本为基础的定价策略(补充)

追加生产 1 000 件的单位变动成本为 190 元,则

$$计划外单位 N 产品价格 = \frac{190 \times (1 + 20\%)}{1 - 5\%} = 240(元)$$

额外订单单价高于其变动成本计算的价格,因此应接受此订单。

2. 以市场需求为基础的定价策略

以成本为基础的定价方法,主要关注企业的成本状况而不考虑市场需求状况,因而运用这种方法制定的产品价格不一定满足企业销售收入或利润最大化的要求。最优价格应是企业取得最大销售收入或利润时的价格。以市场需求为基础的定价方法可以契合这一要求,主要有需求价格弹性系数定价法和边际分析定价法等。

(1)需求价格弹性系数定价法。产品在市场上的供求变动关系,实质上体现在价格的刺激和制约作用上。需求增大导致价格上升,刺激企业生产;而需求减小,则会引起价格下降,因而制约了企业的生产规模。从另一个角度看,企业也可以根据这种关系,通过价格的升降来作用于市场需求。在其他条件不变的情况下,某种产品的需求量随其价格的升降而变动的程度,就是需求价格弹性系数。其计算公式为

$$E = \frac{\Delta Q / Q_0}{\Delta P / P_0}$$

式中,$E$ 为某种产品的需求价格弹性系数;$\Delta Q$ 为需求变动量;$\Delta P$ 为价格变动量;$Q_0$ 为基期需求量;$P_0$ 为基期单位产品价格。

运用需求价格弹性系数确定产品的销售价格时,其基本计算公式为

$$P = \frac{P_0 Q_0^{\frac{1}{|E|}}}{Q^{\frac{1}{|E|}}}$$

式中,$P$ 为单位产品价格;$P_0$ 为基期单位产品价格;$Q_0$ 为基期销售数量;$E$ 为需求价格弹性系数;$Q$ 为预计销售数量。

(2)边际分析定价法。边际分析定价法是指基于微分极值原理,通过分析不同价格与销售量组合下的产品边际收入、边际成本和边际利润之间的关系,进行定价决策的一种定量分析方法。

边际是指每增加或减少一个单位所带来的差异。那么,产品边际收入、边际成本和边际利润就是指销售量每增加或减少一个单位所形成的收入、成本和利润的差额。按照微分极值原理,如果利润函数的一阶导数等于零,即边际利润等于零,边际收入等于边际成本,那么,利润将达到最大值。此时的价格就是最优销售价格。

当收入函数和成本函数均可微时,直接对利润函数求一阶导数,即可得到最优售价;当收入函数或成本函数为离散型函数时,可以通过列表法,分别计算各种价格与销售量组合下的边际利润,那么,在边际利润大于或等于零的组合中,边际利润最小时的价格就是最优售价。

### (四)价格运用策略

企业之间的竞争在很大程度上表现为企业产品在市场上的竞争。市场占有率的大小是衡量产品市场竞争能力的主要指标。除提升产品质量外,根据具体情况合理运用不同的价格策略,可以有效地提高产品的市场占有率和企业的竞争能力。主要的价格策略有以下

几种。

### 1. 折让定价策略

折让定价策略是指在一定条件下,以降低产品的销售价格来刺激购买者,从而达到扩大产品销售量的目的。价格的折让主要表现是价格折扣,主要有现金折扣、数量折扣、团购折扣、预购折扣、季节折扣等。现金折扣是指企业为了提高结算保障,对在一定期限内付款的客户给予的折扣,即购买方如果在企业规定的期限内付款,企业就给予客户一定的折扣。数量折扣是指企业对大量购买或集中购买其产品的客户给予的一种折扣优惠。一般购买量越多、金额越大,折扣也越大。团购折扣是指通过团购集合足够人数,便可以优惠价格购买或使用第三方公司的物品、优惠券或服务。预购折扣是指对预先向企业订购或购买产品进行折扣。例如提前预订机票,提前预订旅游产品等。季节折扣是企业给予非季节性热销商品的购买者提供的一种价格优惠。

### 2. 心理定价策略

心理定价策略是指针对购买者的心理特点而采取的一种定价策略,主要有声望定价、尾数定价、双位定价和高位定价等。声望定价是指企业按照其产品在市场上的知名度和被消费者的信任程度来制定产品价格的一种方法。一般来说,品牌声誉越高,产品定价也越高,这就是产品的"名牌效应"。尾数定价即在制定产品价格时,价格的尾数取接近整数的小数(如199.9元)或带有一定谐音的数(158元)等。这种策略通常适用于价格较低的日常消费品。双位定价是指在向市场以挂牌价格销售时,采用两种不同的标价来促销的一种定价方法。例如,某产品标明"原价158元,现促销价99元"。这种方法适用于市场接受度不高或销售情况不佳的产品。高位定价即根据消费者"价高质优"的心理特点实行高标价促销的方法,但高位定价只适用于真正高品质的产品,不能以次充好。

### 3. 组合定价策略

组合定价策略是针对相关产品组合所采取的一种方法,它根据相关产品在市场竞争中的不同情况,使互补产品价格有高有低,或使组合售价优惠。对于具有互补关系的相关产品,可以采取降低部分产品价格而提高互补产品价格,以促进销售,提高整体利润,例如以较低价格销售汽车,而其配件则定价较高。对于具有配套关系的相关产品,可以对组合购买进行优惠,鼓励消费者一次性购买整个套装,如羽毛球拍和羽毛球等。组合定价策略可以扩大销售量、企业不仅能够增加销量,还能通过优化产品组合的价格结构来提高整体利润,同时有助于减少产品流通过程中的成本,降低单位产品的分销费用。

### 4. 寿命周期定价策略

寿命周期定价策略是根据产品从进入市场到退出市场的生命周期,分阶段确定不同价格的定价策略。产品在市场中的寿命周期一般分为推广期、成长期、成熟期和衰退期。推广期产品需要获得消费者的认同,进一步占有市场,企业通常会采取较低的价格来刺激初步的购买和市场接受度;成长期产品有了一定的知名度,销售量稳步上升,企业可以适度提高价格,但仍需保持在合理范围内,以维持销量的增长势头;成熟期产品市场知名度处于最佳状态,企业可以进一步提高价格,利用产品的品牌效应和市场地位来实现更高的利润,但由于市场需求接近饱和,竞争激烈,定价时必须考虑竞争者的情况,以保持现有市场销售量;衰退期的产品市场竞争力下降,销售量下滑,企业可以选择降低价格以清理库存,或者通过提供折扣

文档:瑞幸的
数字化战略

和其他促销手段来维持销量,同时积极开发新产品,保持企业的市场竞争力。

# 任务三　利润分配管理

股利分配的核心问题是如何权衡企业股利支付决策与未来长期增长之间的关系,从而实现公司价值最大化的财务管理目标。股利政策是指在法律允许的范围内,企业是否发放股利、发放多少股利以及何时发放股利的方针及对策。股利政策的最终目标是使公司价值最大化。股利往往可以向市场传递一些信息,股利发放的多寡、是否稳定、是否增长等,往往是大多数投资者推测公司经营状况、发展前景优劣的依据。因此,股利政策关系到公司在市场上的形象,成功的股利政策有利于提高公司的市场价值。

## 一、股利分配理论

人们对股利分配与财务目标之间关系的认识存在不同的流派与观念,目前还没有一种被大多数人所接受的权威观点和结论。那么围绕公司股利政策是否影响公司价值这一问题,不同学派有不同的观点,目前主要有股利无关理论和股利相关理论两种较流行的观点。

微课:股利
分配理论

### (一) 股利无关理论

股利无关理论(MM 理论)是美国的弗兰科·莫迪利安尼(Franco Modigliani)和默顿·米勒(Merton Miller)在 1961 年提出的。该理论建立在完美的假设基础之上:①信息完全对称,即投资者与管理者拥有相同的信息;②投资者都是理性的;③企业发行证券没有发行费用,证券交易瞬间完成且没有交易成本;④无任何个人和企业所得税;⑤企业的投资政策不变,投资回收没有风险。

该理论认为在一定的假设条件限制下,股利政策不会对公司的价值或股票的价格产生任何影响,投资者不关心公司股利的分配。公司市场价值的高低,是由公司所选择的投资决策的获利能力和风险组合所决定的,而与公司的利润分配政策无关。在完全有效的资本市场上,股利政策的改变仅意味着股东的收益在现金股利与资本利得之间分配上的变化,同时这种改变不会影响公司的市场价值以及股东的财富。股利无关理论是以多种假设为前提的,而在现实中这些假设并不存在。

### (二) 股利相关理论

与股利无关理论相反,股利相关理论认为,企业的股利政策会影响股票价格和公司价值,主要观点有以下几种。

#### 1. "手中鸟" 理论

"手中鸟" 理论认为,用留存收益再投资给投资者带来的收益具有较大的不确定性,并且投资的风险随着时间的推移会进一步加大,因此,厌恶风险的投资者会偏好确定的股利收益,而不愿将收益留存在公司内部去承担未来的投资风险。该理论认为公司的股利政策与公司的股票价格是密切相关的,即当公司支付较高的股利时,公司的股票价格会随之上升,公司价值将得到提高。该理论可以用西方一句名言来形容,"双鸟在林,不如一鸟在手"。

### 2. 信号传递理论

信号传递理论认为,在信息不对称的情况下,公司可以通过股利政策向市场传递有关公司未来获利能力的信息,从而会影响公司的股价。一般来讲,预期未来获利能力强的公司,往往愿意通过相对较高的股利支付水平把自己同预期获利能力差的公司区别开来,用于吸引更多的投资者。对于市场上的投资者来讲,股利政策的差异或许是反映公司预期获利能力的价值信号。如果公司连续保持较为稳定的股利支付水平,那么,投资者就可能对公司未来的盈利能力与现金流量抱有乐观的预期。如果公司的股利支付水平在过去一个较长的时期内相对稳定,而现在却有所变动,投资者将会把这种现象看作公司管理部门将要改变公司未来收益率的信号,股票市价将会对股利的变动做出反应。

### 3. 所得税差异理论

所得税差异理论认为,由于普遍存在的税率以及纳税时间的差异,资本利得收益比股利收益更有助于实现收益最大化目标,公司应当采用低股利政策。一般来说,对资本利得收益征收的税率低于对股利收益征收的税率;再者,即使两者没有税率上的差异,由于投资者对资本利得收益的纳税时间选择更具有弹性,投资者仍可以享受延迟纳税带来的收益差异。

### 4. 代理理论

代理理论认为,股利政策是协调股东与管理者之间代理关系的一种约束机制。该理论认为,股利的支付能够有效地降低代理成本。首先,股利的支付减少了管理者对自由现金流量的支配权,这在一定程度上可以抑制公司管理者的过度投资或在职消费行为,进而保护外部投资者的利益;其次,较多的现金股利发放,减少了内部融资,导致公司进入资本市场寻求外部融资,这样公司将接受资本市场上更多的、更严格的监督,从而减少了代理成本。因此,高水平的股利政策降低了企业的代理成本,但同时增加了外部融资成本,理想的股利政策应当使两种成本之和最小。

文档:我国上市公司股利政策研究——以格力电器为例

## 二、股利分配政策

股利分配政策是指公司管理部门对股利分配有关事项所做出的方针与决策。在财务管理的实践中,公司进行股利分配时,常采用的股利分配政策主要有以下几种。

微课:股利分配政策

### (一)剩余股利政策

剩余股利政策是指公司在有良好的投资机会时,根据目标资本结构,测算出投资所需的权益资本额,先从盈余中留用,然后将剩余的盈余作为股利来分配,即净利润首先满足公司的权益资金需求,如果还有剩余,就派发股利;如果没有,则不派发股利。剩余股利政策的理论依据是股利无关理论。根据股利无关理论,在完全理想的资本市场中,公司的股利政策与普通股每股市价无关,故而股利政策只需随着公司投资、融资方案的制订而自然确定。股利分配以企业发展为主要考虑,股东相信未来一定获得更高的收益,愿意把钱继续投入企业。因此,采用剩余股利政策时,公司要遵循以下四个步骤。

(1)设定目标资本结构,在此资本结构下,公司的加权平均资本成本将达最低水平。

(2)确定公司的最佳资本预算,并根据公司的目标资本结构预计资金需求中所需增加的权益资本数额。

（3）最大限度地使用留存收益来满足资金需求中所需增加的权益资本数额。

（4）留存收益在满足公司权益资本增加需求后,若还有剩余再用来发放股利。

**【例 8-4】** 文杰公司 2024 年税后净利润 1 000 万元,2025 的投资计划需要资金 1 200 万元,公司的目标资本结构为权益资本占 60%,债务资本占 40%。该公司采用剩余股利政策。假设公司 2024 年流通在外的普通股为 1 000 万股,则该公司 2024 年应分配的每股股利为多少?

**解**：按照目标资本结构,公司投资方案所需的权益资本数额为

$$1\ 200 \times 60\% = 720(万元)$$

2024 年可以发放的股利为

$$1\ 000 - 720 = 280(万元)$$

假设公司当年流通在外的普通股为 1 000 万股,则每股股利为 280÷1 000=0.28(元/股)。

剩余股利政策的优点：能充分利用筹资成本最低的资金来源,满足投资机会的需要并能保持理想的资本结构,使加权平均的资本成本最低,实现企业价值的长期最大化。

剩余股利政策的缺点：若完全遵照执行剩余股利政策,股利发放额就会每年随着投资机会和盈利水平的波动而波动。在盈利水平不变的前提下,股利发放额与投资机会的多寡呈反方向变动;而在投资机会维持不变的情况下,股利发放额将与公司盈利呈同方向波动。股利支付不稳定,不能满足希望取得稳定收入股东的要求,这不仅不利于投资者安排收入与支出,也不利于公司树立良好的形象。此政策一般适用于公司初创阶段。

### （二）固定股利或稳定增长股利政策

固定股利或稳定增长股利政策的理论依据是"一鸟在手"理论和股利信号理论。该理论认为：固定或稳定增长股利政策是指公司将每年派发的股利额固定在某一特定水平或是在此基础上维持某一固定比率逐年稳定增长。公司只有在确信未来盈余不会发生逆转时才会宣布实施固定或稳定增长的股利政策。在这一政策下,应首先确定股利分配额,而且该分配额一般不随资金需求的波动而波动。图 8-1、图 8-2 分别为固定股利政策、稳定增长股利政策示意图。

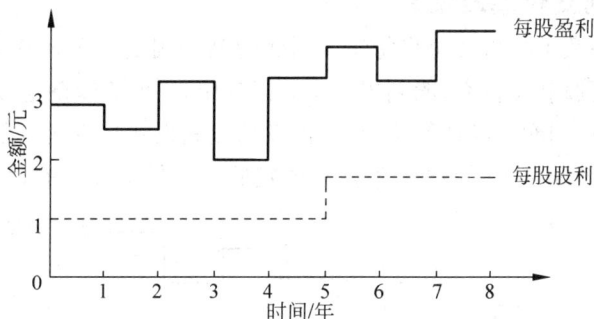

**图 8-1　固定股利政策**

**【例 8-5】** M 公司采用的固定增长股利政策,2024 年税后净利润为 3 000 万元,现金股利发放额为 1 000 万元,公司固定股利增长率为 10%,则 2025 年公司股利发放额为多少?

**解**：2025 年公司股利发放额为

$$1\ 000 \times (1 + 10\%) = 1\ 100(万元)$$

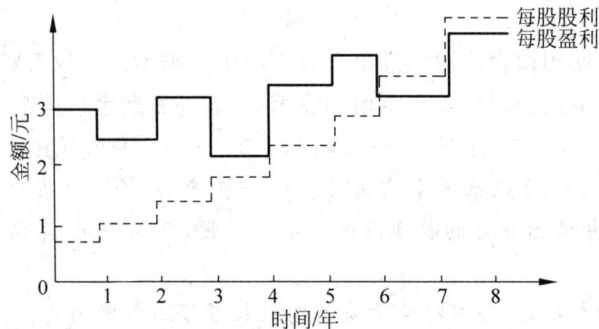

图 8-2　稳定增长股利政策

**1. 固定或稳定增长股利政策的优点**

稳定的股利可以消除投资者内心的不确定性,向市场传递着公司正常发展的信息,有利于树立公司的良好形象,增强投资者对公司的信心,稳定股票的价格;稳定的股利有助于投资者安排股利收入和支出,有利于吸引那些打算进行长期投资并对股利有很高依赖性的股东;固定或稳定增长的股利政策可能会不符合剩余股利理论,但考虑到股票市场会受多种因素影响(包括股东的心理状态和其他要求),为了将股利或股利增长率维持在稳定的水平上,即使推迟某些投资方案或暂时偏离目标资本结构,也可能比降低股利或股利增长率更为有利。

**2. 固定或稳定增长股利政策的缺点**

股利的支付与企业的盈利相脱节。无论公司盈利多少,均要支付固定的或按固定比率增长的股利,这可能会导致企业资金紧缺,财务状况恶化。此外,在企业无利可分的情况下,若依然实施这一股利政策,则将违反《中华人民共和国公司法》。

因此,采用固定或稳定增长的股利政策,要求公司对未来的盈利和支付能力能做出准确的判断。固定股利或稳定增长股利政策适用于成熟的、盈利充分且获利能力比较稳定的、扩张需求减少的公司。从公司发展的生命周期考虑,稳定增长期的企业可采用稳定增长股利政策,成熟期的企业可采用固定股利政策。

### (三)固定股利支付率政策

固定股利支付率政策是指公司将每年净利润的某一固定百分比作为股利分派给股东。这一百分比通常称为股利支付率,股利支付率一经确定,一般不得随意变更。在这一股利政策下,只要公司的税后利润一经计算确定,所派发的股利也就相应确定了。固定股利支付率越高,公司留存的净利润越少。图 8-3 所示为固定股利支付率政策示意图。

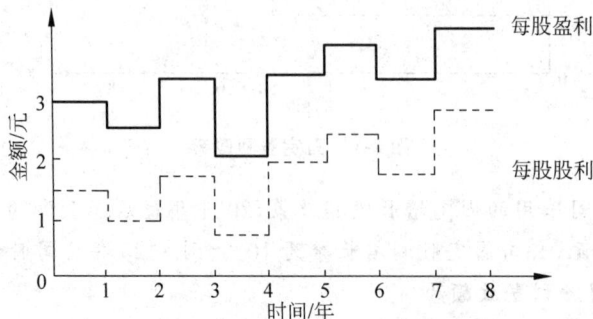

图 8-3　固定股利支付率政策示意图

**【例 8-6】**　某公司长期以来用固定股利支付率政策进行股利分配,确定的股利支付率为 30%。2024 年税后净利润为 2 000 万元,2025 年投资预算为 2 500 万元,目标资本结构占权益资本的 60%。试分别计算固定股利支付政策和剩余股利政策下,公司应支付的股利。

**解:**(1)如果仍然继续执行固定股利支付率政策,公司 2024 年支付的股利为

$$2\ 000 \times 30\% = 600(万元)$$

(2)如公司 2025 年有较大的投资需求,因此,2024 年准备采用剩余股利政策。如果公司 2025 年的投资预算为 2 500 万元,目标资本结构占权益资本的 60%。按照目标资本结构的要求,公司投资方案所需的权益资本额为

$$2\ 500 \times 60\% = 1\ 500(万元)$$

公司 2024 年度可以发放的股利为

$$2\ 000 - 1\ 500 = 500(万元)$$

1. 固定股利支付率政策的优点

采用固定股利支付率政策,股利与公司盈余紧密地配合,体现了"多盈多分、少盈少分、无盈不分"的股利分配原则;由于公司的获利能力在年度间是经常变动的,因此,每年的股利也应当随着公司收益的变动而变动。采用固定股利支付率政策,公司每年按固定的比例从税后利润中支付现金股利,从企业的支付能力的角度看,这是一种稳定的股利政策。

2. 固定股利支付率政策的缺点

大多数公司每年的收益很难保持稳定不变,如果年度间的股利额波动较大,波动的股利很容易给投资者带来经营状况不稳定、投资风险较大的不良印象,成为影响股价的不利因素,容易使公司面临较大的财务压力。这是因为公司实现的盈利多,并不能代表公司有足够的现金流用来支付较多的股利额,合适的固定股利支付率的确定难度比较大。

由于公司每年面临的投资机会、筹资渠道都不同,而这些都可以影响公司的股利分派,所以,一成不变地奉行固定股利支付率政策的公司在实际中并不多见,固定股利支付率政策只是较适用于那些处于稳定发展期且财务状况也较稳定的公司。

### (四)低正常股利加额外股利政策

低正常股利加额外股利政策是指公司事先设定一个较低的正常股利额,每年除按正常股利额向股东发放股利外,还在公司盈余较多、资金较为充裕的年份向股东发放额外股利。但是,额外股利并不固定化,不意味着公司永久地提高了股利支付额。图 8-4 所示为低正常股利加额外股利政策示意图。其公式为

$$Y = a + bX$$

式中,$Y$ 为每股股利;$X$ 为每股收益;$a$ 为低正常股利;$b$ 为额外股利支付比率。

1. 低正常股利加额外股利政策的优点

赋予公司较大的灵活性,可以使公司在股利发放上留有余地,并具有较大的财务弹性。公司可根据每年的具体情况,选择不同的股利发放水平,以稳定和提高股价,进而实现公司价值的最大化。还能使那些依靠股利度日的股东每年至少可以得到虽然较低但比较稳定的股利收入,从而吸引住这部分股东。

2. 低正常股利加额外股利政策的缺点

由于各年度之间公司盈利的波动使得额外股利不断变化,造成分派的股利不同,容易给

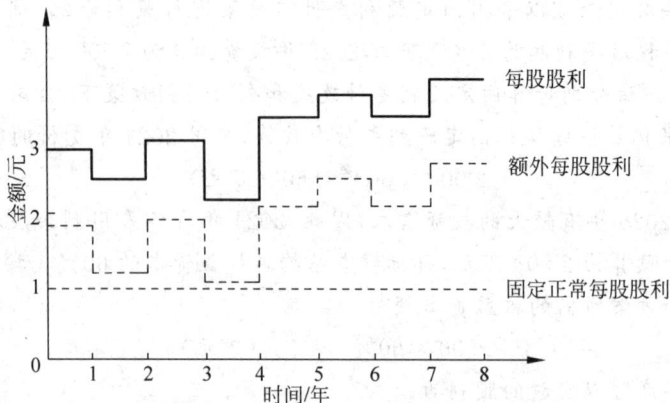

图 8-4　低正常股利加额外股利政策示意图

投资者造成收益不稳定的感觉；当公司在较长时间持续发放额外股利后，可能会被股东误认为"正常股利"，一旦取消，传递出的信号可能会使股东认为这是公司财务状况恶化的表现，进而导致股价下跌。

相对来说，对于那些盈利随经济周期波动较大或者盈利与现金流量很不稳定的公司，低正常股利加额外股利政策也许是一种不错的选择。

### 三、利润分配政策的影响因素

企业税后利润可留存也可分配。在企业利润有限的情况下，如何解决好留存与分红的比例，是处理短期利益与长期利益、企业与股东等关系的关键。在现实生活中，企业的股利分配是在种种制约因素下进行的，采取何种股利政策虽然是由管理层决定，但在实际决策过程中会受到主观与客观因素的影响。

文档：利润分配政策的影响因素

### 四、股利支付形式与程序

#### （一）股利支付形式

1. 现金股利

现金股利是以现金支付的股利，它是股利支付最常见的方式。公司选择发放现金股利除了要有足够的留存收益，还要有足够的现金，而现金充足与否往往会成为公司发放现金股利的主要制约因素。

微课：股利支付形式与程序

2. 财产股利

财产股利是以现金之外的其他资产支付的股利，主要是以公司所拥有的其他公司的有价证券（如债券、股票等），作为股利支付给股东。

3. 负债股利

负债股利是以负债方式支付的股利，通常以公司的应付票据支付给股东，有时也以发放公司债券的方式支付股利。财产股利和负债股利实际上是现金股利的替代，但这两种股利支付形式在我国公司实务中很少使用。

### 4. 股票股利

股票股利是公司以增发股票的方式所支付的股利,我国实务中通常也称其为"红股"。发放股票股利对公司来说,并没有现金流出企业,也不会导致公司的财产减少,而只是将公司的未分配利润转化为股本和资本公积。但股票股利会增加流通在外的股票数量,同时降低股票的每股价值。它不改变公司股东权益总额,但会改变股东权益的构成。

对股东来讲,股票股利主要有以下优点。①理论上,派发股票股利后,每股市价会成反比例下降,但实务中这并非必然结果。因为市场和投资者普遍认为,发放股票股利往往预示着公司会有较大的发展和成长,这样的信息传递会稳定股价或使股价下降比例减小甚至不降反升,股东便可以获得股票价值相对上升的好处。②由于股利收入和资本利得税率的差异,如果股东把股票股利出售,还会给他带来资本利得纳税上的好处。

对公司来讲,股票股利主要有以下优点。①发放股票股利不需要向股东支付现金,在再投资机会较多的情况下,公司就可以为再投资提供成本较低的资金,从而有利于公司的发展。②发放股票股利可以降低公司股票的市场价格,既有利于促进股票的交易和流通,又有利于吸引更多的投资者成为公司股东,进而使股权更为分散,有效地防止公司被恶意控制。③股票股利的发放可以传递公司未来发展前景良好的信息,从而增强投资者的信心,在一定程度上稳定股票价格。

**【例 8-7】**　文杰公司 2024 年年末股东权益项目如下:普通股股数 2 000 万股,股本 2 000 万元,未分配利润 5 000 万元,资本公积 2 000 万元,盈余公积 2 000 万元。公司执行按每 10 股发放股票股利 1 股的股利分配政策。股票股利按市价计算,每股市场价格为 10 元,分配完毕,股本、未分配利润、所有者权益分别是多少?

**解:**　　　发放股票股利增加的股数＝2 000×1/10＝200(万股)

发放后的股本＝2 000＋200＝2 200(万元)

发放后的未分配利润＝5 000－200×10＝3 000(万元)

发放后的资本公积＝2 000＋(2 000－200)＝3 800(万元)

所有者权益总额＝2 200＋3 000＋3 800＋2 000＝11 000(万元)

在上述例题中,发放股票股利,资产总额、负债总额、所有者权益总额不变;股东持股比例不变,例如每 10 股增发 1 股,股东持股增加 10%,总股数增加 10%,持股比例不变,而股本、所有者权益结构、未分配利润、资本公积有所变动。

### (二)股利支付程序

公司股利的发放必须遵守相关的要求,按照日程安排来进行。一般情况下,先由董事会提出分配预案,然后提交股东大会决议,股东大会决议通过才能进行分配。股东大会决议通过分配预案后,要向股东宣布发放股利的方案,并确定股利宣告日、股权登记日、除息日和股利发放日。

#### 1. 股利宣告日

股利宣告日是指股东大会决议通过并由董事会将股利支付情况予以公告的日期。公告中将宣布每股应支付的股利、股权登记日、除息日以及股利支付日。

#### 2. 股权登记日

股权登记日是指有权领取本期股利的股东资格登记截止日期。凡是在此指定日期收盘之前取得公司股票,成为公司在册股东的投资者都可以作为股东享受公司本期分派的股利。在这一天之后取得股票的股东则无权领取本次分派的股利。

3. 除息日

除息日是指领取股利的权利与股票分离的日期。在除息日之前购买股票的股东才能领取本次股利,而在除息日当天或是以后购买股票的股东,则不能领取本次股利。由于失去了"收息"的权利,除息日的股票价格会下跌。除息日是股权登记的下一个交易日。

4. 股利发放日

股利发放日是指公司按照公布的分红方案向股权登记日在册的股东实际支付股利的日期。

【例 8-8】 某上市公司于 2025 年 4 月 16 日公布 2024 年最后的分红方案。这个日期是股利宣告日。公告如下:2025 年 4 月 15 日召开了股东大会,通过了董事会关于每股分配 0.15 元的 2024 年的股息分配方案。股权登记日为 4 月 19 日,除息日为 4 月 22 日。股东可以在 5 月 10 日到 5 月 25 日之间通过深圳证券交易所交易的方式领取股息。请分析公告内容所含的信息。

解:图 8-5 所示为本例分红方案日程安排示意图。

**图 8-5 分红方案日程安排示意图**

本例中,涉及以下日期:股利宣告日是 4 月 16 日;股权登记日是 4 月 19 日,在这一天,只要下午 3:00 收盘之后,仍持有这只股票,就可以获得发放的股利;除息日又称除权除息日,一般来讲,除权除息日是在股权登记日的下一个交易日,对应本例中的 4 月 22 日;股利发放日在 5 月 10—25 日,登记在册的股东可获得股利。

## 五、股票分割与股票回购

### (一)股票分割

1. 股票分割的概念

股票分割又称拆股,即将一股股票拆分成多股股票的行为。股票分割一般只会增加发行在外的股票总数,但不会对公司的资本结构产生任何影响。股票分割与股票股利非常相似,都是在不增加股东权益的情况下增加了股份的数量,所不同的是,股票股利虽不会引起股东权益总额的改变,但股东权益的内部结构会发生变化,而股票分割之后,股东权益总额及其内部结构都不会发生任何变化,变化的只是股票面值。

2. 股票分割的作用

(1)降低股票价格。股票分割会使每股市价降低,买卖该股票所需资金量减少,从而可以促进股票的流通和交易。流通性的提高和股东数量的增加,会在一定程度上加大对公司股票恶意收购的难度。此外,降低股票价格还可以为公司发行新股做准备,因为股价太高会使许多潜在投资者望而却步,不敢轻易投资。

（2）向市场和投资者传递"公司发展前景良好"的信号,有助于提高投资者对公司股票的信心。

与股票分割相反,如果公司认为其股票价格过低,不利于其在市场上的声誉和未来的再筹资时,为提高股票的价格,会采取反分割措施。反分割又称股票合并或逆向分割,是指将多股股票合并为一股股票的行为。反分割显然会降低股票的流通性,提高公司股票投资的门槛,它向市场传递的信息通常是不利的。

### （二）股票回购

#### 1.股票回购的含义

股票回购是指上市公司出资将其发行在外的普通股以一定价格购买回来予以注销或作为库存股的一种资本运作方式。《中华人民共和国公司法》规定,公司有下列情形之一的,可以收购本公司股份:①减少公司注册资本;②与持有本公司股份的其他公司合并;③将股份用于员工持股计划或者股权激励;④股东因对股东大会作出的公司合并、分立决议持异议,要求公司收购其股份;⑤将股份用于转换上市公司发行的可转换为股票的公司债券;⑥上市公司为维护公司价值及股东权益所必需。

属于减少公司注册资本收购本公司股份的,应当自收购之日起 10 日内注销;属于与持有本公司股份的其他公司合并和股东因对股东大会作出的公司合并、分立决议持异议,要求公司收购其股份的,应当在 6 个月内转让或者注销;属于其余三种情形的,公司合计持有的本公司股份数不得超过本公司已发行股份总额的 10%,并应当在 3 年内转让或者注销。

上市公司将股份用于员工持股计划或者股权激励、将股份用于转换上市公司发行的可转换为股票的公司债券以及上市公司为维护公司价值及股东权益所必需情形收购本公司股票的,应当通过公开的集中交易方式进行。上市公司以现金为对价,采取要约方式、集中竞价方式回购股份的,视同上市公司现金分红,纳入现金分红的相关比例计算。另外,公司不得接受本公司的股票作为质押权的标的。

#### 2.股票回购的动机

在证券市场上,股票回购的动机多种多样,主要有以下几点。

（1）现金股利的替代。现金股利政策会对公司产生未来的派现压力,而股票回购不会。当公司有富余资金时,通过购回股东所持股票将现金分配给股东,这样,股东就可以根据自己的需要选择继续持有股票或出售以获得现金。

（2）改变公司的资本结构。无论是现金回购还是举债回购股份,都会提高公司的财务杠杆水平,改变公司的资本结构。公司认为权益资本在资本结构中所占比例较大时,为了调整资本结构而进行股票回购,可以在一定程度上降低整体资本成本。

（3）传递公司信息。由于信息不对称和预期差异,证券市场上的公司股票价格可能被低估,而过低的股价将会对公司产生负面影响。一般情况下,投资者会认为股票回购意味着公司认为其股票价值被低估而采取的应对措施。

（4）基于控制权的考虑。控股股东为了保证其控制权不被改变,往往采取直接或间接的方式回购股票,进而巩固既有的控制权。另外,股票回购使流通在外的股份数变少,股价上升,因而可以有效地防止敌意收购。

3．股票回购的影响

股票回购对上市公司的影响主要表现在以下几个方面。

（1）符合股票回购条件的多渠道回购方式允许公司选择适当时机回购本公司股份，将进一步提升公司调整股权结构和管理风险的能力，提高公司整体质量和投资价值。

（2）因实施持股计划和股权激励的股票回购，形成资本所有者和劳动者的利益共同体，有助于提高投资者回报能力；将股份用于转换上市公司发行的可转换为股票的公司债券实施的股票回购，也有助于拓展公司融资渠道，改善公司资本结构。

（3）将股份用于转换上市公司发行的可转换为股票的公司债券实施的股票回购，也有助于拓展公司融资渠道，改善公司资本结构。

（4）当市场不理性，公司股价严重低于股票内在价值时，为了避免投资者损失，适时进行股份回购，减少股份供应量，有助于稳定股价，增强投资者信心。

（5）股票回购若用大量资金支付回购成本，一方面，容易造成资金紧张，降低资产流动性，影响公司的后续发展；另一方面，在公司没有合适的投资项目又持有大量现金的情况下，回购股份，也能更好地发挥货币资金的作用。

（6）上市公司通过履行信息披露义务和公开的集中交易方式进行股份回购有利于防止操纵市场、内幕交易等利益输送行为。

## 拓展训练

项目八即测即评

## 思行合一

文档：全面解析华为的员工持股计划

文档：共同富裕目标下我国收入分配改革的进展、困难及推进策略研究

# 数字化财务分析

## 教学目标

**知识目标：**

1. 能精准描述财务分析的内容；

2. 能全面阐述杜邦分析方法的应用；

3. 能够正确列举财务评价的主要方法。

**能力目标：**

1. 能准确分析基本财务报表指标；

2. 能快速使用 Excel 进行财务指标的计算；

3. 能规范运用平衡计分卡理论进行基础财务评价。

**素养目标：**

1. 培养数字化分析思维；

2. 发扬精益求精的工匠精神；

3. 通过技术应用，了解技术的重要性，要不断学习新技术；

4. 加强团队协作；

5. 保持认真、严谨、客观的工作态度。

## 引导案例

江苏南大光电材料股份有限公司于 2000 年 12 月 28 日正式成立，现总部及总部办公地址均为江苏省苏州工业园区胜浦平胜路 67 号。截至 2023 年 12 月 31 日，该公司注册资本为人民币 543 423 716.00 元，股本为人民币 543 424 106.00 元，该公司经营范围为高新技术光电子及微电子材料的研究、开发、生产、销售，高新技术成果的培育和产业化，实业投资，国内贸易，经营本企业自产产品的出口业务和本企业所需的机械设备、零配件、原辅材料的进口业务。该公司及各子公司主要从事先进前驱体材料、电子特气、光刻胶及配套材料三类关键半导体材料的研发、生产和销售。

2023 年，LED、LCD 行业下滑，竞争加剧，IC 行业遭受国外出口管制，严峻的市场环境对公司业务产生深刻影响。面对行业不景气的挑战，公司识势顺势，规范管理，化危为机，在困境中实现有效增长。报告期，公司实现营业收入 170 325.77 万元，同比增长 7.72%；归属于上市公司股东的净利润 21 146.07 万元，同比增长 13.26%，剔除计提可转债利息因素影响后同比增长 29.37%。2023 年营业收入整体情况如表 9-1 所示。

**表 9-1　2023 年营业收入整体情况**　　　　　　　　　单位：元

| 项　　目 | 2023 年 | | 2022 年 | | 同比增减/% |
|---|---|---|---|---|---|
| | 金　　额 | 占营业收入比重/% | 金　　额 | 占营业收入比重/% | |
| 营业收入合计 | 1 703 257 727.12 | 100.00 | 1 581 230 691.98 | 100.00 | 7.72 |
| 分行业 | | | | | |
| 半导体材料 | 1 703 257 727.12 | 100.00 | 1 581 230 691.98 | 100.00 | 7.72 |
| 分产品 | | | | | |
| 前驱体材料（含 MO 源） | 339 531 941.00 | 19.93 | 288 073 905.38 | 18.22 | 17.86 |
| 特气产品 | 1 231 409 259.83 | 72.30 | 1 195 046 944.92 | 75.58 | 3.04 |
| 其他 | 132 316 526.29 | 7.77 | 98 109 841.68 | 6.20 | 34.87 |
| 分地区 | | | | | |
| 内销 | 1 558 146 917.83 | 91.48 | 1 407 499 934.43 | 89.01 | 10.70 |
| 外销 | 145 110 809.29 | 8.52 | 173 730 757.55 | 10.99 | −16.47 |
| 分销售模式 | | | | | |
| 经销 | 170 522 514.65 | 10.01 | 216 699 007.68 | 13.70 | −21.31 |
| 直销 | 1 532 735 212.47 | 89.99 | 1 364 531 684.30 | 86.30 | 12.33 |

资料来源：南大光电（300346）2023 年度报告. http://www.cninfo.com.cn/new/disclosure/detail?plate=szse&orgId=9900022326&stockCode=300346&announcementId=1219550225&announcementTime=2024-04-10.

知识导图

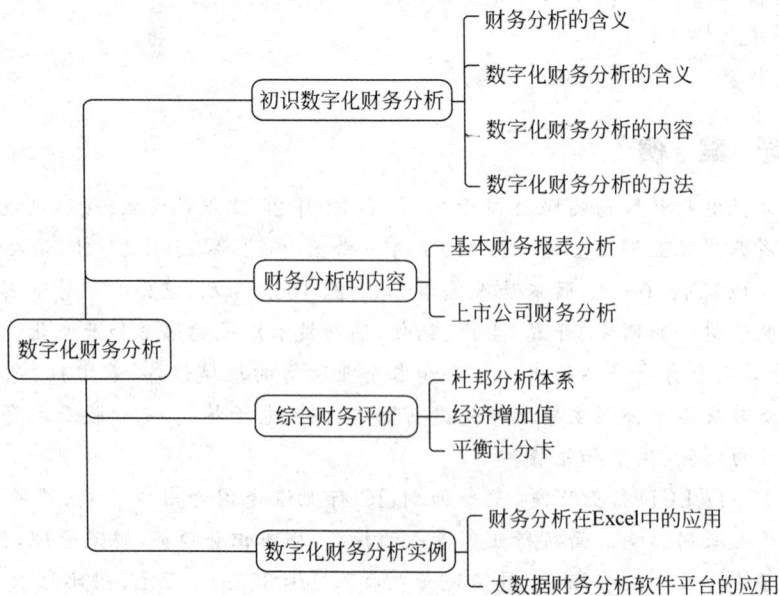

# 任务一　初识数字化财务分析

## 一、财务分析的含义

财务分析是根据企业财务报表等信息资料,采用专门方法,系统分析和评价企业财务状况、经营成果以及未来发展趋势的过程。

财务分析以企业财务报告及其他相关资料为主要依据,对企业的财务状况和经营成果进行评价和剖析,反映企业在运营过程中的利弊得失和发展趋势,从而为改进企业财务管理工作和优化经济决策提供重要财务信息。

财务分析对不同的信息使用者具有不同的意义。具体来说,财务分析的意义主要体现在以下几个方面。

(1)可以判断企业的财务实力。通过对资产负债表和利润表有关资料进行分析,计算相关指标,可以了解企业的资产结构和负债水平是否合理,从而判断企业的偿债能力、营运能力及盈利能力等财务实力,揭示企业在财务状况方面可能存在的问题。

(2)可以评价和考核企业的经营业绩,揭示财务活动存在的问题。通过指标的计算、分析和比较,能够评价和考核企业的盈利能力和资金周转状况,揭示其经营管理的各个方面和各个环节的问题,找出差距,得出分析结论。

(3)可以挖掘企业潜力,寻求提高企业经营管理水平和经济效益的途径。企业进行财务分析的目的不仅是发现问题,更重要的是分析问题和解决问题。通过财务分析,应保持和进一步发挥生产经营管理中成功的经验,对存在的问题应提出解决的策略和措施,以达到扬长避短、提高经营管理水平和经济效益的目的。

(4)可以评价企业的发展趋势。通过各种财务分析,可以判断企业的发展趋势,预测其生产经营的前景及偿债能力,从而为企业管理层进行生产经营决策、投资者进行投资决策和债权人进行信贷决策提供重要的依据,避免因决策错误给其带来重大的损失。

## 二、数字化财务分析的含义

数字化财务分析是指利用信息技术和数据分析工具对企业的财务数据进行处理和分析,以支持更高效、更准确的决策和更好的业务运营。数字化财务分析不仅涉及对财务数据的收集、整理和分析,还包括对这些数据的深度挖掘和智能化处理,以便为企业提供更加智能化、精准化的财务服务。数字化财务分析是通过信息技术和数据分析工具的应用,优化财务决策过程,提高工作效率,降低企业成本,从而增强企业的竞争力和适应变化的能力的一种财务管理方法。

数字化财务分析的关键要素如下。

(1)数据整合和清洗。将来自不同来源的财务数据整合到一起,并进行数据清洗,以确保准确和一致。

(2)数据可视化。数据可视化是通过仪表板和可视化工具,将财务数据以图形化的方式展示,帮助决策者更好地理解数据。

(3)高级分析。高级分析是指利用数据分析技术(例如预测建模和趋势分析)获取对未来趋势和风险的深入洞察。

（4）自动化报告。自动化报告的目的是利用自动化技术来生成财务报告，实现减少手动工作量，提高工作效率的效果。

（5）云计算和移动应用。利用云计算和移动应用，可以实现财务数据随时随地的访问。

## 三、数字化财务分析的内容

财务分析信息的需求者主要包括企业所有者、企业债权人、企业经营决策者和政府等。不同主体出于不同的利益考虑，对财务分析信息有着各自不同的要求。

文档：数字化财务分析，引领企业财务管理全新变革

（1）企业所有者作为投资人，关心其资本的保值和增值状况，因此较为重视企业盈利能力指标，主要进行企业盈利能力分析。

（2）企业债权人因不能参与企业剩余收益分享，所以重点关注的是其投资的安全性，因此更重视企业偿债能力指标，主要进行企业偿债能力分析，同时也关注企业盈利能力分析。

（3）企业经营决策者必须对企业经营理财的各个方面，包括营运能力、偿债能力、盈利能力及发展能力的全部信息予以详尽的了解和掌握，进行各方面综合分析，并关注企业财务风险和经营风险。

（4）政府兼具多重身份，既是宏观经济管理者，又是国有企业的所有者和重要的市场参与者，因此政府对企业财务分析的关注点因所具身份不同而异。

为了满足不同需求者的需求，财务分析一般应包括偿债能力分析、营运能力分析、盈利能力分析、发展能力分析和现金流量分析等方面。

## 四、数字化财务分析的方法

常见的数字化财务分析方法主要有以下几种。

### 1. 比较分析法

比较分析法是通过对比两期或连续数期财务报告中的相同指标，确定其增减变动的方向、数额和幅度，用于说明企业财务状况或经营成果变动趋势的一种方法。

比较分析法的具体运用主要有重要财务指标的比较、会计报表的比较和会计报表项目构成的比较三种方式。

### 2. 比率分析法

比率分析法是通过计算各种比率指标来确定财务活动变动程度的方法。比率指标的类型主要有构成比率、效率比率和相关比率三类。

（1）构成比率又称结构比率，是某项财务指标的各组成部分数值占总体数值的百分比，反映部分与总体的关系。

（2）效率比率是某项财务活动中所费与所得的比率，反映投入与产出的关系。

（3）相关比率是以某个项目和与其有关但又不同的项目加以对比所得的比率，反映有关经济活动的相互关系。例如，将流动资产与流动负债进行对比，计算出流动比率，可以判断企业的短期偿债能力。

采用比率分析法时，应当注意对比项目的相关性、对比口径的一致性以及衡量标准的科

学性。

### 3. 因素分析法

因素分析法是依据分析指标与其影响因素的关系,从数量上确定各因素对分析指标影响方向和影响程度的一种方法。因素分析法具体有连环替代法和差额分析法两种。

(1)连环替代法是将分析指标分解为各个可以计量的因素,并根据各个因素之间的依存关系,顺次用各因素的比较值(通常为实际值)替代基准值(通常为标准值或计划值),据以测定各因素对分析指标的影响。

(2)差额分析法是连环替代法的一种简化形式,是利用各个因素的比较值与基准值之间的差额,来计算各因素对分析指标的影响。

采用因素分析法时,必须注意因素分解的关联性、因素替代的顺序性、顺序替代的连环性、计算结果的假定性。

### 4. 数字化财务分析方法

数字化财务分析方法是利用数学方法或计算机网络手段将企业的各种信息按照企业价值创造的主线进行分类、整理以及链接,并在此基础上完成企业财务状况的分析、预测以及价值评估等功能的一种方法。

# 任务二 财务分析的内容

## 一、基本财务报表分析

基本财务报表分析是通过对财务报表的各项数据进行分析来揭示企业经营管理的各方面问题的一种财务分析方法。它主要包括偿债能力分析、营运能力分析、盈利能力分析、发展能力分析等方面,以下分别进行阐述。

【例 9-1】 案例公司简介:东华公司主要为客户提供货物仓储、货物装卸、货物分拣、物流咨询、物流配送等服务。为了便于数据可比性,本任务各项财务指标的计算,将主要采用东华公司 2022—2024 年资产负债表、利润表数据,见表 9-2、表 9-3。

表 9-2 资产负债表(简表)

编制单位:东华公司 单位:万元

| 项 目 | 2024 年年末 | 2023 年年末 | 2022 年年末 |
|---|---|---|---|
| 流动资产: | | | |
| 货币资金 | 855 | 725 | 700 |
| 交易性金融资产 | 45 | 30 | 40 |
| 应收票据 | 45 | 50 | 30 |
| 应收账款 | 800 | 670 | 700 |
| 预付款项 | 70 | 40 | 20 |
| 其他应收款 | 80 | 80 | 70 |
| 存货 | 600 | 580 | 400 |
| 其他流动资产 | 230 | 200 | 180 |
| 流动资产合计 | 2 725 | 2 375 | 2 140 |
| 非流动资产: | | | |

续表

| 项　　目 | 2024 年年末 | 2023 年年末 | 2022 年年末 |
|---|---|---|---|
| 长期股权投资 | 350 | 260 | 300 |
| 固定资产 | 2 650 | 1 600 | 1 200 |
| 在建工程 | 1 200 | 973 | 1 190 |
| 无形资产 | 400 | 390 | 20 |
| 其他非流动资产 | 120 | 80 | 60 |
| 非流动资产合计 | 4 720 | 3 303 | 2 770 |
| 资产合计 | 7 445 | 5 678 | 4 910 |
| 流动负债： | | | |
| 短期借款 | 180 | 250 | 400.00 |
| 应付票据 | 40 | 30 | 130.00 |
| 应付账款 | 450 | 600 | 400.00 |
| 合同负债 | 189 | 215 | 170.00 |
| 应付职工薪酬 | 100 | 90 | 95.00 |
| 应交税费 | 166 | 166 | 160.00 |
| 其他应付款 | 60 | 50 | 55.00 |
| 其他流动负债 | 170 | 17 | 40.00 |
| 流动负债合计 | 1 355 | 1 418 | 1 450 |
| 非流动负债： | | | |
| 长期借款 | 800 | 500 | 400.00 |
| 应付债券 | 120 | 90 | 160.00 |
| 其他非流动负债 | 205 | 180 | 170.00 |
| 非流动负债合计 | 1 125 | 770 | 730 |
| 负债合计 | 2 480 | 2 188 | 2 180 |
| 所有者权益： | | | |
| 实收资本 | 2 000 | 1 700 | 1 700.00 |
| 资本公积 | 500 | 400 | 370.00 |
| 盈余公积 | 465 | 400 | 300.00 |
| 未分配利润 | 2 000 | 990 | 360.00 |
| 所有者权益合计 | 4 965 | 3 490 | 2 730 |
| 负债和所有者权益总计 | 7 445 | 5 678 | 4 910 |

**表 9-3　利润表**(简表)　　　　　　　　　　　　　　　　　　单位：万元

| 项　　目 | 2024 年 | 2023 年 | 2022 年 |
|---|---|---|---|
| 一、营业收入 | 9 000 | 6 000 | 4 800 |
| 减：营业成本 | 4 000 | 2 500 | 2 000 |
| 税金及附加 | 500 | 400 | 380 |
| 销售费用 | 500 | 480 | 400 |
| 管理费用 | 600 | 500 | 500 |
| 财务费用 | 100 | 120 | 60 |
| 其中：利息费用 | 100 | 120 | 60 |
| 利息收入 | | | |
| 加：其他收益 | | | |
| 投资收益(损失以"－"号填列) | | | |

续表

| 项　　目 | 2024 年 | 2023 年 | 2022 年 |
|---|---|---|---|
| 二、营业利润 | 3 200 | 1 880 | 1 400 |
| 加：营业外收入 | | | |
| 减：营业外支出 | | | |
| 三、利润总额 | 3 200 | 1 880 | 1 400 |
| 减：所得税费用 | 800 | 470 | 350 |
| 四、净利润 | 2 400 | 1 410 | 1 050 |

### （一）偿债能力分析

**1. 短期偿债能力分析**

企业在短期(一年内或一个营业周期内)需要偿还的负债,主要指流动负债,因此短期偿债能力衡量的是对流动负债的清偿能力。企业的短期偿债能力取决于短期内企业产生现金的能力,即在短期内能够转化为现金的流动资产的多少。所以,短期偿债能力比率也称为变现能力比率或流动性比率,主要考察的是流动资产对流动负债的清偿能力。企业短期偿债能力的衡量指标主要有营运资金、流动比率、速动比率和现金比率。

(1)营运资金是指流动资产超过流动负债的部分。其计算公式为

$$营运资金＝流动资产－流动负债$$

计算营运资金使用的"流动资产"和"流动负债",通常可以直接取自资产负债表。营运资金越多,则偿债越有保障。当流动资产大于流动负债时,营运资金为正,说明企业财务状况稳定,不能偿债的风险较小。反之,当流动资产小于流动负债时,营运资金为负。此时,企业部分非流动资产以流动负债作为资金来源,企业不能偿债的风险很大。因此,企业必须保持正的营运资金,以避免流动负债的偿付风险。

**【例 9-2】** 根据东华公司的财务报表数据计算营运资金,见表 9-4。

表 9-4　营运资金　　　　　　　　　　　　　　　　　　单位:万元

| 年　　份 | 流动资产 | 流动负债 | 营运资金 |
|---|---|---|---|
| 2022 年年末 | 2 140 | 1 450 | 690 |
| 2023 年年末 | 2 375 | 1 418 | 957 |
| 2024 年年末 | 2 725 | 1 355 | 1 370 |

营运资金是绝对数,不便于不同企业之间的比较。例如,将 A 公司与同行业内 B、C 公司的营运资金进行比较(表 9-5)。

表 9-5　营运资金对照表　　　　　　　　　　　　　　　单位:万元

| 项　　目 | A 公司 | B 公司 | C 公司 |
|---|---|---|---|
| 流动资产 | 100 | 500 | 1 000 |
| 流动负债 | 80 | 300 | 700 |
| 营运资金 | 20 | 200 | 300 |

尽管 C 公司的营运资金高于 A、B 公司,但是 B 公司的偿债能力明显高于 A、C 公司,其原因在于 B 公司营运资金占流动资产的比例为 40%,而 A、C 公司分别为 20% 与 30%,B 公

司流动资产用于偿还流动负债的部分(60%)小于 A、C 公司(80%、70%)。因此,在实务中直接使用营运资金作为偿债能力的衡量指标受到局限,偿债能力更多地通过债务的比率来评价。

(2)流动比率是企业流动资产与流动负债之比。其计算公式为

$$流动比率 = \frac{流动资产}{流动负债}$$

流动比率表明每 1 元流动负债有多少流动资产作为保障,流动比率越大,通常短期偿债能力越强。一般认为,生产企业合适的流动比率为 2。这是因为流动资产中变现能力最差的存货金额约占流动资产总额的一半,剩下的流动性较大的流动资产至少要等于流动负债,企业短期偿债能力才会有保证。但随着企业的经营方式和金融环境的变化,流动比率有下降的趋势,现在有许多成功企业的流动比率低于 2。

微课:流动比率

运用流动比率进行分析时,要注意以下两个问题。

① 流动比率高不意味着短期偿债能力一定很强。因为,流动比率假设全部流动资产可变现清偿流动负债。实际上,各项流动资产的变现能力并不相同而且变现金额可能与账面金额存在较大差异。因此,流动比率是对短期偿债能力的粗略估计,为做出更准确的分析,还需进一步分析流动资产的构成项目。

② 计算出来的流动比率,只有和同行业平均流动比率、本企业历史流动比率进行比较,才能知道这个比率是高还是低。这种比较通常并不能说明流动比率为什么这么高或低,想要找出过高或过低的原因,还必须分析流动资产和流动负债所包括的内容以及经营上的因素。一般情况下,营业周期、流动资产中的应收账款和存货的周转速度是影响流动比率的主要因素。营业周期短、应收账款和存货的周转速度快的企业,其流动比率低一些也是可以接受的。

【例 9-3】 根据表 9-2 内容,计算该公司流动比率,见表 9-6。

表 9-6  流动比率

| 年 份 | 流动资产/万元 | 流动负债/万元 | 流动比率 |
| --- | --- | --- | --- |
| 2022 年年末 | 2 140 | 1 450 | 1.48 |
| 2023 年年末 | 2 375 | 1 418 | 1.67 |
| 2024 年年末 | 2 725 | 1 355 | 2.01 |

东华公司 2022 年和 2023 年年末的流动比率均小于 2,该数值低于生产企业一般认为的合适流动比率。2024 年年末流动比率为 2.01,高于前两年,短期偿债能力得到提升。但是流动比率的缺点是该比率比较容易人为操纵,并且没有揭示流动资产的构成内容,只能大致反映流动资产整体的变现能力。但流动资产中包含像存货这类变现能力较差的资产,如能将其剔除,其所反映的短期偿债能力更加可信,这个指标就是速动比率。

(3)速动比率是企业速动资产与流动负债之比。其计算公式为

$$速动比率 = \frac{速动资产}{流动负债}$$

构成流动资产的各项目,流动性差别很大。其中货币资金、交易性金融资产和各种应收款项,可以在较短时间内变现,称为速动资产;另外的流动资产,包括存货、预付款项、一年内到期的非流动资产和其他流动资产等,属于非速动资产。速动资产主要剔除了存货,其原因如下:①流动资产中存货的变现速度比应收账款要慢得多;②部分存货可能已被抵押;③存货成本和市价可能存在差异。由于剔除了存货等变现能力较差的资产,速动比率比流

动比率能更准确、可靠地评价企业资产的流动性及偿还短期债务的能力。例如,某公司虽然近几年来的流动比率远低于一般认为的最低流动比率,但其速动比率一直保持在1的水平,可见其短期偿债能力并不像单看流动比率时那么弱。

速动比率表明每1元流动负债有多少速动资产作为偿债保障。一般情况下,速动比率越大,短期偿债能力越强。由于通常认为存货占了流动资产的一半左右,因此剔除存货影响的速动比率至少是1。速动比率过低,企业面临偿债风险;但速动比率过高,会因占用现金及应收账款过多而增加企业的机会成本。影响此比率可信性的重要因素是应收账款的变现能力。因为应收账款的账面金额不一定都能转化为现金,而且对于季节性生产的企业,其应收账款金额存在着季节性波动,根据某一时点计算的速动比率不能客观反映其短期偿债能力。此外,使用该指标应考虑行业的差异性,例如,大量使用现金结算的企业,其速动比率大大低于1是正常现象。

【例9-4】　根据表9-2,东华公司速动比率计算见表9-7。

表9-7　速动比率

| 年　份 | 流动资产/万元 | 速动资产/万元 | 流动负债/万元 | 速动比率 |
| --- | --- | --- | --- | --- |
| 2022年年末 | 2 140 | 1 540 | 1 450 | 1.06 |
| 2023年年末 | 2 375 | 1 555 | 1 418 | 1.10 |
| 2024年年末 | 2 725 | 1 825 | 1 355 | 1.35 |

该公司三年年末的速动比率都高于公认的1.0,因此从速动比率指标来看,该公司短期偿债能力是可以的,并且是逐年提升的。

但是进一步分析可以发现,2024年年末的速动资产中应收账款较多,而应收账款不一定能按时收回,所以衡量短期偿债能力,还必须计算分析另一个重要比率——现金比率。

(4)现金比率。现金资产包括货币资金和交易性金融资产等。现金资产与流动负债的比值称为现金比率。其计算公式为

$$现金比率＝(货币资金＋交易性金融资产)÷流动负债$$

现金比率剔除了应收账款对偿债能力的影响,最能反映企业直接偿付流动负债的能力,表明每1元流动负债有多少现金资产作为偿债保障。由于流动负债是在一年内(或一个营业周期内)陆续到期清偿,所以并不需要企业时时保留相当于流动负债金额的现金资产。经研究表明,0.2的现金比率就可以接受。而这一比率过高,就意味着企业过多资源占用在盈利能力较低的现金资产上,因而影响了企业盈利能力。

【例9-5】　根据表9-2,东华公司现金比率计算见表9-8。

表9-8　现金比率

| 年　份 | 货币资金＋交易性金融资产/万元 | 流动负债/万元 | 现金比率 |
| --- | --- | --- | --- |
| 2022年年末 | 740 | 1 450 | 0.51 |
| 2023年年末 | 755 | 1 418 | 0.53 |
| 2024年年末 | 900 | 1 355 | 0.66 |

通过表9-8可以看出,该公司现金比率偏高,说明短期偿债能力非常好,但是现金比率高于0.2,意味着企业过多资源占用在盈利能力较低的现金资产上,因此可能影响企业盈利能力。

2. 长期偿债能力分析

长期偿债能力是指企业在较长的期间偿还债务的能力。企业在长期内,不仅需要偿还流动负债,还需要偿还非流动负债,因此,长期偿债能力衡量的是对企业所有负债的清偿能力。企业对所有负债的清偿能力取决于其总资产水平,因此长期偿债能力比率考察的是企业资产、负债和所有者权益之间的关系。其财务指标主要有资产负债率、产权比率、权益乘数和利息保障倍数四项。

微课:长期偿债能力分析

(1) 资产负债率是企业负债总额与资产总额之比。其计算公式为

$$资产负债率 = \frac{负债总额}{资产总额} \times 100\%$$

资产负债率反映总资产中有多大比例是通过负债取得的,可以衡量企业清算时资产对债权人权益的保障程度。当资产负债率高于50%时,表明企业资产来源主要依靠负债,财务风险较大。当资产负债率低于50%时,表明企业资产的主要来源是所有者权益,财务比较稳健。这一比率越低,表明企业资产对负债的保障能力越高,企业的长期偿债能力越强。

事实上,利益主体不同,看待该指标的立场也不同。从债权人的立场看,债务比率越低越好,企业偿债有保证,贷款不会有太大风险;从股东的立场看,其关心的是举债的效益。在全部资本利润率高于借款利息率时,负债比率越大越好,因为股东所得到的利润就会越大。从经营者的角度看,其进行负债决策时,更关注如何实现风险和收益的平衡。资产负债率较低表明财务风险较低,但同时也意味着可能没有充分发挥财务杠杆的作用,盈利能力也较低;而较高的资产负债率表明较大的财务风险和较高的盈利能力。只有当负债增加的收益能够涵盖其增加的风险时,经营者才能考虑借入负债。而在风险和收益实现平衡的条件下,是选择较高的负债水平还是较低的负债水平,则取决于经营者的风险偏好等多种因素。

对该指标进行分析时,应结合以下几个方面:①结合营业周期分析,营业周期短的企业,资产周转速度快,可以适当提高资产负债率;②结合资产构成分析,流动资产所占比率比较大的企业可以适当提高资产负债率;③结合企业经营状况分析,兴旺期间的企业可适当提高资产负债率;④结合客观经济环境分析,例如利率和通货膨胀率水平,当利率提高时,会加大企业负债的实际利率水平,增加企业的偿债压力,这时企业应降低资产负债率;⑤结合资产质量和会计政策分析;⑥结合行业差异分析,不同行业资产负债率有较大差异。

【例 9-6】 根据表 9-2,计算东华公司三年的资产负债率,见表 9-9。

表 9-9 资产负债率

| 年　　份 | 资产总额/万元 | 负债总额/万元 | 资产负债率/% |
| --- | --- | --- | --- |
| 2022 年年末 | 4 910 | 2 180 | 44 |
| 2023 年年末 | 5 678 | 2 188 | 39 |
| 2024 年年末 | 7 445 | 2 480 | 33 |

该公司三年年末资产负债率均低于50%,表明企业资产的主要来源是所有者权益,财务比较稳健。企业资产对负债的保障能力越高,企业的长期偿债能力越强。

(2) 产权比率又称资本负债率,是负债总额与所有者权益之比,它是企业财务结构稳健与否的重要标志。其计算公式为

$$产权比率 = \frac{负债总额}{所有者权益总额}$$

产权比率不仅反映了由债权人提供的资本与所有者提供的资本的相对关系,即企业财务结构是否稳定;而且反映了债权人资本受股东权益保障的程度,或者是企业清算时对债权人利益的保障程度。一般来说,这一比率越低,表明企业长期偿债能力越强,债权人权益保障程度越高。在分析时同样需要结合企业的具体情况加以分析,当企业的资产收益率大于负债利息率时,负债经营有利于提高资金收益率,获得额外的利润,这时的产权比率可适当高些。产权比率高,是高风险、高报酬的财务结构;产权比率低,是低风险、低收益的财务结构。

【例 9-7】 根据表 9-2,计算该公司的产权比率,见表 9-10。

表 9-10　产权比率

| 年　　份 | 负债总额/万元 | 所有者权益总额/万元 | 产权比率 |
| --- | --- | --- | --- |
| 2022 年年末 | 2 180 | 2 730 | 0.80 |
| 2023 年年末 | 2 188 | 3 490 | 0.63 |
| 2024 年年末 | 2 480 | 4 965 | 0.50 |

由计算可知,该公司三年年末的产权比率逐年降低,表明该公司长期偿债能力越来越强,债权人权益程度得到提高。

产权比率与资产负债率对评价偿债能力的作用基本一致,只是资产负债率侧重于分析债务偿付安全性的物质保障程度,产权比率则侧重于揭示财务结构的稳健程度以及自有资金对偿债风险的承受能力。

(3) 权益乘数是总资产与股东权益的比值。其计算公式为

$$权益乘数 = \frac{总资产}{股东权益}$$

权益乘数表明股东每投入 1 元可实际拥有和控制的金额。在企业存在负债的情况下,权益乘数大于 1。企业负债比例越高,权益乘数越大。产权比率和权益乘数是资产负债率的另外两种表现形式,是常用的反映财务杠杆水平的指标。

【例 9-8】 根据表 9-2,计算该公司的权益乘数,见表 9-11。

表 9-11　权益乘数

| 年　　份 | 资产总额/万元 | 所有者权益总额/万元 | 权益乘数 |
| --- | --- | --- | --- |
| 2022 年年末 | 4 910 | 2 730 | 1.80 |
| 2023 年年末 | 5 678 | 3 490 | 1.63 |
| 2024 年年末 | 7 445 | 4 965 | 1.50 |

(4) 利息保障倍数是指企业息税前利润与应付利息之比,又称已获利息倍数,用以衡量偿付借款利息的能力。其计算公式为

$$利息保障倍数 = \frac{息税前利润}{应付利息} = \frac{净利润 + 利润表中的利息费用 + 所得税}{应付利息}$$

式中,息税前利润为利润表中扣除利息费用和所得税前的利润;应付利息为本期发生的全部应付利息,不仅包括财务费用中的利息费用,还应包括计入固定资产成本的资本化利息。资本化利息虽然不在利润表中扣除,但仍然是要偿还的。利息保障倍数主要是衡量企业支付利息的能力,没有足够大的息税前利润,利息的支付就会发生困难。

利息保障倍数反映支付利息的利润来源（息税前利润）与利息支出之间的关系，该比率越高，长期偿债能力越强。从长期看，利息保障倍数至少要大于1（国际公认标准为3），也就是说，息税前利润至少要大于应付利息，企业才具有偿还债务利息的可能性。如果利息保障倍数过低，企业将面临亏损、偿债的安全性与稳定性下降的风险。在短期内，利息保障倍数小于1也仍然具有利息支付能力，因为计算息税前利润时减去的一些折旧和摊销费用并不需要支付现金。但这种支付能力是暂时的，当企业需要重置资产时，势必发生支付困难。因此，在分析时需要比较企业连续多个会计年度（如5年）的利息保障倍数，以说明企业付息能力的稳定性。

**【例 9-9】** 根据表9-2，假定表中财务费用全部为利息费用，资本化利息为0，计算东华公司利息保障倍数，见表9-12。

表 9-12　利息保障倍数

| 年　份 | 净利润/万元 | 利息费用/万元 | 所得税费用/万元 | 息税前利润/万元 | 利息保障倍数 |
| --- | --- | --- | --- | --- | --- |
| 2022 | 1 050 | 60 | 350 | 1 460 | 24.33 |
| 2023 | 1 410 | 120 | 470 | 2 000 | 16.67 |
| 2024 | 2 400 | 100 | 800 | 3 300 | 33.00 |

从以上计算结果看，该公司的利息保障倍数2023年有所减少，利息支付能力有所下降，但是到2024年又有了大幅度提升，偿债能力较好。

### （二）营运能力分析

营运能力比率是衡量公司资产管理效率的财务比率。这方面常用的财务比率有应收账款周转率、存货周转率、流动资产周转率和总资产周转率等。

**1. 应收账款周转率**

（1）计算方法。应收账款周转率是营业收入与应收账款的比率。它有应收账款周转次数、应收账款周转天数两种表示形式，计算公式分别为

$$应收账款周转次数 = \frac{营业收入}{应收账款年平均余额}$$

$$应收账款周转天数 = \frac{360}{应收账款周转次数} ①$$

**【例 9-10】** 根据表9-2、表9-3东华公司的财务报表数据计算应收账款周转率，见表9-13。

表 9-13　应收账款周转率

| 年　份 | 应收账款年末余额/万元 | 应收账款平均余额/万元 | 营业收入/万元 | 应收账款周转次数/次 | 应收账款周转天数/天 |
| --- | --- | --- | --- | --- | --- |
| 2022 | 700 | —— | 4 800 | —— | —— |
| 2023 | 670 | 685 | 6 000 | 8.76 | 41.10 |
| 2024 | 800 | 735 | 9 000 | 12.24 | 29.40 |

应收账款周转次数表明1年中应收账款周转的次数，或者说每1元应收账款投资支持的营业收入。应收账款周转天数也称为应收账款收现期，表明从销售开始到收回现金所需要的平均天数。应收账款与收入比则表明每1元营业收入所需要的应收账款投资。

---

① 在本项目财务指标的计算中，一年按照360天计算。

（2）在计算和使用应收账款周转率时应注意的问题。

① 营业收入的赊销比例问题。从理论上讲，应收账款是赊销引起的，其对应的是营业收入中的赊销部分，而非全部。因此，计算时应使用赊销额而非营业收入。但是，外部分析人员无法在财务报表内取得公司的赊销数据，只好直接使用营业收入作为替代进行计算。实际上相当于假设现销是收现时间等于 0 的应收账款。只要现销与赊销的比例保持稳定，就不会妨碍其与上期数据的可比性，只是一贯高估了周转次数。但问题是与其他公司比较时，如不了解可比公司的赊销比例，将无从判断应收账款周转率是否具有良好的可比性。

② 应收账款年末余额的可靠性问题。应收账款是特定时点的存量，容易受季节性、偶然性和人为因素影响。在用应收账款周转率进行业绩评价时，可以使用年初和年末的平均数，或者使用多个时点的平均数，以减少这些因素的影响。

③ 应收账款的坏账准备问题。财务报表上列示的应收账款是已经计提坏账准备后的净额，而营业收入并未相应减少。其结果是，计提的坏账准备越多，计算的应收账款周转次数越多、天数越少。这种周转次数增加、天数减少不是业绩改善的结果，反而说明应收账款管理欠佳。如果坏账准备的金额较大，就应进行调整，或者使用未计提坏账准备的应收账款进行计算。报表附注中披露的应收账款坏账准备信息，可作为调整的依据。

④ 应收账款周转天数是否越少越好。应收账款是赊销引起的，如果赊销有可能比现销更有利，周转天数就不是越少越好。此外，收现时间的长短与公司的信用政策有关。例如，甲公司的应收账款周转天数是 18 天，信用期是 20 天；乙公司的应收账款周转天数是 15 天，信用期是 10 天。前者的收款业绩优于后者，尽管其周转天数较多。改变信用政策，通常会引起公司应收账款周转天数的变化。信用政策的评价涉及多种因素，不能仅考虑周转天数的缩短。

⑤ 应收账款分析应与赊销分析、现金分析相联系。应收账款的起点是赊销，终点是现金。正常情况是赊销增加引起应收账款增加，现金存量和经营活动现金流量净额也会随之增加。如果公司应收账款日益增加，而现金日益减少，则可能是赊销产生了比较严重的问题。例如，大幅放宽信用政策，甚至随意发货，未能收回现金。总之，只有深入应收账款内部进行分析，并且注意应收账款与其他指标的联系，才能正确使用应收账款周转率，用于有关评价。

2. 存货周转率

（1）计算方法。存货周转率是营业收入或营业成本与存货的比率。其计算公式为

$$存货周转次数 = \frac{营业收入或营业成本}{存货年平均余额}$$

$$存货周转天数 = \frac{360}{存货周转次数}$$

【例 9-11】 根据表 9-2、表 9-3 东华公司的财务报表数据计算存货周转率，见表 9-14、表 9-15。

表 9-14　以营业收入为周转额的存货周转率

| 年　份 | 存货年末余额/万元 | 存货平均余额/万元 | 营业收入/万元 | 存货周转次数/次 | 存货周转天数/天 |
|---|---|---|---|---|---|
| 2022 | 400 | — | 4 800 | — | — |
| 2023 | 580 | 490 | 6 000 | 12.24 | 29.40 |
| 2024 | 600 | 590 | 9 000 | 15.25 | 23.60 |

表 9-15    以营业成本为周转额的存货周转率

| 年 份 | 存货年末余额/万元 | 存货平均余额/万元 | 营业成本/万元 | 存货周转次数/次 | 存货周转天数/天 |
|---|---|---|---|---|---|
| 2022 | 400 | — | 2 000 | — | — |
| 2023 | 580 | 490 | 2 500 | 5.10 | 70.56 |
| 2024 | 600 | 590 | 4 000 | 6.78 | 53.10 |

存货周转次数表明1年中存货周转的次数,或者说明每1元存货投资支持的营业收入。存货周转天数表明存货周转一次需要的时间,也就是存货转换成现金平均需要的时间。存货与收入比,表明每1元营业收入需要的存货投资。

(2) 在计算和使用存货周转率时应注意的问题。

① 计算存货周转率时,使用"营业收入"还是"营业成本"作为周转额,要看分析的目的。在短期偿债能力分析中,为了评估资产的变现能力需要计量存货转换为现金的金额和时间,应采用"营业收入"。在分解总资产周转率时,为系统分析各项资产的周转情况并识别主要的影响因素,应统一使用"营业收入"计算周转率。如果是为了评估存货管理的业绩,应当使用"营业成本"计算存货周转率,使其分子和分母保持口径一致。实际上,两种周转率的差额是由毛利引起的,用哪一个计算方法都能达到分析目的。

② 存货周转天数不是越少越好。存货过多会浪费资金,存货过少则不能满足流转需要。在特定的生产经营条件下存在一个最佳的存货水平,所以存货不是越少越好。

③ 应注意应付账款、存货和应收账款(或营业收入)之间的关系。一般来说,销售增加会拉动应收账款、存货、应付账款增加,不会引起周转率的明显变化。但是,当企业接受一个大订单时,通常要先增加存货,然后推动应付账款增加,最后才引起应收账款(营业收入)增加。因此,在该订单没有实现销售以前,先表现为存货等周转天数增加。这种周转天数增加,没有什么不好。与此相反,预见到销售会萎缩时,通常会先减少存货,进而引起存货周转天数等下降。这种周转天数下降,不一定是好事,并不代表资产管理的改善。因此,任何财务分析都以认识经营活动本质为目的,不可根据数据高低简单作结论。

④ 应关注构成存货的原材料、在产品、半成品、产成品和低值易耗品之间的比例关系。各类存货的明细资料以及存货重大变动的解释,应在报表附注中披露。正常情况下,它们之间存在某种比例关系。如果产成品大量增加,其他项目减少,很可能是销售不畅,放慢了生产节奏。此时,总的存货金额可能并没有显著变动,甚至尚未引起存货周转率的显著变化。因此,在财务分析时既要重点关注变化大的项目,也不能完全忽视变化不大的项目,其内部可能隐藏着重要问题。

3. 流动资产周转率

流动资产周转率是营业收入与流动资产的比率。它有两种计算方法,计算公式为

$$流动资产周转次数 = 营业收入 \div 流动资产年平均余额$$

$$流动资产周转天数 = 360 \div 流动资产周转次数$$

【例 9-12】 根据表 9-2、表 9-3 东华公司的财务报表数据计算流动资产周转率,见表 9-16。

表 9-16　流动资产周转率

| 年　份 | 流动资产年末余额/万元 | 流动资产平均余额/万元 | 营业收入/万元 | 流动资产周转次数/次 | 流动资产周转天数/天 |
|---|---|---|---|---|---|
| 2022 | 2 140 | — | 4 800 | — | — |
| 2023 | 2 375 | 2 257.5 | 6 000 | 2.66 | 135.45 |
| 2024 | 2 725 | 2 550 | 9 000 | 3.53 | 102.00 |

流动资产周转次数表明 1 年中流动资产周转的次数,或者说明每 1 元流动资产投资支持的营业收入。流动资产周转天数表明流动资产周转一次需要的时间,也就是流动资产转换成现金平均需要的时间。流动资产与营业收入比,表明每 1 元销售收入需要的流动资产投资。

**4. 总资产周转率**

总资产周转率是营业收入与总资产的比率。它有两种计算方法,计算公式为

$$总资产周转次数 = \frac{营业收入}{总资产年平均余额}$$

$$总资产周转天数 = \frac{360}{总资产周转次数}$$

**【例 9-13】** 根据表 9-2、表 9-3 东华公司的财务报表数据计算总资产周转率,见表 9-17。

表 9-17　总资产周转率

| 年　份 | 总资产年末余额/万元 | 总资产平均余额/万元 | 营业收入/万元 | 总资产周转次数/次 | 总资产周转天数/天 |
|---|---|---|---|---|---|
| 2022 | 4 910 | — | 4 800 | — | — |
| 2023 | 5 678 | 5 294 | 6 000 | 1.13 | 317.64 |
| 2024 | 7 445 | 6 561.5 | 9 000 | 1.37 | 262.46 |

总资产周转次数表明 1 年中总资产周转的次数,或者说明每 1 元总资产投资支持的营业收入。总资产周转天数表明总资产周转一次需要的时间,也就是总资产转换成现金平均需要的时间。总资产与营业收入比,表明每 1 元营业收入需要的总资产投资。

### （三）盈利能力分析

**1. 营业净利率**

营业净利率是指净利润与营业收入的比率,通常用百分数表示。其计算公式为

微课:盈利能力分析

$$营业净利率 = \frac{净利润}{营业收入} \times 100\%$$

"净利润""营业收入"两者相除可以概括公司的全部经营成果。该比率越大,公司的盈利能力越强。

**2. 总资产净利率**

总资产净利率是指净利润与总资产的比率,它表明每 1 元总资产创造的净利润。其计算公式为

$$总资产净利率 = \frac{净利润}{总资产年平均余额} \times 100\%$$

总资产净利率是公司盈利能力的关键。虽然股东报酬由总资产净利率和财务杠杆共同

决定,但提高财务杠杆会增加公司风险,往往并不增加公司价值。此外,财务杠杆的提高有诸多限制,公司经常处于财务杠杆不可能再提高的临界状态。因此,提高权益净利率的基本动力是总资产净利率。

3. 权益净利率

权益净利率也称净资产收益率,是净利润与股东权益的比率,它反映每1元股东权益赚取的净利润,可以衡量企业的总体盈利能力。其计算公式为

$$权益净利率 = \frac{净利润}{股东权益年平均余额} \times 100\%$$

权益净利率的分母是股东的投入,分子是股东的所得。权益净利率具有很强的综合性,概括了公司的全部经营业绩和财务业绩。

【例 9-14】 根据表 9-2、表 9-3 东华公司的财务报表数据计算盈利能力指标,见表 9-18。

表 9-18  盈利能力指标

| 项　　　目 | 2022 年 | 2023 年 | 2024 年 |
|---|---|---|---|
| 净利润/万元 | 1 050 | 1 410 | 2 400 |
| 营业收入/万元 | 4 800 | 6 000 | 9 000 |
| 总资产平均余额/万元 | — | 5 294 | 6 561.5 |
| 股东权益平均余额/万元 | — | 3 110 | 4 227.5 |
| 营业净利率/% | 21.88 | 23.50 | 26.67 |
| 总资产净利率/% | — | 26.63 | 36.58 |
| 权益净利率/% | — | 45.34 | 56.77 |

### (四)发展能力分析

企业发展能力分析是对企业未来成长潜力和持续发展能力的综合评估。在企业发展能力分析中,财务状况分析是基础,它通过对企业收入、利润、资产、负债及权益等关键财务指标进行分析,评估企业的长期发展趋势,了解企业在市场中的竞争力和发展潜力。

微课:企业发展能力分析

1. 资本增长指标

资本积累率是企业年末所有者权益的增长额同年初所有者权益总额之比。其计算公式为

$$资本积累率 = \frac{本年所有者权益增长额}{年初所有者权益} \times 100\%$$

资本积累率是企业当年所有者权益总的增长率,反映企业当年净资产的变动水平。该指标体现了企业资本的保全和增长情况,指标越高,表明企业资本积累越多,应付风险和持续发展的能力越强。若该指标为负值,表明企业资本受到侵蚀,所有者利益受到侵害。

【例 9-15】 根据表 9-2 东华公司的财务报表数据计算资本积累率指标,见表 9-19。

表 9-19  年资本积累率

| 项　　　目 | 2022 年 | 2023 年 | 2024 年 |
|---|---|---|---|
| 年末所有者权益/万元 | 2 730 | 3 490 | 4 965 |
| 所有者权益增长额/万元 | — | 760 | 1 475 |
| 资本积累率/% | — | 27.84 | 42.26 |

资本积累率指标有一定的滞后性,仅反映当期情况。为反映企业资本保值增值的历史发展情况,了解企业的发展趋势,需要计算连续几年的资本积累情况。

在实务中,使用三年资本积累率这一指标。其计算公式为

$$三年资本积累率 = \sqrt[3]{\frac{年末所有者权益}{三年前末所有者权益}} - 1$$

续例9-15中,假设2021年年末所有者权益余额为2 500万元,那么2021年年末至2024年年末三年资本积累率 $= \sqrt[3]{\frac{4\ 965}{2\ 500}} - 1 = 25.70\%$。

三年资本积累率指标越高,表明企业所有者权益得到的保障程度越大,企业可以长期使用的资金越充裕,抗风险和连续发展的能力越强。

2. 利润增长指标

(1)营业利润增长率,是指企业本年营业利润增长额与上年营业利润总额的比率,反映企业营业利润的增减变动情况。营业利润增长率的计算公式为

$$营业利润增长率 = \frac{本年营业利润增长额}{上年营业利润总额} \times 100\%$$

式中,本年营业利润增长额=本年营业利润总额-上年营业利润总额。

这个指标通常用于评估企业的盈利能力,营业利润增长率越高,说明企业百元商品销售额提供的营业利润越多,企业的盈利能力越强;反之,说明企业盈利能力越弱。

(2)净利润增长率,是企业当期净利润比上期净利润的增长幅度,指标值越大,代表企业盈利能力越强。净利润增长率的计算公式为

$$净利润增长率 = \frac{当期净利润 - 上期净利润}{上期净利润} \times 100\%$$

净利润增长率是衡量企业经营效益的重要指标,它反映了企业在一定时期内利润增长的情况。这个指标可以帮助投资者和企业管理者评估企业的财务健康状况和市场竞争力。

3. 销售增长指标

销售增长率是企业本年销售收入增长额同上年销售收入总额之比。本年销售增长额为本年销售收入减去上年销售收入的差额,其计算公式为

$$销售增长率 = \frac{本年销售增长额}{上年销售总额} \times 100\%$$

销售增长率是分析企业成长状况和发展能力的基本指标,也是企业扩张增量资本和存量资本的重要前提。该指标越大,表明其增长速度越快,企业市场前景越好。

4. 资产增长指标

总资产增长率是企业年末总资产的增长额同年初资产总额之比。本年总资产增长额为本年总资产的年末数减去本年初数的差额,它是分析企业当年资本积累能力和发展能力的主要指标。其计算公式为

$$总资产增长率 = \frac{本年总资产增长额}{年初资产总额} \times 100\%$$

式中,本年总资产增长额=年末资产总额-年初资产总额。

总资产增长率越高,表明企业一定时期内资产经营规模扩张的速度越快。但在分析时,需要关注资产规模扩张的质和量的关系,以及企业的后续发展能力,避免盲目扩张。三年平

均资产增长率指标消除了资产短期波动的影响,反映了企业较长时期内的资产增长情况。

## 二、上市公司财务分析

### 1. 市盈率

市盈率是指普通股每股市价与每股收益的比率,它反映普通股股东愿意为每 1 元净利润支付的价格。其中,每股收益是指可分配给普通股股东的净利润与流通在外普通股加权平均股数的比率,它反映每只普通股当年创造的净利润水平。其计算公式为

$$每股收益 = \frac{普通股股东净利润}{流通在外普通股加权平均股数}$$

$$市盈率 = \frac{每股市价}{每股收益}$$

【例 9-16】 假设某公司无优先股,2024 年 12 月 31 日普通股每股市价 36 元,普通股股东净利润为 136 万元,2024 年流通在外普通股加权平均股数 100 万股。根据该公司的财务报表数据,计算该公司 2024 年每股收益和市盈率。

**解:**
$$本年每股收益 = \frac{136}{100} = 1.36(元/股)$$

$$本年市盈率 = \frac{36}{1.36} = 26.47(倍)$$

在计算和使用市盈率和每股收益时,应注意以下问题。

(1)每股市价实际上反映了投资者对未来收益的预期。然而,市盈率是基于过去年度的收益。因此,如果投资者预期收益将从当前水平大幅增长,市盈率将会相当高,也许是 20 倍、30 倍或更多。但是,如果投资者预期收益将由当前水平大幅下降,市盈率将会相当低,如 10 倍或更少。成熟市场上的成熟公司有非常稳定的收益,通常其每股市价为每股收益的 10~12 倍。因此,市盈率反映了投资者对公司未来前景的预期,相当于每股收益的资本化。

(2)对仅有普通股的公司而言,每股收益的计算相对简单。如果公司还有优先股,则计算公式为

$$每股收益 = \frac{净利润 - 优先股股息}{流通在外普通股加权平均股数}$$

每股收益仅适用于普通股,即普通股的每股收益。优先股股东除规定的优先股股息外,对剩余的净利润不再具有索取权。在有优先股股息的情况下,计算每股收益的分子应该是可分配给普通股股东的净利润,即从净利润中扣除当年宣告或累积的优先股股息。

### 2. 市净率

市净率也称市账率,是指普通股每股市价与每股净资产的比率。它反映普通股股东愿意为每 1 元净资产支付的价格,说明市场对公司净资产质量的评价。其中,每股净资产也称为每股账面价值,是指普通股股东权益与流通在外普通股股数的比率。它表示每股普通股享有的净资产,是理论上的每股最低价值。其计算公式为

$$每股净资产 = \frac{普通股股东权益}{流通在外普通股股数}$$

$$市净率 = \frac{每股市价}{每股净资产}$$

对于既有优先股又有普通股的公司,通常只为普通股计算每股净资产。在这种情况下,普通股每股净资产的计算需要分两步完成。首先,从股东权益总额中减去优先股权益,包括优先股的清算价值及全部拖欠的股息,得出普通股权益。其次,用普通股权益除以流通在外普通股股数,确定普通股每股净资产。

**【例 9-17】** 假设某公司有优先股 10 万股,清算价值为每股 15 元,累计拖欠股息为每股 5 元;2024 年 12 月 31 日股东权益总额为 960 万元,每股市价 36 元,流通在外普通股股数 100 万股。根据该公司的财务报表数据,计算该公司 2024 年每股净资产和市净率。

**解:**
$$本年每股净资产 = \frac{960 - (15 + 5) \times 10}{100} = 7.6(元/股)$$

$$本年市净率 = \frac{36}{7.6} = 4.74(倍)$$

在计算市净率和每股净资产时,应注意所使用的流通在外普通股股数是资产负债表日流通在外普通股股数,而不是当期流通在外普通股加权平均股数。这是因为每股净资产的分子为时点数,分母也应选取同一时点数。

3. 市销率

市销率是指普通股每股市价与每股营业收入的比率。它表示普通股股东愿意为每 1 元营业收入支付的价格。其中,每股营业收入是指营业收入与流通在外普通股加权平均股数的比率,它表示每只普通股创造的营业收入。计算公式分别为

$$每股营业收入 = \frac{营业收入}{流通在外普通股加权平均股数}$$

$$市销率 = \frac{每股市价}{每股营业收入}$$

**【例 9-18】** 假设 2024 年 12 月 31 日普通股每股市价 36 元,2024 年流通在外普通股加权平均股数 100 万股,2004 年营业收入为 3 000 万元。根据该公司的财务报表数据,计算该公司 2024 年每股营业收入和市销率。

**解:**
$$本年每股营业收入 = \frac{3\,000}{100} = 30(元/股)$$

$$本年市销率 = \frac{36}{30} = 1.2(倍)$$

市盈率、市净率和市销率主要用于公司整体的价值评估。

# 任务三　综合财务评价

## 一、杜邦分析体系

### (一)杜邦分析的概念

杜邦分析体系又称杜邦财务分析体系,简称杜邦体系,是利用各主要财务比率之间的内在联系,对公司财务状况和经营成果进行综合评价的系统方法。该体系是以权益净利率为核心,以总资产净利率和权益乘数为分解因素,重点揭示公司获利能力及杠杆水平对权益净利率的影响,以及各相关指标间的相互关系。杜邦体系最初因美国杜邦公司成功应用而得名。

## （二）杜邦分析体系的基本框架

### 1. 杜邦分析体系的核心比率

权益净利率是分析体系的核心比率，具有很好的可比性，可用于不同公司之间的比较。由于资本具有逐利性，总是流向投资报酬率高的行业和公司，因此各公司的权益净利率会比较接近。如果一个企业的权益净利率经常高于其他公司，就会引来竞争者，迫使该公司的权益净利率回到平均水平。如果一个公司的权益净利率经常低于其他公司，就难以增获资本，会被市场驱逐，从而使幸存公司的权益净利率平均水平回归正常。

权益净利率不仅有很强的可比性，而且有很强的综合性。公司为了提高权益净利率，可从以下三个分解指标入手。

$$权益净利率 = \frac{净利润}{营业收入} \times \frac{营业收入}{总资产} \times \frac{总资产}{股东权益}$$
$$= 营业净利率 \times 总资产周转次数 \times 权益乘数$$

无论提高其中的哪个比率，权益净利率都会提高。其中，"营业净利率"是利润表的一种概括表示，"净利润"与"营业收入"两者相除可以概括企业经营成果；"权益乘数"是资产负债表的一种概括表示，表明资产、负债和股东权益的比例关系，可以反映企业最基本的财务状况；"总资产周转次数"把利润表和资产负债表联系起来，使权益净利率可以综合分析评价整个企业经营成果和财务状况。

### 2. 杜邦分析体系的基本框架

杜邦分析体系的基本框架如图 9-1 所示。

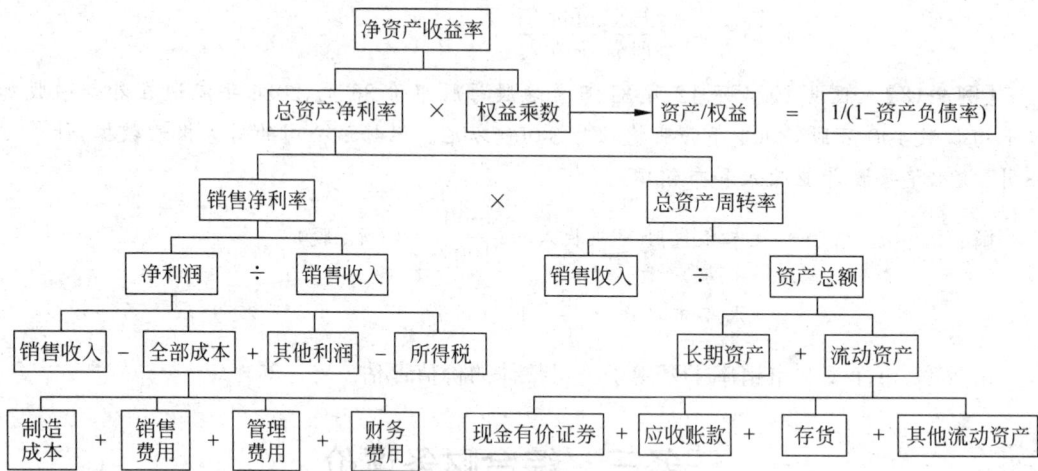

**图 9-1　杜邦分析体系的基本框架**

注：图中有关资产、负债与权益指标通常用平均值计算。

由图 9-1 可见，该体系是一个多层次的财务比率分解体系。各项财务比率，可在每个层次上与本公司历史或同业财务比率比较，然后向下一级继续分解。逐级向下分解，逐步覆盖公司经营活动的每个环节，以实现系统、全面评价公司经营成果和财务状况的目的。

第一层次的分解，是把权益净利率分解为营业净利率、总资产周转次数和权益乘数。这三个比率在各企业之间可能存在显著差异。通过对差异的比较，可以观察本公司与其他公司的经营战略和财务政策有什么不同。

　　分解出来的营业净利率和总资产周转次数,可以反映公司的经营战略。一些公司营业净利率较高,而总资产周转次数较低;另一些公司与之相反,总资产周转次数较高,而营业净利率较低。两者经常成反方向变化。这种现象并不偶然。为了提高营业净利率,就要增加产品附加值,往往需要增加投资,引起周转次数的下降。与此相反,为了加快周转,就要降低价格,引起营业净利率下降。通常,营业净利率较高的制造业,其周转次数都较低;周转次数很高的零售业,营业净利率很低。采取"高盈利、低周转"还是"低盈利、高周转"的方针,是企业根据外部环境和自身资源作出的战略选择。正因如此,仅从营业净利率的高低并不能看出业绩好坏,应把它与总资产周转次数联系起来考察企业经营战略。真正重要的是两者共同作用得到的总资产净利率。总资产净利率可以反映管理者运用企业资产赚取盈利的业绩,是最重要的盈利能力。

　　分解出来的财务杠杆(以权益乘数表示)可以反映企业的财务政策。在总资产净利率不变的情况下,提高财务杠杆可以提高权益净利率,但同时也会增加财务风险。如何配置财务杠杆是公司最重要的财务政策。一般而言,总资产净利率较高的公司,财务杠杆较低,反之亦然。这种现象也不是偶然的。可以设想,为了提高权益净利率,公司倾向于尽可能提高财务杠杆。但是,债权人不一定会同意这种做法。债权人不分享超过利息的收益,更倾向于为预期未来经营活动现金流量净额比较稳定的公司提供贷款。为了稳定现金流量,公司的一种选择是降低价格以减少竞争;另一种选择是增加营运资本以防止现金流中断,这都会导致总资产净利率下降。也就是说,为了提高流动性,只能降低盈利性。因此,经营风险低的公司可以得到较多的贷款,其财务杠杆较高;经营风险高的公司,只能得到较少的贷款,其财务杠杆较低。总资产净利率与财务杠杆负相关,共同决定了公司的权益净利率。因此,公司必须使其经营战略和财务政策相匹配。

### (三) 杜邦分析体系的优缺点

　　前述杜邦分析体系虽然被广泛使用,但也存在某些局限性。

　　(1) 计算总资产净利率的"总资产"与"净利润"不匹配。总资产为全部资产提供者所享有,而净利润则专属于股东,两者不匹配。由于总资产净利率的"投入"与"产出"不匹配,因此,该指标不能反映实际的报酬率。为了改善该比率,要重新调整分子和分母。

　　公司资金的提供者包括无息负债的债权人、有息负债的债权人和股东,无息负债的债权人不要求分享收益,要求分享收益的是股东和有息负债的债权人。因此,需要计量股东和有息负债债权人投入的资本,并且计量这些资本产生的收益,两者相除才是合乎逻辑的报酬率,才能准确反映企业的基本盈利能力。

　　(2) 没有区分金融活动损益与经营活动损益。传统的杜邦分析体系不区分经营活动和金融活动。对于大多数公司来说,金融活动是净筹资,它们在金融市场上主要是筹资,而不是投资。筹资活动不产生净利润,而是支出净费用。这种筹资费用是否属于经营活动费用,在会计准则制定过程中始终存在很大争议,各国的会计准则对此的处理不尽相同。

　　(3) 没有区分金融资产与经营资产。从财务管理角度看,公司的金融资产是尚未投入实际经营活动的资产,应将其与经营资产相区别。由此,金融资产和金融损益匹配,经营资产和经营损益匹配,可以据此正确计量经营活动和金融活动的基本盈利能力。

（4）没有区分金融负债与经营负债。既然要把金融活动分离出来单独考察，就需要单独计量筹资活动成本。负债的成本（利息支出）仅是金融负债的成本，经营负债是无息负债。因此，必须区分金融负债与经营负债，利息与金融负债相除，才是真正的平均利息率。此外，区分金融负债与经营负债后，金融负债与股东权益相除，可以得到更符合实际的财务杠杆。经营负债没有固定成本，本来就没有杠杆作用，将其计入财务杠杆，会歪曲杠杆的实际效应。

## 二、经济增加值

### （一）经济增加值的概念

经济增加值是指从税后净营业利润中扣除全部投入资本的资本成本后的剩余收益。经济增加值及其改善值是全面评价经营者有效使用资本和为企业创造价值的重要指标。经济增加值为正，表明经营者在为企业创造价值；经济增加值为负，表明经营者在损毁企业价值。

微课：经济增加值

经济增加值＝调整后税后净营业利润－调整后平均资本占用×加权平均资本成本

式中，税后净营业利润衡量的是企业的经营盈利情况；平均资本占用反映的是企业持续投入的各种债务资本和股权资本；加权平均资本成本反映的是企业各种资本的平均资本成本率。

经济增加值与剩余收益有两点不同。一是在计算经济增加值时，需要对财务会计数据进行一系列调整，包括税后净营业利润和资本占用。二是需要根据资本市场的机会成本计算资本成本，以实现经济增加值与资本市场的衔接；而剩余收益根据投资要求的报酬率计算，该投资报酬率可以根据管理的要求作出不同选择，带有一定主观性。

尽管经济增加值的定义很简单，但它的实际计算却较为复杂。为了计算经济增加值，需要解决经营利润、资本成本和所使用资本数额的计量问题。不同的解决办法，形成了不同的经济增加值。

1. 基本的经济增加值

基本的经济增加值是根据未经调整的经营利润和总资产计算的经济增加值。

基本的经济增加值＝税后净营业利润－报表平均总资产×加权平均资本成本

基本的经济增加值的计算很容易。但是，由于"经营利润"和"总资产"是按照会计准则计算的，它们歪曲了公司的真实业绩。不过，对于会计利润来说是一个进步，因为它承认了股权资金的资本成本。

2. 披露的经济增加值

披露的经济增加值是利用公开会计数据进行调整计算出来的。这种调整是根据公布的财务报表及其附注中的数据进行的。据说它可以解释公司市场价值变动的50%。

典型的调整如下。①对于研究与开发费用，会计作为费用立即将其从利润中扣除，经济增加值要求将其作为投资并在一个合理的期限内摊销。②对于战略性投资，会计将投资的利息（或部分利息）计入当期财务费用，经济增加值要求将其在一个专门账户中资本化并在开始生产时逐步摊销。③对于为建立品牌、进入新市场或扩大市场份额发生的费用，会计作为费用立即从利润中扣除，经济增加值要求把争取客户的营销费用资本化并在适当的期限内摊销。④对于折旧费用，会计大多使用直线折旧法处理，经济增加值要求对某些大量使用长期设备的公司，按照更接近经济现实的"沉淀资金折旧法"进行处理。这是一种类似租赁

资产的费用分摊方法,在前几年折旧较少,而后几年由于技术老化和物理损耗同时发挥作用时需提取较多折旧。

### (二)经济增加值的计算

下面简要介绍国资委关于经济增加值计算的相关规定。

1. 经济增加值的定义及计算公式

经济增加值是指经核定的企业税后净营业利润减去资本成本后的余额。

经济增加值=税后净营业利润-资本成本

　　　　　　=税后净营业利润-调整后资本×平均资本成本率

税后净营业利润=净利润+(利息支出+研究开发费用调整项)×(1-25%)

调整后资本=平均所有者权益+平均带息负债-平均在建工程

$$平均资本成本率=债券资本成本率×\frac{平均带息负债}{平均带息负债+平均所有者权益}×(1-25\%)$$

$$+股权资本成本×\frac{平均所有者权益}{平均带息负债+平均所有者权益}$$

**注**:假定企业所得税率为25%。

2. 会计调整项目说明

(1)研究开发费用调整项是指企业财务报表中"期间费用"项下的"研发费用"和当期确认为无形资产的开发支出。

(2)对于承担关键核心技术攻关任务而影响当期损益的研发投入,可以按照100%的比例,在计算税后净营业利润时予以加回。

(3)对于勘探投入费用较大的企业,经国资委认定后,可将其成本费用情况表中的"勘探费用"视同研究开发费用调整项予以加回。

(4)在建工程是指企业财务报表中的符合主业规定的"在建工程"。

(5)对从事银行、保险和证券业务且纳入合并报表的企业,将负债中金融企业专用科目从资本占用中予以扣除。基金、融资租赁等金融业务纳入国资委核定主业范围的企业,可约定将相关带息负债从资本占用中予以扣除。

(6)利息支出是指企业财务报表中"财务费用"项下的"利息支出"。带息负债是指企业带息负债情况表中带息负债合计。

(7)企业经营业务主要在国(境)外的,25%的企业所得税税率可予以调整。

3. 差异化资本成本率的确定

(1)对主业处于充分竞争行业和领域的商业类企业,股权资本成本率原则上定为6.5%;对主业处于关系国家安全、国民经济命脉的重要行业和关键领域、主要承担重大专项任务的商业类企业,股权资本成本率原则上定为5.5%;对公益类企业,股权资本成本率原则上定为4.5%。对军工、电力、农业等资产通用性较差的企业,股权资本成本率下浮0.5%。

(2)债权资本成本率=利息支出总额/平均带息负债利息支出总额中,利息支出总额是指带息负债情况表中的"利息支出总额",包括费用化利息和资本化利息。

(3)资产负债率高于上年且在65%(含)至70%的科研技术企业、70%(含)至75%的工业企业或75%(含)至80%的非工业企业,平均资本成本率上浮0.2%;资产负债率高于上年且在70%(含)以上的科研技术企业、75%(含)以上的工业企业或80%(含)以上的非工业企业,平均资本成本率上浮 0.5%。

4. 其他重大调整事项

发生下列情形之一,对企业经济增加值考核产生重大影响的,国资委酌情予以调整。

(1) 重大政策变化。

(2) 严重自然灾害等不可抗力因素。

(3) 企业重组、上市及会计准则调整等不可比因素。

(4) 国资委认可的企业结构调整等其他事项。

**【例 9-19】** 甲公司是一家中央电力企业,采用经济增加值业绩考核办法进行业绩计量和评价,有关资料如下。

(1) 2024 年甲公司的净利润为 40 亿元;费用化利息支出为 12 亿元,资本化利息支出为 16 亿元;研发费用为 20 亿元,当期无确认为无形资产的开发支出。

(2) 2024 年甲公司的年末无息负债为 200 亿元,年初无息负债为 150 亿元;年末带息负债为 800 亿元,年初带息负债为 600 亿元;年末所有者权益为 900 亿元,年初所有者权益为 700 亿元;年末在建工程为 180 亿元,年初在建工程为 220 亿元。

根据上述资料,计算甲公司 2024 年的经济增加值。

**解:** (1) 计算税后净营业利润。

$$税后净营业利润 = 净利润 + (利息支出 + 研究开发费用调整项) \times (1 - 25\%)$$

$$研究开发费用调整项 = 研发费用 + 当期确认为无形资产的开发支出$$
$$= 20 + 0 = 20(亿元)$$

$$税后净营业利润 = 40 + (12 + 20) \times (1 - 25\%) = 64(亿元)$$

(2) 计算调整后资本。

$$调整后资本 = 平均所有者权益 + 平均带息负债 - 平均在建工程$$

$$平均所有者权益 = \frac{900 + 700}{2} = 800(亿元)$$

$$平均带息负债 = \frac{800 + 600}{2} = 700(亿元)$$

$$平均在建工程 = \frac{180 + 220}{2} = 200(亿元)$$

$$调整后资本 = 800 + 700 - 200 = 1\,300(亿元)$$

(3) 计算平均资本成本率。

$$平均资本成本 = 债券资本成本率 \times \frac{平均带息负债}{平均带息负债 + 平均所有者权益} \times (1 - 25\%)$$
$$+ 股权资本成本 \times \frac{平均所有者权益}{平均带息负债 + 平均所有者权益}$$

$$债权资本成本率 = \frac{利息支出总额}{平均带息负债}$$

$$利息支出总额 = 费用化利息支出 + 资本化利息支出 = 12 + 16 = 28(亿元)$$

$$债权资本成本率 = \frac{28}{700} = 4\%$$

因甲公司作为电力企业,其主业处于关系国家安全、国民经济命脉的重要行业和关键领域,且电力行业资产通用性较差。

$$股权资本成本率 = 5.5\% - 0.5\% = 5\%$$

$$平均资本成本率 = 4\% \times \frac{700}{700 + 800} \times (1 - 25\%) + 5\% \times \frac{800}{700 + 800} = 4.07\%$$

$$年末资产负债率 = \frac{200 + 800}{200 + 800 + 900} = \frac{1\,000}{1\,900} = 52.63\%$$

$$年初资产负债率 = \frac{150 + 600}{150 + 600 + 700} = \frac{750}{1\,450} = 51.72\%$$

资产负债率虽然高于上年但低于 65%,故不属于需要调整的情况。

(4) 计算经济增加值。

$$经济增加值 = 税后净营业利润 - 资本成本$$
$$= 税后净营业利润 - 调整后资本 \times 平均资本成本率$$
$$经济增加值 = 64 - 1\,300 \times 4.07\% = 64 - 52.91 = 11.09(亿元)$$

### (三) 经济增加值的优缺点

1. 经济增加值评价的优点

经济增加值考虑了所有资本的成本,更真实地反映了企业的价值创造能力;实现了企业利益、经营者利益和员工利益的统一,激励经营者和所有员工为企业创造更多价值;能有效遏制企业盲目扩张规模以追求利润总量和增长率的倾向,引导企业注重价值创造。

经济增加值不仅是一种业绩评价指标,它还是一种全面财务管理和薪酬激励框架。经济增加值的吸引力主要在于它把资本预算、业绩评价和激励报酬结合起来了。过去,人们使用净现值和内部报酬率评价资本预算,用权益资本报酬率或每股收益评价公司业绩,用另外的一些效益指标作为发放奖金的依据。以经济增加值为依据的管理,其经营目标是经济增加值,资本预算的决策基础是以适当折现率折现的经济增加值,衡量生产经营效益的指标是经济增加值,奖金根据适当的目标单位经济增加值来确定。这使管理变得简单、直接、统一与和谐。经济增加值是一个独特的薪金激励制度的关键变量,它第一次真正把管理者的利益和股东利益统一起来,使管理者可以像股东那样思维和行动。经济增加值法是一种治理公司的内部控制制度。在这种控制制度下,所有员工可以协同工作,积极地追求最好的业绩。

在经济增加值的框架下,公司可以向投资者宣传他们的目标和成就,投资者也可以根据经济增加值选择最具前景的公司。经济增加值还是股票分析家手中的一个强有力的工具。

2. 经济增加值评价的缺点

首先,经济增加值仅对企业当期或未来 1~3 年价值创造情况进行衡量和预判,无法衡量企业长远发展战略的价值创造情况;其次,经济增加值计算主要基于财务指标,无法对企业的营运效率与效果进行综合评价;最后,不同行业、不同发展阶段、不同规模的企业,其会计调整项和加权平均资本成本各不相同,计算比较复杂,影响指标的可比性。

此外,由于经济增加值是绝对数指标,因此不便于比较不同规模公司的业绩。经济增加值也有与投资报酬率一样误导使用者的缺点,例如,若公司处于成长阶段,其经济增加值较少;若公司处于衰退阶段,则经济增加值可能较高。

在计算经济增加值时,对于净利润应做哪些调整以及如何确定资本成本等,尚存在许多争议。这些争议不利于建立一个统一的规范。而缺乏统一性的业绩评价指标,只能在一个公司的历史分析以及内部评价中使用。

## 三、平衡计分卡

### （一）平衡计分卡的概念

平衡计分卡是指基于企业战略，从财务、客户、内部业务流程、学习与成长四个维度，将战略目标逐层分解转化为具体的、相互平衡的绩效指标体系，并据此进行绩效管理的方法。平衡计分卡打破了传统的只注重财务指标的业绩评价模式，认为传统的财务指标属于滞后性指标，对于指导和评价企业如何通过投资于客户、供应商、雇员、生产程序、技术和创新等来创造未来的价值是不够的。因而需要在传统财务指标的基础上，增加用于评估企业未来投资价值好坏的具有前瞻性的先行指标。另外，《财富》杂志指出，事实上只有不到10%的企业战略被有效地执行，真正的问题不是战略不好，而是执行能力不够，至少70%的原因归于战略执行的失败，而非战略本身的错误。战略执行失败的原因是由沟通障碍、管理障碍、资源障碍和人员障碍造成的。为了进行有效的业绩评价和战略实施，平衡计分卡应运而生，它是由哈佛商学院教授罗伯特·卡普兰(Robert S. Kaplan)和戴维·诺顿(David P. Norton)倡导和提出的，目前形成了平衡计分卡、战略核心组织和战略地图三大成果。

### （二）平衡计分卡的基本框架

平衡计分卡通过将财务指标与非财务指标相结合，将企业的业绩评价同企业发展战略联系起来，设计出了一套能使企业高管迅速且全面了解企业经营状况的指标体系，用来表达企业发展战略所必须达到的目标，把任务和决策转化成目标和指标。平衡计分卡的目标和指标来源于企业的愿景和战略，这些目标和指标从四个维度来考察企业的业绩，即财务、顾客、内部业务流程、学习与成长，这四个维度组成了平衡计分卡的框架。

#### 1. 财务维度

财务维度的目标是解决"股东如何看待我们"的问题。表明企业的努力是否最终对企业的经济收益产生了积极的作用。众所周知，现代企业财务管理目标是企业价值最大化，而对企业价值目标的计量离不开相关财务指标。财务维度指标通常包括投资报酬率、权益净利率、经济增加值、息税前利润、自由现金流量、资产负债率、总资产周转率等。

#### 2. 顾客维度

顾客维度回答"顾客如何看待我们"的问题。顾客是企业之本，是现代企业的利润来源。顾客感受理应成为企业关注的焦点，应当从时间、质量、服务效率以及成本等方面了解市场份额、顾客需求和顾客满意程度。常用的顾客维度指标有市场份额、客户满意度、客户获得率、客户保持率、客户获利率、战略客户数量等。

#### 3. 内部业务流程维度

内部业务流程维度着眼于企业的核心竞争力，解决"我们的优势是什么"的问题。企业要想按时向顾客交货，满足现在和未来顾客的需要，就必须以合理流畅的内部业务流程为前提。因此，企业应当明确自身的核心竞争力，遴选出那些对顾客满意度有最大影响的业务流程，并把它们转化成具体的测评指标，反映内部业务流程维度的常用指标有交货及时率、生产负荷率、产品合格率等。

4．学习与成长维度

学习与成长维度目标是解决"我们是否能继续提高并创造价值"的问题。只有持续不断地开发新产品，为客户创造更多价值并提高经营效率，企业才能打入新市场，才能赢得顾客的满意，进而增加股东价值。企业的学习与成长来自员工、信息系统和企业程序等。根据经营环境和利润增长点的差异，企业可以确定不同的产品创新、过程创新和生产水平提高指标，如新产品开发周期、员工满意度、员工保持率、员工生产率、培训计划完成率等。

### （三）平衡计分卡的优缺点

1．平衡计分卡的优点

（1）战略目标逐层分解并转化为评价对象的绩效指标和行动方案，使整个组织行动协调一致。

（2）从财务、客户、内部业务流程、学习与成长四个维度确定绩效指标，使绩效评价更为全面、完整。

（3）将学习与成长作为一个维度，注重员工的发展要求和组织资本、信息资本等无形资产的开发利用，有利于增强企业可持续发展的动力。

2．平衡计分卡的缺点

（1）专业技术要求高，工作量比较大，操作难度也较大，需要持续的沟通和反馈，实施比较复杂，实施成本高。

（2）各指标权重在不同层级及各层级不同指标之间的分配比较困难，且部分非财务指标的量化工作难以落实。

（3）系统性强，涉及面广，需要专业人员的指导、企业全员的参与和长期持续的修正完善，对信息系统、管理能力的要求较高。

文档：企业数字化转型的财务效益分析——以顺丰控股为例

微课：财务指标在 Excel 中的综合计算与分析

# 任务四　数字化财务分析实例

## 一、财务分析在 Excel 中的应用

背景资料：长江公司 2022—2024 年资产负债表见表 9-20,2022—2024 年利润表见表 9-21。

表 9-20　资产负债表（简表）

编制单位：长江公司　　　　　　　　　　　　　　　　　　　　　　　　　　　　　　　单位：元

| 项　　　　目 | 2022 年年末 | 2023 年年末 | 2024 年年末 |
|---|---|---|---|
| 流动资产： | — | — | — |
| 货币资金 | 1 272 800.00 | 1 247 809.42 | 1 273 274.92 |
| 应收账款 | 560 600.00 | 572 084.20 | 566 420.00 |
| 其他应收款 | 162 900.00 | 159 740.00 | 163 000.00 |
| 存货 | 38 100.00 | 38 895.35 | 38 510.25 |
| 其他流动资产 | 1 998 000.00 | 2 026 737.92 | 2 026 737.92 |
| 流动资产合计 | 4 032 400.00 | 4 045 266.89 | 4 067 943.09 |
| 非流动资产： | — | — | — |
| 固定资产 | 12 610 800.00 | 12 610 840.00 | 11 651 560.00 |
| 无形资产 | 3 935 900.00 | 3 896 979.13 | 3 732 229.09 |
| 非流动资产合计 | 16 546 700.00 | 16 507 819.13 | 15 383 789.09 |
| 资产总计 | 20 579 100.00 | 20 553 086.02 | 19 451 732.18 |
| 流动负债： | — | — | — |
| 短期借款 | 1 560 000.00 | 1 500 000.00 | 1 800 000.00 |
| 合同负债 | 2 174 600.00 | 2 153 076.28 | 1 886 226.00 |
| 应交税费 | 209 100.00 | 220 070.93 | 215 755.81 |
| 流动负债合计 | 3 943 700.00 | 3 873 147.21 | 3 901 981.81 |
| 非流动负债： | — | — | — |
| 长期借款 | 4 900 000.00 | 5 000 000.00 | 2 000 000.00 |
| 非流动负债合计 | 4 900 000.00 | 5 000 000.00 | 2 000 000.00 |
| 负债合计 | 8 843 700.00 | 8 873 147.21 | 5 901 981.81 |
| 所有者权益（或股东权益）： | — | — | — |
| 实收资本（或股本） | 10 000 000.00 | 10 000 000.00 | 10 000 000.00 |
| 盈余公积 | 163 000.00 | 167 993.88 | 354 975.04 |
| 未分配利润 | 1 572 400.00 | 1 511 944.93 | 3 194 775.33 |
| 所有者权益（或股东权益）合计 | 11 735 400.00 | 11 679 938.81 | 13 549 750.37 |
| 负债和所有者权益（或股东权益）总计 | 20 579 100.00 | 20 553 086.02 | 19 451 732.18 |

表 9-21　利润表（简表）

编制单位：长江公司　　　　　　　　　　　　　　　　　　　　　　　　　　　　　　　单位：元

| 项　　　　目 | 2022 年度 | 2023 年度 | 2024 年度 |
|---|---|---|---|
| 一、营业收入 | 13 722 200.00 | 14 111 677.00 | 19 756 347.80 |
| 减：营业成本 | 6 347 855.00 | 6 350 254.00 | 8 890 355.60 |
| 税金及附加 | 205 800.00 | 211 675.00 | 296 345.00 |
| 销售费用 | 2 831 210.00 | 2 810 990.40 | 3 935 386.56 |
| 管理费用 | 2 165 500.00 | 2 211 135.04 | 2 874 475.55 |
| 研发费用 | | | |
| 财务费用 | 200 000.00 | 184 500.00 | 221 400.00 |
| 其中：利息费用 | 200 000.00 | 184 500.00 | 221 400.00 |
| 二、营业利润（亏损以"—"号填列） | 1 971 835.00 | 2 343 122.56 | 3 538 385.09 |
| 加：营业外收入 | | | |
| 减：营业外支出 | | | |
| 三、利润总额（亏损总额以"—"号填列） | 1 971 835.00 | 2 343 122.56 | 3 538 385.09 |
| 减：所得税费用 | 394 400.00 | 473 311.00 | 662 635.40 |
| 四、净利润（净亏损以"—"号填列） | 1 577 435.00 | 1 869 811.56 | 2 875 749.69 |

要求：按照长江公司表 9-20、表 9-21 所示财务数据，完成表 9-22 所示财务指标的计算。

**表 9-22　财务指标分析表**

编制单位：长江公司　　　　　　　　　　2022—2024 年

| 指 标 名 称 | 2022 年 | 2023 年 | 2024 年 |
| --- | --- | --- | --- |
| 一、盈利能力分析 | | | |
| 1. 销售净利率 | | | |
| 2. 总资产报酬率 | | | |
| 3. 总资产收益率 | | | |
| 4. 资本保值增值率 | | | |
| 5. 净资产收益率 | | | |
| 二、偿债能力分析 | | | |
| 1. 流动比率 | | | |
| 2. 速动比率 | | | |
| 3. 资产负债率 | | | |
| 4. 产权比率 | | | |
| 5. 已获利息倍数 | | | |
| 三、营运能力分析 | | | |
| 1. 存货周转率 | | | |
| 2. 固定资产周转率 | | | |
| 3. 总资产周转率 | | | |
| 四、发展能力分析 | | | |
| 1. 销售增长率 | | | |
| 2. 资本积累率 | | | |
| 3. 总资产增长率 | | | |

## 二、大数据财务分析软件平台的应用

利用新道公司财务大数据分析平台，对本任务第一部分给定的报表进行基本财务报表指标的分析。

第一步：在平台中"数据准备"模块中上传财务报表相关数据，如图 9-2 所示。

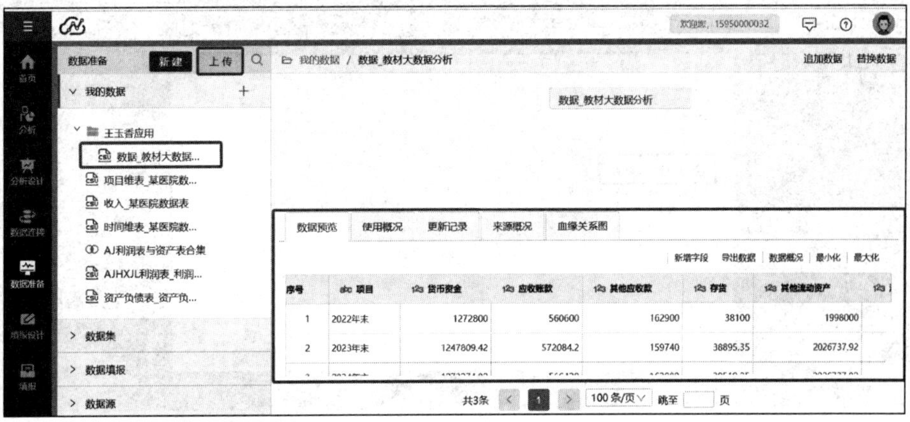

**图 9-2　上传数据**

第二步：进行分析设计，新建故事板，名称为"财务报表分析"，如图 9-3 所示。

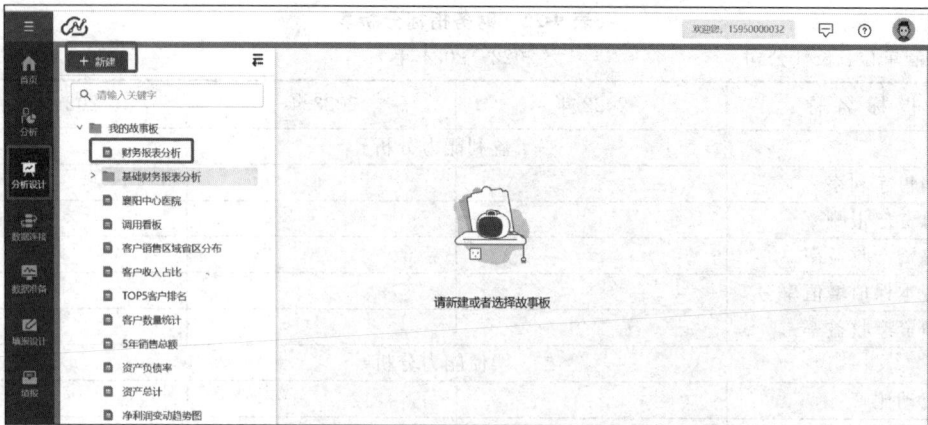

**图 9-3　新建故事板**

第三步：选择可视化下新建，进行可视化分析，如图 9-4 所示。

**图 9-4　进行可视化分析**

第四步：选择在第一步上传好的数据源，如图 9-5 所示。

**图 9-5　选择数据源**

第五步：重命名可视化名称，如图 9-6 所示。

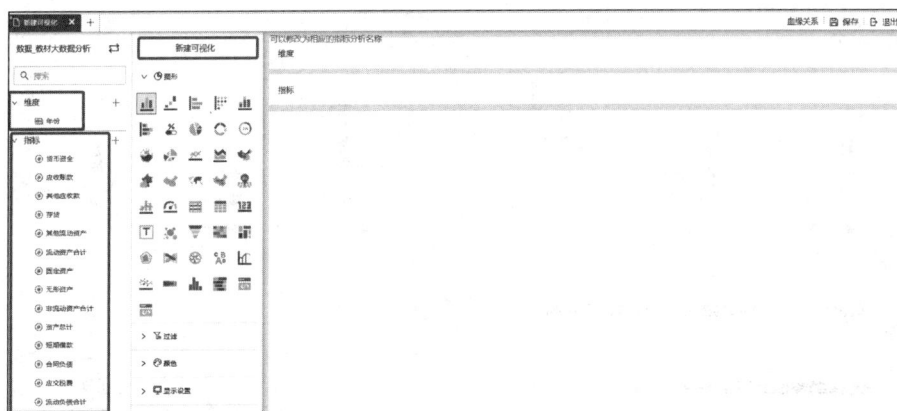

**图 9-6　重命名**

第六步：增加需要计算的指标字段，并进行公式设置，并进行维度和指标选择，如图 9-7 所示。

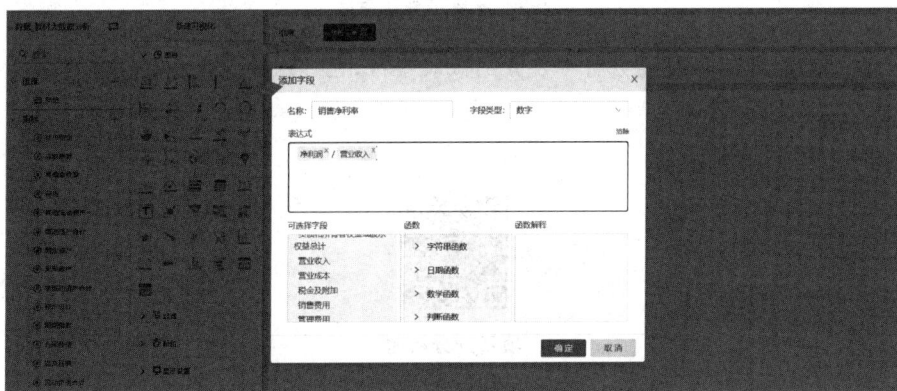

**图 9-7　增加字段**

第七步：分析发展能力，可以直接利用平台中的环比增长率来分析，如图 9-8 所示。

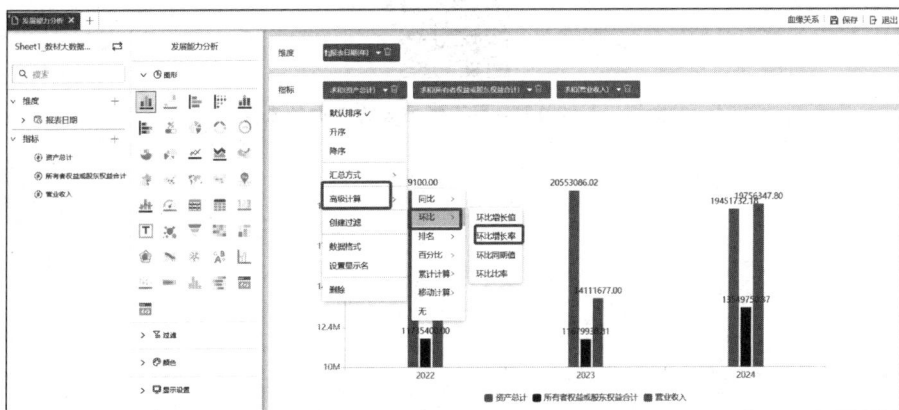

**图 9-8　分析发展能力**

第八步：形成可视化看板，如图 9-9 所示。

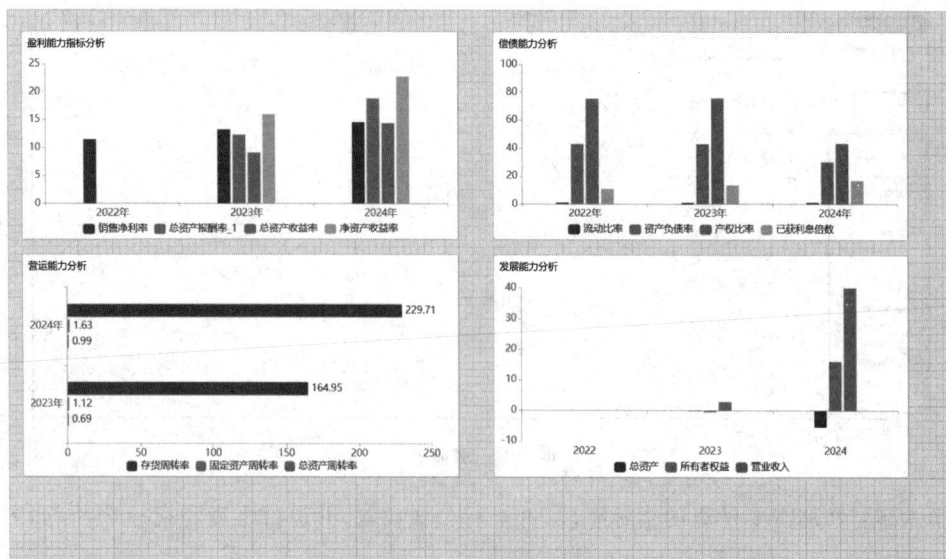

图 9-9　形成可视化看板

注：以上四个能力维度的分析可以分别做故事板，也可以呈现在一个故事板中。

## 拓展训练

项目九分析题

## 思行合一

文档：人生公司：用三张报表重塑你的未来

# 模块三

## 融汇数字化财务管理之术

# 项目十

# 财务共享中心构建

## 教学目标

**知识目标：**

1. 能陈述财务共享服务的内涵；

2. 能解释建设财务共享中心的原因；

3. 能说明共享服务的价值、共享服务给企业带来的收益；

4. 能阐述共享中心的构建过程；

5. 能区别各类共享业务(费用、应付、应收、资金结算、财资管理、总账共享等)的流程及应用场景。

**能力目标：**

1. 能规范运用流程平台、作业平台等共享模式；

2. 能整理企业财务共享中心全业务流程的一、二级流程清单。

**素养目标：**

1. 具备团结协作的职业素养；

2. 热爱会计工作、忠于职守、诚信敬业；

3. 培养理论联系实际、注重实效的工作作风；

4. 培养严肃认真、严谨细致的工作态度；

5. 永葆家国情怀，培养责任感与大局观；

6. 培养积极探索、勇于创新的科学精神。

## 引导案例

中国国旅集团有限公司通过财务转型，建立了多维度共享服务中心，实现了业务处理自动化、业务财务一体化、共享内容全面化、信息系统集成化、多端应用同步化。

国旅集团通过财务共享推动业务处理的规范与有效控制。首先，对各级公司的各类业务进行梳理、变革、优化、部分统一，并对重要业务的处理和审批流程确定实施方案。其次，将业务数字化、标准化、表单化，衔接好业务与财务。再次，将表单流程化，通过设置工作流，审批流，控制每张单据所反映的业务流。最后，将流程信息化，往来核销、资金结算、报表生成、系统接口等均通过系统自动控制，有效避免了人为的操纵。

国旅集团通过财务共享实现业财高度融合及财务服务于业务的前置。通过数据接口，直接将业务系统数据传输到财务共享中心，以此保证财务信息的及时、准确、完整和可追溯性。

国旅集团通过财务共享实现了信息系统的大集中。财务共享与多个业务系统集成，实现了实时报表一键合并，建立了财务分析与诊断系统，以及财务报告、管理会计系统。全面覆盖了财务会计内容和部分管理会计内容，并融入了移动互联网等内容。

财务共享服务中心支持多端应用同步化：前端主要面向业务人员，提供常用信息快速查询功能，易操作、体验感好。移动端面向移动扫描、审批，操作简单快速，扫描便捷安全。后端主要面向系统管理员、数据维护员、报表管理员、外部审计员。后端强大快速的处理与前端互联互通。

基于财务共享服务中心，国旅集团不仅提高了财务信息质量、业务与财务的工作效率，还降低了人工成本，推动了财务管理转型，实现了业财融合。

**知识导图**

```
                                    ┌─ 财务共享服务的概念
                      初识财务共享 ──┼─ 建设共享服务的原因
                                    └─ 财务共享服务的定位及价值

                                              ┌─ 行业背景
财务共享中心构建 ── 鞍钢集团财务共享中心构建案例 ─┼─ 公司背景
                                              ├─ 共享中心构建过程
                                              └─ 共享服务的收益成效

                      财务共享前后的对比分析
```

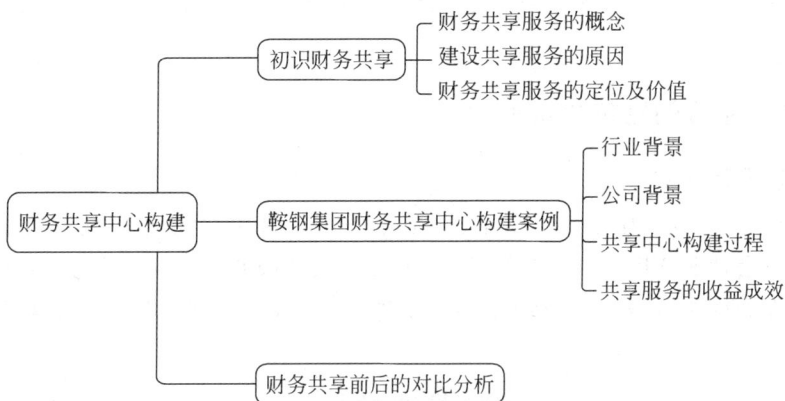

# 任务一　初识财务共享

## 一、财务共享服务的概念

财务共享服务即将企业财务工作里同质化、重复性、易于标准化的财务工作提取出来，进行集中处理的一种办公模式。这种模式下，由一种专门的执行机构提供统一的财务服务，该机构即为财务共享中心，其依托于信息技术，优化原先的财务处理流程，重塑其组织架构，达到规范流程、降本增效、加强内控、价值创造等目的。

## 二、建设共享服务的原因

共享服务是一种高效、专业的服务模式，可以帮助企业解决多个痛点，提高竞争力，实现可持续发展。

1. 降低成本

通过共享服务，企业可以将原本分散在各个业务单元的后台管理、运营、支撑等职能集中到一个独立的共享服务中心,实现规模化运营,降低成本。

2. 提高效率

共享服务中心通过集中处理大量重复性、标准化的业务,提高工作效率,减少人力成本,使企业更加专注于核心业务的发展。

3. 提升服务质量

共享服务中心通过专业的培训和管理,可以提高服务质量和客户满意度,增强企业的竞争力。

4. 加速企业数字化转型

共享服务中心可以提供一站式的数字化服务,帮助企业实现数字化转型。

5. 优化企业组织结构

共享服务中心可以改变企业的组织结构,将原本分散的后台职能集中到一个中心,实现资源的优化配置和高效利用。

6. 促进企业可持续发展

共享服务中心可以为企业提供可持续发展的解决方案,帮助企业应对环境、社会和治理等方面的挑战。

## 三、财务共享服务的定位及价值

### (一)组织定位

财务共享服务中心(financial shared service center,FSSC)是集团的财务服务平台,是各成员单位的会计业务运作中心、财务管理中心和服务中心。它从财务复核、会计核算、资金支付三个方面提供服务。其组织架构由战略财务、业务财务、共享财务构成,如图 10-1 所示。

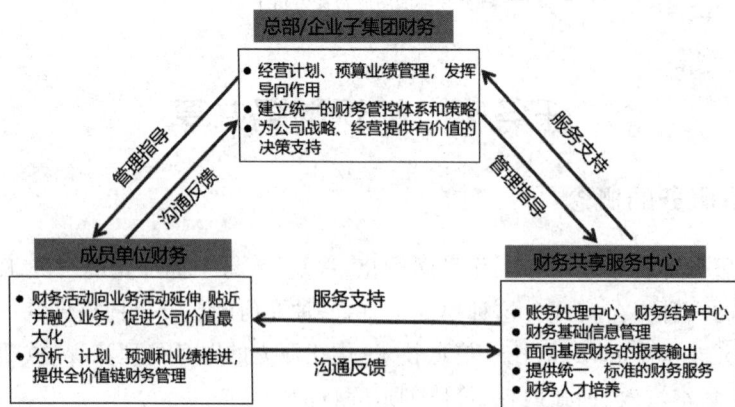

**图 10-1　财务共享模式下的权责划分**

(1)战略财务:总部/企业子集团财务,负责制定宏观财务战略,把控公司的财务政策,发挥其导向作用。

(2)业务财务:服务于下属成员单位的财务岗位,工作地点一般在分子公司,需要与业务活动进行对接,并与财务本职工作融会贯通。

（3）共享财务：在财务共享中心工作,负责基础的财务核算工作,是财务结算的直接负责人,向一线提供统一、标准的财务服务。

### （二）财务共享中心的价值

**1. 财务共享服务带来的变革**

企业在逐步建立财务共享服务中心的过程中会带来一系列变革,主要体现在以下五个方面。

（1）人员再造。财务工作定位的变化必然带来人员需求的转变,成员单位基础工作被共享中心替代,财务人员能够从烦琐的基础业务中解脱出来,促进财务管理转型。

（2）系统再造。财务系统发生根本性改变,借助信息系统的支撑在集团内实现财务共享。

（3）组织再造。财务组织结构发生转变,财务共享中心使财务职能专业化分工,为提升企业集团财务管理能力奠定基础。

（4）流程再造。财务流程发生转变,将易于标准化的财务业务进行业务流程再造与标准化,促进流程制度标准化。

（5）观念再造。财务管理模式以及思维理念发生变更,借助财务管理转型提升企业管理价值。

**2. 财务共享服务的价值**

（1）强化风险管控。通过集中审核、统一标准、规范流程等措施,使财务业务处理更规范、高效,降低合规性风险；通过集中账务处理、资金支付,强化财务信息准确性和资金支付安全；通过线上实时监督,加强运营风险管控,实现运营管理的最优化。

（2）统一信息平台。通过优化业务系统与财务系统接口功能,推进信息系统业财税资一体化；财务共享平台提升了财务部的支撑和服务能力,为建立数据分析中心提供数据支持。

（3）降低运营成本。通过业务集中、专业分工、流程合并等措施,不断提高工作效率,优化运营成本；统一的信息化平台和有效的系统集成,能实现业财高度集成和一体化操作,实现财务共享规模化效应,进一步优化财务运营成本。

（4）促进财务转型。推进总部和分、子公司财务组织专业化分工,尤其是通过共享建设为提升分子公司财务人员的决策支持能力奠定基础,为业务部门提供更优的服务,进而满足公司战略发展要求。

# 任务二 鞍钢集团财务共享中心构建案例

## 一、行业背景

在《2019年中国共享服务领域调研报告——基于中央企业财务共享建设情况》中,对96家由国资委履行出资人职责的企业建设财务共享的情况进行统计分析,划分出四个阶段。第一阶段,是"未建立"阶段,未有公开信息表明建立或正在规划财务共享中心的企业共48家,占比50%。第二阶段,是"规划中"阶段,集团或者下级单位已经启动财务共享中心项目,但是还未正式上线的单位共11家,占比12%。第三阶段,是"初步试点"阶段,在集团层面或者下级单位中,仅完成个别单位试点工作并进行推广或仅上线了信息系统,人员业务未集中企业共 5 家,占比 5%。第四阶段,是"已建立"阶段,已完成集团或者多个下级单位财务共享中心的建设,并正式上线运营企业 32 家,占比 33%。

链接:中央企业财务共享服务建设情况报告

　　根据报告总结出在央企财务共享建设的特点,表明共享服务中心运营时间较短,运营管理机制尚处于初步阶段,并且有半数以上央企采取由下级单位分别承建财务共享中心模式,职能主要聚焦于财务,目的多为加强管理和降低财务风险。

　　对央企建设财务共享的模式进行分析,发现主要集中在四种模式:按业务板块建立财务共享中心,例如华润集团;按区域建立财务共享中心,例如中国石油;集团层统一建立规划的财务共享中心,例如鞍钢集团和宝钢集团;按先下级后集团建立的财务共享中心,例如中国铁建和中国交建。

## 二、公司背景

　　鞍钢集团有限公司(简称"鞍钢集团")在 2010 年 5 月由鞍山钢铁集团有限公司和攀钢集团有限公司联合重组而成,重组后的鞍钢集团拥有亚洲最大的露天采矿,矿业的采掘总量位于世界第二,选矿生产能力居于我国冶金矿山的首位。

　　鞍钢产品在船舶、国防、汽车、铁路、家电等多个领域被广泛纳用,已经成为我国大国重器的钢铁脊梁。2018 年,鞍钢品牌价值 635.28 亿元,位列《财富》世界 500 强排行榜第 428 位;截至 2019 年,鞍山钢铁生产铁、钢、钢材能力均达到 2 600 万吨/年;2022 年 9 月,被中国企业联合会、中国企业家协会列入"2022 中国企业 500 强";2023 年,鞍钢集团以 50 041.3(百万美元)营收,入选 2023 年《财富》世界 500 强排行榜,排名第 283 位。

　　1. 共享中心建设前存在的问题

　　(1) 规模大。鞍钢集团具备 3 900 万吨钢的生产能力,可生产 3 000 多个牌号、60 000 多个规格高技术产品。截至 2018 年年末,资产总额 3 400 亿元,在职工 12.6 万人,退休职工 22.9 万人。

　　(2) 管理复杂。随着集团公司的发展壮大,多领域经营,公司法人层级多、管理链条长、管控难度大。

　　(3) 多业态。集团公司小社会特性明显,涉及产业全链条及各种行业,下属单位、子集团和孙集团众多。主营业务包括钢铁、矿业、钒钛;非主营业务涉及投资、施工、房地产、公铁海路运输、信息、金融、实业、教育等。

　　(4) 信息化现状复杂。主业单位、重点单位信息化程度高,辅业单位信息程度较低;多行业专业 ERP 系统共存,如钢铁、贸易、金融、医疗、餐饮、宾馆等,业财高度集成,难以分割。

　　2. 财务共享中心建设的必要性

　　重组之后的鞍钢集团确定了"成为最具国际影响力的钢铁企业集团为发展目标"。在该战略目标之下,鞍钢集团原有的管理与核算兼顾的两级财务智能很难满足企业的发展格局和方向。推进集团内部同质化业务重组、提高财务核算与管理工作效率和质量、将核算和管理专业化分工和推动财务管理的转型升级是鞍钢集团在战略背景下面临的挑战。构建财务

共享平台的目的:一是适应集团公司战略调整的需要;二是集团公司落实差异化管控的需要;三是支持集团公司科学决策的需要;四是集团公司完善财务管理体系的需要;五是未来鞍钢集团将形成战略财务、共享财务、业务财务"三位一体"的战略管理格局。

## 三、共享中心构建过程

### 1.建设指导思想和目标

建立财务共享中心是鞍钢集团实现战略管控体系的重要举措。这一举措的核心目标是强化企业财务运营过程的管控,通过财务管理信息化手段,以业务驱动和流程再造为基础,不断完善财务管理体系,进而推动财务管理向更高层次的转型升级。

通过财务转型变革的规划设计建议,将协助鞍钢集团达成"四个重要方向":明确未来财务管理体系建设方向、提升财务管理效率、强化集团财务管控,有效推动鞍钢集团财务管理向价值管理型迈进。在未来实现核算流程标准化、操作平台统一化、会计制度规范化和财务管理价值化,全面完善业务流程操作规范、管理制度、组织架构保障等内容,提升财务合规性内控能力,有效降低风险。

### 2.财务共享建设范围和阶段

第一阶段:统一核算。建立集团统一核算系统,将鞍山区域所有未实现财务业务一体化且未使用 SAP 核算系统单位的财务核算系统统一。具体功能包括多账套集中管理功能、财务主数据管理功能、总账管理功能、资金核算功能、应收应付核算功能、存货核算功能、工程核算功能、成本核算记账功能、资产账务核算功能、薪酬核算功能、投资核算功能、对外借款核算功能、月结年结管理功能、报表管理功能等。

第二阶段:财务共享。建立财务共享平台,把全集团范围内的财务共享业务集中到财务共享中心进行管理,支撑财务共享中心业务运转。功能范围包括:财务核算涉及的基本业务,如资金收、付业务,费用报支、销售收款、采购付款、工程付款、薪酬发放、税费缴纳、筹融资核算、代收代付、上划下拨等;有固定规则、能固化到系统流程中的业务,如非业财集成销售结算、非业财集成且无采购系统抛账的其他总账业务等。

第三阶段:"一本账"中央财务仓。建立中央财务仓,归集集团财务核算数据并实现查询分析功能。具体功能包括财务凭证集中功能、账务查询分析功能、报表合并功能、账表校验功能、多口径合并层级管理功能等。

### 3.财务共享中心职能定位

职能定位在企业财务管理中起着至关重要的作用。以"三角形"架构进行划分,主要包括三个"角":战略财务、业务财务和共享财务。

(1)位于三角形顶端的战略财务,主要针对总部以及二、三级子集团财务,其核心职责是发挥集团层面的管理职能。这包括全面预算管理,确保企业资源得到合理分配和有效利用;资金集中管理,以实现资金的高效运作和降低财务风险;资本运作,为企业发展提供资金支持;税费筹划,合理规避税收风险,降低税收成本;以及会计政策制定,确保企业财务报表真实、合规、透明。

(2)业务财务主要针对成员单位财务,职责是落实企业内部的预算管理、成本管理、资金管理、纳税管理以及经济活动分析等。业务财务需要深入了解企业业务,为企业提供专业、高效的财务管理支持,以确保企业各项业务稳健、可持续发展。

（3）共享财务即财务共享服务中心，其主要职责是提供会计核算服务，确保财务数据的准确性和及时性；制定共享平台规则，确保业务流程的规范性和一致性；完善平台功能，以满足不断变化的业务需求；以及负责平台运营，确保财务共享服务的高效、稳定运行。

战略财务、业务财务和共享财务共同构成了企业财务管理的"三角形"架构，每个层次都有其独特的职责和价值。只有充分发挥各层次的作用，企业才能实现财务管理的精细化、智能化，为企业的长远发展提供坚实保障。

4．财务共享中心布局与组织规划

财务共享中心的物理布局规划是企业实现财务业务一体化、提高财务运营效率的重要环节。在规划过程中，需要遵循以下三个基本前提，以确保布局的合理性和有效性。

（1）在服务对象方面，需要面向鞍钢集团所有境内成员单位。鞍钢集团的成员单位众多，涵盖各个产业领域。财务共享中心需要充分考虑这一特点，确保为所有成员单位提供高效、专业的财务服务。要做到以下几点：全面了解成员单位的需求，制订针对性的服务方案；确保服务质量和响应速度，提高成员单位满意度；定期收集成员单位意见和建议，持续优化服务内容。

（2）在设立层级方面，需要构建集团级财务共享中心，以更好地应对集团内部的财务业务需求。这一中心应具备以下特点：一是高度集中管理，提高财务运营效率；二是具备灵活应对集团组织变革的能力，确保财务共享服务不受影响；三是建立标准化流程和制度，确保财务业务的规范运作。

（3）关于地理分布，考虑到鞍钢集团的地域分布和业务特点，应按照区域设立分中心，以实现财务共享服务的就近提供。具体分布包括：集团总部财务共享中心，主要负责全局性的财务业务处理和决策支持；攀钢财务共享分中心，主要负责攀钢集团的财务业务处理，与其他分中心协同工作，提高整体运营效率。

通过以上三个前提的指导，可以确保鞍钢集团财务共享服务中心的物理布局规划更加合理、高效。

在原则上不改变鞍钢集团现有管理架构和职能权限的基础上，在统一的财务共享信息平台，分别在鞍山市和攀枝花市建立两个财务共享中心，将标准化、同质化、重复性的会计核算、交易处理和报表编制等财务工作纳入财务共享中心，进而大幅度提高财务处理效率和规范化的管理水平。

鞍钢集团和攀钢集团的下属单位在会计核算职能上划分各自的财务共享中心后，基层单位的财务工作重心将转向加强执行力度、精细化运作、为业务提供良好服务与支撑、提升信息挖掘深度、为管理层和业务部门提供有价值的信息与决策支持等职能。鞍钢集团财务共享中心的组织架构如图10-2所示。

5．财务共享中心岗位规划

基于对中心职责的深入理解，初步建议中心内部可分为管理岗位、专业性岗位和操作性岗位三大类别。在此基础上，通过管理序列、专家序列和技术序列对各类岗位进行划分，以满足中心运作的需要。

管理序列负责中心的整体运营和管理，包括管理工作及团队建设。该序列的设立旨在确保中心高效运作，满足企业对财务管理的需求。

专家序列负责中心财务业务和综合管理业务的专业性工作，如财务分析、预算编制、成

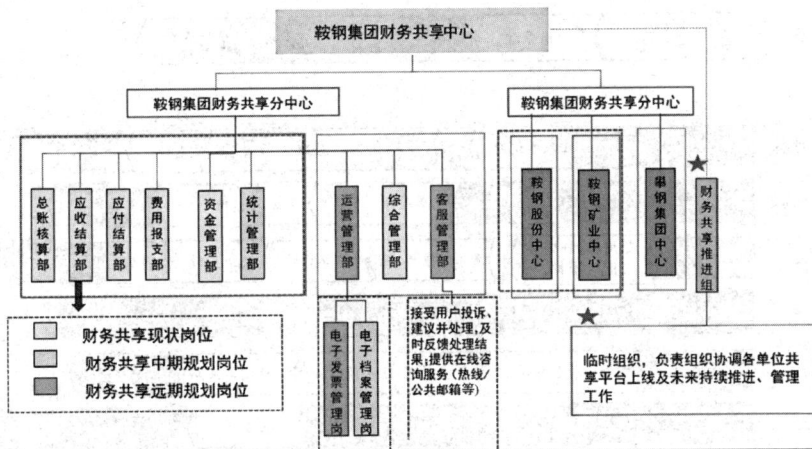

**图 10-2 鞍钢集团财务共享中心的组织架构**

本控制等。该序列的成员需具备较强的解决问题和执行能力,以保障中心业务的高质量发展。

技术序列负责中心财务业务和综合管理业务的操作性工作,如核算、报表编制、系统维护等。该序列的成员需具备较强的执行力和操作能力,以确保中心各项业务的顺利开展。

在岗位规划的基础上,进一步设计基本的岗位路径规划,包括岗位设计、人员规划、晋升渠道、人才孵化、交流轮岗和提质增效。

岗位设计是指根据中心业务发展和工作需要,不断完善岗位设置,确保各个岗位的职责清晰、权责分明。

人员规划是指结合中心发展战略,制定人员招聘、培训、考核等规划,确保人才队伍的稳定和成长。

多元化的晋升渠道能让员工可以根据自己的兴趣和特长选择发展路径,激发工作积极性。

重视人才培养,通过内部培训、外部进修等方式,提升员工的专业素养和综合能力。

施行轮岗制度,让员工在多个岗位上得到锻炼,培养一专多能的多面手,提高中心整体运作效率。

通过优化人力资源配置,提高员工工作效率,实现中心业务规模的扩大和效益的提升。

针对鞍钢集团,进一步设计了共享中心内部及外部的升迁发展渠道,以及多面手轮岗制度的实施,旨在为员工提供更加广阔的职业发展前景,推动中心持续发展。

6. **财务共享中心全业务流程**

鞍钢集团财务共享中心的业务流程分为两级:一级流程包括五个模块,主要涉及往来业务、费用、资金收付、税务及总账;二级流程是对一级流程的细化,具体包括采购付款流程、销售收款流程、费用管理流程、资产管理流程、资金收付流程、税务管理流程、总账及报表流程。财务共享中心全业务流程如图 10-3 所示。

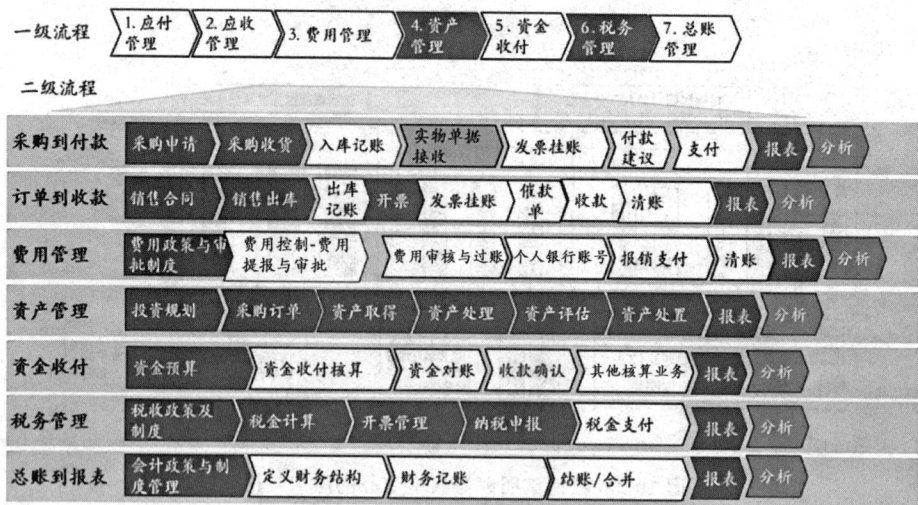

图 10-3  财务共享中心全业务流程

## 四、共享服务的收益成效

通过共享平台建设,鞍钢集团重新梳理和规范了财务会计核算规则,涉及财务收支业务事项的六大类、226 个中类、1 788 个子类。这一举措使得所有凭证能够自动生成,极大地提升了核算效率,据数据显示,核算效率提升了 15%。另外,鞍钢集团也对集团资金计划项目进行了重新规范,共涉及 136 个项目,同时实现了集团统一末级收支项目 1 486 项,进而实现了全集团所有单位资金计划项目涵盖经济业务事项的统一。这一举措有效地提升了集团内部资金计划的协调与管理。

此外,在共享平台建设过程中,鞍钢集团还对工作流程进行了梳理和优化,包括整合了 488 个集团级工作流和 830 个组织级工作流。同时,共享中心还发布了 8 个集团统一下发的业务规范文件和 13 个业务规范文件,以促进业务流程的标准化和规范化。截至 2019 年年末,鞍钢集团的会计人员数量相比 2016 年减少了 7%,约为 151 人,这也表明了共享平台建设对人力资源的优化和效率提升的积极影响。

随着共享平台的持续优化和升级,鞍钢集团不仅在财务会计核算和资金计划管理方面取得了显著成果,还在人力资源配置和业务流程优化方面迈出了坚实的步伐。共享平台的高效运作,使得财务部门能够集中精力处理更加复杂和高价值的任务,进一步推动了企业的数字化转型和创新发展。

值得一提的是,共享平台的建设不仅提升了集团内部的运营效率,也为外部合作伙伴提供了更为便捷和透明的合作环境。通过标准化和规范化的业务流程,鞍钢集团与供应商、客户等外部伙伴的沟通与合作变得更加顺畅,有效促进了供应链的整合和优化。

# 任务三  财务共享前后的对比分析

1. 财务核算和处理集中化

共享前,这些分散的、大大小小的公司各自都配备了一整套财务人员,由于信息技术支持基础不同,以及财务人员专业素质和业务水平存在差异,往往存在财务数据处理效率低下,信息反馈不及时,无法在集团内实现信息共享的问题,甚至可能导致一些子公司存在信息孤岛。同时,各地子公司为了自身利益的考虑,在财务数据的处理上采取不一致的标准,对企业集团的经营和发展产生巨大的影响。

共享后,基于财务共享中心,各地财务人员被集中到人力、税收等成本较低的某一地域进行统一的财务核算。在核算集中化的过程中,通过业务处理标准化,确保了核算口径的一致性,从而使财务核算结果更加可靠、更具可比性,业务处理效率也大幅提高,由于减少了岗位重复,业务处理成本就大幅降低;此外,由于各分、子公司无法直接进行财务信息的干预,财务数据收集和反馈的准确性和及时性得到增强,从而大大提高了财务信息的质量。财务集中核算,将处理具体业务的财务人员置于统一的管理环境,集团对财务核算的规范性要求更能够在第一时间得到落实,这也为业务流程的再造提供了很好的条件。

2. 业财一体化更紧密

共享前,在传统的财务管理模式下,财务与业务数据有着不同的录入终端,由于分散核算,使财务数据汇总到集团不及时,同时也因为核算标准受人为因素影响,导致数据出现误差的概率较大。

共享后,财务共享服务中心引入的 ERP 系统,使得原来需要财务人员录入的大量数据分散到各大业务部门,实现了数据资源共享,不仅减少了重复工作,而且增强了财务数据的可靠性。采用共享模式后,标准在共享系统中统一建立,极大减少人为因素,真实性极大提升;其次,能够很快从财务数据追溯到业务底层数据,准确及时定位问题,深入业务,为决策提供支持。

3. 实现预算事前事中控制

共享前,在分散核算情况下,各子公司自行管理,预算业务数据不完整,很难实现事前控制、事中控制,即使用人监控,也难以避免人为因素的影响。

共享后,财务与业务一体化,可以在预算编制时,就保留业务层面数据,实际业务发生时,直接在业务层面做到预算监控,例如:工薪可以从员工人数、每个人的工资开始编制,实际发生业务时,每次人事部准备招聘前,都要提交招聘申请,系统直接与预算编制时的人数进行对比,做到从业务层面出发来控制。

4. 制度流程固化

共享前,在分散核算的情况下,大部分跟业务相关的财务制度很难贯彻和执行,纸质的制度不好保存和延续。

共享后,制度流程直接内嵌到共享系统中,大家不用思考,就能按照系统的提示执行制度,而且制度能很好地延续下去,保证企业内控风险的稳定性和延续性。

5. 业务和流程更标准化

共享前,财务人员与业务人员之间的沟通往往存在着一定的障碍。由于地域的限制和效率的要求,财务人员难以与业务人员进行直接沟通,同时对各公司的具体业务缺乏感性认识。此外,财务人员深陷自身的日常性数据处理工作,因而对业务部门的支持往往显得力不从心。

共享后,共享服务更加关注集中后的业务流程优化,后者对提高业务处理效率和管理水平有着重要的影响。由于标准化业务更加重视操作技能和处理效率,因此对具体操作人员综合业务素质要求不高,并且人员的可替代性强,这样就可大大节约人力成本和减少人员变动的影响。另外,业务和流程标准化也有利于集团企业信息资源的统一整合和分析共享,发挥信息资源的最大价值。

**6. 业务处理高效化**

在传统服务管理模式下,企业集团在各地分、子公司都设有财务部门和配备财务人员,由于各企业财务管理水平、风险控制要求和业务处理流程等各不相同,同时受业务量规模大小和财务人员业务水平和操作技能的影响,各企业业务处理效率差异较大,总体效率不高。

在财务共享中心模式下,各企业可以将集中处理的业务统一交由共享中心,且每个业务处理人员只负责具体某一项或几个环节的账务处理。这种方式操作简单,熟练程度高,业务处理能力和速度远超分散处理,既可以消除重复的业务处理岗位,又可以大大减少业务处理人员的数量,再加上业务处理流程的标准化和简单化,缩短了具体作业处理的时间,财务业务处理的工作效率也大大提高。同时,在当前劳动力成本不断攀升和各行业竞争激烈的经济大背景下,业务集中带来的规模效应,使得财务共享服务的成本优势和竞争优势更加突出。

**7. 内部服务外部化**

财务共享中心并不像传统财务一样作为公司内部的一个管理部门,而纯粹是一个对企业内外提供账务处理资金支付、费用报销等共享服务的组织,其经营准则是独立核算、服务客户,以客户需求和满意度为导向,无论是内部客户还是外部客户,通过事先签订服务协议结算或收取费用,其目的是以优质高效的服务取得经营成功。

随着科技和信息技术的发展,财务共享中心的规模会越来越大,财务共享中心的功能也不断丰富。现在,共享中心几乎已成为大型集团企业财务管理模式。因此进行集团企业财务共享中心应用研究,具有一定的实践指导作用。

## ★★★ 拓 展 训 练

项目十案例分析题

## 思 行 合 一

文档:从管理提升到价值整合

# 财务数据中台建设

## 教学目标

**知识目标：**

1. 理解中台、数据中台、财务数据中台的基本概念和价值；

2. 了解财务数据中台建设方案的整体业务设计、财务数据中台的数据整合和运用维护。

**能力目标：**

1. 能通过实际案例理解财务数据中台在不同企业中的应用和效果；

2. 能结合财务数据中台支持企业优化财务流程，提高工作效率。

**素养目标：**

1. 重视财务数据的诚信性和保密性，在处理财务数据时遵守职业道德和法律、法规；

2. 能够利用财务数据中台推动技术进步和业务创新，解决企业实际问题；

3. 建立批判性思维，能分析和评估财务数据中台的潜在风险和挑战；

4. 增强终身学习的意识，不断更新知识，能适应财务数据中台技术的发展和变化。

## 引导案例

W 集团是一家国际领先的汽车企业，拥有超过 250 万辆车联网车辆，其中 1/3 在中国。这些车辆每时每刻都在产生大量的数据，包括传感器数据、驾驶数据、服务日志、售后数据等。这些数据蕴含着巨大的价值，既可以提升 W 集团的品牌价值和客户黏性，也可以为 W 集团的业务部门提供宝贵的业务洞察和支撑。然而，W 集团目前缺乏数据处理和应用能力，导致数据使用效率低，数据价值得不到发挥。W 集团亟须解决这个难题，实现车联网数据的资产化并为业务赋能。

为此，W 集团打造车联网大数据分析平台，核心在于构建数据中台。该平台致力于汇集整合各类车联网数据，进行深度清洗、治理与标准化融合，旨在大幅提升数据质量与价值。通过数据中台的强大能力，实现数据分析、挖掘与服务能力的统一输出，支持多维度、多场景业务应用，构建一体化数据服务体系，赋能各类车联网业务场景。

## 知识导图

```
                              ┌─ 认识中台
                 ┌─ 初识财务数据中台 ─┼─ 理解数据中台
                 │               └─ 构建财务数据中台
                 │
                 │               ┌─ 整体业务设计
                 │               ├─ 财务数据中台的应用分析
财务数据中台建设 ─┼─ 财务数据中台建设方案 ─┼─ 用友财务数据中台建设的数据整合
                 │               └─ 财务数据中台的运营维护
                 │
                 │               ┌─ 财务领域数据管理
                 │               ├─ 企业数据资产管理体系
                 └─ 财务数据中台的应用场景 ─┼─ 多源数据的采集
                                 └─ 财务数据的分析应用
```

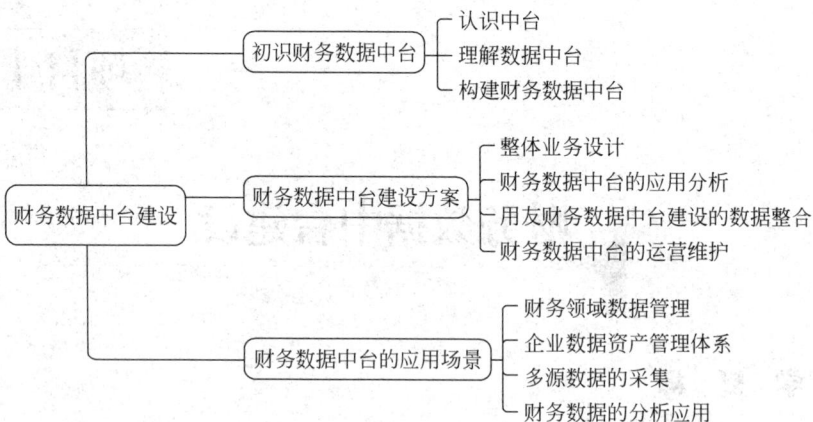

# 任务一　初识财务数据中台

## 一、认识中台

1. 中台的起源和发展

中台这一概念在中国历史上有着深远的根源。早在东汉时期,尚书台就已成为政府的中心枢纽,被尊称为"中台"。到了唐朝,三省六部制的完善使得门下省被称为西台,中书省为东台,而尚书省则继续被称作中台。

在现代,芬兰的知名移动游戏公司 Supercell 采用了一种小规模前台的组织方式,每个开发团队都具备了开发游戏所需的各种角色,使得团队能够迅速做出决策并推动开发进程。而公司的基础架构、游戏引擎、内部开发工具和平台则由一个类似于"部落"的部门提供,这个"部落"部门就相当于现代的中台。

2015 年,阿里巴巴集团启动了中台战略,旨在构建一个既具有创新性又具备灵活性的"大中台、小前台"的组织和业务机制,以实现管理模式的创新。2018 年 12 月,京东宣布采用前台、中台和后台的组织架构。到了 2019 年,数据中台成为互联网领域最热门的话题之一,有些专家甚至将其称为数据中台的元年。同年,树澜科技与 Forrester 联合发布了行业白皮书《拥抱数据中台,加速数字化转型》。数据中台也被评选为 2021 年对会计从业人员影响最大的十大信息技术之一。目前,众多互联网和软件企业正在积极制定中台战略,并大力开发数据中台产品或解决方案。

2. 中台的定义

中台位于前台业务部门和后台技术部门之间,起到桥梁和纽带的作用。它负责整合后台资源,形成前台打仗所需的"中间件",方便随需调用。概括认为:中台是一个综合性的平台或岗位,旨在提高公司整体运营效率和协同合作能力,更好地支持前台业务发展。中台通常包括技术中台、数据中台、产品中台、运营中台等,每个岗位都有其特定的职责和技能要求。技术中台提供技术服务和支持;数据中台负责数据采集、处理、分析和应用;产品中台负责产品规划、设计、开发等环节;运营中台则负责协调各个部门之间的运营流程和资源调配。中台的建设需要放在公司的战略级高度,对公司的整体能力进行复用和沉淀。

## 二、理解数据中台

### (一)数据中台的定义

数据中台是一个企业级的数据解决方案,它通过集中管理和整合企业内部的数据资源,为企业的业务部门、数据科学家、开发人员等提供数据服务和支持。用友数据中台是一个融合企业全局数据,以数据智能为核心,赋能企业智慧运营、实时在线的数据服务体系。张庆龙(2021 年)认为,数据中台是财务共享中心的数据服务工厂,可以完成从数据到价值的加工过程,通过抽象和生产数据服务,更快地影响并改变业务行为。

### (二)数据中台的财务价值

数据中台从数据的角度全面管理数据,提供数据的存储、计算能力,对数据任务的实时调度和监控,管理数据的全生命周期,让数据更安全地被使用。以业务需求为驱动,组织数据,为企业沉淀独有的、可复用的数据能力。这使业务系统轻便快捷,能够快速开发;同时,业务和管理人员能够快速分析和决策,推动数据创新源源不断。助力企业以更轻盈的步伐,应对瞬息万变的市场环境。数据中台可以实现数据驱动的业务创新和价值创造。可以从以下几个方面理解数据中台的财务价值。

1. 为管理会计提供数据支持和服务

决策作用的发挥依赖于数据的质量,这种数据的质量不仅取决于财务数据的真实、完整性,更依赖于业财的数据融合。IT 时代所形成的业财分离问题,成为管理会计作用发挥不明显的原因之一。财务数字化转型的最大障碍性因素也是业财数据的不融合问题。从数据中台建设的背景来看,它解决了散落的业财数据整合于一个统一的平台问题。

2. 让财务数据用起来

数据中台的使命就是让数据用起来。数据中台同样可以使得财务数据作为生产资料融入业务价值的创造过程中,并持续产生价值。当出现新的市场变化时,需要构建新的前台应用时,数据中台可以迅速提供财务数据服务,让服务业务化,敏捷响应业务的创新。

3. 解决财务共享服务未来数字化转型问题

当前,建设企业集团财务共享服务中心是一种潮流。这主要源于基于集中、流程再造基础上的财务共享服务中心建设体现了加强集团财务管控、提升会计核算效率与降低会计核算成本的突出优势。

4. 为智能财务搭建数据基础与应用场景

智能财务的实现依赖于数据、算法、算力三个要素。数据中台建设形成了丰富的数据集市,从整个信息系统架构的高度,在财务数字化转型与智能财务之间搭建了连接桥梁。在数据中台的基础上,通过人工智能技术进一步构建数据智能,提供丰富的算法;通过业务数据化决策场景化,为决策者的科学决策提供有价值的服务信息,反哺于业务能力的快速创新与灵活应对,实现真正意义上的智能财务。

### 三、构建财务数据中台

1. 财务数据中台的定义

财务数据中台是一种集数据采集、存储、处理、分析于一体的技术架构,旨在打破数据孤岛,实现财务数据的集中化管理和高效利用。通过构建中台,可以优化数据流转路径,提升数据使用效率和决策的精确度。

2. 财务数据中台的意义

财务数据中台在现代企业管理中扮演着至关重要的角色,其意义不仅体现在数据的整合和分析上,还深刻影响着企业的决策制定、风险控制和成本管理等多个方面。

(1)数据一体化。财务数据中台通过集中管理企业内各个部门和业务线的财务数据,实现了数据的统一存储和处理。一体化的数据管理不仅确保了数据的一致性和准确性,还提高了数据的可访问性和透明度,为企业内部信息共享和利用提供了坚实的基础。

(2)决策支持。财务数据中台能够为管理层提供实时、准确的数据分析结果,这些分析结果能够帮助管理层快速把握企业的财务状况,进而做出更加明智和及时的决策。基于数据的决策支持,大大提高了企业决策的效率和质量。

(3)风险管理。通过对财务数据的持续监控和深入分析,财务数据中台能够帮助企业及时发现和识别潜在的财务风险。及时的风险识别和管理,使企业能够采取有效措施来防范和应对可能的财务风险,保障企业的财务安全和稳健运营。

(4)成本优化。通过对数据的深入分析,帮助企业发现成本节约的潜在机会。财务数据中台通过对企业财务数据的深入分析,能够帮助企业发现成本节约的潜在机会。通过对成本结构的优化,企业可以更有效地控制成本,提高资源的使用效率,进而增强企业的竞争力和盈利能力。

## 任务二　财务数据中台建设方案

企业的财务数据中台建设方案可以概括为:以企业的业务需求为导向,通过技术调研和系统数据的整合,用于构建统一、高效、智能的财务数据中台,实现数据资产化、服务化、智能化,为企业决策和运营提供有力支持。财务数据中台建设方案具体步骤如图 11-1 所示。

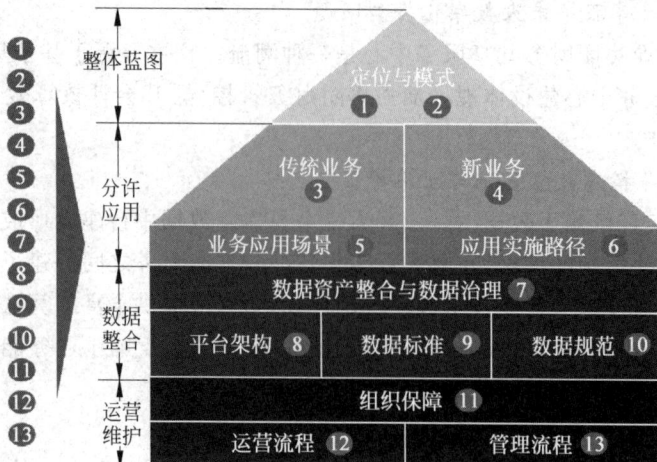

图 11-1　财务数据中台建设方案具体步骤

## 一、整体业务设计

在企业数字化转型的大背景下,财务数据中台的建设已成为提升财务管理效率、优化资源配置、增强企业竞争力的关键所在。

然而,这一过程的成功与否,很大程度上取决于前期的整体业务设计。这不仅是一个技术层面的问题,更是一个涉及企业战略定位、商业模式、组织架构、业务流程等多方面的综合性问题。

### 1. 明确目标与范围

企业在启动财务数据中台建设之前,首先需要明确建设的目标与范围。这包括确定建设的时间节点、预期的功能模块、涉及的业务板块等。这些目标的设定应该紧密围绕企业的整体战略和财务管理需求,以确保财务数据中台能够为企业带来实实在在的价值。

### 2. 战略定位与商业模式

在进行整体业务设计时,企业需要清晰地确定财务数据中台的战略定位。这涉及对企业自身业务模式、竞争优势和市场需求进行深入分析。通过明确财务数据中台在企业整体战略中的位置,可以更好地指导后续的技术选型、数据整合、流程优化等工作。同时,商业模式的清晰定位也有助于企业避免在建设过程中偏离主线,确保项目的顺利推进。

### 3. 组织架构与协同机制

财务数据中台的建设涉及多个部门和业务单元,因此需要建立高效的组织架构和协同机制。这包括明确各部门的职责和角色、建立跨部门的沟通协作机制、制定统一的数据标准和规范等。通过合理的组织架构和协同机制,可以确保各部门在建设过程中能够形成合力,共同推动项目的成功实施。

### 4. 业务流程优化与再造

财务数据中台的建设不仅是技术的集成和整合,更是业务流程的优化和再造。因此,在整体业务设计中,企业需要深入分析现有的财务业务流程,找出其中的痛点和瓶颈,通过技术手段和流程优化实现业务的高效运作。这包括简化审批流程、提高数据处理效率、优化报告生成机制等。

## 二、财务数据中台的应用分析

随着企业数字化转型的深入,财务数字中台的应用场景日益丰富,不仅涵盖对传统业务的支撑,还拓展到了新业务的创新领域。以下将从应用类型、应用场景及应用实施路径三个方面,对财务数字中台的应用进行详细分析。

### (一)业务应用类型

#### 1. 传统业务支撑应用

财务数字中台的首要任务是支撑企业的传统业务,确保财务流程的高效、准确和合规。这包括账务处理、报表生成、成本控制等传统财务领域的各个方面。通过数字化手段,财务数字中台能够实现对这些传统业务的自动化和智能化处理,显著提高工作效率,减少人为错误,同时加强数据的一致性和可追溯性。

2. 新业务应用

除了对传统业务的支撑,财务数字中台还致力于推动新业务的发展。这包括利用大数据分析进行市场预测、客户行为分析,以及基于云计算的弹性资源配置等。通过财务数字中台,企业可以更加灵活地应对市场变化,快速响应客户需求,实现业务模式的创新和升级。

### (二)业务应用场景

财务数字中台的应用场景广泛,包括以下几个方面。

(1)财务管理场景。财务数据中台不仅实现了数据的集中管理,还通过实时监控和智能分析,为企业管理层提供了强有力的决策支持。通过财务数据中台,企业能够快速获取关键财务指标(如现金流、利润率和成本结构),因而更有效地进行资金分配和财务规划。

(2)供应链金融场景。财务数据中台通过深入分析供应链中的资金流动和交易数据,帮助企业优化融资方案。供应链金融不仅降低了融资成本,还提高了资金的使用效率,加强了供应链的稳定性和响应速度,进而为企业在供应链中的竞争力提供了有力支撑。

(3)风险管理场景。在风险管理方面,财务数据中台利用大数据技术和机器学习算法,实现了对潜在风险的实时监控和智能预警。先进的风险防控机制能够帮助企业及时发现和应对各种风险(如市场波动、信用风险和操作风险),确保企业资产的安全和企业的稳健运营。

(4)预测分析场景。财务数据中台通过对企业历史数据的深入挖掘和分析,能够预测市场和业务的未来趋势。预测分析为企业的战略规划提供了重要的数据支持,帮助企业制订长远的发展计划,把握市场机遇,规避潜在风险。

通过这些场景的应用,财务数据中台成为企业战略规划和日常运营中不可或缺的工具,为企业的持续成长和市场适应性提供了坚实的数据基础和技术支持。

### (三)业务应用实施路径

财务数字中台的业务应用实施路径通常包括五个阶段。①需求分析与规划。明确企业的业务需求,制定详细的数字化转型规划和实施路径。②技术选型与集成。根据业务需求选择合适的技术和工具,实现系统的集成和数据的整合。③数据治理与标准化。建立统一的数据标准和规范,进行数据清洗和整合,确保数据的准确性和一致性。④应用开发与部署。根据业务需求开发相应的应用模块,完成系统的部署和上线。⑤持续优化与升级。定期对系统进行优化和升级,确保系统的稳定性和性能,同时根据业务需求的变化进行功能的调整和扩展。

## 三、用友财务数据中台建设的数据整合

在构建用友财务数据中台的过程中,数据整合是一项核心且复杂的工作。数据整合不仅涉及整合数据资产,还包括搭建平台架构、制定数据标准以及实施数据规范等多个方面。

1. 整合数据资产

数据资产整合是数据整合的起点。企业需要对现有的数据进行全面的梳理和评估,明确哪些数据是有价值的、哪些数据是冗余或过时的。在此基础上,企业需要对数据进行清洗、转换和标准化处理,确保数据的质量和一致性。通过数据资产整合,企业可以建立起一

个完整、准确、可用的数据资源池,为后续的数据分析和应用提供坚实的基础。

### 2. 搭建平台架构

平台架构整合是数据整合的关键环节。企业需要根据自身的业务需求和技术实力,选择适合的数据中台平台架构。这包括硬件资源的配置、网络架构的设计、数据存储和处理方式的选择等。同时,企业还需要考虑平台架构的可扩展性和灵活性,以便能够应对未来业务的发展和变化。通过平台架构整合,企业可以建立起一个稳定、高效、可扩展的数据处理平台,为数据分析和应用提供强大的技术支持。

### 3. 制定数据标准

数据标准整合是确保数据质量和一致性的重要手段。企业需要建立一套统一的数据标准体系,包括数据命名规范、数据类型定义、数据格式要求等。通过数据标准整合,企业可以规范数据的采集、存储、处理和应用过程,确保数据在不同部门和系统之间的互通性和互操作性。这不仅可以提高数据的使用效率,还可以降低数据管理和维护的成本。

### 4. 实施数据规范

数据规范整合是保障数据准确性和可靠性的重要措施。企业需要制定一套完整的数据规范体系,包括数据采集规范、数据处理规范、数据存储规范等。通过数据规范整合,企业可以确保数据在各个环节都符合既定的标准和要求,减少数据错误和不一致的可能性。同时,企业还需要建立数据质量监控和评估机制,定期对数据进行检查和校验,确保数据的准确性和可靠性。

## 四、财务数据中台的运营维护

财务数据中台作为企业数字化转型的核心组件,其运营维护至关重要。为确保数据中台稳定、高效地运行,并持续为企业创造价值,需要建立一套完善的组织保障、运营流程以及管控流程。

### 1. 组织保障

组建一支具备财务、数据、技术等多领域知识的专业团队,负责财务数据中台的日常运营和维护。为团队成员明确各自的职责和角色,确保在运营维护过程中能够迅速响应、高效协同。定期组织培训和技能提升活动,使团队成员的技能和知识与时俱进,满足不断变化的业务需求和技术挑战。

### 2. 运营流程

通过设立监控机制,实时监控财务数据中台的运行状态,确保系统稳定、数据准确。建立问题处理机制,对运营过程中出现的问题进行快速识别、定位和修复,确保系统的持续稳定运行。定期更新和维护财务数据,确保数据的时效性和准确性,为企业的决策提供有力支持。

### 3. 管控流程

制定严格的安全管理制度和流程,确保财务数据的安全性和保密性,防止数据泄露和滥用。通过不断的技术优化和升级,提高财务数据中台的性能和响应速度,确保企业能够实时获取所需数据和分析结果。定期对财务数据中台进行风险评估,识别潜在风险,并采取相应的预防措施,确保系统的稳定运行和数据的安全可靠。

# 任务三　财务数据中台的应用场景

财务数字中台作为企业财务管理的核心枢纽,其应用场景贯穿企业的各个业务领域和层级。下面将通过几个典型的企业应用场景来展示财务数字中台在企业中的实际应用。

## 一、财务领域数据管理

在财务领域,主数据管理是一项至关重要的任务,它涉及对公共信息、科目类、资金类、业财类以及税务类等关键数据的统一管理和维护。这些主数据不仅是企业日常财务活动的基础,也是支持决策分析、风险控制和合规性检查的重要信息来源。

### (一)概念界定

主数据(master data)通常指企业范围内各应用系统之间共享的数据。从用友产品线角度,主数据是指企业管理应用的核心实体数据,这些数据跨越多个产品以及多个领域进行共享应用,一般是企业的内、外部资源信息。主数据管理(master data management)是指对企业的主数据进行统一管理的系统,它帮助企业创建并维护整个企业内主数据的单一视图,保证整个企业IT系统协调和重用准确的、一致的、完整性的主数据。财务领域主数据示例图如图11-2所示。

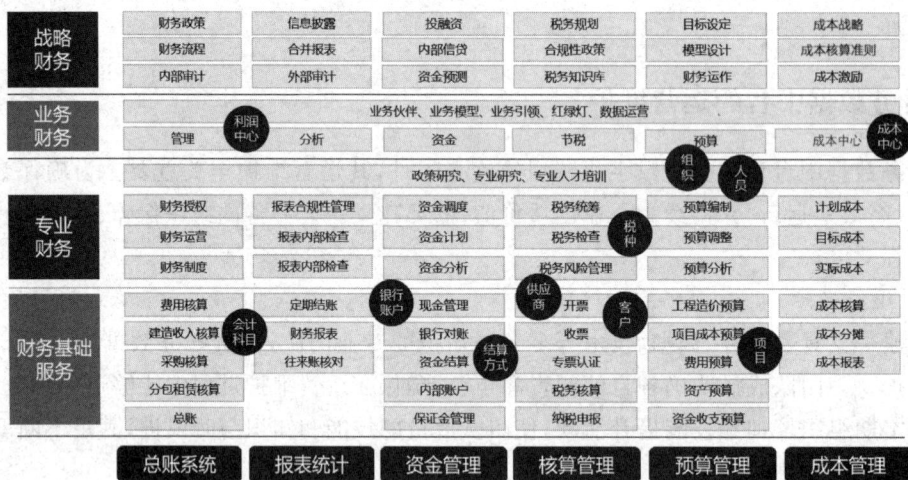

图 11-2　财务领域主数据示例图

### (二)财务领域应用管理

1. 公共信息

公共信息是指那些适用于整个企业或跨多个部门的通用数据。这包括企业基本信息(如企业名称、地址、法人代表等)、员工信息(如姓名、职位、部门等)以及与其他系统或外部实体交互所需的通用参数设置。公共信息对于确保企业内部数据的一致性和与外部实体的有效沟通至关重要。

2. 科目类数据

科目类数据是指财务会计中使用的各种账户科目信息,如资产类科目、负债类科目、所有者权益类科目等。这些科目用于记录企业的财务交易和事件,是生成财务报表和分析的基础。通过统一管理和维护科目类数据,企业可以确保科目的准确性和一致性,提高财务数据的可比性和可靠性。

3. 资金类数据

资金类数据涉及企业的现金和流动性管理,包括银行账户信息、付款和收款条件、汇率等。这些信息对于确保企业资金的安全、有效调度和合规性至关重要。通过准确记录和管理资金类数据,企业可以更好地规划和控制其现金流,降低资金风险。

4. 业财类数据

业财类数据涉及企业的业务和财务交易,包括业务订单、发票、库存等。这些数据是连接企业业务和财务活动的桥梁,对于确保业务和财务数据的协调和一致性至关重要。通过准确记录和管理业财类数据,企业可以更好地了解其业务运营状况,做出更明智的决策。

5. 税务类数据

税务类数据涉及企业的税收管理和合规性,包括税务登记信息、税种税率、税务申报等。这些数据的准确性对于确保企业遵守税收法规、降低税务风险非常重要。通过有效管理税务类数据,企业可以更好地规划其税务策略,降低税负,提高经济效益。

通过对这些数据的统一管理和维护,企业可以确保财务数据的准确性、一致性和可靠性,提高财务管理效率,支持业务决策和风险控制,实现企业的可持续发展。财务领域主数据管理内容如图 11-3 所示。

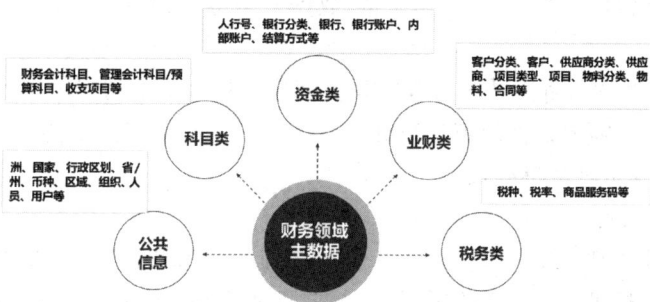

图 11-3　财务领域主数据管理内容

## 二、企业数据资产管理体系

在数字化时代,数据已成为企业不可或缺的核心资产。为确保数据资产的价值得到最大化发挥,并实现标准化与安全化的双重目标,企业数据资产管理成为关键。其主要围绕数据管控、企业数据管理和数据应用服务三方面展开,共同构建数据资产的稳健管理体系。数据资产管理体系如图 11-4 所示。

文档:上海法院发布 12 件商业秘密典型案例(2015—2023)(节选)

图 11-4　数据资产管理体系

## （一）稳健的数据管理体系

### 1. 数据战略与规划

（1）数据战略的核心地位。在数字化时代，数据已成为企业决策和运营的核心资源。数据战略作为企业整体战略的重要组成部分，旨在明确企业如何利用数据资源来创造业务价值、提升竞争力，并实现长远发展目标。

（2）数据战略规划的关键步骤。数据战略规划涉及对企业数据资源的全面分析，确定数据管理的长远目标、制订实施计划，并明确所需的资源投入和时间安排。这一过程需要与企业整体战略相结合，确保数据战略与企业目标的一致性。

### 2. 数据组织与职责

（1）明确数据治理的组织架构。为确保数据管理的有效实施，需要建立明确的数据治理组织架构，包括数据所有者、数据管理者、数据用户等角色，并明确各自的职责和权限。这样的组织架构有助于确保数据的管理和应用得到合理的组织和协调。

（2）促进跨部门的数据协作。数据资源往往分散在企业的各个部门中，因此需要建立跨部门的数据协作机制，促进不同部门之间的数据共享和整合。通过加强部门间的沟通和合作，可以提高数据的使用效率和价值。

### 3. 数据制度与流程

（1）建立完善的数据管理制度。数据管理制度是确保数据管理规范化和标准化的基础。企业需要制定包括数据标准、数据质量、数据安全等方面的管理制度，明确数据的管理要求和行为规范。

（2）优化数据管理流程。数据管理流程是确保数据从采集到应用整个生命周期得到有效管理的关键。企业需要建立规范的数据管理流程，包括数据采集、存储、处理、分析、共享和归档等环节，确保数据的准确性和一致性。

### 4. 数据管理绩效

（1）设立数据管理绩效指标。为评估数据管理的效果和价值，企业需要设立数据管理绩效指标。这些指标可以包括数据质量、数据使用效率、数据安全等方面的指标，帮助企业了解数据管理的现状和潜在改进空间。

（2）持续改进数据管理实践。通过定期评估数据管理绩效，企业可以发现问题和不足之处，并采取相应的改进措施。持续改进数据管理实践有助于提高数据管理的效果和价值，为企业创造更多的业务价值。

### 5. 技术支撑

（1）为实现数据管理的目标，企业需要选择合适的技术工具来支持数据管理实践。这些工具包括数据库管理系统、数据分析工具、数据可视化工具等，帮助企业高效地管理和应用数据资源。

（2）技术创新与数据管理发展。随着技术的不断创新和发展，企业需要关注新技术在数据管理领域的应用，并积极探索将这些技术应用于自身的数据管理实践中。技术创新有助于推动企业数据管理的发展和创新，为企业创造更多的竞争优势和价值。

### 6. 企业数据安全与企业全生命周期管理

（1）企业数据安全管理，涵盖数据审计与数据安全监控，通过全方位、持续性的保障措施,确保企业数据的机密性、完整性和可用性,为企业的稳健运营提供坚实的数据安全屏障。

（2）企业全生命周期管理强调数据战略与规划的重要性,明确数据组织与职责,以确保数据在其生命周期内得到系统性、有序的管理和治理。

### （二）坚实的数据治理基础

在当今数据驱动的企业环境中,有效的数据管理是企业成功的关键因素之一。数据管理涵盖了多个关键领域,包括企业数据架构、数据标准管理、数据质量管理、元数据管理和主数据管理。这些组件共同构成了企业数据管理的核心,为企业的数据治理提供了坚实的基础。企业数据管理关键领域如图 11-5 所示。

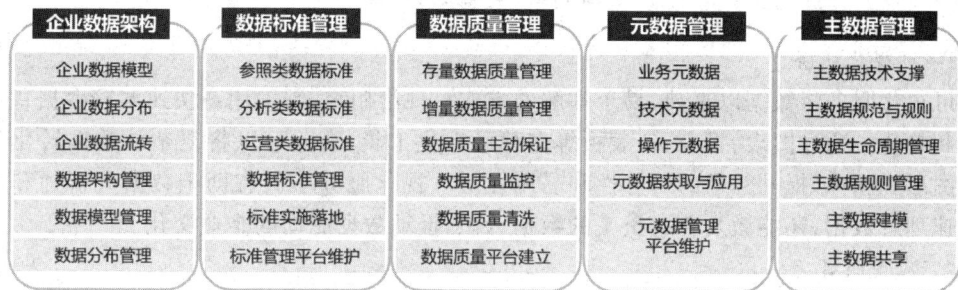

| 企业数据架构 | 数据标准管理 | 数据质量管理 | 元数据管理 | 主数据管理 |
| --- | --- | --- | --- | --- |
| 企业数据模型 | 参照类数据标准 | 存量数据质量管理 | 业务元数据 | 主数据技术支撑 |
| 企业数据分布 | 分析类数据标准 | 增量数据质量管理 | 技术元数据 | 主数据规范与规则 |
| 企业数据流转 | 运营类数据标准 | 数据质量主动保证 | 操作元数据 | 主数据生命周期管理 |
| 数据架构管理 | 数据标准管理 | 数据质量监控 | 元数据获取与应用 | 主数据规则管理 |
| 数据模型管理 | 标准实施落地 | 数据质量清洗 | 元数据管理平台维护 | 主数据建模 |
| 数据分布管理 | 标准管理平台维护 | 数据质量平台建立 | | 主数据共享 |

**图 11-5　企业数据管理关键领域**

1. 企业数据架构

企业数据架构是数据管理的基石,它定义了数据的组织、存储和访问方式。通过建立一个清晰、一致的数据架构,企业可以确保数据的可理解性、可访问性和可扩展性。数据架构师需要仔细规划数据的结构、关系和流动,以满足企业的业务需求和技术要求。

2. 数据标准管理

数据标准管理是确保企业数据一致性和准确性的关键。通过制定和实施数据标准,企业可以规范数据的格式、命名、分类和编码规则,用于避免数据混乱和歧义。数据标准管理还包括定期审查和维护标准,以适应企业业务和技术环境的变化。

3. 数据质量管理

数据质量是数据价值的体现,也是企业决策的基础。数据质量管理涉及数据的准确性、完整性、一致性和及时性的监控和改进。通过建立数据质量指标、实施数据清洗和验证机制,企业可以提高数据的可靠性,确保数据在业务分析和决策支持中发挥最大的价值。

4. 元数据管理

元数据是描述数据的数据,它提供了关于数据来源、结构、关系和业务意义的重要信息。元数据管理旨在确保元数据的准确性、完整性和一致性,以便企业能够更有效地管理和利用数据资源。通过元数据管理系统,企业可以方便地发现、理解和使用数据,提高数据的使用效率和价值。

5. 主数据管理

主数据管理是企业数据管理的核心之一,它涉及企业关键业务实体(如客户、供应商、产品等)的数据管理。主数据管理的目标是确保主数据的唯一性、准确性和一致性,以避免数据冗余和冲突。通过建立主数据管理系统和制定相应的管理流程,企业可以集中管理主数据,提高数据的准确性和可靠性,为企业的业务流程和决策支持提供有力保障。

### (三)有效的数据应用管理

为了充分发挥数据的价值,企业需要实施有效的数据应用管理,如图11-6所示。数据应用管理涵盖了可视化服务、应用服务、数据资源服务等多个方面,旨在将数据转化为有价值的信息和洞见,为企业的业务创新和决策支持提供强有力的支撑。

| 可视化服务 | | 应用服务 | 数据资源服务 | |
|---|---|---|---|---|
| 管理报表 | 管理驾驶舱 | 业务领域专项应用 | 数据目录 | 数据API |

图 11-6　数据应用管理

**1. 可视化服务**

可视化服务将数据以直观、易于理解的方式呈现给用户,帮助用户快速洞察数据背后的信息和趋势。通过图表、报表、仪表板等多种可视化工具,企业可以将复杂的数据转化为直观的图形和图像,提升数据的可读性和易用性。可视化服务不仅有助于数据分析师和决策者快速理解数据,还能激发普通员工的数据意识,推动数据驱动的企业文化。

**2. 应用服务**

应用服务将数据与企业的业务场景相结合,开发出具有实际应用价值的数据应用。这些应用可以包括客户分析、市场预测、风险管理、业务优化等多个方面,旨在通过数据分析帮助企业解决实际问题,提升业务效率和竞争力。通过应用服务,企业可以将数据转化为生产力,实现数据价值的最大化。

**3. 数据资源服务**

数据资源服务提供了一站式的数据管理和服务支持,确保企业能够高效、便捷地获取和使用数据资源。这包括数据集成、数据存储、数据处理、数据交换等多个环节,旨在为企业提供稳定、可靠的数据支持。通过数据资源服务,企业可以实现对数据的统一管理和高效利用,为数据应用提供坚实的基础。

总之,构建统一数据资产管理平台,实现数据资产运营有标准指导执行、有专业平台承载、有专业团队管理和执行,持续优化数据资产的管理流程及体系,围绕数据采集、整理、分析、挖掘、展现及应用等环节,打造以存储管理、分析挖掘及可视化为核心的动态、可伸缩、可复用的优质数据服务能力。

## 三、多源数据的采集

多源数据采集则是数据中台建设的首要任务,它涉及从各个业务系统和外部数据源中收集、整理、清洗和标准化数据,以便为后续的数据分析和应用提供统一、可靠的数据基础。

多源数据采集的关键在于确保数据的完整性、准确性和一致性。这要求企业在数据采集过程中,不仅要考虑数据的来源和格式多样性,还要制定相应的数据采集策略和流程,确保数据在采集过程中不发生丢失、错误或重复。

为了实现有效的多源数据采集,企业需要采用一系列技术手段和工具。例如,通过 API 接口、数据连接器或 ETL 工具等方式,实现与各个业务系统的数据对接和抽取。同时,对于外部数据源,如社交媒体、公开数据库等,企业也需要通过爬虫技术、API 调用等方式进行数据采集。数据 ETL 工作流程如图 11-7 所示。

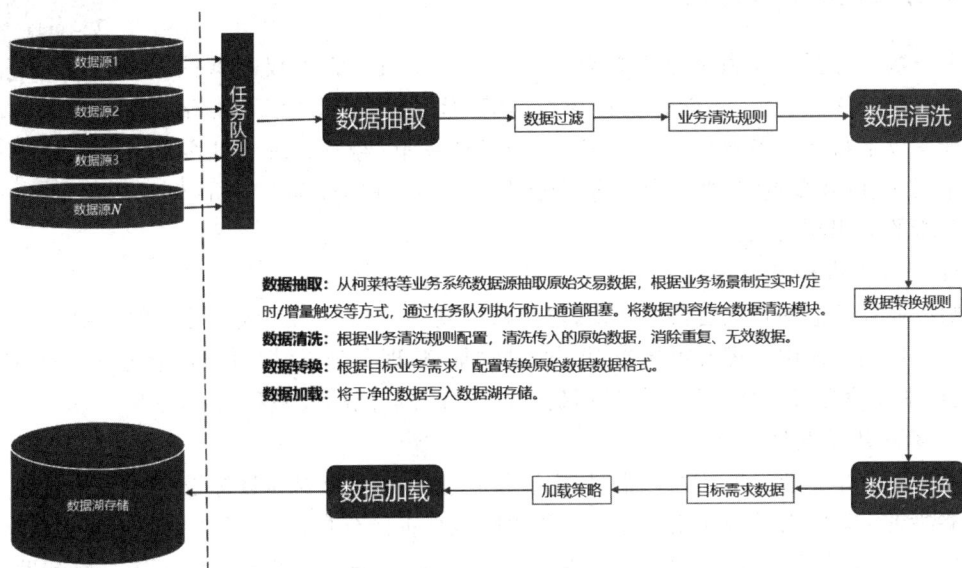

**数据抽取：**从柯莱特等业务系统数据源抽取原始交易数据，根据业务场景制定实时/定时/增量触发等方式，通过任务队列执行防止通道阻塞。将数据内容传给数据清洗模块。
**数据清洗：**根据业务清洗规则配置，清洗传入的原始数据，消除重复、无效数据。
**数据转换：**根据目标业务需求，配置转换原始数据数据格式。
**数据加载：**将干净的数据写入数据湖存储。

**图 11-7　数据 ETL 工作流程**

在数据采集过程中，数据的清洗和标准化也是至关重要的步骤。由于不同数据源的数据格式、结构和质量可能存在差异，因此企业需要对采集到的数据进行清洗，去除重复、错误或不完整的数据，同时将数据标准化，确保数据的一致性和可比性。

总之，多源数据采集是数据中台建设的关键环节，它为企业提供了全面、准确、一致的数据基础，为后续的数据分析和应用提供了有力支持。企业需要高度重视多源数据采集工作，投入必要的技术和人力资源，确保数据采集的质量和效率。企业多源数据采集如图 11-8 所示。

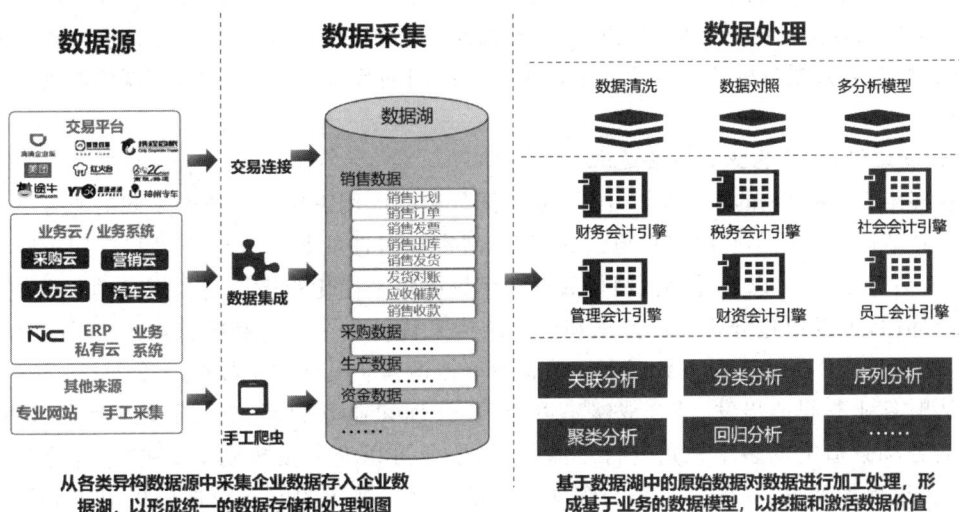

**图 11-8　企业多源数据采集**

## 四、财务数据的分析应用

文档：打造卓越数据中台的成功要素

财务数据分析已成为企业决策与管理的核心工具。它不仅能够提供对财务状况的深入了解，还能够支持战略决策、优化经营管理以及强化业务职能。以下将从财务业务职能出发，结合战略决策、经营管理和业务职能三个层级，以及多组织、多角色业务场景适配的多个视角，全面解析财务数据分析的应用与实践。

1. 财务业务职能

财务业务职能是企业运营的基础，包括财务规划、成本控制、预算管理等。财务数据分析应用在这些职能中发挥着重要作用。通过收集、整理和分析财务数据，企业可以洞察财务状况、识别风险点、优化资源配置，进而提升财务业务职能的效率和效果。

2. 战略决策层级

战略决策是企业发展的方向指引，它涉及企业的长远规划和目标设定。财务数据分析在战略决策中发挥着关键作用。通过对历史财务数据的分析，企业可以洞察市场趋势、评估投资机会、预测未来收益，为战略决策提供有力支持。同时，财务数据分析还可以帮助企业评估战略执行的效果，及时调整战略方向，确保企业持续健康发展。

3. 经营管理层级

经营管理是企业日常运作的核心，它涉及企业的生产、销售、采购等各个方面。财务数据分析在经营管理中发挥着重要的支撑作用。通过对经营数据的实时监控和分析，企业可以了解各个业务部门的运营状况、识别问题点、优化管理流程，因而提高经营管理的效率和效果。此外，财务数据分析还可以帮助企业制定预算和考核绩效，确保经营目标的实现。

4. 业务职能层级

业务职能是企业实现价值创造的关键环节，包括销售、生产、研发等各个业务部门。财务数据分析在业务职能中发挥着重要的拓展作用。通过对业务数据的分析，企业可以了解各业务部门的业绩状况、识别增长点、优化产品结构，进而提升业务职能的竞争力和创新能力。同时，财务数据分析还可以帮助企业进行跨部门的数据整合和协同，实现资源共享和价值创造。

5. 多组织、多角色业务场景适配

在多组织、多角色的业务场景中，财务数据分析的应用需要灵活适配不同的业务需求和场景。企业需要根据不同组织和角色的特点，制定针对性的数据分析方案和应用策略。例如，对于销售部门，可以通过分析销售数据和市场趋势来优化销售策略和提高销售业绩；对于生产部门，可以通过分析生产数据和成本结构来优化生产流程和降低成本；对于高层管理者，可以通过分析综合财务数据来评估企业整体运营状况和制定战略决策。

从财务业务职能出发，结合战略决策、经营管理和业务职能三个层级以及多组织、多角色业务场景适配的多个视角进行全面分析，企业可以充分发挥财务数据分析的潜力与价值，实现更加精准、高效的决策与管理。一横一纵多视角的财务数据分析应用如图 11-9 所示。

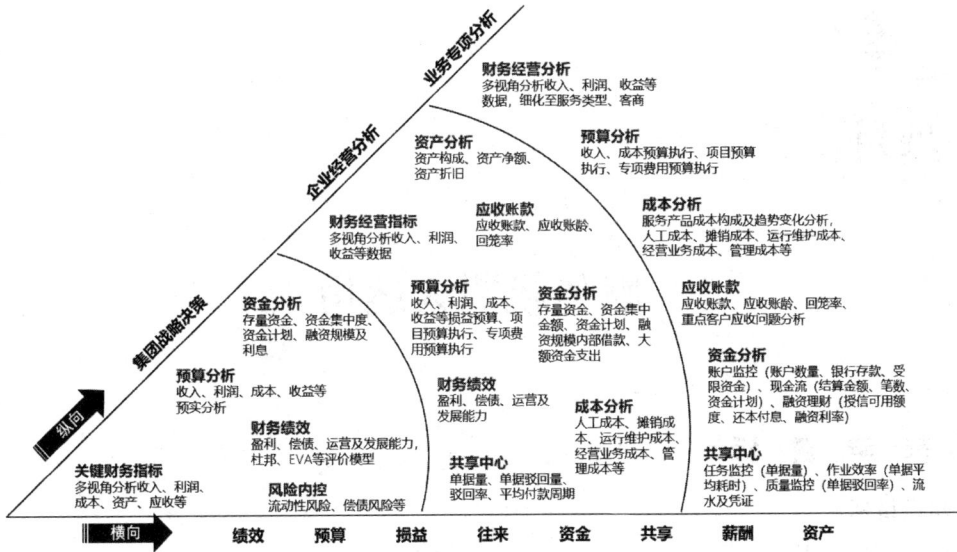

图 11-9　一横一纵多视角的财务数据分析应用

拓展训练

项目十一讨论题

思行合一

文档：毕马威全球财务调研解密

# 项目十二

# 财务机器人运用

## 教学目标

**知识目标：**

1. 能陈述 RPA 机器人的基本概念及应用场景；

2. 能呈现财务基础业务场景、税务业务场景、资金业务场景及 RPA 需求；

3. 能描述 RPA 在财务领域的具体应用；

4. 能解释 RPA 在网银系统的基本应用。

**能力目标：**

1. 能实践 RPA 在财务领域不同场景下的应用；

2. 能说明企业各经营环节涉及的业务流程，分析企业 RPA 开发需求；

3. 能根据开发需求初步设计 RPA 解决方案；

4. 能操作 RPA 开发工具进行 RPA 机器人应用、开发的能力。

**素养目标：**

1. 培养数字化思维；

2. 培养梳理问题、分析问题和解决问题的科学思维能力以及辩证思维；

3. 践行团队协作精神；

4. 树立正确的价值观，崇尚劳动；

5. 传承精益求精的工匠精神；

6. 弘扬爱国主义精神，坚定科技报国。

## 引导案例

德勤中国成立了未来智慧研究院，旨在研究并指导各种智能技术在未来的工作场景中的应用和发展，机器人流程自动化技术作为人工智能在商业领域中的实践应用技术之一，由德勤中国的智能机器人中心在企业的多种流程场景中应用，如财务机器人、税务机器人、供应链机器人、审计机器人、物流管理机器人、风险管理机器人，人力资源机器人等。

德勤的财务机器人是人工智能技术在财务数字化领域的初级应用，是基于机器人流程自动化(robotic process automation，RPA)的技术实现。简单说来，就是在计算机上装一个机器人软件，然后教会这个机器人在计算机上进行财务的操作，就好像教一个新进的员工进行作业。

德勤财务机器人目前已经正式投入使用,它帮助财务人员完成大量的、重复规则化的事务,不仅能够提高效率,还能够通过大数据收集分析,发出财务风险的防范预警。

信息科技审计咨询合伙人朱灏先生在接受《第一财经—市场零距离》栏目的采访中提到:"财务机器人可以代替某一个具体的岗位进行全流程的处理,比如代替应收类岗位去做发票的处理,开账单,记账和收款等工作。"

目前在财务领域商用的机器人技术着重在模仿人类的财务操作和判断,同时在业务收入预测、风险控制和管理、反舞弊分析、税务优化等方面也有很大的应用空间。

使用机器人自动化技术来代替人类完成这些重复性的劳动将进一步解放人类的生产力,将人类工作中的机械属性剥离出来,去完成更多具有创造性、挑战性、战略性等需要用心用脑的工作,获取更大的价值提升。一个机器人进程的处理速度往往是人类员工最快速度的 15 倍以上,而且它可以 7×24 小时不间断的工作,有接近 80% 的基于规则的流程可以被其代替,这使它成为一个超级员工。98% 的企业 IT 领导认为业务流程自动化对驱动企业利益至关重要。

朱灏先生说:"企业的人工智能转型之路,将始于机器人流程自动化技术的应用。我们专注于这一技术的发展并致力于帮助客户将这一技术转化为企业内部管理的新引擎和外部发展的新动能,以财务机器人为起点,最终驱动业务模式与管理模式的革新。"

资料来源:德勤中国官网.

**知识导图**

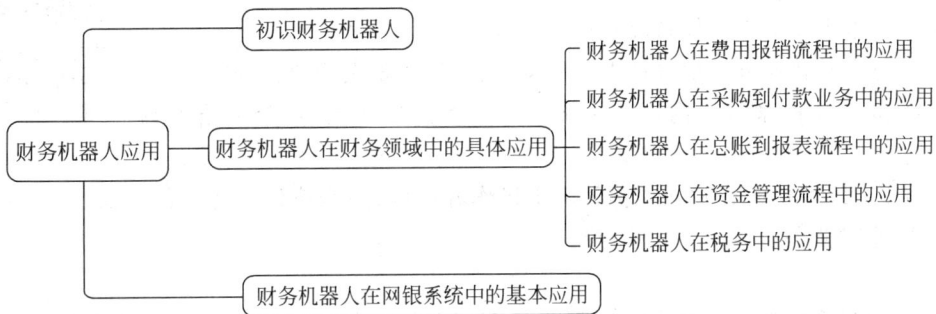

# 任务一　初识财务机器人

1. 财务机器人的概念

追溯财务的发展历程,技术进步引发了财务的数次变革。会计电算化用小型数据库和简单的计算机软件取代了部分人工核算工作,实现了计算能力和存储能力的巨大飞跃。ERP 的诞生和计算机网络的普及,把封闭、分散的财务集中起来,通过流程再造和专业分工实现了财务共享。借助信息化手段,企业实现了对财务信息的快速处理和实时共享,财务管理逐步从核算型向管理型转变。"大智移云物"进一步革新了财务的技术工具,悄然改变着财务的工作模式,传统财务将逐步向自动化、数字化和智能化转型。

财务共享中心存在大量规则明确的重复性流程,这为财务的自动化转型提供了基础。机器人流程自动化技术应运而生,在专业分工明确、流程标准统一的财务共享服务中心有着广阔的应用空间。

财务机器人的实质是 RPA 的财务应用,它通过使用大量的数据和强大的计算能力来支持财务决策和财务流程自动化。财务机器人可以帮助企业提高生产率、减轻财务工作量和提升收益,帮助企业实现可持续发展。财务机器人通过大数据分析,能够收集、汇总、分析和预测大量财务数据,用于实现智能化计算和财务决策自动化。

2．财务机器人的优势

以 RPA 为基础,财务机器人可以更快、更好地完成大量的重复性财务工作,例如发票管理、凭证编制、凭证验真、银行对账等,帮助企业高效地完成财务工作。

此外,财务机器人拥有丰富的决策支持分析能力,可以综合复杂的财务数据,形成价值可视的数据报告,从数据中发现投资机会和业务机会,提供有效的决策支持,帮助改善管理和控制财务风险。可以看出,财务机器人具有以下显著优势。

(1) 高效性。财务机器人可以全天候工作,不受时间、地点的限制,处理速度远超人工。

(2) 准确性。机器人基于预设的规则和算法工作,可以大大降低人为错误率。

(3) 成本效益。相比人工,机器人可以在短时间内收回成本,且维护成本低。

(4) 标准化。确保流程的一致性和标准化,提高企业内部控制水平。

3．财务机器人适合的流程

从本质上讲,财务机器人是一种处理重复性工作、模拟手工操作的程序,因此并不适用于所有的流程,其适用的流程主要有以下特征。

文档:2020 年
中国 RPA 行
业研究报告

(1) 简单重复操作。如系统数据的录入、核对等。

(2) 量大易错业务。如每日大量的交易核对,大量费用单据的审核。

(3) 多个异构系统。内嵌于系统,但不会更改系统,不会融合系统规则。

(4) 7×24 小时工作模式。弥补人工操作容忍度低、峰值处理能力差的缺点,适用于企业 7×24 小时业务。

# 任务二　财务机器人在财务领域中的具体应用

随着云会计、移动互联网、人工智能和大数据技术的突飞猛进,企业财务管理的模式正面临深刻变革。在这一变革浪潮中,如何高效整合企业财务业务,优化其流程,实现业务流程标准化与组织结构的精细化,已经成为企业提升服务质量、削减财务成本、增强管理效能的重要方向。2017 年,财务机器人在德勤、普华永道、安永及毕马威等国际知名会计师事务所的引领下相继亮相,这标志着机器人流程自动化技术在财务领域的应用正式开启新的篇章。

文档:2020 年
中国 RPA 指
数测评报告

机器人流程自动化,这一建立在人工智能技术之上的自动化软件解决方案,通过运用用户界面层中的先进技术,模拟手工操作处理复杂任务,为推动财务智能化发展提供了显著助力。作为机器人流程自动化在财务领域的具体应用,财务机器人不仅能够精确满足企业管理决策与业务运营的数据需求,同时也为企业财务的数字化转型提供了

坚实的数据支撑,成为企业财务大数据中心发挥作用以及适应数字化变革不可或缺的重要工具。

　　财务机器人的引入,通过模拟人类操作实现自动化处理,有效释放了财务人员从事大量重复性、附加值较低的工作的负担,使他们能够将精力聚焦于更具价值、更具创新性的工作领域。这种转变不仅优化了财务业务流程,提升了业务处理的效率和质量,更为企业财务在财务共享模式下的业务流程优化注入了新的活力,实现了人力资源在增值业务上的优化配置。

## 一、财务机器人在费用报销流程中的应用

　　由于费用报销流程涉及人员较多,其在财务机器人中应用频率较高,主要应用流程如图 12-1 所示。

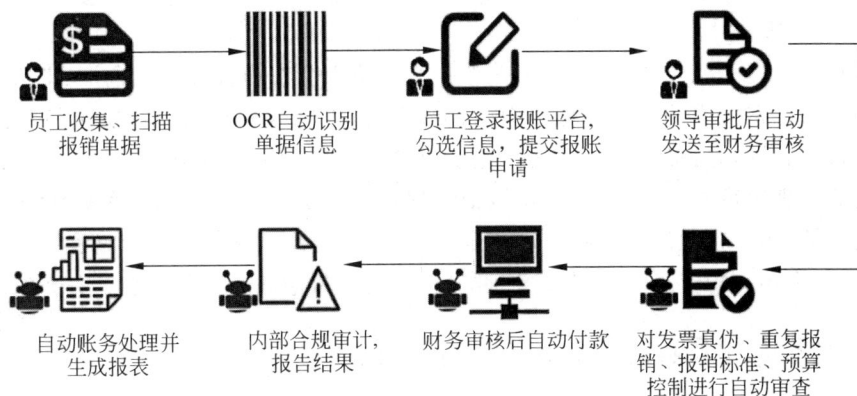

**图 12-1　RPA 在费用报销流程中的应用**

　　1. 报销单据接收

　　发票作为费用报销流程中的核心要素,在多数企业中仍采用纸质形式。然而,传统的发票处理方式(如邮寄、录入、粘贴及报销等环节),时常面临着发票遗失、损坏或造假等风险,这不仅影响了报销流程的顺利进行,还造成了企业人力、物力和财力资源的无谓浪费。为了克服上述问题,基于机器人流程自动化技术的财务机器人应运而生。在这一创新模式下,企业的相关财务人员负责统一收集企业内各部门及个人提交的各类单据和发票。随后,财务机器人利用先进的 OCR 技术对所有单据和发票进行扫描,并通过自动识别技术准确提取关键信息。经过分类汇总及分发传递等标准化流程,财务机器人能够高效完成前期工作。最终,财务机器人将根据识别到的发票信息自动生成报销单据,大大提高了报销流程的效率和准确性。与此同时,相关报销员工需登录企业内部报销平台,选择自己提交的报销信息,并进一步提出报账申请,确保报销流程的顺利进行。这一方案不仅提升了企业财务管理的水平,还为企业节省了大量的人力和物力成本。

　　2. 费用报销智能审核

　　报销单据在进行报销前需经过企业财务共享服务中心稽查处的真实性排查,排查时会自动汇总财务共享中心收支数据库系统和企业财务系统中与单据相关的数据信息进行数据一致性对比,对账一致后则转入财务部,此时借助大数据技术自动生成记账凭证,财务机器

人对确认无误的凭证进行审核。财务机器人在审核前,需由相关技术人员在费用报销系统中嵌入经研究讨论通过的报销审核规则,其主要按照设定的规则及逻辑进行报销标准审查、发票真伪和重复验证、预算控制等审核操作,审核完成后,详细记录审核结果,并及时向有关部门进行反馈。

3. 自动付款

审核通过后的报销单在系统内自动生成付款单,随即进入资金结算处,资金结算处根据付款单信息在指令池中自动生成相应的支付指令,指令生成后传至核算处,由相关核算人员对付款金额、账户等信息进行审核,审核通过后资金结算部门则收到相应的付款提示,并对所有发票按信用期限进行排序,根据排好的信用等级的高低顺序,实时进行付款通知,此时付款单正式进入待付款中心,在缺少银企直联的情况下,借助机器流程自动化技术下的财务机器人依照支付指令信息自动填写付款信息,填写完成并确认无误后提交至网银完成付款操作。

4. 账务处理及报告

财务机器人在完成付款操作前,相关的报销申请人会在内转、进卡、电汇、支票等结算方式中选择自己经常使用的方式以完成确认收款工作,报销人确认收款后资金核算处自动生成对应的付款凭证,并在经过自动提交、过账等步骤后生成财务报告,财务机器人将该报告上交至企业管理层审阅,企业中的费用报销流程正式完成。企业管理层可以根据报告中的数据和分析结果,对企业的财务状况进行全面了解,并制定相应的财务策略和计划。在这一过程中,财务机器人的应用不仅提高了工作效率,而且为企业的发展提供了有力的支持。

## 二、财务机器人在采购到付款业务中的应用

采购到付款业务的核心在于可以无缝衔接供应商管理、对账、处理发票及付款四个流程,其中请款单处理、采购付款及供应商对账流程是基于机器人流程自动化技术的财务机器人所适用的三个子流程(图 12-2),主要应用流程如下。

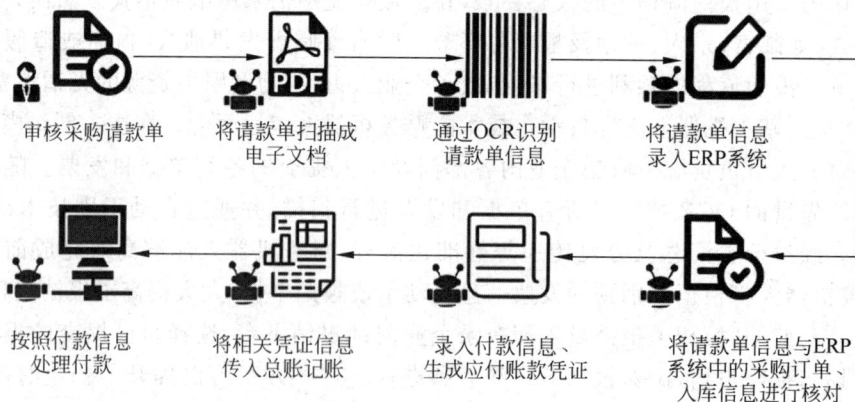

图 12-2　RPA 在采购到付款流程中的应用

1. 请款单处理

首先进行常规的采购流程,需由具有采购需求的相关人员填写采购申请单,再由业务部门、采购部门审核并签字后交由经理二次审核;审批通过后进行采购预算,在供应商选择方

面,应优先选择能够提供配套设施或者服务的产品供应商,相关工作人员应对至少三家的产品供应商进行询价、比价、议价,并最终制定采购预算表及采购评估;此时经理对预算表进行偏差审核,如有偏差需召集相关负责人开会讨论;采购部在得到上级批准后与巡视厂家或供货单位签订采购合同;根据合同内容制定采购订单,并按照订单或合同上的时间进行催货及收货,收货完成后进入请款流程;采购部根据合同及订单信息制定请款单并交由财务部审核,审核完成后借助机器人流程自动化技术对 OCR 及图像辅助处理功能进行有效整合,实现对请款单信息识别与扫描的异步处理,此时企业中的财务机器人在 ERP 系统录入扫描得到的请款信息,并对系统中与此内容相关的入库单信息、发票信息及订单信息进行核对,确保四者的一致性;核对一致后财务机器人将付款信息录入系统中,系统自动生成付款凭证,随即根据凭证信息进行付款记账,记账完成后进行付款环节。

2. 采购付款

由于集团企业内应付款数量庞大,人工处理耗时耗力且易错过信用期最后时间点,而机器人流程自动化技术 7×24 小时工作模式可有效地解决这一问题,财务机器人根据信用期的先后顺序按序提交付款申请,并将付款单信息中的付款户名、金额、账号等信息与发票及凭证中信息进行逐一核查,核查无误后提交网银等付款系统执行资金付款操作。

3. 供应商对账

相关技术人员在财务模块中设置好对账触发时间,财务机器人在机器人流程自动化技术的基础上在采购管理系统中对供应商进行管理,主要采用模拟人工数据录入的方式,借助预先编制的爬虫程序,对招标、谈判等过程中的供应商提供的公司代码、采购及一般数据等信息进行自动采集,此后在经过确定供应商、签订采购合同、产品入库等环节后,财务机器人登录财务模块提醒供应商进行网上对账,供应商收到对账请求后,向企业提供对账周期内所有的采购信息,财务机器人自行启动对账外挂程序,根据对账明细借助 IIF 等逻辑判断函数,对系统内的退货明细、订单、入库单等信息与供应商出具的对账明细中的供货产品、金额、单价、数量、规格、编号等信息逐一进行核对,若存在差异,则自动弹出不匹配项目并迅速通知业务部与供应商进行自查,找出差异并改正后重新提交对账信息,在系统内信息与对账明细完全一致后结束对账工作,供应商在确认对账结果无误后向集团企业开具正式发票。

## 三、财务机器人在总账到报表流程中的应用

在财务系统中总账到报表的整个流程中,财务机器人主要适用流程如图 12-3 所示。

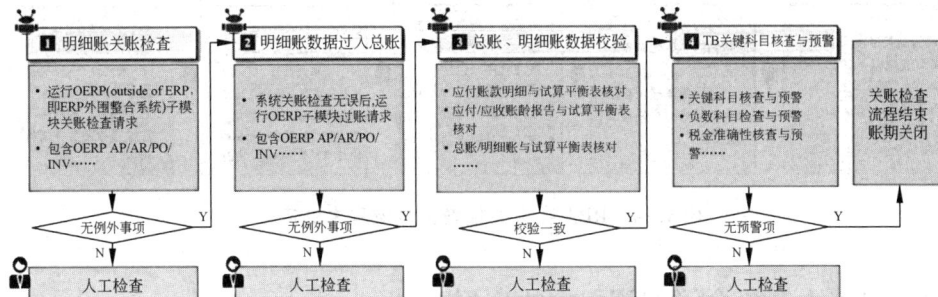

**图 12-3 RPA 在期末关账流程中的应用**

### 1. 关账

财务机器人在期末汇总自动进行关账工作,在机器人自动化流程技术的支持下运行 ERP 外围整合系统子模块中的关账检查请求,对企业中存货的确认和暂估、应付款项对账、关联方对账、应收账款对账、销售收入确认、银行对账、现金盘点等内容及相关明细账展开详细检查,若发现存有例外事项,则交由人工进行查验;在关账查验无误后由财务机器人运行 ERP 外围整合系统子模块中的过账请求,将经过查验的明细账数据过入总账,如有例外事项,应及时反馈并交由人工处理;在明细账过入总账后进行总账、明细账数据校验,具体可通过对试算平衡表与总账/明细账核对、试算平衡表与应收/应付账龄报告核对、试算平衡表与应收/应付账款明细核对等核对方式进行数据一致性检验,若检验存在不一致,则由财务机器人反馈与相关负责人进行人工检查;检验结果表现为一致后进行关键科目核查与预警环节,该环节需对税金准确性、负数科目及关键科目进行详细核查,若存有预警项,则自动交由人工处理,若没有则标志着关账检查流程结束,账期正式关闭。

### 2. 关联交易及标准记账分录处理

财务机器人自动搜集各子公司中所有的交易信息及数据,并将此类信息进行统一处理,进而实现自动关联交易处理,而对于标准记账分录处理,财务机器人仅需定期记录并结转企业中的账务分录。

### 3. 标准报告出具

报表出具又分为单体报表出具和合并报表出具两种,就单体报表而言,财务机器人执行完成系统数据导出、邮件数据催收、合并抵销、数据汇总等工作后,根据模板出具单体报表。对合并报表来说,单体报表是合并报表的基础内容,集团企业内的各子公司借助财务机器人运行 ERP 外围整合系统中的财务报表请求,自动生成现金流量表、利润表、资产负债表等报表;子公司单体报表生成后运行基于机器人流程自动化技术的报表上传程序,通过该程序将各子公司单体报表上传至合并报表系统;上传成功后合并报表系统自动运行包括合并分录录入与过账、抵销、调整及折算在内的合并报表生成程序,完成合并报表初稿;初稿完成后由财务机器人自动运行核对程序,对关联方进行详细核对,进一步生成关联方往来核对表,根据表内信息自动判别部分往来差异原因,并进行自动调整;财务机器人将差异分录调整完成后系统自动进行过账,其中少量需人工判断的部分应手工录入调整分录,最后运行报表出具申请,系统自动生成最终版合并报表,如图 12-4 所示。

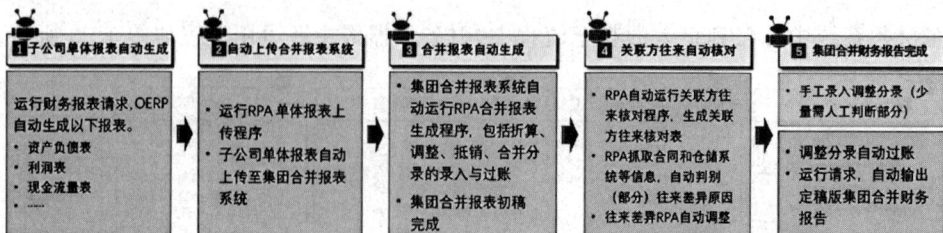

图 12-4　RPA 在合并报表出具流程中的应用

## 四、财务机器人在资金管理流程中的应用

资金管理是企业财务管理的重要部分,主要包括专项资金管理、流动资金管理及固定资

金管理三项内容,而适用于财务机器人的资金管理子流程共有银企对账、现金管理、收付款处理、支付指令查询四个流程,具体如下。

**1. 银企对账**

传统的人工银企对账流程需相关工作人员登录资金系统或者网银下载银行对账单,并将其转换为 Excel 格式,随后将 Excel 格式的对账单导入财务核算系统指定界面的账户中,进一步进行对账并生成余额调节表,上述步骤全部完成后,循环往复直至所有账户全部对账完毕;基于财务机器人的银企对账,由财务机器人运行柜面管理系统,在网银中选取其中一个银行对账单,在财务核算系统中选择相关账务数据,对两方数据进行核对,核对完成后自动出具余额调节表,循环往复直到核对完所有的银行账户。

**2. 现金管理**

相关技术人员将企业管理者讨论决定的现金上划线内嵌至系统中,财务机器人在此基础上自动执行现金计划信息的采集与处理、现金归集等财务活动;并在系统内部引入智能算法,同时还需对集团企业的资金收支情况实施监控,在充分考虑支付金额、策略及方式等因素的基础上,计算出资金最优组合,完成企业资金的合理配置。

**3. 收付款处理**

财务机器人在确保供应商提供的信息及企业订单信息完全一致时,直接进入收付款环节。

**4. 支付指令查询**

财务机器人可在资金支付指令发出后自动查询支付结果,并且可以通过邮件对查询结果进行反馈。

例如,企业使用中兴新云银企对账机器人替换了原有的人工操作。期末,财务机器人登录网银系统获取银行对账单信息,并登录财务核算系统获取账务数据,自动执行对账操作,再将结果记录至银行余额调节表,重复所有的操作,直至所有账户循环完毕。财务机器人还可以按照定制化需求,导出银行对账单,实现对账单的合并与汇总,并把最终结果按所要求的格式上传至系统中。银企对账财务机器人工作流程如图 12-5 所示。

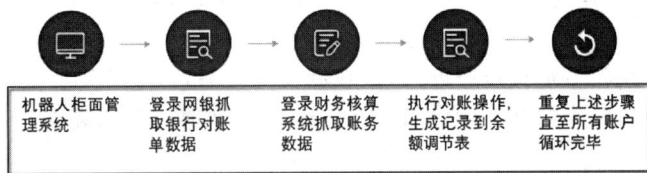

图 12-5　银企对账财务机器人工作流程

## 五、财务机器人在税务中的应用

财务机器人在税务管理流程中的应用相较于其他流程而言较为成熟,其主要包括自动纳税申报准备、获取并维护税务数据、核对涉税数据信息、纳税申报、账务处理、开具增值税发票、验证发票真实性七个子流程,主要流程如图 12-6 所示。

**1. 纳税申报准备**

借助机器人流程自动化工具,财务机器人在期末通过相关技术人员预设的脚本上自动

**图 12-6 RPA 在纳税申报流程中的应用**

登录账务系统,按照税务主体批量导出财务数据、增值税认证数据等税务申报的业务数据基础。

**2. 获取并维护税务数据**

该部分主要是编制企业的纳税申报底稿,而底稿的编制需以集团各子公司基础信息为基础。

**3. 核对涉税数据信息**

财务机器人对会计差异、税务、预缴税金、进项税数据差异等需要调整的信息,按照预先设定好的规则进行调整,同时财务机器人利用预设的校验公式,对税务科目与财务科目等信息进行数字校验,校验完成后,由财务机器人将最终数据放置在统一的文件中,此时由相关员工对最终数据进行干预或审查。

**4. 纳税申报**

在确保相关数据审核无误后,借助机器人流程自动化工具执行脚本,具体由财务机器人登录至税务申报系统,并自动导入纳税申报底稿数据,在税务申报系统内,根据上传的底稿数据,按照特定的逻辑,自动生成申报表,此时财务机器人根据申报表的内容,自动填写纳税申报表,并执行向系统提交操作,完成之后自动保存相应信息。

**5. 账务处理**

此时需要对涉税项目进行账务处理,即编制税务分录,该步骤则需要财务机器人以企业实际的缴税和纳税情况为基础,并自动计算负债、资产及递延所得税金额,在税务系统内完成入账工作。

**6. 开具增值税发票**

财务机器人利用专用开票软件开具相关增值税发票。

**7. 验证发票真实性**

发票真伪的验证不仅可以借助发票的票面信息,还可以在国家税务总局全国增值税发票查验平台输入发票信息进行查验,验证完成后自动记录并反馈验证结果。

例如,企业使用中兴新云纳税申报机器人将申报流程细分为数据准备、纳税申报、账务处理和评估审查四个子流程,可显著降低集团型企业办税负担,保障税务数据的准确性,具体流程如图 12-7 所示。

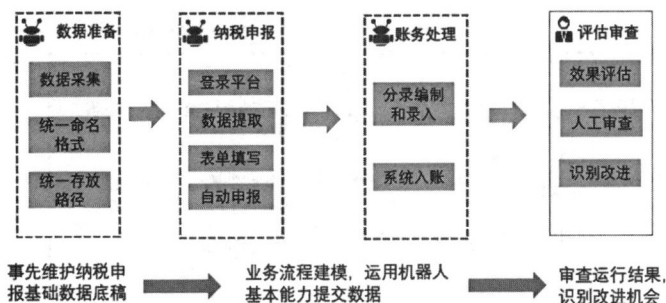

图 12-7　中兴新云纳税申报自动化流程

文档：RPA 助力财务职能转型

# 任务三　财务机器人在网银系统中的基本应用

1. 网银操作痛点

传统模式下,很多大型集团企业内部的财务部门需为不同子公司或项目在多个银行开设账户,并进行日常的资金管理。这一过程中,工作人员需要频繁登录不同的网银系统,手动执行余额查询、下载交易流水、核对账目等工作。尤其是在月末、季末、年末的财务结算高峰期,对账任务繁重,加班加点成为常态。此外,人工操作的疏忽可能导致对账错误,进而影响财务报告的准确性,甚至影响企业的决策制定。

例如,某大型集团企业的财务共享中心,资金业务开展涉及大量的银行账户,U-KEY分别散落在不同财务人员手中或分支机构财务部。为保障 U-KEY 的安全使用、保管、授权、移交等,公司制定了一系列内部管理制度,导致实际的业务应用场景中存在难以避免的潜在管理风险,此外,业务人员在查款转账时也面临对 U-KEY 的频繁插拔、工作效率低、管理难度大等问题。

2. 网银机器人业务应用流程

为了应对这些痛点,恰逢在当前数字化转型的浪潮中,一种创新的网银全面解决方案应运而生,该方案利用 RPA(机器人流程自动化)技术,实现了从日常查询到财务对账的自动化处理,大大提升了工作效率和准确性,如图 12-8 所示。RPA 会自动化执行以下关键步骤。

(1) 登录与查询：RPA 机器人自动登录各个银行的网银系统,执行余额查询、下载交易流水等操作。这一步骤解决了人工登录的烦琐,减少了登录网银的重复劳动。

(2) 数据整理：下载的流水数据经由 RPA 机器人按统一格式整理,包括单位名称、账号、日期、余额等关键信息,确保数据格式一致性。机器人还会根据公司名称、业务单据号、单据编号和月份命名文件,便于后续管理和归档。

(3) 数据上传与对账：整理好的数据自动上传至财务系统,生成余额调节表、未达账项明细表和资金报表。RPA 机器人进一步协助完成银行流水的 Excel 格式转换,与企业内部的 ERP 或 BIP 高级版组织结构建立映射关系,确保数据的一致性与准确性。

(4) 智能核对：机器人通过智能算法自动匹配银行流水与企业内部记录,减少人工审核的工作量,同时提高对账的准确度。对于无法自动匹配的记录,机器人会标记异常,供人工复核,极大缩短了发现问题的时间。

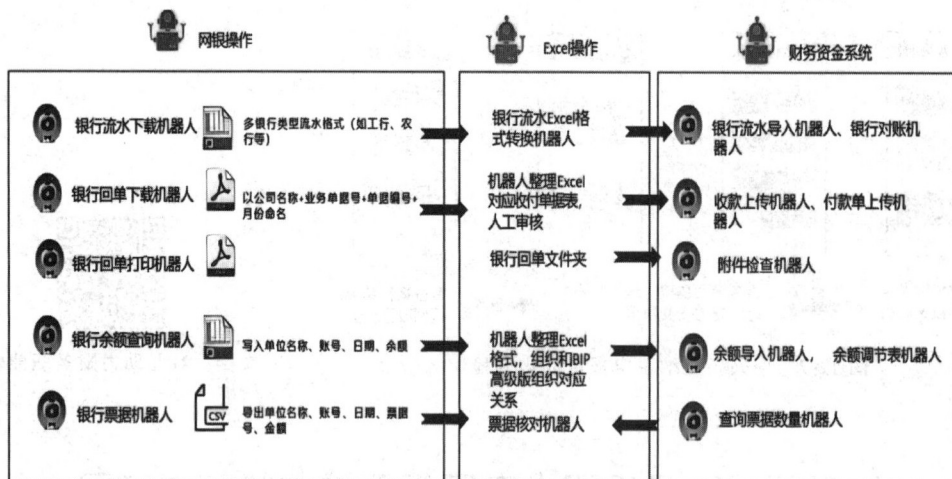

图 12-8　RPA 在网银环节的操作步骤

（5）票据管理：针对银行票据，机器人同样能进行自动化处理，包括下载、整理、核对票据信息，并生成票据数量统计，辅助财务人员进行更细致的资产管理。

在实施该方案的过程中，也遇到了一些技术挑战。例如，不同银行网银系统的界面和操作逻辑各异，要求 RPA 机器人需要针对工行、农行等不同类型的银行分别定制并发。此外，验证码校验机制复杂，以及硬件依赖（如模拟 USB、金手指）等问题，都增加了开发和维护的难度。但随着技术的迭代升级，RPA 平台逐步优化了对复杂验证的处理能力，同时提供了更灵活的接口配置，降低了对特定硬件的依赖。

在银企直联（接口）＋RPA-银企对账管理中，银行流水下载机器人通过银行网站和文件共享系统下载统一格式流水，再通过银行流水导入机器人和银行对账机器人完成银企对账操作，对账异常，机器人通知人工介入，如图 12-9 所示。

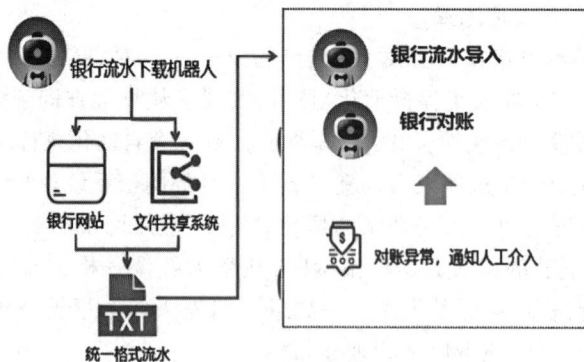

图 12-9　银行流水机器人操作步骤

可以发现，在多单位、多银行、多账户重复操作，需要登录网银下载银行流水，项目对账周期短，工作量大，对账期间加班多，人工对账存在一定疏漏风险的情况下，财务机器人可以有效解决减少人工作业，释放劳动力；解决单据繁多、单单匹配难的问题和跟踪表不准确的问题；资金管理范围延伸；资金全面性管理，体现智能化与强科技感。

通过实施网银全面解决方案,集团企业成功地将大量重复的手动操作自动化,显著提高了财务处理速度和精确度,降低了人为错误,释放了人力资源,使财务团队能够专注于更高价值的分析和决策支持工作。

展望未来,随着人工智能、大数据等技术的不断发展,网银全面解决方案有望实现更加智能化的财务预测和风险预警功能。通过深度学习和数据挖掘技术系统可以更加精准地预测企业未来的财务状况和经营趋势,及时发现潜在风险提前进行预警。这将为企业财务管理提供更加全面、深入的支持,帮助企业更好地应对市场变化和风险挑战。

文档:中国 RPA 市场洞察与优秀实践案例解读

⭐ 拓 展 训 练

项目十二案例分析题

🎬 思 行 合 一

文档:企业数智化转型之路,RPA 共创新价值

# 参考文献

[1] 中华人民共和国财政部.企业会计准则[M].北京：经济科学出版社,2006.

[2] 财政部会计财务评价中心.财务管理[M].北京：经济科学出版社,2023.

[3] 财政部会计资格评价中心.初级会计实务[M].北京：中国财政经济出版社,2023.

[4] 中国注册会计师协会.财务成本管理[M].北京：中国财政经济出版社,2024.

[5] 财政部会计资格评价中心.中级财务管理[M].北京：中国财政经济出版社,2024.

[6] 中国财经出版传媒集团组织.财务管理精讲精练[M].北京：经济科学出版社,2022.

[7] 全国注册税务师职业资格考试教材编写组.财务与会计[M].北京：中国税务出版社,2024.

[8] 斯蒂芬·A.罗斯,伦道夫·W.威斯特菲尔德,等.公司理财[M].吴世农,沈艺峰,等译.13版.北京：机械工业出版社,2024.

[9] 王化成,刘俊彦,荆新.财务管理学[M].9版.北京：中国人民大学出版社,2021.

[10] 金佳,陈娟.财务管理实务[M].北京：中国人民大学出版社,2023.

[11] 张新民,钱爱民.财务报表分析[M].2版.北京：中国人民大学出版社,2024.

[12] 龙敏.现代财务管理及其数字化转型研究[M].北京：中国原子能出版社,2022.

[13] 王丽敏.大数据时代背景下企业财务管理变革[M].北京：中国商业出版社,2021.

[14] 谢春林.数字化时代企业财务管理探究[M].长春：吉林文史出版社,2023.

[15] 金宏莉,曾红.大数据时代企业财务管理路径探究[M].北京：中国书籍出版社,2021.

[16] 张建峰,唐亮.大数据背景下业财融合研究[M].哈尔滨：哈尔滨工业大学出版社,2021.

[17] 席燕玲."互联网＋"时代的财务管理与财务行为[M].湘潭：湘潭大学出版社,2022.

[18] 张荣静,卫强.智能化时代下的智能财务建设研究[M].延吉：延边大学出版社,2023.

[19] 金源,刘勤等.从0到N：财务数字化实战精粹[M].北京：中国财政经济出版社,2023.

[20] 王利敏.大数据时代背景下企业财务管理变革[M].北京：中国商业出版社,2021.

[21] 王宏利,彭程.企业财务管理数字化转型研究：如何构建智慧财务系统[M].北京：中国财政经济出版社,2021.

[22] 杨晔.管理会计案例与解析[M].北京：经济科学出版社,2019.

[23] 周卫华,王柳匀.电子发票智能识别与会计核算问题探究[J].财务与会计,2019(15)：66-68.